독립을 꿈꾸는 **민주주의**

독립을
꿈꾸는
민주주의

김정인 지음

민주주의
개념으로
독립운동사를
새로 쓰다

책과함께

민주주의의 눈으로 본
독립운동

민주주의는 시대에 따라 사회에 따라 시시각각으로 피어나고 발전하는 역사적인 존재다.[1]

 해방 직후에 나온 잡지 《민주주의》에 실린 〈민주주의에 대하여〉라는 글에 나오는 문구다. 당연한 말이다. 하지만 아직 한국 근대사 연구에서 민주주의는 역사적 존재로 온당한 대접을 받지 못하고 있다. 그럴만한 이유는 있다. 1910년에 대한제국이 망했고 일본의 식민지가 되었다. 한국 근대사 연구는 19세기, 멀리는 임진왜란 이후를 살피며 나라가 망한 이유를 찾아야 했다. 또한 나라를 되찾기 위한 부단한 노력에도 주목해야 했다. 그 역사의 주인공은 바로 민족이었다. 그렇게 집합적 주체인 민족의 눈으로 한국 근대사가 재구성되었다. 민족주의적 해석에 따라 침략과 저항의 이분법적 구도로 한국 근대 역사상이 수립되었다.

그렇다면 질문을 던져보자. 침략의 논리는 무엇일까? 답은 제국주의다. 이제껏 일본 제국주의에 대한 연구는 많았고, 우리는 지금 침략의 주체를 일제라 부르고 있다. 그렇다면 저항의 논리는 무엇일까? 일단은 민족주의가 답이다. 침략과 저항, 제국주의와 민족주의의 이분법은 일찍이 신채호가 제기한 바 있다. 새삼 신채호의 글을 읽어보자.

조선 문제는 조선인 자신만의 문제가 아니라 세계평화와 관련된 최대의 문제이다. 조선인들이 현재 요구하는 민족자결은 편협한 국가주의를 위한 것이 아니라 자유의 길을 찾아가는 주의여야 한다.[2]

조선 독립의 정당성을 주장하면서 민족자결을 '자유의 길을 찾아가는 주의'라고 정의하고 있다. 그렇다. 민족주의는 독립을 위한 저항의 기치이자 동력이었고, 저항의 내적 논리는 다름 아닌 민주주의였다. 3·1운동 당시 발표된 독립선언서들 역시 하나같이 자유와 평등, 정의와 평화에 근거하여 민족의 자주와 민족 간 평등, 거기에 기반을 둔 동양평화와 세계평화를 주장했다.

우리는 이에 우리 조선이 독립국임과 조선인이 자주민임을 선언한다. 이로써 세계 만국에 알려 인류 평등의 큰 도의를 분명히 하는 바이며, 이로써 자손만대에 깨우쳐 일러 민족의 독자적 생존의 정당한 권리를 영원히 누려 가지게 하는 바이다.[3]

독립운동이 치열했다는 것은 김산의 회고처럼 그만큼 민주주의도 간절히 원했음을 의미한다.

비록 달성하려는 방법은 달랐지만, 모든 조선인들은 오로지 두 가지를 열망하고 있었다. 독립과 민주주의. 실제로 그것은 오직 한 가지만을 원하는 것이었다. 자유. 자유라는 말은 자유를 알지 못하는 사람들한테는 금덩이처럼 생각되는 것이다. 어떤 종류의 자유든 조선인들에게는 신성한 것으로 보였던 것이다. 그들은 일제의 압제로부터의 자유, 결혼과 연애의 자유, 정상적이고 행복한 삶을 살아갈 자유, 자기 삶을 스스로 규정할 자유를 원했다. 무정부주의가 그토록 호소력을 가질 수 있었던 것은 이 때문이다. 광범위한 민주주의를 향한 충동은 조선에서는 그야말로 강렬한 것이었다. (……) 우리들 사이에는 민주주의가 남아돌 정도로 많았다.[4]

민족주의의 시각으로 독립운동을 바라보는 데 익숙한 터에 독립운동은 곧 민주주의 운동이었다는 사실을 뒤늦게 '발견'하면서 비로소 한국 근대 민주주의 역사에 눈뜰 수 있었다. 학문에 발을 내디딜 때부터 민주화 세대로서 민주주의적 시각에서 역사를 볼 수 없을까를 고민했는데, 결국은 신채호의 비분강개한 글들과 독립선언서들과 김산의 회고 같은 사료 속에서 길을 발견할 수 있었다.

첫 작업은 3·1운동 당시 독립선언서가 민주주의적 잣대에서 작성되었다는 것은 전 민족 구성원들이 민주주의를 이해하고 또한 동의했기 때문이라는 전제하에 민주주의 역사의 출발점을 찾는 것에서 시작되었다. 여러 해를 좌충우돌하며 보낸 끝에, 1801년 공노비 해방으로부터 출발하여 1919년 3·1운동과 민주공화정인 대한민국 임시정부 탄생까지의 민주주의 역사를 다룬 《민주주의를 향한 역사》를 2015년에 출간할 수 있었다. 책을 쓰면서 새삼 평등의식이 없는 곳에는 민족 차별에 대한 저항이 존재할 수 없다는 사실을 깨달았다. 민족주의적 해석처럼 일본의 지배가 혹독했기에 독립운동이 치열했던 것만은 아니었다. 사실 제국주의 국가들의 식민지 지배를 돌아보면 일본이 더 잔혹한 제국주의였는지 경중을 가리기는 어렵다. 지배와 차별에 저항하며 자유와 평등의 기치를 내세운 건 민주주의적 의식과 문화가 있었기에 가능한 일이었다. 오늘의 시각으로 보면 식민 지배와 민족 차별에 대한 저항이 당연시되지만, 그건 당위가 아니라 민주주의 역사의 산물이었던 것이다.

이 책은 그 후속 작업으로 민주주의적 시각에서 3·1운동 이후의 독립운동을 재구성한 것이다. 독립운동에 관한 연구는 해방 이후 오랫동안 침체되어 있었다. 1987년 6월 항쟁 이후 민주화가 이루어지면서 본격적으로 연구된 까닭에 1990년대 이후 나온 연구 성과가 주종을 이룬다. 이 책은 이러한 연구 성과를 바탕으로 민주주의적 시각에서 '자치, 주체, 권리, 사상, 정의, 연대, 해방'의 개념을 화두로 주제를 구성하고 독립운동 관련 인물, 단체, 사건, 운동, 사상을 배치하는 방식을 취한다.

1장 '자치의 공간'에서는 조선인들이 식민권력 밖에서 조선인만의 정부를 만들어 주권 자치를 꾀하고 의회와 정당을 비롯한 자발적 결사체와 자치공동체를 꾸려간 역사를 밝힌다. 조선인이 있는 곳이면 국내외를 막론하고 만들어진 조선인만의 자치 공간으로서 임시정부, 임시의정원, 정당, 신간회 등과 해외에 둥지를 튼 한인 자치공동체를 살펴본다.

2장 '주체의 탄생'에서는 3·1운동 이후 폭발적으로 성장한 대중운동과 그 과정에서 새롭게 등장한 대중운동의 주체인 학생, 노동자, 여성, 청년, 어린이에 주목한다. 근대적 주체로서의 자각이 사회적·경제적 처지라는 객관적 조건보다는 대중운동 과정에서 빠르게 형성된 특징에 주목하여 각 주체별 대중운동의 추이를 살펴본다.

3장 '권리를 위한 투쟁'에서는 조선인의 권리를 위한 투쟁이 식민권력의 독재와 전제에 맞서 스스로 주체로 나서고, '우리 안의 차별의식'을 극복하며, 빼앗긴 권리에 좌절하지 않고 대안을 마련하며 진행되었다는 사실에 초점을 맞춘다. 언론의 자유를 누릴 권리, 인간답게 살 권리, 교육받을 권리를 언론 자유 수호운동과 형평운동, 그리고 교육운동을 통해 살펴본다.

4장 '사상의 향연'에서는 식민권력이 사상의 자유를 옥죄는 가운데서도 국내외에서 다양한 사상이 서로 논쟁을 벌이며 새로운 이론을 마련해온 궤적을 살펴본다. 저항의 절대동력이었던 민족주의, 민족과 계급 사이에서 갈등했던 사회주의, 제3의 사상으로 각광받던 아나키즘, 그리고 대안의 가치로서 자리했던 민주주의에 주목한다.

5장 '법에 맞선 정의'에서는 이제껏 독립운동 연구에서 범주화되지 않았던 인권과 관련한 사법 분야에 주목하여 독립운동가의 옥중투쟁과 법정투쟁, 그리고 독립운동을 변론하고 사회운동가로 활약했던 변호사들의 행적을 살펴본다.

6장 '비폭력의 연대'에서는 독립운동에서의 비폭력과 반(反)폭력의 문제, 연대의 전통, 평화론과 반전운동 등에 주목한다. 3·1운동의 만세시위가 갖는 비폭력의 의미, 의열투쟁의 반폭력으로서의 의미를 살피고 3·1운동과 암태도 소작쟁의에서 나타난 연대투쟁, 해방 직전 신국가 건설을 위한 좌우연대, 동아시아 국제연대 등 다양하게 추구된 연대의 역사를 짚어본다. 동양평화론과 세계평화론, 그리고 반전 평화를 위한 연대의 역사도 살핀다.

7장 '해방, 민주주의가 살아나다'에서는 해방 직후에 분출한 민주주의 담론을 다룬다. 해방과 함께 식민권력의 혹독한 전제와 독재 속에서 조선인 사회가 독립운동의 원리이자 새로운 나라 건설의 이상으로 보듬고 키워왔던 민주주의가 햇빛을 보게 되면서 가장 뜨거운 시대의 화두가 되었다는 점에 주목하며 좌익의 인민민주주의와 진보적 민주주의, 민주주의 대 반민주주의 프레임, 우익의 '반공'민주주의와 민주주의 대 공산주의 프레임, 중도세력이 통합의 가치로 내세운 신민주주의에 대해 살핀다.

살펴본 것처럼, 이 책은 민주주의 관련 주제를 뽑아 독립운동에 관한 개별 사실들을 재배치하는 주제사적 서술 방식을 취한다. 이제껏 독립운동 연구는 한 사람의 인물 혹은 계파, 하나의 사건, 하나의 단체, 하나의 부분 운동, 하나의 사상을 실증적으로 다뤄왔다. 이것들을 낱낱이 분해하여 재배치하는 작업이 스스로도 낯설 정도다. 하지만 오늘날 독립운동 연구가 답보상태라는 평가를 받는 이유가 방법론의 부재와 개별 연구 분야 간의 소통 부재에서 비롯한 것이라고 본다면, 인물, 사건, 단체, 운동, 사상 관련 연구 성과 중에 민주주의라는 주제에 맞는 것들을 취사선택하여 재구성하려는 시도는 나름대로 의미를 가질 것이다.

이 책은 기존의 한국 근현대사와 다른 시기 구분을 취한다. 개항부터 1910년까지, 1910년부터 해방까지, 해방 이후로 나누는 통상의 시기 구분과 달리 이 책은 1919년 3·1운동부터 해방 정국까지를 다룬다. 전작 《민주주의를 향한 역사》에서도 19세기부터 3·1운동까지를 다루었다. 민주주의적 시각에서 볼 때, 한국 근현대사 시기 구분의 획기로는 1919년의 3·1운동과 대한민국 임시정부의 민주공화정 선포, 그리고 1948년의 민주공화국 수립을 들 수 있다. 3·1운동은 19세기 이래 민주주의를 향한 역사의 종착지이자 독립을 향한 민주주의 운동의 기점이다. 1919년 대한민국 임시정부 수립과 함께 출발한 민주공화정을 향한 역사는 1948년의 민주공화국 수립으로 완결된다. 해방 직후 분출된 민주주의 논쟁은 3·1운동 이후 독립운동 지형이 고스란히 반영된 신국가 건설을 둘러싼 논쟁이었다는 점에서 이 책에서 다루었다. 또한 1948년 이후 민주주의 역사는 독재권력에 맞서는 민주화 운동만으로도 이전과 시기적으로 구분된다.

이 책은 독립운동가에 대해서는 높은 존경심을 갖고 있으면서도 독립운동사에는 그다지 관심을 갖지 않는 풍토를 유념하며 썼다. 독립운동사 관련 자료는 물론 논문과 저서의 어려운 문장은 되도록 풀어쓰고자 했다. 또한 독립운동에 대한 '민족적 헌사'와 같은 표현을 자제하고 되도록 담백하게 사실을 전하고자 했다. 하지만 독립운동이 민주주의 운동이라는 주장이 또 하나의 헌사일 수는 있다. 독립운동이 민주주의 운동이라는 사실을 규명하는 데 그쳐, 독립운동을 통해 민주주의를 성찰하는 여유를 갖지 못한 점이 아쉽다. '독립운동으로 성찰하는 민주주의'에 대한 성과는 후일을 기약하고자 한다.

이 책은 한국 근현대사를 민주주의적 시각에서 재구성하고자 한 '민주주의 역사 시리즈'의 2부에 해당한다. 1919년까지 다룬 1부의 결실이 《민주주의를 향한 역사》다. 이 1부에서는 '인민, 자치, 정의, 문명, 도시,

권리, 독립' 등의 개념을 화두로 삼아 민주주의 기원의 역사를 다루었다. 1948년 이후 민주주의를 다루는 3부의 가제목은 '모두의 민주주의'다. 3부에서는 '우리는 모두 민주주의자다'라고 할 만큼 누구도 거부할 수 없는 이념·제도·운동으로 받아들여지고 있는 민주주의를 '미국, 반공, 민족, 근대화, 민주화, 민중, 시민사회' 등 한국 현대사를 관통하는 역사적 개념과 연관지어 살펴봄으로써 오늘의 민주주의를 성찰하는 기회를 갖고자 한다. 한국 근현대 민주주의 역사 3부작의 마무리를 위해 스스로에게 분발을 촉구한다.

　이 책은 독립운동 연구를 위해 애쓰는 선후배 연구자들의 풍성한 연구 성과 덕분에 쓸 수 있었다. 지면을 빌려 모든 분들에게 감사드린다. 독립운동사의 경우, 아직도 자료가 발굴 중이고 그래서 '사실'들은 여전히 수정 중이다. 이 책을 내놓기가 더욱 송구한 이유다. 많은 질정을 부탁드린다.

차례

1911년 12월 연해주에서 자치기관인 권업회 결성

1913년 4월 26일 북간도에 자치기관인 간민회 출범

1915년 3월 상하이에서 신한혁명당 결성

1916년 경학사가 부민단으로 확대 개편

1917년 상하이에서 조선사회당 조직

1911년 8월
대한인국민회 중앙총회 출범

1910년 5월 미국에서 대한인국민회 결성

1911년 서간도에 자치기관인 경학사와
군사훈련기관인 신흥강습소 창설

1917년 7월
상하이에서 '대동단결선언' 발표

1917년 12월 연해주에서 전로한족회 중앙총회 결성

1918년 4월 28일 연해주 하바롭스크에서 한인사회당 창당

1918년 11월 상하이에서 신한청년당 결성

1919년 2월 25일 연해주에서 임시정부인 대한국민의회 조직

1919년 3월 1일 3·1운동 발발

1919년 3월 11일 만주 지린에서 대한독립선언서 발표

1919년 4월 10일 상하이에서 임시의정원 구성

1919년 4월 11일 상하이 대한민국 임시정부 결성.
'대한민국 임시헌장' 반포

1919년 4월 23일 한성정부 수립 선포를 위한 국민대회 개최

1919년 4월 25일 대한민국임시의정원법 제정

1장

자치의 공간

1925년 4월 17일 조선공산당 창당

1926년 7월 8일 민족협동전선체인 조선민흥회 결성

1926년 11월 정우회선언 발표

1919년 9월 6일
통합 대한민국 임시정부 수립

1942년 10월 임시의정원이 좌우합작의 통일의회로
개편

1945년 8월 17일 임시의정원의 마지막 회의가 열림

1942년 3월 1일
충칭과 워싱턴에서 임시정부 승인 촉구 집회

1927년 2월 15일
전국적 정치결사 신간회 창립

1927년 11월 민족유일당 운동의 일환으로 한국독립당관내촉성연합회 출범

1928년 만주에서 한국독립당 창당

1929년 난징에서 한국혁명당, 지린성에서 조선혁명당 창당

1930년 1월 안창호·이동녕 등, 한국독립당 창당

1935년 7월 중국 관내에서 5개 정당, 조선민족혁명당으로 통합

1940년 한국국민당, 재건파 한국독립당, 조선혁명당이 통합하여
한국독립당 재창당

1941년 2월 임시정부, 미국 루스벨트 대통령에게 임시정부 승인 요청

1941년 6월 임시정부, 워싱턴에 주미외교위원부 설치

일본인이 식민권력을 차지하고 조선인을 통치하고 지배하던 시절, 주권을 포기한 것이 아니라 잃었을 뿐인 조선인은 식민권력의 '밖'에 조선인만의 정부를 만들어 주권 자치를 꾀하고 의회와 정당을 비롯한 자발적 결사체와 자치공동체를 만들어나갔다. 조선인이 있는 곳이면 국내외를 막론하고 어디든 조선인만의 자치 공간이 꾸려졌다.

그 자치 공간을 구성하고 운영하는 원리는 민주주의였다. 군부 출신의 조선총독이 삼권을 장악하는 전제적인 군사독재 치하에서 고통스럽게 살면서도, 조선인만의 자치 공간에서는 민주주의를 향유할 수 있었다. 식민지로 전락하면서 19세기부터 차곡차곡 쌓아올린 민주주의를 빼앗기는 듯했으나, 조선인만의 자치 공간이 그것을 지켜내고 키워나갔던 것이다.

조선인의 자치 공간 중심에 임시정부가 있었다. 해외로 망명한 조선의 독립운동가들은 대한제국이 멸망할 무렵부터 임시정부를 수립하는 데 힘썼다. 그 노력은 3·1운동의 열기 속에서 결실을 맺었다. 나라를 잃은 지 9년 만인 1919년에 대한민국 임시정부가 탄생한 것이다.

> 무릇 혁명 사업은 이제 갓 시작하여 아직 결과에 도달한 것은 아니지만, 임시정부라는 최고기관이 있어 국민의 표준이 되고 국가 외교에서 지위를 점하고 있다. 이 또한 세계혁명사에서는 하나의 예가 될 것이다.[1]

박은식은 《한국독립운동지혈사》에서 임시정부를 이렇게 평했다. 임시정부가 수립될 당시 나라를 잃고 망명한 독립운동가들이 임시정부를 세우고 주권을 회복하기 위해 노력하는 것은 국제법이 허용하는 일이었다. 다만 합법성을 갖추려면 국제법에 입각한 주권적 권리를 주장해야 하며, 임시정부가 수립된 소재지 국가의 승인을 얻어야 했다. 임시정부는 27년 동안 민주공화국으로서의 체모를 유지하며 주권적 권리를 주장했다. 하지만 임시정부가 있던 중국의 국민당 정부는 열강의 틈바구니 속에서 끝내 임시정부를 공식 승인하지 않았다. 그럼에도 임시정부는 단 하루도 문을 닫지 않고 주권 자치의 공간으로 존속했으며 마침내 해방을 맞았다.

그와 같은 조선인만의 (임시)정부는 (임시)의정원이 만든 (임시)헌장에 따라 탄생한 민주공화국이었다. 조선인의 자치 공간에는 정부, 의회, 헌법만 있는 것이 아니었다. 조선공산당, 천도교청년당, 조선민족혁명당, 한국독립당 등의 정당들과 신간회 같은 전국적 규모의 합법적 정치결사가 있어 민주주의 정치를 익힐 수 있었다.

고향을 떠나 만주로, 미국으로, 연해주로 떠난 사람들은 이역 땅에서 자발적 결사체를 만들어 평등한 자치공동체를 운영하며 디아스포라로서의 삶을 살았다. 1910년 국망을 전후하여 이들을 이끈 초기 결사체에는 북간도의 간민교육회와 그것을 발전시킨 간민회, 서간도의 경학사와 그것을 계승 발전시킨 부민단, 연해주의 권업회, 미국의 대한인국민회 등이 있었다. 조선인이 있는 곳이면 어디든 고립된 개인이 아니라 조선인으로서 자치를 누릴 수 있는 공간이 존재했던 것이다.

이제는 수많은 단체명으로만 남은 식민권력 '밖' 정부와 의회, 정당을 비롯한 자발적 결사체와 자치공동체의 존재에서 조선인 스스로 민주주의적 정치 원리를 실현할 수 있는 권리, 즉 주권을 회복하고자 하는 강렬한 열망을 엿보게 된다.

1
주권 자치의 공간,
임시정부

임시정부의 탄생

임시정부 수립 운동은 대한제국이 망할 무렵부터 시작되었다. 1910년
5월 미국에서 한인 자치결사체인 대한인국민회가 탄생했다. 대한인국
민회 북미지방총회 기관지인 《신한민보》는 한일병합조약이 체결되기
직전인 1910년 7월 6일자 사설에서 '현 정부가 일본에 투항한 지가 이
미 오래되었은즉, 우리는 인민의 정신을 대표하여 우리의 복리를 도
모할 만한 정부를 세울' 것임을 천명했다.[2] 한일병합조약 체결 직후인
1910년 9월 21일자 사설에서는 '우리 손으로 자치하는 법률을 제정하
며 공법에 상당한 가정부를 설시함이 목하의 급무'[3]라고 하여 임시정부

수립의 필요성을 주장했다. 여기서 '공법에 상당한 가정부'란 국제법상 인정받은 임시정부를 뜻한다. 대한인국민회는 스스로에게 '국가 인민을 대표하는 총기관으로서 입법, 행정, 사법 등 삼권 분립의 체계를 갖춘 자치기관', 즉 임시정부의 위상을 부여하고자 했다.[4]

1911년 4월에는 《신한민보》의 주필 박용만이 무형국가론을 내놓았다.[5] 해외에 거주하는 한인을 무형정부(無形政府)로 결집하여 헌법을 채택하고 지역별 행정기관을 갖추는 동시에 개인에게 의무와 권리를 부여하자는 내용이었다.[6] 무형국가론에 대한 공감대가 확산되면서 대한인국민회를 무형정부로 확대, 개편하는 방안이 제시되었다.

(대한인국민회) 중앙총회는 곧 가정부가 되어 행정기관의 머리가 되고, 각 지방총회는 총독부가 되어 정부 명령에 따라 각 지방을 관할하고, 또 각 지방회는 지방 정청(政廳)이 되어 민권을 통해 자치하고, 자치제도와 대의제도로 헌법을 만들어 우리 인민 된 자는 남녀노소를 물론하고, 다 그 안에 있어 상당한 세납으로 동일하게 담당하여 가정부 국고금을 만들어 모든 일을 다스리게 하고자 함이라.[7]

이 논설에서 언급한 대한인국민회 중앙총회는 1911년 8월에 출범했다. 대한인국민회 중앙총회는 미국을 비롯하여 만주, 연해주 등지에 지방총회를 설치하고 해외 한인을 대표하는 자치기관임을 분명히 했다. '형식으로서의 대한제국은 망했으나 정신적으로 민주주의 국가로 발흥'하고자 하는 해외 한인들의 최고기관이라는 것이다.[8] 하지만 멀리 떨어진 미국 땅에 임시정부를 수립하려는 꿈은 실현되지 않았다.

연해주의 한인들도 임시정부 수립 운동을 펼쳤다. 권업회는 연해주에서 1911년 12월에 창립한 한인 결사체였다. 권업회는 1914년에 1차 세계대전이 발발하자 이를 독립의 기회라고 여겼다. 일본이 패전할 가능성에 기대를 걸고 대한광복군 정부를 수립했으나 일본과의 마찰을 피하려는 러시아의 탄압으로 해체되었다.

중국에서도 독립운동가들이 1차 세계대전을 독립의 기회로 보고 임시정부 수립을 준비했다. 1915년 3월 상하이에서 신한혁명당이 결성되었다. 신한혁명당은 독일이 전쟁에서 이기면 중국과 함께 일본을 공격할 것이라고 예견했다. 이때 일본 공격에 동참하여 독립의 기회를 얻고자 중국 베이징 정부와 밀약을 맺을 계획을 세웠다. 신한혁명당은 베이징 정부와의 교섭 주체로 고종을 상정하고 그를 망명시켜 망명정부를 세우고자 했다. 이에 앞서 성낙형을 국내로 밀파해서 고종으로부터 조약 체결에 관한 권한을 위임받고자 했다. 하지만 성낙형은 국내 잠입 직후 체포되었다. 게다가 독일이 패하면서 망명정부 수립 모의는 실패로 돌아갔다. 1917년 7월 상하이에서는 박은식, 신채호, 김규식, 조소앙 등 14명의 독립운동가가 해외 한인의 대표자 회의인 민족대동회의를 열어 공화정체의 임시정부를 건설하자는 내용의 〈대동단결선언〉을 발표했다.[9]

1차 세계대전은 일본을 비롯한 연합국의 승리로 끝났다. 종전 무렵 민족자결주의가 부상하면서 다시 독립의 희망이 싹텄다. 1917년 11월 러시아혁명을 일으킨 직후 레닌(Vladimir Lenin)은 러시아의 100여 개 소수민족의 민족자결을 제창하는 '러시아 제 민족의 권리선언'을 선포했다. 1918년 1월에는 윌슨(Thomas Woodrow Wilson) 미국 대통령이 패전국의 식민지들을 처리하는 방안으로 민족자결주의를 내놓았다. 민족자결주의에 대한 기대는 1차 세계대전을 마무리하는 파리 강화회의에 조선 대표를 파견하려는 움직임으로 이어졌다. 동시에 임시정부 수립 운동도 본격화되었다.

먼저 러시아혁명으로 결사의 자유가 허용되면서 1917년 12월 연해주에서 결성된 전로한족회 중앙총회가 임시정부 수립 운동에 나섰다.[10] 1919년 2월 25일에 전로한족회 중앙총회 상설위원 15명이 니콜리스크에서 대한국민의회를 조직했다. 의장에는 전로한족회 중앙총회 회장인 문창범이 선출되었다. 대한국민의회는 '의회'라는 명칭을 붙였지만 실제로는 삼권, 즉 입법, 사법, 행정 기능까지 하나의 기관에 담아낸 조직체로 대통령제를 지향했다.[11] 1차 세계대전 직후 체코슬로바키아가 세운 국민의회를 모델로 삼은 임시정부였다.[12] 대한국민의회는 3·1운동이 한창이던 3월 17일에 독립선언서를 발표하면서 공식 출범했다.

국내에서는 3·1운동과 함께 임시정부 수립 운동이 가시화되었다. 3·1운동을 주도한 천도교가 1919년 3월 3일자로 발행한 《조선독립신문》 제2호는 임시정부가 조직되어 임시 대통령을 선출한다는 소식을 전했다. 3월 초에는 종교계와 유림이 함께 한성정부 수립 운동에 나섰다.[13] 이들은 3월 17일에 모여 민주공화정의 수립 절차와 방법을 논의하고, 13도 대표자 회의를 4월 2일에 인천 만국공원에서 열어 임시정부 수립을 선포하기로 결의했다. 하지만 13도 대표자 회의는 성원 부족으로 제대로 치러지지 못했고 한성정부 수립 선포는 연기되었다. 4월 23일에 13도 대표가 다시 모여 한성정부 수립을 선포하는 국민대회를 열기로 했으나 이날 역시 소규모 시위를 벌이는 데 그치고 말았다. 하지만 중국

신문인 《톈진대공보》 4월 11일자와 《상하이시보》 4월 16일자 및 5월 2
일자에 한성정부 조직과 각료 명단이 실리는 등 한성정부의 존재는 국
외까지 알려졌다.[14]

4월 17일에는 평안북도 선천, 의주, 철산 등지에 '신한민국정부선언
서'가 뿌려졌다. 신한민국은 국내와 간도, 연해주의 독립운동가들이 함
께 추진한 임시정부였다. 이들은 경성에서 일어난 한성정부 수립 운동과
연계하여 통일된 임시정부를 만들고자 했다. 하지만 양자의 협상이 결렬
되자, 4월 초에 강대현을 상하이에서 임시정부 수립을 준비하고 있던 독
립운동가들에게 보내 신한민국정부안을 제시했다.[15]

전단상으로만 존재하는 임시정부도 있었다. 이를 '전단정부'라 부른
다. 4월 10일 경성에는 조선민국 임시정부 명의의 '조선민국임시정부조
직선포문', '조선민국임시정부창립장정' 등이 살포되었다. 천도교에서
내놓은 '대한민간정부안', 《지린공화보》 1919년 4월 15일자에 등장한
'고려임시정부안'도 일종의 전단정부였다.

상하이에서 활동하던 독립운동가들도 임시정부 수립을 준비했다. 상하
이에는 대한제국이 망한 후 망명한 독립운동가들이 다수 거주하고 있었다.
1919년 2월 말 3·1운동을 모의하던 천도교와 기독교 지도자들은 현순 목
사를 상하이로 보냈다. 현순이 상하이에 도착한 날은 때마침 3월 1일이었
다. 현순은 천도교로부터 받은 2000원을 종잣돈 삼아 프랑스 조계 안에 독
립임시사무소를 차렸다. 3·1운동 소식이 전해지면서 더 많은 독립운동가
들이 상하이를 찾았고, 독립임시사무소는 임시정부를 세우기 위한 임시기
구 역할을 했다.

1919년 3월 26일과 27일에 임시정부 수립을 논의하기 위한 모임이

열렸다. 입장은 갈렸다. 빠른 시일 안에 최고기관을 수립하자는 주장과 민족대표 33인의 뜻을 기다려 결정하자는 주장이 맞섰다. 결국 다수가 조속한 임시정부 수립에 동의하면서 본격적인 절차가 진행되었다. 먼저 임시의회를 설립했다. 4월 10일 임시의정원을 구성하고 정부 수립 절차를 마련했다. 국호는 '대한민국'으로 정했다. '대한'은 일본에 빼앗긴 나라를 되찾는다는 의미이고, '민국'은 1912년에 수립된 '중화민국'과 같은 공화제 국가임을 분명히 한다는 결의를 담고 있었다.[16] 다음 날인 4월 11일에 '대한민국 임시헌장'(이하 임시헌장)이 반포되고 대한민국 임시정부가 수립되었다. 상하이 임시정부는 3·1운동을 전후하여 수립된 임시정부'들'을 통합하는 데 나섰다. 국내에서 수립된 한성정부나 신한민국정부는 제대로 활동할 수 없으므로, 그들의 인정을 받아 법통성 있는 정부를 해외에 수립한다는 방침을 세우고 연해주에서 설립된 대한국민의회와의 통합을 추진했다.

통합 임시정부 수립에 앞장선 사람은 상하이 임시정부 내무총장인 안창호였다. 그는 상하이 임시정부와 연해주의 대한국민의회를 통합하되, 한성정부의 내각 명단을 수용하는 방식으로 법통성을 세우고자 했다. 하지만 대한국민의회의 양대 세력인 문창범계와 이동휘계 중 후자만 통합 임시정부 수립에 참여했다.[17] 통합된 대한민국 임시정부는 상하이에 두기로 했다. 임시의정원은 9월 6일 '대한민국 임시헌법'을 마련하고 한성정부 명단에 따라 대통령 이승만, 국무총리 이동휘를 비롯한 내각을 선출했다.[18] 3·1운동의 격랑 속에서 추진된 임시정부 수립 운동이 그해 9월 상하이에서 통합 임시정부 수립으로 결실을 맺은 것이다.

헌법이 꿈꾼 민주공화국

헌법이란 '국가의 통치 조직과 통치 작용의 기본 원리 및 국민의 기본권을 보장하는 근본 규범'이다. 헌법에 대한 논의는 조선 말기·대한제국기부터 존재했다. 당시 동아시아에서 헌법은 율례(律例), 공법(公法), 헌장(憲章), 국법(國法), 국헌(國憲), 국제(國制), 국병(國柄), 국전(國典), 홍범(洪範), 총장정(總章程), 약헌(約憲) 등의 다양한 이름으로 불렸다. 우리나라 최초의 근대 신문인 《한성순보》는 1884년 1월 30일자에 헌법에 대해 다음과 같이 소개했다.

대저 3대부의 권리를 획정하고 3대관의 조직을 담당하여 국전으로 삼는 것이 곧 헌법이다. 대체로 헌법은 혹 군주가 정하기도 하고, 혹 군과 민이 함께 정하기도 하는데, 영국 같은 경우는 일찍이 헌법을 설치한 적이 없었고, 개국 이후로 관행한 법도가 오랜 세월에 누적되어 마침내 하나의 헌법이 되어 버렸다.[19]

대한제국기에 활발했던 입헌군주제 논의에도 헌법이 등장했다. 《제국신문》은 입헌군주제는 곧 '헌법정치니 임금과 백성이 합하여 다스림이라'고 하여 이를 가장 바람직한 정치라고 주장했다.[20] 1906년에는 청에서 헌법 제정을 준비한다는 소식이 전해졌다. 《황성신문》은 1906년 9월 8일자에 '청국의 헌법신정'을 싣는 등 청의 입헌정치로의 전환에 주목했다. 《만세보》와 《대한매일신보》도 비상한 관심을 보였다. 일본이 1889년에 헌법을 제정하여 입헌군주제 국가로서 열강 대열에 긴 데 이어 청이

입헌주의를 천명했으니, 관심이 클 수밖에 없었다.[21]

당시 헌법에 대한 관심은 학회가 등장하고 서적이 잇달아 출간될 만큼 상당히 컸다. 일본의 메이지 헌법 제정을 높이 평가하고 있던 헌정연구회는 1905년에 입헌정치사상을 보급하기 위한 목적으로 《헌정요의》를 내놓았다. 1907년에는 유치형과 조성구가 각각 《헌법》이라는 제목의 저서를 출간했다. 1908년에는 김상연이 《헌법》을 저술했고, 정인호가 일본 법학자 다카다 사나에(高田早苗)의 《헌법요의》를 번역 출간했다. 헌법에 대한 높은 관심은 곧 입헌정치의 도입에 대한 열망을 대변했다. 하지만 대한제국은 일본이나 청과 달리 전제군주제를 고수했다. 1894년 갑오개혁 당시 조선 정부가 반포한 '홍범 14조'와 1899년에 대한제국 정부가 반포한 '대한국국제(大韓國國制)'가 헌법적 성격을 띤다고는 하나, 기본권 보장 같은 헌법의 불가결한 요소가 결여되어 있다.

1910년대에는 임시정부 수립 운동 과정에서 헌법적 요소를 담은 각종 규정과 장정이 발표되었다. 미국에서 대한인국민회가 무형국가론, 즉 임시정부 수립론을 제기하고 자치를 실시하면서 이와 관련된 '규정'을 반포했다. 1913년 2월 1일 하와이지방총회는 박용만의 주도로 제정한 〈대한인국민회 하와이지방총회 자치규정〉(이하 자치규정)을 내놓았다. 자치규정은 총 155조로 구성되어 하와이지방총회의 조직 강령, 각 기구의 행동 규칙, 회원의 권리와 의무 등을 자세하게 규정했다. 제2장 '지방총회'에 따르면, 하와이지방총회는 삼권분립의 원칙에 따라 입법부, 행정부, 사법부로 구성된다. 제3장 '국민회 회원의 권리와 의무'에서는 다음과 같이 자유권, 평등권, 선거권과 피선거권을 명기했다.

국민회원은 이전 문벌과 당시 직업을 물론하고 이 헌장 앞에서는 일체로 평등함.

국민회 입법부 의원과 행정부 총회장 부회장을 직접으로 선거함.

누구든지 자격에 합당하면 다 입법부 의원이나 행정부 임원이나 사법부 임원으로 뽑힐 권리가 있음.

누구든지 의무금 증서를 가지고 지방규칙을 순종하면 국민회 관할 구역 안에서 임의로 왕래하고 거주할 권리가 있음.

생명재산이 위험한 경우를 당하면 국민회에 알려 보호를 청할 권리가 있음.

국민회 법률 범위 안에 있어서는 누구든지 언론자유와 결사자유의 권리를 누림.

종교상 신앙 자유는 원래 인생의 양심에서 나오는 것인 고로 무슨 종교를 신앙하던지 국민회에서 감히 침범하지 못함.[22]

이처럼 1910년대에 임시정부 수립 운동을 전개한 독립운동세력이 내놓은 해외 한인 자치를 위한 규범이나 장정 속에 포함된 헌법적 원리들은 1919년 임시정부가 내놓은 임시헌장에 고스란히 반영되었다.

임시정부의 첫 번째 헌법인 임시헌장을 기초한 사람은 조소앙이다. 조소앙은 1912년에 메이지 대학 법학과를 졸업하고 이듬해에 중국으로 망명했다. 앞에서 언급한 〈대동단결선언〉 역시 그가 기초했다. 1919년 3월 11일 중국 지린(吉林)에서 대한독립의군부 주도하에 독립운동가 39명의 명의로 발표한 〈대한독립선언서〉 역시 조소앙이 작성했다. 그는 이미 두 선언에서 조선 민족의 주권은 소멸하거나 다른 민족에게 양도한 적이 없다고 주장하며 '대한민주의 자립'을 선포한 바 있었다. 3·1운동이 확산되자 조소앙은 지린에서 상하이로 건너가 헌법을 기초하는 일을 주도했다. 조소앙은 임시정부 설립의 정당성을 조선인들이 직접 행동에 나서 주권을 행사한 3·1운동에서 찾았다. 그리고 대한민국은 민주공화국임을 명시한 '헌법'인 임시헌장을 내놓았다.

제1조 대한민국은 민주공화제로 한다.

제2조 대한민국은 임시정부가 임시의정원의 결의에 의하여 이를 통치한다.

제3조 대한민국 인민은 남녀 귀천 및 빈부의 계급이 없고 일체 평등하다.

제4조 대한민국 인민은 종교·언론·저작·출판·결사·집회·통신·주소 이전·신체 및 소유의 자유 등을 향유한다.

제5조 대한민국 인민으로 공민 자격이 있는 자는 선거권 및 피선거권을 가진다.

제6조 대한민국 인민은 교육·납세 및 병역의 의무를 가진다.

제7조 대한민국은 신(神)의 의사에 의하여 건국한 정신을 세계에 발휘하며, 인류의 문화 및 평화에 공헌하기 위하여 국제연맹에 가입한다.

제8조 대한민국은 구황실을 우대한다.

제9조 생명형, 신체형 및 공창제를 전부 폐지한다.

제10조 임시정부는 국토 회복 후 만 1년 내에 국회를 소집한다.[23]

제1조에서는 민주공화제를 선언하고, 제2조에서는 대의제를 천명했다. 제3조의 평등권, 제4조의 자유권, 제5조의 참정권 등은 국민의 기본

권에 해당한다. 제6조에는 교육, 납세, 병역 등 국민의 의무를 규정했다. 제9조에서는 사형, 고문과 더불어 공창제 같은 반인권적인 제도의 폐지를 명시했다. 공창제란 국가가 공인하는 성매매 제도인데, 조선이 식민지로 전락하면서 일본 공창제가 들어왔다. 임시헌장은 간결하지만 민주주의 국가가 갖추어야 할 최소한의 요건을 빠짐없이 담은 헌법이었다.

제1조에 등장하는 민주공화제는 대한제국기부터 등장한 정체였다. 일본 유학생들이 1907년에 만든 《대한유학생회보》는 미국을 '민주공화국의 개조(開祖)'라 표현했다.[24] 계몽운동가인 원영의는 민주공화정을 가장 진화된 통치 형태라고 지칭했다.[25] 1914년에는 대한인국민회 하와이지방총회가 발간한 《국민보》가 '대조선민주공화국 정부를 세울 기초'에 관한 논설을 내놓았다.[26] 임시헌장을 기초한 조소앙은 민주공화제를 '인민의 이익을 기초로 하여 정치적 권리를 균등화하고 국민을 균등하게 정치에 참여시키는 가장 좋은 제도'로 인식하고 있었다.[27]

임시정부가 수립되고 임시헌장이 '민주정'을 취하자 '오래도록 민주주의를 사모해왔던 한인들이 미친 듯 취한 듯 기뻐했다'고 한다.[28] 1941년에 임시정부가 발표한 '대한민국 건국강령'(이하 건국강령)에서는 임시헌장에 대해 '다른 민족의 전제를 뒤집고 군주정치의 낡은 관습을 파괴하고 새로운 민주제도를 건립하여 사회 계급을 소멸하는 첫걸음을 내디뎠다'라고 평가했다.[29]

해방 직전 경성에 살았던 소련인 샤브쉬나는 임시헌장에 대해 민족해방과 민주주의를 추구했다고 평했다.

국내에 매우 빨리 알려졌던 헌법은 그것의 민주적인 내용으로 관심을 끌었다. 헌법은 부르주아민주주의에 토대를 두고 있었지만 그러나 사실 인민 앞에 제기되어 있던 과제들은 무엇보다도 먼저 민족해방과 총체적 민주주의 였다. 헌법은 그 과제들을 공포했고 여러 계층들의 이해관계를 통합하고 있었다.[30]

임시정부는 해방될 때까지 다섯 차례에 걸쳐 개헌을 실시했다. 근대국가의 세 가지 요소인 영토, 주권, 인민을 전제로 한 헌법에 따른 헌정체제를 꾸준히 유지했다. 헌법이야말로 임시정부의 정당성과 합법성의 원천이라는 인식을 가지고 있었기 때문이다.[31]

임시정부의 헌법에서 눈여겨보아야 할 대목이 바로 주권 규정이다. 1919년 9월 통합 임시정부의 헌법으로 1차 개헌을 통해 공포한 '대한민국 임시헌법'의 제2조에 처음으로 주권 규정이 등장한다. '대한민국의 주권은 대한 인민 전체에 있다'는 조항이 그것이다. 그런데 1925년에 2차 개헌을 통해 공포한 '대한민국 임시헌장'의 제3조는 '대한민국은 광복운동 중에는 광복운동자가 전 인민을 대(代)함'이라고 명시하고 있다. 1927년에 3차 개헌을 통해 공포한 '대한민국 임시약헌' 제1조는 '대한민국은 민주공화국이라 국권은 인민에게 있음. 광복 완성 전에는 국권이 광복운동자 전체에 있음'이라 하여 임시정부의 주권이 원칙적으로는 인민에게 있으나, 독립하기 전에는 독립운동가가 이를 대리한다고 명시하고 있다. 1940년 4차 개헌에 따라 공포한 '대한민국 임시약헌' 제1조 역시 '대한민국 국권은 인민에게 있되, 광복 완성 전에는 광복운동자 전체에 있다'라고 하여 1927년의 헌법과 대동소이하다. 5차 개헌에 따라 1944년에 공포한 '대한민국 임시헌장' 제4조 또한 '대한민국의 주권은 인민 전체에 있음. 국가가 광복되기 전에는 주권이 광복운동자 전체에 있음'이라고 규정하고 있다.[32] 제8조에서는 광복 이전에 주권을 갖는 광복운동자가 누구인지도 명확히 밝혔다. '조국 광복을 유일한 직업으로 인정하고 간단없이 노력하거나 또는 간접이라도 광복사업에 정력 혹은 물력의 실천 공헌이 있는 자'가 바로 광복운동자였다.[33]

이처럼 '광복운동 기간에는 광복운동에 공헌한 광복운동자만이 대한민국 전체 인민을 대신하여 주권을 행사한다'는 조항에는 모든 인민에게 주권이 있음을 전제하면서도 영토와 인민이 부재한 망명정부로서의 정체성을 반영한 '임시' 헌법으로서의 특성이 잘 드러나 있다.

1919년 4월 임시헌장에 처음 등장한 민주공화국은 다섯 번의 개헌을 거쳐 1948년에 공포한 제헌헌법 제1조에 '대한민국은 민주공화국이다'라는 규정으로 계승되었다. 주권재민의 정신은 제2조 '대한민국의 주권은 국민에게 있고, 모든 권력은 국민으로부터 나온다'에 담겼다. 즉 임시정부가 존속했던 기간 동안 민주공화국 이념과 주권재민의 정신은 헌법의 구성 원리로 확고히 뿌리내렸고 제헌헌법으로 계승되었다.[34]

임시정부의 승인외교

임시정부가 주권 자치를 누리는 정부로서 국제사회의 일원으로 활약하기 위해서는 세계 각국의 정부 승인이 필요했다. 임시정부의 승인 요청의 우선 상대는 임시정부가 소재한 중국이었다. 임시정부가 국제법상 승인을 받으려면 무엇보다 소재지 국가로부터 승인을 받아야 했다. 1921

년 10월 임시정부 외무총장인 신규식은 광둥 정부의 대총통인 쑨원(孫文)을 찾아갔다. 쑨원은 군벌인 돤치루이(段祺瑞)의 베이징 정부가 헌법에 따라 성립하지 않았다는 이유로 반대하며 1920년 광저우(廣州)에 광둥 정부를 세웠다. 신규식은 쑨원에게 임시정부는 베이징 정부가 아닌 광둥 정부를 승인하고자 하니 광둥 정부 역시 임시정부를 승인해달라고 요청했다. 하지만 공식적인 교차 승인은 이루어지지 않았다. 다만 쑨원이 국회에 상정한 '한국 독립 승인안'이 통과되어 이듬해부터 광둥에 임시정부 대표가 주재했다. 광둥 정부로부터 사실상의 승인을 받아낸 셈이었다.[35]

1940년 임시정부가 장제스(蔣介石)의 국민당 정부를 좇아 충칭(重慶)에 정착하면서 다시 승인외교 문제가 불거졌다. 임시정부는 먼저 미국을 상대로 승인외교를 펼쳤다. 1941년 2월 김구 주석은 루스벨트(Franklin Delano Roosevelt) 미국 대통령에게 임시정부 승인을 요청하는 공문을 발송했다. 이 공문에서 김구는 조선과 미국이 1882년에 수교한 사실을 강조하면서 미국이 프랑스, 스페인, 폴란드 등의 승인을 얻어 독립했듯이 하루빨리 한국이 독립할 수 있도록 임시정부를 승인해줄 것을 요청했다.[36] 그해 6월에도 김구 주석과 조소앙 외교부장이 루스벨트 미국 대통령과 헐(Cordell Hull) 미국 국무장관에게 임시정부 승인을 요청하는 공문을 보내고 워싱턴에 주미외교위원부를 설치하며 승인외교에 주력했다.[37] 임시정부는 이승만을 위원장으로 임명하는 신임장을 발송하고 미국 대통령과 국무장관에게 주미외교위원부를 설립하고 이승만을 공식 외교사절로 임명하여 전권을 위임했음을 알렸다. 이승만은 신임장을 받자 곧바로 이를 미국 국무부에 제출했다. 하지만 미국 국무부는 전후 한국의 독립에 대한 미국의 입장이 정리되고 중국, 소련, 영국 등 다른 연합국의 태도가 확정되기 전에는 이승만의 신임장을 접수하지 않기로 방침을 세웠다. 그럼에도 이승만은 친분 있는 미국인들을 내세워 승인외교를 지속했다. 한미협회 크롬웰(J. H. Cromwell) 회장은 1942년 5월 미국 국무장관에게 임시정부 승인을 촉구하는 편지를 보냈다. 미국 내 친한단체인 기독교인친한회도 상원·하원 의원들에게 임시정부의 승인을 촉구하는 편지를 보냈다.

중국에서는 국민당 정부가 먼저 1941년 10월에 임시정부 승인 문제를 꺼냈다. 외교부장 궈타이치(郭泰祺)가 독립운동에 대한 지원 창구를 임시정부로 일원화하겠다는 입장을 밝히는 동시에 임시정부 승인 문제를 국무회의에 제출하고 영국·미국 정부와 협상하겠다는 의사를 밝혔다. 그는 독립운동 세력 내 좌익 진영도 임시정부에 참여한다는 전제조건을 달았다. 임시정부는 즉각 좌우합작 방안을 마련하고 중국 정부에 임시정부 승인을 요구했다.

1942년 1월에는 김구가 장제스에게 '중국이 임시정부를 승인하는 것은 두 나라 간의 역사적이고 도의적인 이해 득실에서 중대한 의미를 가진다. 그럼에도 아직 임시정부가 정식으로 승인받지 못하고 있음은 매우 유감스럽다'는 내용의 외교문서를 보내 조속한 승인을 촉구했다. 그는 이 외교문서에서 '충칭에서 활동하고 있는 한국인 각 당파가 통일을 이루지 못하기 때문에 승인을 꺼리고 있다는 얘기를 들었다'며 폴란드와 체코의 예를 들어 승인을 요구했다.

세계대전이 발발한 이후 많은 신구, 대소의 망명정부들이 각 우방에 자리

잡고 활동을 벌이고 있습니다. 영국에 망명 중인 폴란드나 체코 민족 가운데도 사상이나 정치적 견해의 차이로 자신들의 망명정부에 불만을 가지고 반대하는 자가 없지 않을 것입니다. 그러나 영국 정부가 폴란드나 체코 민족 가운데 일부가 망명정부에 이견을 가졌다고 런던에서 활동하고 있는 폴란드와 체코 망명정부에 대한 원조를 꺼린다는 말은 들은 바가 없습니다.[38]

또한 지금이야말로 중국이 임시정부를 승인할 최적기임을 강조했다.

어느 민족의 해방운동을 물론하고 그 과정이 험난하지 않은 경우는 없을 것입니다. 성공을 위해서는 우방의 절대적인 지원과 동정이 반드시 필요한 법입니다. 어떤 결정을 내려야 할지, 어떤 선택이 중국의 이해관계에 도움이 될 것인지 이제 중국의 선택은 분명하다고 할 수 있습니다. (……) 현명하신 중국 최고 당국이 건국정신에 바탕하여 중·한 두 나라의 수천 년에 걸친 역사적 관계, 지역의 형세, 국제정세의 변화를 잘 판단하여 신속하게 결단을 내려주기를 바랍니다. 향후 동아시아 정국이 전적으로 중국 당국의 현명한 판단과 결단에 달려 있다는 점을 결코 잊어서는 안 될 것입니다.[39]

1942년 3월 1일 3·1운동 23주년을 맞아 임시정부는 충칭과 워싱턴에서 각각 임시정부 승인 촉구 집회를 열었다. 충칭에서 열린 기념대회에서는 임시정부를 승인하는 동시에 임시정부가 대일 교전국의 일원으로 참전하도록 해줄 것을 요청했다. 워싱턴에서 열린 대한인자유대회에서는 주미외교위원부, 재미한족연합위원회, 한미협회 명의로 미국 정부에 임시정부 승인을 요청했다.[40] 그 무렵 쑨원의 아들이자 입법원 원장인 쑨커(孫科)가 임시정부 승인을 거듭 주장하는 등 이 문제가 중국에서 공론화되는 가운데 국민당 정부가 연합국에 임시정부의 승인을 제안했다. 국민당 정부로서는 임시정부 승인이 전후 한반도에서 영향력을 확보하기 위한 것이었지만, 연합국의 의사를 무시하고 독자적 행보를 취하기는 어려운 처지였다.[41]

미국에서는 임시정부 승인과 관련하여 행정부와 의회가 다른 행보를 보였다. 1943년 3월 31일 오브라이언(O'Brien) 의원은 임시정부 승인을 촉구하는 결의안을 하원에 제출했다. 4월 22일에는 와일리(Wiley) 의원이 상원에 같은 결의안을 제출했다. 두 결의안 모두 상·하원의 외교분과위원회를 통과했다. 상·하원은 합동회의를 개최하고 출석의원 전원의 이름으로 '미국 정부는 대한민국 임시정부를 승인한다'는 결의안을 미국 국무부에 제출했다.[42] 하지만 헐 국무장관은 '현 시점에서 이러한 안건이 의회를 통과하는 것은 어떠한 효과적 목적도 기대할 수 없으며 미국의 대외정책에 혼란만 불러일으킬 뿐이다'라고 회신했다.[43] 나아가 미국 정부는 한반도의 전후 처리 방안으로 국제 공동관리, 즉 신탁통치를 택하면서 임시정부를 승인하지 않는다는 방침을 세웠다. 결국 외교 마찰을 우려한 국민당 정부는 임시정부 승인을 유보했다.

2차 세계대전의 종전이 가까워지면서 임시정부의 승인외교는 더욱 급박해졌다. 1944년 6월 17일 외무부장 조소앙은 헐 미국 국무장관에게 공문을 보내 연합국을 이끌고 있는 미국이 빠른 시일 안에 임시정부를 승인해줄 것을 다시 한 번 요청했다. 미국이 임시정부를 승인할 경우 얻을 수 있는 정치적·전략적 이익과 관련한 문건도 첨부했다. 7월 3일에는 김구 주석을 비롯한 내각 전원의 이름으로 임시정부 승인을 요청하는 공문을 장제스에게 보냈다.

　지난해 카이로 회의에서 각하의 강력한 요청으로 영국과 미국의 영수도 전후 한국의 독립을 보증하는 데 찬동하였습니다. 이 소식이 전해지자 모든 한인은 기쁨을 감추지 못하며 다시 한 번 각하의 은혜에 감사하고 있습니다. 지금 국제정세는 동맹국에 유리한 방향으로 전개되고 있습니다. 이 중차대한 시기를 맞아 한국 혁명동지들은 직접 전장에 나아가 동맹국 군대와 어깨를 나란히 하고 적들과 싸우고 싶어합니다. 그러나 한국 임시정부가 아직 동맹국으로부터 정식으로 승인을 받지 못한 관계로 군사작전에 참가하지 못하고 있습니다. 참으로 안타깝고 초조함을 금할 수 없습니다. 전후 한국의 독립 보증을 창도하셨던 각하께서 이런 상황을 살피시어 중국 정부가 솔선하여 한국 임시정부를 승인하도록 힘써주시기 바랍니다.[44]

　2차 세계대전에 연합국의 일원으로 참여하여 전후 처리 과정에서 합법적 지위를 차지하고자 하는 임시정부의 끈질긴 외교 노력을 엿볼 수 있다. 국민당 정부는 미국과 여러 차례 교섭을 벌였으나, 미국은 임시정부를 승인하지 않겠다는 입장이 분명하므로 중국 단독으로 승인하기는 어렵다는 답을 보내왔다.

　임시정부는 중국과 미국을 상대로 한 승인외교에 실패했다. 하지만 연합국을 상대로 한 승인외교가 모두 외면당한 것은 아니었다. 1944년 독일군을 내쫓고 프랑스에 세워진 드골(Charles de Gaulle)이 이끄는 프랑스 임시정부가 호의를 표시했다. 1945년 2월 26일 주중 프랑스 대사인 페코프(Zinovi Peckhoff) 장군이 '프랑스 임시정부는 임시정부와의 관계를 비공식적으로 현상유지하며 한국 독립에 대한 프랑스의 동정적 관심과 한국의 조속한 독립을 희망한다'는 의사를 조소앙에게 전달했다. 임시정부는 이를 프랑스 임시정부가 대한민국 임시정부를 승인한 것으로 간주하고 3월 8일에 서영해를 주프랑스 대사로 선임했다.[45]

임시정부의 승인외교는 전후 처리 과정에서 임시정부가 연합국의 일원으로서 정당한 권리를 행사하고 신탁통치가 아닌 스스로 독립국가를 건설하기 위한 모색의 일환이었다. 해방 직후 임시정부는 '당면정책'을 발표하여 국내로 들어가서 과도정권을 수립할 때까지 정부 역할을 할 것임을 천명했다. 하지만 미군정은 이를 거부했고, 임시정부 지도자들은 개인 자격으로 귀국해야 했다. 승인 문제가 헌법 체계를 갖추고 27년간 명맥을 유지했던 임시정부의 운명을 갈랐던 것이다.

2
자발적 결사체,
인민 자치

임시의정원, 대의제를 추구하다

1898년에 독립협회가 벌인 의회 개설 운동은 군대를 동원한 고종의 탄압으로 그해 겨울 좌절되고 말았다. 전제군주제의 대한제국은 멸망했고, 1919년 4월 상하이에서 대의제 기구인 임시의정원이 탄생했다. 임시의정원은 상하이에 수립된 임시정부의 산실이었다.

1919년 4월 10일 독립운동가들은 먼저 임시의정원을 구성하고 임시정부 수립 절차를 진행했다. 초대 의장에는 이동녕이, 부의장에는 손정도가 선출되었다. 이어 국무총리를 수반으로 하는 임시정부를 구성했다. 국무총리에는 이승만을 선출했다. 4월 11일에는 제헌의회의 성격을 띤 제1회 임시의정원 회의를 마치고 임시헌장을 반포하고 임시정부 수립을 선포했다.

임시정부와 임시의정원은 어떤 관계였을까. 임시헌장 제2조에는 "대한민국은 임시정부가 임시의정원의 결의에 의하여 이를 통치한다"라고 되어 있다. 이는 임시정부가 대의제에 의해 운영된다는 것을 표방하는 동시에 임시의정원이 임시정부보다 우위에 있음을 의미한다. 또한 제10조에 '임시정부는 국토 회복 후 만 1년 내에 국회를 소집한다'라는 조항을 두어 임시의정원이 광복 후 새로운 정부가 구성될 때까지 국회의 기능을 한다는 점을 명시했다.

임시의정원의 조직과 운영은 1919년 4월 25일에 열린 제3회 임시의정원 회의에서 제정한 '대한민국임시의정원법'(이하 임시의정원법)을 따랐다. 임시의정원법은 임시의정원이 제정한 제1호 법률이다. 1919년 9월에 통합 임시정부가 출범하면서 임시의정원법을 약간 손보았으나, 개정이전과 크게 달라진 내용은 없었다.

임시의정원법에 따르면 임시의정원은 각 지방 인민의 대표위원으로 조직하고, 위원 자격은 대한 인민으로서 중등교육을 받은 만 23세 이상의 남녀로 정했다. 의원 수는 인구 30만 명당 1인을 선출하는 것으로 했다. 인구조사 전까지는 경기·충청·전라·경상·함경·평안도는 각 6인, 강원·황해도와 중국령·러시아령·미국령은 각 3인을 선출하도록 했다. 이에 따르면 의원 정수는 51인이다. 임기는 2년으로 정했다.[46] 국내에서 의원 선거가 불가능하므로 임시정부가 있는 상하이의 한인들을 출신지별로 나누어 의원을 선출하도록 했다. 만주, 러시아, 미국에서는 교민들이 직접 선출하여 상하이로 파견했다.[47] 임시의정원법에 따라 선출된 의원들이 참석한 최초의 회의는 1919년 4월 30일에 열린 제4회 임시의정원 회의였다.

임시의정원은 법률 제정과 예산·결산안 의결 및 조약 체결 동의 등의 권한을 가졌다. 임시의정원법에 의해 임시의정원의 기구도 체제를 갖출 수 있었다. 의장은 임시의정원 내의 질서를 유지하고 의사(議事)를 정리하며 대외적으로 임시의정원을 대표했다. 의장 유고 시에는 부의장이 직권을 대행하도록 했다. 임시의정원은 오늘날의 국회처럼 전원위원회, 상임위원회, 특별위원회 등 각 분과 설치 규정을 두고 회의를 운영했다.

1919년 9월 임시의정원의 의결에 따라 통합 임시정부가 들어섰지만, 곧 위기가 닥쳤다. 대한국민의회의 이동휘계는 임시정부에 합류했으나, 문창범계는 이를 거부하고 대한국민의회 재건을 선언했다. 1920년 말 상하이에 도착한 이승만 대통령은 위임통치 청원 논란에 휩싸였다. 1919년 이승만이 윌슨 미국 대통령에게 국제연맹의 한국 위임통치를 청원한 사실이 문제가 된 것이었다. 이동휘 국무총리는 자금 유용 논란에 휩싸이자 상하이를 떠나버렸다.[48] 임시정부는 우여곡절 끝에 1923년 1월에 국민대표회의를 열었으나, 임시의정원이 국민대표회의 수용 여부를 두고 논란을 벌이면서 위기에 빠졌다. 결국 임시의정원은 1925년에 이승만 대통령을 탄핵하고 개헌을 하면서 위상 회복에 나섰다. 탄핵 사유는 이승만이 미국에 거주하면서 임시정부를 돌보지 않았고 임시정부와 임시의정원을 부인했다는 데 있었다.[49]

임시의정원은 이당치국(以黨治國)의 논리에 따라 1927년에 다시 개헌을 실시하고 '대한민국 임시약헌'(이하 임시약헌)을 선포했다. 이당치국이란 중국 국민당이나 소련 공산당처럼 하나의 정당, 즉 여당만으로 국정을 운영하는 원리를 말한다. 임시약헌의 특징은 제2조에 집약되었다. "광복운동자의 대단결인 당이 완성될 때에는 국가의 최고 권력이 당에 있다"라고 하여 이당치국 논리를 법제화했다. 또한 "대한민국의 최고 권력은 임시의정원에 있다"라고 규정하여 임시의정원의 위상을 크게 강화했다. 정부는 책임수반이 없는 국무회의제로 운영하는 이른바 집단지도 체제를 채택하고 국무회의가 중요한 결정을 내릴 때는 임시의정원 상임위원회의 사전 동의를 받도록 했다. 이처럼 행정부가 의회에 예속되면서 임시의정원 상임위원회에 권한이 집중되었다.[50] 임시약헌에 따르면 상임위원회는 기존 임시의정원 산하의 위원회와는 성격이 달랐다. 임시의정원이 열리지 않는 기간에 직권을 행사할 수 있었고, 임시정부의 모든 정무를 감독하는 권한을 가졌다. 이후 임시의정원은 상임위원회를 중심으로 운영되었다.

임시정부가 1932년 상하이를 떠나 항저우(杭州), 전장(鎭江), 창사(長沙), 광저우, 류저우(柳州), 치장(綦江)을 거쳐 1940년 9월 충칭에 정착한 후 임시의정원에도 변화가 생겼다. 개헌을 통해 상임위원회 규정을 모두 삭제하여 임시의정원을 임시정부의 우위에 두는 헌법적 근거를 없앴다.[51] 대신 임시정부 주석의 권한이 강화되었다. 종전처럼 국무회의를 주재하는 역할에 그치던 윤번제 주석이 아니었다. 임시의정원에서 선출된 정부 대표로서, 국무회의를 소집하고 국군을 통솔하는 동시에 필요한 경우 행정 각부의 명령을 정지시킬 수 있으며 국무위원회의 결의를 거쳐 긴급명령을 발동할 수 있는 권한을 가졌다.[52]

충칭에 자리한 임시의정원에서는 한국독립당이 유일한 정당으로 활동하고 있었다. 1941년에는 좌익인 조선민족혁명당이 의회 진출을 시도했으나 실패했다.[53] 중국 국민당 정부는 임시정부에 좌익을 끌어들여 좌우 합작을 실현해야 제대로 지원하고 승인하겠다며 압박했다.

한국 임시정부에 대하여는 정권을 개방하도록 촉구하고 중국에 있는 모든 한인당파를 받아들여 민주정치를 실행케 함. 현재로서는 김구를 정치 영수로 보고 그를 도우나 반드시 그가 실행하는 정책은 우리나라가 정한 규정의 원칙에 부합할 수 있어야 함.[54]

임시정부는 이를 수용했고, 1942년 8월 4일에 좌익 진영이 임시의정 원에 참여할 수 있도록 '임시의정원 의원선거규정'을 만들어 국무회의에 서 통과시켰다. 이는 1940년에 개정한 '대한민국 임시약헌' 제7조의 '임 시의정원 의원의 규정에 관하여서는 선거법이 제정되기 전에는 국무위 원회의 의결로써 규정한다'에 따른 조치였다. 이에 따라 1942년 10월에 실시된 임시의정원 의원 보궐선거에서 기존의 23명 외에 23명의 의원 이 새로 선출되었다. 새로 뽑힌 의원들의 당적을 보면 한국독립당 소속 7명, 조선민족혁명당 12명, 조선민족해방동맹 2명, 조선혁명자연맹 2명 이었다. 한국독립당 당선자를 제외한 16명이 좌익 인사였다.[55]

임시의정원이 좌우합작의 '통일의회'가 되면서 임시의정원의 운영에 도 변화가 생겼다. 여당과 야당이 존재하는 다당제 의회가 된 것이다. 회 의에서는 종종 양자 간의 충돌이 벌어졌다. 제34회 임시의정원 회의에 서 야당들은 1941년에 임시정부 국무위원회가 발표한 건국강령을 수정 할 것을 제안했다. 건국강령이 임시의정원을 통과한 입법이 아니라 국무 위원회가 선포한 행정부 강령이라는 점을 문제 삼은 것이다. 1943년에 열린 제35회 임시의정원 회의에서는 건국강령 수정을 위한 위원회를 구성하여 건국강령을 입법화하려 했으나 결국 불발에 그쳤다.[56]

1944년 4월 제36차 의정원 회의가 개최될 때에는 여야가 세력 균형을 이루었다. 한국독립당 25명, 조선민족혁명당 12명, 조선민족해방동맹 3명, 무정부주의자연맹 2명, 통일동맹 1명, 무소속 7명이었다. 이 회의에서 임시정부의 마지막 헌법인 '대한민국 임시헌장'을 선포했다. 이때 개헌은 야당 의원들이 요구한 것으로 좌우익을 망라한 독립운동 정당들이 한자리에 모여 이룬 최초의 '합의 개헌'이었다.[57]

합의 개헌에 이어 임시정부도 좌우연합 정부로 꾸려졌다. 김구 주석은 한국독립당, 김규식 부주석은 조선민족혁명당 소속이었다. 국무위원 14명도 한국독립당 8명, 조선민족혁명당 4명, 조선민족해방동맹 1명, 조선혁명자연맹 1명 등으로 구성되었다. 임시의정원은 좌우합작의 임시정부를 '우리 민족의 각 혁명정당과 사회주의 각 당의 권위 있는 지도자들이 연합 일치하여 생산한 전 민족통일전선 정부이며 전 민족의 권위 있고 능력 있는 최고 영도기관'이라 평했다.[58]

마지막 임시의정원 회의는 해방 직후인 1945년 8월 17일에 열렸다. 이때 임시정부는 현 상태 그대로 환국한다는 방침을 정했으나 야당 의원들은 임시정부 개조와 국무위원 총사퇴를 요구했다. 홍진 의장이 중재에 나섰으나 합의를 이끌어내지 못했다. 야당 의원들이 임시의정원을 떠나면서 정족수 부족으로 회의마저 중단되었다.[59]

임시의정원은 27년간 대의제 운영이라는 유의미한 전통을 수립한 채 역사 속으로 사라졌다. 임시의정원은 최초의 민주공화정 정부를 수립하고 입법부로서 제한된 범위에서나마 합법적으로 의회를 이끌고자 했다.

민주공화국의 의회는 본질적으로 국민 의사의 대의기관임을 헌법에 명기하되, 여건상 국내 선거가 불가능하므로 국내 원적을 기준으로 독립운동가가 해당 지역 선거권을 대행하도록 하여 의정원이 '임시'임을 분명히 하면서도 의회가 국민의 대의기구임을 입증하여 정통성 문제를 해결하고자 했다.[60]

네 갈래의 정당운동

정당을 표방하는 정치활동은 대한제국기에 등장했다. 예컨대 대한협회는 기독교와 《황성신문》 인사들이 결성한 대한자강회를 모체로 김가진 등 전직 고위관료와 천도교 지도부가 가세하여 1907년 11월에 조직한 정치결사였다. '정치, 교육, 산업을 강구하여 사회 지식을 발달시키며 신진 덕성을 도야하며 전국 부력(富力)을 증진하여 국민적 자격을 양성한다'[61]는 취지로 발족한 대한협회는 스스로를 민권당 혹은 민정당이라 불렀다. 부회장 오세창은 대한협회를 '스스로 여론을 대표한다는 책임감을 갖는 순수 정당'이라고 정의했다.[62] 총무 윤효정도 대한협회와 같은 '정당을 통해서만 국민의 여론을 정치·사회에 실행시킬 수 있다'고 주장했다.[63] 《대한협회보》 편찬원 김성희는 대한협회가 '정당으로 장래 국회의 대표요 전일 헌정 연구의 결과'라고 자부했다.[64] 이처럼 대한협회는 일진회와 함께 재야정당으로 인식되었다. 두 단체는 서로 경쟁하며 보호국 체제에서의 정권 획득을 도모했다. 하지만 대한협회의 정당 활동은 한일병합 이후 식민권력에 의해 강제로 중단되었다.[65]

식민권력은 '정당'정치를 허용하지 않았다. '당'은 주로 독립운동 단체들이 쓰던 용어였다. 1915년에 상하이에서 결성된 신한혁명당, 1917년에 역시 상하이에서 조직된 조선사회당, 1918년 4월에 하바롭스크에서 창당한 한인사회당, 그해 11월에 상하이에서 결성된 신한청년당 등이 모두 '당'을 표방한 정치결사였다.

3·1운동 이후 본격화된 정당운동에는 네 갈래가 있었다. 먼저 사회주의 정당이 존재했다. 둘째, 일본의 식민지배하에서 합법적 정치세력화를 꿈꾸는 민족주의 계열의 정당이 있었다. 셋째, 1920년대 중반 중국에서 활동하던 독립운동가들은 이당치국의 논리에 따라 민족유일당 운동을 전개했다. 넷째, 민족유일당 운동이 실패한 후에는 각기 이념과 노선에 따라 '독립운동 정당'을 결성했다.

사회주의 정당의 원조인 한인사회당은 1918년 4월 28일에 창립되었다. 당 운영은 이동휘를 위원장으로 하는 중앙위원회를 중심으로 이루어졌다. 한인사회당은 1920년 3월 14일에 발표한 '약법'에서 일체의 계급을 타파하고 사회주의 국가를 결성하는 것이 설립 목적임을 분명히 밝혔다.

제1조 주의 : 본당은 정의·인도하에서 인류로 하여금 피아의 구별을 철폐하게 한다.

제2조 목적 : 본당은 인류의 자유, 평등한 공동 행복의 증진을 기한다.

제3조 행사 : 본당의 행사는 아래와 같다.

1항 국가 : 사회주의적 국가를 조직한다.

2항 계급 : 일체의 계급을 타파한다.[66]

1919년과 1920년에 걸쳐 국내에서는 사회주의 정당을 지향하는 '공산주의 그룹'이 형성되었다. 이들 공산주의 그룹은 때론 갈등하고 때론 협조하면서 조선공산당 창당을 목표로 활동했다. 1921년에 중국공산당이, 1922년에 일본공산당이 창당된 것에 비해 다소 늦은 1925년 4월 17일에 조선공산당이 창당되었다. 창당대회는 김재봉의 개회 선언과 김약수의 사회로 시작되었다. 김재봉은 '조선에서 사상운동이 날로 복잡해지고 있으므로 이것을 지도할 조직을 결성하지 않을 수 없다. 그래서 전 조선의 사상단체를 지도하지 않으면 안 된다'는 취지의 발언을 했다.[67] 이 자리에서는 간부를 선출하는 대신 김찬, 조동호, 조봉암을 전형위원으로 선출하여 7명의 중앙집행위원과 3명의 중앙검사위원 선출을 위임했다. 선출된 중앙집행위원과 중앙검사위원에게는 비밀 유지를 위해 개별 통지했다. 중앙집행위원들은 제1회 집행위원회에서 비서부, 인사부, 조직부, 조사부, 정치경제부, 선전부, 노동부를 설치할 것을 결의했다. 중앙집행위원 중 한 사람인 김재봉이 당 책임비서를 맡았다. 창당 무렵 당원 수는 120명 정도였다. 조선공산당은 비밀결사였지만, 사상단체는 물론 조선노농총동맹, 조선노동총동맹, 조선농민총동맹, 조선청년총동맹 등의 전국적 규모의 대중운동 조직들을 주도적으로 이끌며 영향력을 발휘했다.[68]

비합법 지하정당인 조선공산당은 1928년 8월에 해체되기까지 네 차례나 조선총독부의 대대적인 검거 선풍에 직면했다. '조선공산당 당칙'에 따르면 조선공산당 조직 원칙은 중앙집권적 민주주의에 따르도록 했으나, 당원은 규칙 및 결의에 복종하며 비밀을 엄수해야 했다.[69] 하지만 경찰은 번번이 사소한 사건을 빌미로 집요하게 추적한 끝에 조선공산당 조직을 색출하여 당원들을 체포했다. 이후 1930년대까지 조선공산당 재건운동이 곳곳에서 일어났으나, 정작 조선공산당 재건은 해방 후인 1945년 9월에 실현되었다. 이때는 합법정당이었다.

천도교는 3·1운동을 주도하며 민족주의 세력의 주류로 부상했다. 그리고 3·1운동 모의를 주도했던 최린은 손병희 사후 천도교 교권을 장악하며 독자적인 정치세력화를 모색하기 시작했다. 최린은 철저한 천도교 제일주의에 입각해 천도교인을 기반으로 정치결사를 결성해 활동하고자 했다. '조선이 장차 조선다운 조선이 되려면 실력 양성과 단결을 공고히 해야 하는데 이를 위해서는 교육·산업·종교를 통한 단체훈련이 반드시 필요하며, 종교로서는 우리 땅에서 나서 우리의 것을 먹고 자랐으며 우리의 것을 입고 성장한' 토착종교 천도교를 통한 정치훈련이 최선이라는 것이었다.[70]

1923년 초부터 최린을 중심으로 한 천도교 세력은 '민족적 중심단체' 결성의 필요성을 제기하면서 '조선에는 정치적 또는 사회적 중심세력이 없으니, 동화주의든지 자치론이든지 독립주의든지 사회주의든지를 불문하고 조선인은 이 중심에 어느 것 하나를 취하여 민족적 의사를 대표할 대단체를 이루어 민족적 중심세력이 되는 자가 조선 민족을 대표해야 한다'고 주장하고 나섰다.[71] 이는 독자적 정치세력화를 위한 인적·물적 기반을 갖고 있는 천도교만이 민족을 대표하는 중심세력으로서 자격을 갖추었다는 자신감에서 나온 것이었다. 그들은 조선 민족에게는 막연한 대동일치·민족일치보다는 '우리가 바라볼 유일한 표준점을 인정하고 거기에 도달할 유일한 방도를 발견하여 꼭 동일한 신념과 꼭 동일한 조직과 꼭 동일한 각오의 밑에서 절대의 약속을 가지고 새로이 내회(來會)하는 주의적 단결'이 필요하다고 주장했다.[72] 천도교는 그와 같은 정치세력화를 위한 결사로서 정당을 결성했다.

1923년 9월 '동학당의 근대적 재생'을 표방하며 천도교의 전위조직인 천도교청년당이 출범했다. 천도교청년당은 '인내천의 원리하에 지상천국을 건설하자는 천도교의 주의 목적을 사회적으로 달성한다'는 취지하에 정신개벽·민족개벽·사회개벽을 목표로 내세웠다. 천도교 간부인 조기간은 천도교청년당은 '새로운 윤리와 새로운 제도로써 지상천국의 새 세상을 건설하려는 주의적 단체'라고 역설했다.[73] 역시 천도교 간부인 이돈화도 천도교청년당이 '낡은 세력에 맞서 낡은 도덕을 부수고 신도덕을 수립할 책임을 맡아야 한다'[74]고 독려했다. 천도교청년당은 본부 위원의 결의제에 기반하여 운영했으며, 1925년에는 지방당부 120여 개에 당원은 3만 명에 달했다.[75] 하지만 정당인 천도교청년당이 식민지배 치하에서 합법적으로 할 수 있던 활동은 정치가 아닌 사회개혁운동뿐이었다.

국내에서 조선공산당이 창당될 무렵 중국에서 활동하던 독립운동가들은 '독립운동의 최고기관인 대(大)독립당', 즉 민족유일당을 건설하는 운동을 본격화했다. 임시정부가 더 이상 독립운동의 최고기관으로 기능할 수 없다는 공감대가 민족유일당 운동의 동력이었다. 1925년 11월을 전후한 시기에 임시정부의 기관지인 《독립신문》은 민족을 '타민족의 압박으로부터 구출하려는 민족운동과 일 계급을 타 계급의 압박으로부터 해방하려는 사회혁명의 협동'을 주장하는 사설을 실었다.[76] 이처럼 민족주의 진영과 사회주의 진영 간의 연대를 주장하는 민족협동전선론도 민족유일당 운동에 활력을 불어넣었다. 하지만 민족유일당의 위상과 조직 방법을 둘러싸고 민족주의 진영과 사회주의 진영은 충돌했다. 사회주의 진영은 민족유일당을 장차 혁명정당으로 발전시킨다는 구상을 가졌다. 반면 민족주의 진영은 민족유일당을 항일전선을 통일시키고 이당치국의 원리에 따라 임시정부를 강화하는 발판으로 삼고자 했다.[77]

민족유일당 운동에 적극적으로 나선 사람은 안창호였다. 그는 1926년 7월 8일 '우리 혁명운동과 임시정부 문제에 대하여'라는 연설에서 민족유일당 운동에 대한 구상을 밝혔다. 여기서 그는 민족적 당면과제는 일본 제국주의의 식민통치를 종식시키고 자주독립의 신국가를 건설하는 것으로, 이는 특정 계급만의 과제가 아니라 전 민족적 과제라는 점을 강조했다. 따라서 독립 이후의 문제인 정체(政體)와 주의를 둘러싸고 벌써부터 내부 싸움을 벌일 것이 아니라 전 민족이 독립을 쟁취하는 데 협력해야 한다고 주장했다. 임시정부 반대파이자 사회주의자인 원세훈이 동조하면서 민족유일당 운동은 급물살을 탔다. 민족유일당 운동은 독립운동가들이 지역 단위의 유일당 조직을 결성한 후 이를 기반으로 연합체를 건설하는 상향식 조직 방식을 취했다.

1926년 10월에 제일 먼저 결성된 지역 단위 조직은 한국독립유일당 베이징촉성회였다. 베이징촉성회는 선언서에서 '동일한 목적과 동일한 성공을 위하여 운동하고 투쟁하는 혁명가들이 반드시 하나의 기치 아래 모이고 하나의 호령 아래 모여야만 비로소 상당한 효과를 거둘 수 있다'라고 주장했다. 성공 사례로는 소련공산당, 중국 국민당, 아일랜드의 신페인당을 꼽았다.[78] 민족유일당 운동은 빠른 속도로 확산되었다. 1927년 3월 21일에 상하이촉성회가 결성된 데 이어 9월까지 광저우, 우한(武漢), 난징(南京) 등지에서 지역별 한국독립유일당 촉성회가 설립되었다. 1927년 11월에는 마침내 지역별 촉성회의 연합체인 한국독립당 관내촉성연합회가 출범했다. 만주에서도 민족유일당 운동이 일어났다. 베이징촉성회를 결성한 안창호는 1927년 1월에 민족유일당 운동을 전파하기 위해 만주로 건너갔다. 4월에는 신안툰(新安屯)에서 유일당 결성을 위한 회의가 열리기도 했다. 하지만 민족유일당 운동은 대내외적인 위기를 맞아 좌초하고 말았다. 중국 국민당과 공산당의 국공합작이 장제스의 반공노선 채택에 따라 결렬되었다. 사회주의 진영은 국제 공산당인 코민테른의 지령에 따라 민족협동전선론을 파기하고 독자세력 강화에 나섰다.[79]

민족유일당 운동이 실패한 후 안창호는 이동녕 등과 함께 1930년 1월에 한국독립당을 창당했다. 주석인 이동녕이 이끄는 임시정부 세력은 임시정부의 기능 강화와 독립운동의 활성화를 꾀하고자 정당 결성에 나섰다. 반면 안창호는 임시정부의 활약이 기대에 못 미치고 해외 한인들의 민족사상을 저해하는 경향마저 있으니 해체하고 시대에 맞는 독립운동의 중심 기관으로 정당을 설립할 것을 주장했다. 이에 이동녕은 새로운 기관을 세운다고 반드시 독립운동에 유리한 국면이 오는 것은 아니라며 반대했다. 양측은 논의 끝에 이당치국 체제를 갖춘 중국 국민당 정부처럼 임시정부를 한국독립당 정부로 만드는 데 합의했다.

한국독립당이 창당될 무렵 중국의 독립운동가들 사이에서는 정당운동이 본격화되었다. 1928년에는 만주에서 한국독립당이 창당되었다. 1929년에 난징에서는 사상 정화와 독립운동 진영 단결을 내세운 한국혁명당이 창당되었다. 한국혁명당은 만주에서 결성된 한국독립당과 1933년에 합당하여 신한독립당을 창당했다. 1929년에는 지린성에서 조선혁명당이 창당되었다. 1935년 7월에는 한국독립당, 의열단, 신한독립당, 조선혁명당, 미국에 있는 대한독립당 등이 조선혁명당으로 통합되었다.[80] 여기에 참여하지 않은 한국독립당계 일부 인사는 한국국민당을 결성했다.[81] 조선민족혁명당에서는 김원봉이 이끄는 의열단계가 당권을 장악하자 이에 불만을 느낀 조소앙의 한국독립당계가 두 달 만에 이탈하여 한국독립당 재건선언을 발표했다.[82] 1937년 3월에는 지청천계가 이탈하여 조선혁명당을 결성했다. 1940년에는 김구가 이끄는 한국국민당과 조소앙, 홍진이 이끄는 재건파 한국독립당, 지청천이 이끄는 조선혁명당이 통합하여 한국독립당을 재창당했다.[83]

이와 같은 독립운동 정당은 지지기반과 대중 참여가 전무한 상태에서 활동했기 때문에 김원봉의 조선민족혁명당과 김구의 한국국민당의 경우처럼 재정기반을 장악한 특정 인물을 중심으로 운영되는 경우가 많았다. 조선혁명자연맹이나 조선민족해방동맹처럼 소수로만 구성된 '간부정당'들도 존재했다. 정당 내에는 파벌이 존재했다. 가령 조선민족혁명당에는 의열단계, 조선혁명당계, 신한독립당계, 한국독립당계 등의 분파가 있었다.[84]

앞에서 살펴보았듯이, 독립운동 정당들은 1940년대 임시정부와 임시의정원에 참여하여 대의제를 기반으로 국민의 지지를 받는 정당이 집권하는 민주정치 원리를 바탕으로 활동했다. 그들에게 정당은 독립운동의 토대이자 독립 후 민주주의 국가를 건설하기 위한 정치적 구심체였다.[85]

신간회, 합법적인 전국적 정치결사
―――

식민지 조선에서는 참정의 권리에 기반한 합법적인 정당이 없었다. 정당이 아닌 합법적 정치결사는 있었다. 신간회가 대표적이다. 전국적 정치결사인 신간회의 결성에는 민족주의 우파가 주도한 자치운동이 촉매제가 되었다.

3·1운동 이후 민족주의자 중 일부가 조선은 독자적으로 독립을 쟁취할 능력이 없으므로 일본과 협상하여 자치권을 얻어야 한다며 자치운동에 나섰다. 1922년부터 동아일보를 중심으로 자치운동이 모색되었다. 그해 가을에는 동아일보의 송진우와 김성수, 천도교의 최린 등이 '유력한 민족단체' 결성을 협의했다.

자치운동은 1924년 벽두에 수면 위로 떠올랐다. 이광수는 1924년 1월 2일부터 6일까지 5회에 걸쳐 《동아일보》에 〈민족적 경륜〉이라는 글을 실어 "조선 내에서 허하는 범위 내에서 일대 정치적 결사를 조직하여 이 결사로 하여금 당면한 민족적 권리와 이익을 옹호하고 장래 구원한 정치운동의 기초를 만들게 할 것"을 제안했다. 이 논설이 발표된 직후 자치운동론자들은 자치운동 조직 결성을 협의하는 모임을 열었다. 이 모임은 '연정회' 결성 모임이라 불린다. 이후에도 몇 차례 더 모임을 가졌지만, 자치론에 대한 강한 반발과 압박으로 인해 결성에 이르지는 못했다.[86]

1925년 말에 다시 자치운동이 대두했다. 이 무렵 천도교는 최린이 이끄는 신파와 이종린이 이끄는 구파로 갈라졌다. 천도교 신파와 구파의 분화는 곧 민족주의의 우파와 좌파로의 분화를 상징했다. 천도교 신파는 동아일보와 함께 자치운동 세력을 결집해나갔다. 천도교 구파는 1926년 봄부터 민족주의 진영과 사회주의 진영 간의 협동전선을 결성하는 데 나섰다.[87]

1926년 4월 25일에 순종이 사망하고 그의 장례식을 기회로 6·10만세운동이 일어나면서 자치운동과 협동전선 결성 움직임은 한동안 중단되었다. 그해 가을 자치운동론자들은 다시 자치운동 결사의 결성 준비에 착수했다. 이 무렵 사회주의 단체인 서울청년회와 조선물산장려회에서 활동하던 민족주의 좌파가 함께 조선민흥회라는 민족협동전선체를 결성했다. 조선민흥회는 최린 등이 자치운동을 추진한다는 사실을 전해 듣고는 10월 14일에 자치운동론자들이 모이기로 한 회의실을 점거했다. 결국 자치운동 단체 출범의 뜻을 이루지 못한 최린은 10월 말 조선 자치에 대한 일본 정부의 의향을 살펴보기 위해 일본으로 떠났다.

자치운동의 풍파가 지나간 후 사회주의 단체인 정우회는 사상단체 해체와 사회주의 진영과 민족주의 좌파 간의 협동전선을 주장하는 '정우회 선언'을 내놓았다. 민족주의 좌파는 "빠른 시일 내에 참다운 민족당을 결성한다"는 데 합의했다. 그리고 천도교 구파 지도자인 권동진, 박래홍, 기독교계의 박동완, 불교계의 한용운, 혁신 유림이자 사회주의자인 최익환 등의 찬성을 얻어 민족당 결성에 나섰다. 이처럼 신간회는 민족주의 좌파와 사회주의 진영 간의 연대를 기반으로 민족단일당을 지향하는 협동전선체로 탄생했다.[88] 민족단일당이라는 표현에서 민족유일당 운동을 떠올리게 된다. 중국에서 민족유일당 운동이 한창이던 무렵에 국내에서도 민족협동전선 운동이 일어났던 것이다.

1927년 벽두부터 신간회 창립 준비가 본격화되었다. 1월 19일에 발기인대회를 열어 다음과 같은 강령을 채택했다. '우리는 기회주의를 일체 부인함'에서 자치운동에 반대하는 민족협동전선으로서 신간회를 창립한 결기를 엿볼 수 있다.

우리는 정치적 경제적 각성을 촉진함.

우리는 단결을 공고히 함.

우리는 기회주의를 일체 부인함.[89]

신간회는 발기인대회 직후 조선민흥회와의 통합에 나섰다. 양측은 '민족단일당의 집결체를 형성하는 이때에 반드시 대국적으로 합동해야 한다'는 데 의견 일치를 보았다. 1927년 2월 11일 조선민흥회 회원들이 신간회에 가입하는 데 합의하면서 신간회 창립준비위원회가 설립되었다. 1927년 2월 15일 신간회는 경성 중앙기독교청년회관 대강당에서 창립총회를 열었다. 창립총회에 참석한 회원은 300여 명이었지만 방청객 등 1000여 명이 몰려들었다. 이날 회장에는 이상재, 부회장에는 권동진이 선출되었다. 신간회는 간사제를 중심으로 조직을 운영하도록 했다.

조선총독부가 왜 정치결사인 신간회의 창립을 허가했을까? 조선총독부는 급속히 세를 불리고 있는 사회주의 진영보다는 민족주의 좌파가 주도하는 합법적인 단일 조직이 감시하기에 더 유리하다고 판단했다. 또한 신간회가 전국적 정치결사로 위력을 떨치게 될 것을 예상하지 못했다.[90]

1928년 3월에 신간회는 다음과 같은 당면과제를 발표했다.

농민 교양에 적극적으로 노력한다.

경작권의 확보 및 외래 이민을 방지한다.

조선인 본위의 교육을 확보한다.

언론·집회·결사·출판의 자유를 획득하기 위한 운동을 전개한다.

협동운동을 지지하고 지도한다.

염의단발(染衣斷髮)을 행하도록 권하여 백의와 망건의 폐지를 고조한다.[91]

정치결사로서 신간회의 면모는 언론·집회·결사·출판의 자유를 획득하기 위한 운동에 나서고 대중운동과 지역 운동에서 협동전선 결성을 지도할 것임을 천명한 데서 잘 드러난다. 신간회가 제시한 당면과제는 신간회 본부와 지회의 실천 활동을 통해 구현되었다. 농민 계몽운동, 소작제 개선 운동, 일본인 이주 반대 운동, 언론·출판·집회·결사 탄압 규탄 운동, 부문 운동·지역 운동의 연대체 결성 운동, 생활개선 운동 등이 전국 곳곳에서 일어났다.

신간회는 지회를 설립하고 회원 수를 늘리는 데 힘썼다. 회원 수가 30명이 넘으면 지회 설립이 가능했다.[92] 신간회 회원 수는 놀라운 속도로 증가했다. 창립 10개월 만에 지회가 100개를 돌파했고, 회원 수는 2만 명을 넘어섰다. 지회는 계속 늘어 1929년 2월에는 144개에 달했다.[93] 신간회 본부가 민족협동전선체인 것과 마찬가지로 지방에서도 사상 단체와 사회운동 단체들이 신간회를 지지하며 협동전선 운동의 일환으로 신간회 지회를 결성한 것이 급성장의 요인이었다. 일제시기에는 지방마다 많은 자발적 결사체들이 결성되어 활발하게 활동했지만, 중앙에 본부를 둔 정치적 결사체의 '지회' 형식으로 전국 방방곡곡에 합작, 연대, 연합의 바람을 불러일으킨 것은 신간회가 유일했다.

신간회 지회 설립 붐은 조선총독부를 긴장시켰다. 1928년 2월 15일 창립 1주년 기념 전국대회가 불허되면서 이후 신간회 본부가 주최하는 집회는 정상적으로 열리지 못했다. 신간회는 대안을 마련했다. 몇 개 지회를 묶어 하나의 구(區)를 만들어 대표를 선출하도록 했다. 이들을 복대표라 부르며 복대표위원회를 구성하고 집회 허가를 받아 전체 대회를 대신했다. 1929년 6월에 열린 전국복대표대회는 간사제를 집행위원제로 개정하고 중앙집행위원장에 허헌을 선출했다. 1929년 11월에 광주학생운동이 발발하자 신간회는 진상조사를 하고 이를 보고하는 민중대회를 준비했다. 경찰은 기회를 기다렸다는 듯이 허헌을 비롯한 신간회 간부 44명을 검거했다. 이번에는 전체 대회는커녕 복대표대회조차 불허된 상태에서 중앙집행위원장의 공석이 1년 가까이 이어졌다. 신간회는 대안으로 중앙집행위원회가 전체 대회를 대행하도록 규약을 고쳤다. 그리고 1930년 11월에 열린 중앙집행위원회에서 김병로를 중앙집행위원장으로 선출했다.

그렇게 고비를 넘겼지만 이번에는 내부에서 위기가 불거졌다. 새로 들어선 신간회 본부 집행부 일부가 자치론에 동조하는 듯한 행보를 보이는 가운데 부산지회를 시작으로 일부 지회가 신간회 해소 투쟁을 벌인 것이다. "현재의 신간회는 소부르주아적 정치운동의 집단으로서 하등의 적극적 투쟁이 없을 뿐만 아니라 전 민족적 총역량을 집중한 민족적 단일당이라는 미명 아래 도리어 노농대중의 투쟁 의욕을 말살하는 폐해를 끼치고 있다"는 이유였다.[94] 민족협동을 중시하던 사회주의 진영의 태도가 바뀐 것이었다. 이는 국제공산당인 코민테른의 전술 변화에 따른 것이었다. 코민테른의 민족협동전선 파기 노선에 따라 사회주의자들은 신간회를 민족개량주의 단체로 규정하여 해소를 주장했다.[95]

1931년 5월 15일과 16일 이틀 동안 신간회 전체 대회가 열렸다. 전체 대회가 집회 허가를 받은 것은 처음이었다. 첫날 전체 대회에 참석한 지회 대표들은 신간회 해소론자인 강기덕을 중앙집행위원장에 선출했다.

본부 간부직에도 해소를 주장하는 소장파 사회주의자들이 대거 진출했다. 다음 날 투표에서는 신간회 해소가 결정되었다. 전체 대회가 곧 해소 대회가 된 것이다.

4년 넘게 존속한 신간회는 전국적으로 140여 개가 넘는 지회를 바탕으로 두고 각종 정치운동과 사회운동을 주도하거나 적극 개입하면서 민족협동전선체로서 입지를 다져갔다. 하지만 조선총독부의 집요한 감시와 탄압, 그리고 민족주의 좌파의 반대에도 불구하고 사회주의 진영이 관철시킨 해소론의 벽을 넘지 못하고 사실상 해체의 길을 걸었다.

3
디아스포라의 공간,
결사와 자치의 삶

만주, 무장과 결합한 자치

19세기 이후 조선인의 만주 이주는 농사를 짓기 위해 시작되었다. 국망의 위기에 처하면서 정치적 망명도 늘었다. 나라를 되찾겠다는 일념으로 만주에 독립운동 기지를 건설하기 위해 가족을 이끌고 집단 이주하기도 했다. 한성의 명문가인 이회영 일가는 1910년 겨울 삭풍을 뚫고 대가족이 만주로 건너갔다. 안동 유림인 이상룡은 1911년 가족은 물론 친척까지 이끌고 만주로 망명했다. 토지조사사업으로 땅을 잃거나 먹고살기 힘들어진 농민들도 고향을 떠나면서 만주에 사는 한인의 수는 급격히 늘어났다. 1912년에 약 24만 명이 만주에 살고 있었는데, 7년 만인 1919년에는 43만 명으로 두 배 가까이 늘었다. 1930년 무렵에는 60여만 명이 거주했다. 만주에 몰려든 한인들은 마을을 형성하여 농사를 짓고 고국의 생활방식을 유지하며 살았다. 이들 한인 마을은 독립운동가들에게 경제적 기반을 제공하고 독립투사를 키우는 배후지 역할을 했다.

북간도에서는 명동학교를 중심으로 활동하던 독립운동가들이 1910년 한인의 자치와 경제력 향상을 도모할 목적으로 간민자치회를 결성했다.[96] 청 관리의 요구로 '자치'를 빼고 이름을 간민교육회로 바꾼 뒤에는 청 관청의 허가를 얻어 합법적으로 활동했다. 간민교육회는 북간도 각지에 지회를 두고 도로와 위생사업을 전개하고 농촌 경제를 활성화하기 위해 식산회를 조직했다. 그리고 한인들로부터 교육 회비를 걷어 명동학교 등을 운영했다. 기관지인 《교육보》를 발행했으며, 야학을 열어 문맹 퇴치 운동을 전개했다.

신해혁명으로 1912년에 들어선 중화민국이 지방자치를 실시하자 간민교육회 지도자들은 본격적인 자치기관 설립을 준비했다. 간민교육회는 대표 4인을 난징으로 보내 리위안홍(黎元洪) 부총통에게 한중 친선과 발전을 도모하기 위해 북간도 한인 사회에 간민자치회를 결성하겠다는 청원서를 제출했다. 리위안홍이 '자치'라는 단어를 삭제할 것을 요구하여 결국 간민회가 탄생했다. 자치란 단어를 뺀 것은 일본과의 외교적 충돌을 피하기 위함이었다.

1913년 4월 26일 정식 출범한 간민회는 자치기관으로서의 위상을 강화했다. 쥐쯔제(局子街)에 총본부를 설치한 후 옌지현(延吉縣), 허룽현(和龍縣), 왕칭현(汪淸縣) 등에 지방총회를 두었으며 지방총회 산하에 지회를 설치했다. 지회는 일반적으로 500호 정도 규모의 마을에 설치했으나 500호 이하라도 마을을 이룰 경우에는 지회를 두도록 했다. 옌지현에 5개, 허룽현에 19개, 왕칭현에 5개의 지회가 설치되었다.[97] 중국 관리는 한인에 관한 행정을 간민회와 협의하여 처리했으며 세금 징수, 호구 조사 등의 업무는 간민회가 대신했다.[98] 나아가 간민회는 일본의 간섭에서 벗어나 중국 정부와 법률의 보호 아래 자치를 실시하고자 중국 국적을 얻는 입적운동을 전개했다. 간민회가 중화민국의 노선인 공화민권을 따르면서 유림세력인 농무계·공교회 옌벤지회와 갈등을 빚기도 했다.[99] 간민회는 위안스카이(袁世凱) 대총통이 자치기관의 철폐를 명령하면서 창립한 지 1년 만인 1914년 3월 14일에 해산되었다.[100]

서간도에서는 신민회의 주도로 한인 대이주 계획과 함께 독립운동 기지 건설운동이 추진되었다. 먼저 1911년 늦봄 이회영, 이시영 형제와 이동녕, 이상룡 등은 서간도 싼위안푸(三源浦)에 자치기관인 경학사를 설립했다.[101] 경학사는 순탄치 않은 길을 걸어야 했다. 흉년이 들고 풍토병까지 퍼지자 중국인들은 한인을 일제 앞잡이로 보거나 자신들의 생계를 위협하는 경쟁자로 여겨 배척했다. 경학사는 중국인과 같은 머리 모양에 같은 옷을 입고 중국의 풍속을 따르는 동화운동을 전개하여 위기를 타개하고자 했다.

서간도로 이주하는 한인이 꾸준히 늘어나자 독립운동가들은 1915년 말 혹은 1916년 초에 경학사를 확대한 부민단(扶民團)이라는 이주민 통합 자치기관을 만들었다.[102] '부민단'은 부여의 유민이 다시 일어나 결성한 단체라는 뜻이었다. 부민단은 중앙 부서와 지방 조직을 마련하여 한인 자치를 실시했고, 한인 사회에서 일어나는 분쟁은 물론 중국인 혹은 관청과의 분쟁 사건을 처리했다. 이 때문에 '정부 행세'를 한다는 평을

받기도 했다.[103]

부민단의 주요 사업 중 하나가 신흥무관학교 운영이었다. 신흥무관학교는 1911년 봄에 신흥강습소라는 이름으로 창설되어 1920년 8월 간도참변으로 폐교될 때까지 약 2000여 명의 졸업생을 길러냈다.[104] 1914년에 부민단은 신흥무관학교 졸업생들이 1913년에 결성한 신흥학우단과 함께 사람이 살지 않는 고원평야에 백서농장을 건설하고 군사훈련을 실시했다. 백서란 '백두산의 서쪽'이란 뜻이고, 농장이란 말을 붙인 것은 군사훈련 단체임을 숨기기 위함이었다. 부민단은 1919년 4월 한족회로 개편될 때까지 한인이 거주하던 서간도 전 지역을 망라한 자치기관으로 활약했다.

미국, 해외 한인을 아우르는 결사의 모색

한인이 가장 먼저 정착한 미국 땅은 하와이였다. 1903년 1월 13일 102명의 한인이 호놀룰루 항에 도착했다. 1908년 8월까지 7400명의 한인이 하와이에 정착하여 30여 개의 사탕수수 농장에서 일했다. 한인들은 농장에 모여 살면서 동회를 조직하고 동장을 두었다. 1903년 8월에 신민회를 조직한 이래 많은 자발적 결사체가 설립되었다. 1907년에는 24개의 자발적 결사체와 동회 대표 30여 명이 호놀룰루에 모여 통합단체인 한인합성협회를 조직했다. 한인합성협회의 목표는 국권 회복, 미주 동포의 안녕 보장과 교육 장려였다. 기관지로 《합성신보》를 발간했다. 한인합성협회는 1년 동안 47개의 지회와 1051명의 회원을 확보했다. 하와이에 거주하는 21세 이상 한인의 3분의 1에 해당하는 수였다.

샌프란시스코에서도 자발적 결사체가 생겨났다. 1903년 9월 23일 안창호의 주도로 친목회가 만들어졌다. 이 친목회를 발판으로 1905년 4월 공립협회가 창립했다. 공립협회는 1907년까지 샌프란시스코를 중심으로 로스앤젤레스 등 6개 지역에 지방회를 설립했다. 1908년 3월 23일 샌프란시스코에서 장인환과 전명운이 대한제국 외교고문인 스티븐스(D. W. Stevens)를 저격하는 사건이 일어났다. 두 사람의 재판 비용을 마련하기 위해 모금 활동을 하면서 한인들은 단결의 필요성을 체감했다. 1908년 7월 8일에 콜로라도 주 덴버에서 한인합성협회, 공립협회, 대동보국회, 뉴욕공제회, 시애틀동맹신흥회 등의 대표들이 모여 애국동지대표회 모임을 가졌다. 이 모임을 계기로 한인합성협회와 공립협회가 통합을 추진하여 1909년 2월 1일 국민회를 발족했다.

국민회는 한인 사회를 대표하고 한인을 보호하는 자치정부임을 자처했다. 조직은 총회와 지방회로 구성하고 본토에는 북미지방총회를, 하와이에는 하와이지방총회를 두었다. 국민회 결성의 목적은 다음과 같다.

본회의 목적은 교육과 실업을 진발하며 자유와 평등을 제창하여 동포의 명예를 증진하며 조국의 독립을 광복케 함에 있음.[105]

이듬해인 1910년 2월에 대동보국회와 통합을 이룬 국민회는 5월에 이름을 대한인국민회로 바꿨다. 미주 한인의 최고기관으로 수립된 대한인국민회 역시 자치정부 역할을 하는 데 중점을 두었다. 먼저 대한인국민회는 "국가 인민을 대표하는 총기관"으로서의 대한인국민회 중앙총회 설립을 서둘렀다.[106] 1911년 8월에 발족한 대한인국민회 중앙총회는 대한인국민회 회원에게 '국민회를 통할한 기관이요 한 나라 정체로 말하면 일체 법령을 발하는 중앙정부'였다.[107] 대한인국민회 중앙총회는 만주, 연해주 등을 포함하여 116개의 지방회를 두었다. 대한인국민회는 1912년 11월 8일부터 20일간 중앙총회 제1회 대표원 의회를 열었다. 각 지방총회에서 선출한 대표원들이 참석한 의회는 곧 대한인국민회의 입법 기구였다. 대표원 의회는 대한인국민회 중앙총회 결성 선포식을 거행하면서 다음과 같은 선포문을 발표했다.

우리는 나라가 없으니 아직 국가 자치는 의논할 여지가 없거니와 우리의 단체를 무형한 정부로 인정하고 자치제도를 실시하여 일반 동포가 단체 안에서 자치제도의 실습을 받으면 장래 국가 건설에 공헌이 될 것이다.[108]

1913년 7월 12일 대한인국민회 중앙총회는 헌장을 개정하여 제1조에 "본회는 대한국민으로 성립하여 대한인국민회라고 칭함"이라 규정했다. 대한인국민회가 대한국민의 자치정부임을 선포한 것이다. 하지만 실제로는 미국 내 한인 자치정부로서의 역할을 수행했다. 1913년 캘리포니아 주의회에서 외국인토지매매금지법이 통과되자 미국과 일본 사이에 긴장이 고조되었다. 때마침 캘리포니아 주 리버사이드에서 한인 11명이 영국인 살구농장에 일하러 갔다가 주민에게 일본인으로 오해받아 쫓겨나는 사건이 발생했다. 이때 일본 영사가 사건에 개입하려 하자 대한인국민회가 먼저 나서서 사건을 해결했다. 대한인국민회 북미지방총회장 이대위는 브라이언(W. J. Bryan) 미국 국무장관 앞으로 서신을 보내 한인에 대한 일본 영사의 간섭 행위를 중단시켜달라고 요청했다. 국무장관은 대한인국민회를 한인의 대표기관으로 인정한다는 답신을 보냈다. 대한인국민회 하와이지방총회 역시 하와이 주정부의 인가를 받아 자치기관으로 활동했다.[109]

1914년 4월 대한인국민회 중앙총회는 소재지인 캘리포니아 주정부의 허락을 얻어 명실상부한 한인 자치기관으로서 활동했다. 대한인국민회는 "완전한 헌법공화국의 제도에 의지하여 조직한 단체"로서 자치규정을 제정했다.[110] 1914년 7월 1일에 공포한 자치규정에 따르면, 미주 한인의 자치를 위해 특별순검을 각처에 두고, 대한인국민회의 처벌에 불복하거나 적국을 돕는 행위를 할 경우 공민권을 박탈하고 재판을 받도록 했다.[111]

대한인국민회는 미주 한인의 자치정부를 자임하는 동시에 '정신상의 민주주의 국가', 즉 무형국가론을 제기하면서 임시정부 수립 운동을 펼쳤다. 비록 해외 한인을 아우르는 자치정부로서의 위상을 확보하지는 못했지만, 적어도 미주 한인에게 대한인국민회는 독립과 민주주의 국가 건설을 추구하는 무형정부의 역할을 했다.

연해주, 최초의 임시정부를 만든 자치의 힘

한인이 러시아 연해주 지방으로 건너가기 시작한 것은 19세기 중반이었다. 연해주에는 주로 국경을 접하고 있던 함경도 사람들이 이주하여 농사를 지었다. 러시아 정부가 이주를 장려하면서 차츰 이주민 수가 늘어갔다. 1869년 무렵에는 6500명 정도의 한인이 살고 있었으나 1900년을 넘어서면서 10만 명으로 늘었다. 1910년대에는 연해주로 이주하는 사람이 더욱 늘었다. 정치적 망명지로 연해주를 선택한 사람들도 있었다. 유인석은 의병을 모집해 독립전쟁을 준비하고자 연해주로 갔다. 1937년 스탈린에 의해 중앙아시아로 강제이주할 무렵에는 18만 명이라는 적지 않은 한인들이 연해주에 터전을 잡고 있었다.[112]

　연해주 한인 사회는 마을별로 자치기구를 만들어 자치를 실시했다. 마을마다 몇 사람의 풍속(風俗)을 두고 그중에 풍존(風尊) 혹은 노야(老爺) 1명을 선출하여 자치를 실시했다. 이들 마을 지도자들이 중심이 되어 대소사를 처리했다. 1910년 전후부터는 풍존과 노야를 회장 혹은 민장이라 불렀다. 한인 마을은 행정적인 자치도 실시했다. 마을 단위로 도소를 설치하여 도헌(都憲) 혹은 사장(社長)을 두고 촌락을 운영했다. 도헌 혹은 사장은 한인의 민형사상 소송을 처리하고 러시아 당국을 대신하여 세금을 징수하는 권한을 가졌다.

　블라디보스토크의 교외에 있던 신한촌에서는 신한촌민회가 자치를 실시했다. 신한촌 사람들은 본래 블라디보스토크 중심지에 있던 개척리에 살았다. 이때는 한민회를 결성하여 자치를 실시했다. 1911년 블라디보스토크 서북쪽에 있는 신개척리로 옮긴 후에 그곳을 신한촌이라 명명하고 한민회를 신한촌민회로 개편했다. 신한촌민회는 평의원 제도를 정비하고 임원을 개선하는 한편 사업과 예산을 심의 집행했다. 우선 민장의 임기를 3년에서 1년으로 줄였다. 신한촌 내 독립운동가 20인을 평의원으로 선출하여 그들이 사업과 예산 등을 심의하고 임원을 선출하도록 했다. 평의원회는 자치 운영에 필요한 비용을 가구별 혹은 개인별로 나누어 차등 부과했다.[113]

1911년 12월 신한촌에서 권업회가 결성되었다. 권업회는 연해주에 독립운동 기지를 건설하기 위해 출범한 결사였다. '권업'은 무장조직 결성이라는 목적을 숨겨 러시아 당국의 공인을 받기 위해 붙인 이름이었다. 권업회는 러시아 극동총독 곤다치의 허가를 받은 후 12월 19일에 회칙을 정비하여 임원을 선출했다. 권업회를 대표하는 실질적 운영자인 의사부 의장에는 이상설, 부의장에는 이종호가 선출되었다.[114] 중앙조직을 정비한 권업회는 연해주 전역에 지회와 분사무소를 설치했다. 1913년 10월경에는 회원 수가 2600여 명이었고, 1914년에 해산될 무렵에는 회원 수가 8500여 명에 이르렀다.[115]

권업회는 한인의 자율적 공동체인 신한촌민회와 달리 합법적인 자치기관으로서 한인 관련 행정 사무를 취급했다. 토지의 조차, 귀화 등의 처리도 그들의 몫이었다. 때로는 수백 호의 한인을 집단 이주시켜 도처에 한인 개척지를 만들기도 했다. 또한 권업회는 교육 사업에 중점을 두었다. 신한촌에 있던 계동학교를 크게 확장하여 한민학교로 개편하고 연해주 한인의 중추 교육기관으로 만들었다. 신한촌민회와 함께 1912년 3월에 240명을 수용할 수 있는 한민학교 건물도 지었다. 독립군을 양성하는 사업은 러시아 당국의 눈을 피해 비밀리에 이루어졌다. 권업회는 러시아가 아닌 만주의 뤄쯔거우(羅子溝)에 대전학교를 설립했다. 이어 미산부(密山府)를 비롯한 여러 곳에 조차지를 마련하여 군영지로 활용했다. 또한 양군호, 해도호 같은 이름의 상점을 두어 비밀 연락 장소로 삼았다. 1912년 4월 22일에는 기관지 《권업신문》을 창간하여 연해주는 물론 서·북간도와 미국 등지의 한인 사회에 보급했다.[116]

권업회는 1914년 봄 한인 시베리아 이주 50주년 행사를 앞두고 대한

광복군 정부 결성을 서둘렀다. 이상설을 대통령, 이동휘를 부통령으로
추대한 임시정부를 세워 독립군의 항일투쟁을 통일한다는 계획을 세웠
다. 하지만 1914년 9월 1차 세계대전에서 러시아의 동맹국이었던 일본
의 요구로 권업회는 강제해산되었고 지도자들은 추방당했다. 하지만 한
인 자치공동체의 강한 전통 속에서 1917년에 결성된 전로한족회 중앙총
회는 1919년 2월 25일에 마침내 임시정부 수립의 꿈을 이뤄 대한국민의
회를 조직했다.

만주, 미국, 연해주로 건너간 한인들은 여건이 허락하는 한 자발적 결
사체를 결성하고 한인 자치를 실시하고자 했다. 그러나 이렇게 어렵사리
만든 한인 자치공동체의 운명은 스스로의 선택과 무관하게 그들이 터를
잡고 있는 중국, 미국, 러시아의 내정과 외교에 의해 결정되는 경우가 많
았다. 그럼에도 해방을 맞을 때까지 디아스포라로서 한인들은 어디에서
살건 한인만의 자치를 꿈꾸며 자발적 결사체를 만드는 일을 간단없이 이
어갔다.

1919년 3월 1일 3·1운동 발발

1919년 3월 5일 경성에서 수천 명의 학생이 만세시위 전개

1920년 3월 김일엽, 《신여자》 창간

1920년 4월 11일 최초의 전국적 노동단체 조선노동공제회 발족

1920년 4월 19일 차미리사, 조선여자교육회 창립

1920년 12월 2일 조선청년회연합회 창립총회

1921년 4월 방정환 주도로 천도교소년회 발족

1921년 9월 26일 부산에서 부두노동자 5천여 명 동맹파업

1919년 2월 8일
도쿄 유학생들, 2·8독립선언

1922년 5월 1일
천도교소년회, 첫 어린이날 행사 개최

1922년 10월 무산자청년회 발족

1923년 3월 1일 천도교소년회, 《어린이》 창간

1923년 3월 24일 전조선청년당대회 개최

1924년 4월 20일 조선노농총동맹 결성

1924년 4월 21일 조선청년총동맹 결성

2장

주체의 탄생

❶ 선봉대로서의 학생
❷ 노동자여 단결하라
❸ 여성으로서, 운동가로서
❹ 세대로서의 청년과 어린이

1925년 1월 북풍파·화요파 사회주의자 허정숙·주세죽 등,
경성여자청년동맹 결성
1925년 2월 서울파 사회주의자 박원희, 경성여자청년회 창립
1925년 5월 치안유지법 공포
1925년 9월 27일 고려공산청년회 조선학생과학연구회 조직
1926년 1월 목포 제유공장 파업 발생
1926년 6월 10일 6·10만세운동 발발
1926년 12월 5일 경성여자청년회와 경성여자청년동맹이
통합하여 중앙여자청년동맹 결성

1924년 5월
최초의 사회주의여성단체인 조선여성동우회 결성

1929년 11월 3일 광주에서 학생 항일
운동 발발. 12월 전국으로 확산
1930년 1월 15일 경성에서 학생 연합
시위 발발

1929년 1월
원산 총파업 발발

1927년 5월
사회주의계와 민족주의계 여성운동가의 협동전선인 근우회 조직

1927년 9월 조선노농총동맹이 조선노동총동맹과 조선농민총동맹으로 분화
1927년 10월 방정환을 위원장으로 하는 조선소년연합회 창립
1928년 3월 22일 조선소년연합회를 조선소년운동총동맹으로 개편
1928년 5월 함흥고등보통학교 전교생, 민족차별적 교육 금지와 학교 민주화를
요구하는 동맹휴학 전개

3·1운동 이후 제한적이나마 결사의 자유가 허용되자 대중운동이 폭발적인 기세로 성장했다. 학생운동은 3·1운동을 통해 등장하여 6·10만세운동과 광주학생운동이라는 일제시기 대표적인 대중시위의 주역으로 떠올랐다. 학생들은 전국에서 독서회 같은 비밀결사를 만들어 활동하고 학교 문제와 민족 문제 해결을 요구하며 동맹휴학을 일으켰다.

노동운동 부문에서는 노동조합을 기반으로 전국 조직인 조선노농총동맹을 결성했으며, 곧이어 농민운동과 분리하여 독자적인 전국 조직인 조선노동총동맹을 건설했다. 자연발생적으로 일어나던 노동쟁의는 차츰 노동조합과 지역 노동연맹체, 전국적 기관인 조선 노동총동맹과 연대한 조직적이고 장기적인 파업으로 발전했다. 그 정점에 원산 총파업이 있었다.

여성운동은 학교 교육을 받은 신여성에 의해 주도되었으며 여성 계몽운동에서 출발하여 전국적 여성운동 조직인 근우회를 탄생시켰다. 청년운동 세력은 3·1운동 이후 결사의 자유가 허용된 이래 전국에서 단기간 내에 폭발적으로 조직된 청년회를 기반으로 급성장하여 전국적 조직인 조선청년회연합회를 결성하였다. 조선노농총동맹이 결성될 무렵 독자적인 청년 조직인 조선청년총동맹이 창립되었다. 소년운동은 미래의 동량으로서 어린이의 인권 보호를 주장했던 천도교소년회에서 출발하여 조선소년연합회와 조선소년총연맹이라는 전국적 조직을 결성하는 데까지 나아갔다.

일제시기 대중운동으로서의 학생운동, 노동운동, 여성운동, 청년운동, 소년운동의 절정기는 1920년대로, 10년이라는 짧은 기간 동안에 급성장했다. 1930년대 이후에는 침체의 길을 걸었다. 객관적 상황이 달라졌기 때문이다. 일본 제국주의가 전시체제로 들어가면서 조선인과 조선인 사회는 자유와 권리를 박탈당했다. 대중운동이 밀려나고 관변단체가 들어섰다. 주체적 상황도 달라졌다. 1920년대에 새롭게 세력을 형성하고 대중운동의 성장을 견인했던 사회주의 운동이 지하화, 즉 비합법의 길을 선택했다.

짧지만 열광적이었던 대중운동의 시대, 인민들은 대중운동을 통해 스스로가 학생, 노동자, 여성, 청년, 어린이라고 하는 주체적 자각을 경험했다. 근대적 주체로서의 자각이 각자의 사회적·경제적·세대적 처지에 기반하여 서서히 형성된 것이 아니라 대중운동 과정에서 빠르게 이루어졌던 것이다. 대중운동의 주체로 탄생한 학생, 노동자, 여성, 청년, 어린이가 대중운동을 통해 익힌 것은 결사를 만들어 스스로의 자유와 권리를 지키고 부당한 권력에 맞서 저항할 권리를 함께 누리는 힘, 바로 민주주의였다.

1
선봉대로서의 학생

3·1운동, 학생이 등장하다

선언서의 배포와 학생들의 선동에 따라 하층민은 물론 청년 학생들도 조선은
독립될 것이라고 믿는 자가 있었고 상류층도 한때 반신반의에 빠졌으며 특히
농촌 지역에서는 거의 대부분이 이를 믿었기 때문에 운동이 확대되었다.[1]

조선총독부는 3·1운동이 확산된 원인을 학생의 선동 때문이라고 진
단했다. 경성으로 유학 오거나 지방 도시에 사는 학생들은 각종 선언서
와 유인물, 그리고 시위 경험을 전국적으로 전파하는 데 기여했다. 학생
들이 거리 시위에 나선 이유를 들어보자.

조선 사람에게는 자유가 없다. 또 일본 사람과 조선 사람의 대우에 차이가 있다. 일본 사람과 조선 사람이 받고 있는 교육의 정도에도 차별이 있다. 이와 같은 것을 항상 불만스럽게 생각하고 있었으므로 독립을 하면 그런 불만이 없어질 것이므로 독립을 희망하는 것이다.[2]

학생운동은 민족 차별에 분노한 학생들이 거리로 나선 3·1운동에서 처음 등장했다. 3·1운동 모의 단계에서부터 학생세력은 크게 활약했다. 1919년 2월 8일 도쿄에서 유학생들이 발표한 〈2·8독립선언서〉가 3·1운동을 촉발하는 자극제가 되었다는 사실은 잘 알려져 있다. 도쿄 유학생들은 자신들만의 '2·8독립선언'을 모의하지 않았다. 독립선언을 준비하면서 와세다 대학생인 송계백을 국내로 밀파했다. 송계백은 1919년 1월 하순경 경성에 도착했다. 보성학교 출신인 송계백은 보성학교 교장인 최린, 보성학교 선배이자 중앙학교 교사인 현상윤, 중앙학교 교장인 송진우, 그리고 최남선을 만나 독립선언서 초안을 보여주었다. 최린은 천도교 교주인 손병희에게 그 초안을 보여주었다. 손병희는 "젊은 학생들이 이같이 의거를 감행하려는 이때에 우리 선배들도 좌시할 수 없다"며 독립운동 모의에 열의를 보였다고 한다.[3]

경성 시내 전문학교 학생들은 1919년 1월 초부터 독립운동을 모의했다. 1월 6일경 연희전문학교의 김원벽, 보성법률상업학교의 강기덕, 경성의학전문학교의 한위건, 보성법률상업학교 졸업생인 주익, 조선 중앙기독교청년회 간사 박희도 등이 모여 국제정세와 독립운동 문제를 논의했다. 이후 각자 학교에서 독립운동 문제를 논의하던 와중인 1월 21일에 고종이 급서하며 독살설이 나돌았고 민심은 동요했다. 김원벽, 강기덕,

한위건 등은 다시 모여 독립운동을 준비했다. 2월에 들어서자 주익이 선언서를 기초하고 전문학교 학생을 동원하여 시위를 벌인다는 계획을 세웠다. 2월 20일에는 각 전문학교 대표를 뽑고 대표자들이 체포될 경우 시위를 이끌어갈 책임자를 정했다. 2월 23일 박희도가 전문학교 대표들에게 3월 1일을 기하여 종교계가 독립시위를 벌일 예정이라는 소식을 알렸다. 전문학교 대표들은 2월 25일과 26일에 잇달아 회의를 열어 3월 1일에 전문학교는 물론 중등학교 학생들을 동원하여 탑골공원에서 독립시위를 벌이되, 3월 5일에는 학생만의 독자적 시위를 벌인다는 방침을 수립했다. 급한 것은 중등학교 학생 동원이었다. 전문학교 대표들은 곧바로 경성고등보통학교, 보성고등보통학교, 경신학교, 중앙학교, 선린상업학교 등의 학생들을 만나 독립시위를 모의했다.

이 무렵 여학생들도 독립시위 준비에 나섰다. 도쿄여자학원을 다니며 2·8독립선언에 참여했던 김마리아는 〈2·8독립선언서〉를 가지고 2월 15일에 귀국했다. 2월 21일경 이화학당 교원인 박인덕, 신준려 등과 협의하여 경성 시내 여학생 조직에 나섰다. 평양에서는 숭실전문학교와 숭덕학교 등 기독교 학교를 중심으로 3월 1일 학생 동원을 준비했다.

3월 1일에 최남선이 기초한 〈3·1독립선언서〉를 경성 시내에 배포하고 군중을 동원하는 일은 학생세력의 몫이 되었다. 강기덕은 2월 28일 오후 4시경 정동교회에서 33인 대표 중 한 사람인 이갑성에게 선언서 약 1500매를 건네받았다. 그날 밤 전문학교와 중등학교 대표들이 모여 선언서를 나누어 가졌다.

3월 1일, 각 학교에서는 학생 대표가 나서서 "우리들의 대표가 파리 강화회의에 참석하고 있으므로 우리는 우리의 의사를 세계에 알리기 위해 오늘 독립만세를 부르지 않으면 안 된다"라고 연설한 후 학생들을 탑골공원으로 이끌었다. 수천 명의 학생들이 탑골공원에 모였다. 오후 2시 선언서를 낭독하고 만세삼창을 부른 뒤 시가행진을 시작했다. 시위는 해가 질 때까지 이어졌다.

학생 독자 시위 예정일이던 3월 5일 오전 9시 남대문역 앞에 수천 명의 학생들이 집결하여 독립을 주장하는 시위를 벌였다. 이날 시위에는 거리의 시민은 물론 고종 장례식에 참석하고 귀향길에 오르기 위해 역으로 나온 사람들이 합세했다. 평양에서 원정 온 학생 200여 명도 시위대에 합류했다. 시위대 규모는 순식간에 1만 명으로 늘어났다. 시위대는 태극기를 흔들면서 시가행진을 시작했다. 강기덕과 김원벽이 인력거 위에 올라 선두에서 시위대를 이끌었다. 두 갈래로 나누어 이루어진 행진 대열은 보신각 앞에서 합류했으나 경찰의 저지로 해산해야 했다. 그날 밤 경찰은 주동자들을 체포했다.[4]

조선총독부는 학생 시위가 더 확대될 것을 우려하며 3월 10일 경성 시내 중등학교와 전문학교에 임시휴교령을 내렸다. 그러자 학생들은 선언서를 가지고 고향으로 돌아가서 독립시위를 일으켰다. 휴교조치가 오히려 3·1운동의 확산에 기여한 셈이다. 이화학당 학생이던 유관순도 3월 1일과 3월 5일의 시위에 참여한 후 임시휴교령이 내려지자 독립선언서를 들고 3월 13일에 귀향하여 시위를 모의했고, 4월 1일 병천 아우내 장날을 기해 만세시위를 일으켰다.

당시 학생 시위에서 주목받은 풍경 중 하나가 여학생의 시위였다. 개성에서는 여학생이 첫 만세시위를 주도했다. 3월 3일 호수돈여자고등보통학교 학생들이 거리로 나와 독립가와 찬송가를 부르며 행진했다. 여학생들이 거리 시위를 벌이다 검거되어 재판받는 모습은 당시 사람들에게는 낯선 광경이었다. 여학생들의 활약과 고초는 사람들을 시위에 나서게 만드는 촉매제 역할을 했다.[5] 조선총독부가 판단한 것처럼 지도부가 없는 상황에서도 3월 1일에 시작된 시위가 전국적 항쟁으로 확산되어 석 달 동안이나 이어진 데는 학생들이 큰 역할을 했다.

맹휴의 시대

맹휴는 동맹휴학의 줄임말이다. 3·1운동 때 학생들이 거리 시위에만 나선 것은 아니었다. 맹휴를 통한 항거도 있었다. 중등학교 이상의 학생들이 거리 시위에 나섰다면, 지금의 초등학교에 해당하는 보통학교 학생들은 주로 등교를 거부하며 맹휴를 벌였다. 임시휴교령이 끝나고 학교로 돌아온 중등학교 학생들도 맹휴투쟁을 전개했다. 2학기가 시작되는 9월에도 맹휴가 이어졌다.

이제 학생들도 맹휴라는 직접행동을 통해 민족 문제는 물론 학교 문제에 대해 자신들의 의사를 표시하는 데 주저함이 없었다. 경성고등보통학교에서는 1919년 10월 22일에 3학년 학생들이 수공과 농업 과목의 폐지를 요구하며 맹휴를 벌였다. 11월 3일에는 메이지 천황의 탄생을 기념하는 행사를 거부하면서 곳곳에서 맹휴를 벌였다. 일본어 대신 영어를, 일본사 대신 조선사를 가르쳐달라며 맹휴를 벌이기도 했다.[6] 거리의 3·1운동은 끝이 났지만, 학교 울타리 안에서는 3·1운동이 계속되고 있었던 것이다. 이때부터 맹휴는 학교와 사회에 대한 문제 제기를 하

는 일반적인 학생운동 방식으로 자리 잡아갔다. 당시 일본에서도 맹휴는 통상적인 학생운동 방식이었다.[7]

1920년대 들어 갈수록 맹휴가 빈번해졌고 사회주의자의 지도를 받는 학생세력이 주도하는 경우가 많아졌다. 고려공산청년회는 1925년에 조선학생과학연구회를 조직했다.[8] 조선학생과학연구회는 6·10만세운동을 주도한 조직으로 알려져 있다.[9] 조선공산당 역시 독서회 등의 비밀결사 결성을 지도했다. 경성에는 'ㄱ당'과 학생전위동맹, 광주에는 성진회와 독서회중앙본부, 대구에는 신우동맹과 적우동맹 등의 비밀결사가 조직되어 학생운동을 이끌었다.

맹휴는 1927년과 1928년에 절정을 이루었다. 함경남도 함흥에서는 연대 맹휴가 일어나 뜨거운 관심을 받았다. 1927년 7월 2일 함흥고등보통학교 2학년생 100여 명이 일본인 교사의 배척과 대우 개선을 요구하며 맹휴에 들어갔다. 이틀 후 3~4학년생 150명이 가세하자 학교 측은 맹휴생 모두에게 무기정학을 처분했다. 학생들은 교정에 격문을 살포하며 계속 저항했고 학교에 요구 조건을 담은 진정서를 제출했다. '식민지 정치의 일개 기관에 불과한 학교를 해방하여 자유로운 학문 선도의 장소로 만들자'는 것이 그들의 요구였다. 학생들은 교우회의 전권을 회원에게 반환하고 교사는 학생의 요구를 본위로 가르칠 것이며 학생들이 직접 학급 반장을 선출하게 해달라고 요구했다.[10] 7월 7일에 일본인 교장이 교사 사퇴 요구만 빼고 나머지 문제는 순차적으로 해결하겠다고 약속하면서 맹휴는 일단락되었다. 하지만 약속은 지켜지지 않았다.

이듬해인 1928년 5월 1일 노동절을 기해 함흥고등보통학교 2학년, 3학년, 4학년생이 또다시 같은 요구를 하며 맹휴를 재개했다. 5월 23일에는 1학년과 5학년 학생들이 가세했다. 전교생이 맹휴에 참여한 것이다. 6월까지 이어진 맹휴 기간 중 학생들은 국내 각 중등학교와 재일본한인 단체에 '전조선 피압박 동지 제군에게 격함'이라는 제목의 격문을 발송하여 여론의 주목을 받았다. 함흥고등보통학교 학생들이 제시한 맹휴 목표는 다음과 같다.

조선인 본위의 교육을 획득하자.
식민지 차별적 교육제도를 타도하자.
조일공학에 절대 반대하자.
군사교육에 절대 반대하자.
교내 학우회 자치제를 획득하자.[11]

민족차별적 교육의 금지와 학교의 민주화를 요구한 함흥고등보통학교의 맹휴는 함흥농업학교와 함흥상업학교로 번졌다. 전국 차원의 연대 맹휴도 일어났다. 부산제2상업학교와 동래고등보통학교가 연대 맹휴에 동참했다. 광주고등보통학교, 광주농업학교, 광주여자고등보통학교도 연대 맹휴에 들어갔다. 진주고등보통학교와 진주농업학교는 조일공학제 철폐, 노예교육 철폐, 조선사와 조선어 교수, 교내 언론·집회의 자유를 요구하며 연대 맹휴를 펼쳤다.[12] 조선총독부는 연대 맹휴의 발원지인 함흥고등보통학교에 경찰을 투입하여 진압했다. 전교생의 10퍼센트에 해당하는 50여 명이 검거되었고, 이중 15명이 실형을 선고받았다.

1920년대 후반으로 갈수록 맹휴가 늘어난 가장 큰 원인은 교사 문제였다. 노골적으로 민족차별을 일삼는 일본인 교사와 그에 순종하는 조선인 교사를 배척하는 맹휴가 제일 많았다. 차별 교육 타파라는 정치적 요구를 내건 맹휴도 많았다. 조선인 차별을 철폐할 것, 일본인 교원을 조선인 교원으로 교체할 것, 조선인 교사를 많이 채용할 것, 조선인 위주로 교육을 실시할 것, 조선인 교사에게 일본인 교사와 똑같은 봉급을 지급할 것, 조선 역사와 지리를 교수할 것, 조선어 시간을 늘릴 것 등을 요구했다. 학우회·교우회의 자치 허용과 교내에서 집회·언론·출판의 자유를 보장하는 학교 민주화를 요구하는 경우도 적지 않았다.

학생시위의 전국화, 광주학생운동

3·1운동과 6·10만세운동, 그리고 전국적 맹휴의 시대를 거친 학생운동의 정점은 1929년에 일어난 광주학생운동이었다. 전국적 학생시위로 번져간 광주학생운동의 원인은 민족차별이었다. 1929년 10월 30일 나주에서 광주로 통학하는 기차 안에서 일본인 남학생이 조선인 여학생의 갈래머리를 잡아당기며 성희롱하는 사건이 일어났다. 이 때문에 조선인 학생과 일본인 학생 간에 시비가 붙자 경찰은 일방적으로 조선인 학생의 뺨을 때렸다. 다음 날 기차 안에서 조선인 학생들은 일본인 학생에게 사과를 요구했다. 일본인 학생이 거절하면서 다시 싸움이 일어났다. 이번에도 일본인 차장과 승객이 조선인 학생에게 모욕을 주었다. 며칠 후인 11월 3일에 명치절(明治節) 기념식과 함께 전라남도 지역 누에고치 생산 6만 석 돌파를 기념하는 행사가 열렸다. 이날 행사에는 광주 지역 학생들이 동원되었다. 이때 일본인 학생들이 거리를 활보하며 조선인

학생들에게 행패를 부렸다. 이로 인해 시내 곳곳에서 충돌이 일어났다. 광주역에서는 수십 명이 다치는 일이 발생했다. 조선인 학생들은 해산하지 않고 광주고등보통학교 체육관에서 긴급 학생총회를 열었다. 여기에 참석한 1000여 명에 이르는 조선인 학생들은 각목과 곤봉으로 무장한 채 거리로 나가서 일본인 학생들이 다니는 광주중학교로 행진했다. 도중에 경찰이 이를 막고 해산시켰다.[13]

조선총독부의 대응은 민족차별적이고 강경했다. 광주의 모든 학교에 휴교령을 내렸고, 70여 명에 이르는 조선인 학생을 긴급 체포했다. 조선총독부의 일방적인 처사에 조선인들은 크게 분노했다. 병원에 입원한 학생들까지 강제 연행한 사실이 알려지면서 여론이 들끓었다. 전국 각지에서 연대의 움직임이 일었다. 경성의 운동단체들은 학생들의 석방을 위한 활동을 시작했다. 신간회는 허헌, 황상규, 김병로 등의 지도부를 파견하여 진상을 조사했고, 중앙청년동맹과 조선학생과학연구회, 조선학생전위동맹 등도 활동가를 파견했다.

광주는 전남청년연맹 위원장인 장석천의 지도하에 움직였다. 장석천은 광주에서 학생 비밀결사인 독서회를 지도하던 독서회중앙본부 책임비서인 장재성과 함께 학생들의 석방을 요구하는 제2의 시위를 준비하는 투쟁본부를 꾸렸다. 경성에서 내려온 신간회를 비롯한 운동단체 지도부에게는 연대와 지원을 요청했다. 시위 날짜는 광주 장날이자 다시 학교 문을 여는 11월 12일로 정해졌다.

11월 12일 광주고등보통학교에서는 독서회 회원들이 구속된 학생들의 석방을 요구하며 거리로 나서자고 선동했다. 학생들은 각목과 곤봉으로 무장한 채 시위 대오를 이루어 교문 밖으로 나갔다. 이들이 향한 곳은 광주형무소였다. "구속학생 석방하라"는 구호를 외치고, "학생 대중아, 궐기하자", "조선 민중아, 궐기하자" 등이 쓰인 전단지를 배포했다. 광주농업학교생 200여 명도 동참했다. 전남사범학교 학생들과 광주여자고등보통학교 학생들은 교문에서 제지당해 동참하지 못했다. 광주형무소 앞에서 대기하던 경찰들은 학생들을 포위하고 체포에 들어갔다. 이날 장재성을 비롯한 투쟁본부 간부 대부분이 체포되었다.[14] 이날 시위는 조선총독부의 보도 통제로 당장에는 알려지지 않았다.

며칠 후에야 신간회를 비롯한 경성의 운동단체들이 2차 시위 소식을 전해 들었다. 11월 16일 광주를 탈출하여 경성으로 잠입한 장석천이 신간회 본부를 찾아가서 광주 상황을 알렸다. 그는 조선청년총동맹과도 접촉했다. 조선청년총동맹은 학생세력을 설득하며 시위 준비에 나섰다. 12월 초부터 조선청년총동맹과 조선학생전위동맹이 작성한 격문이 경성 시내 학생들에게 배포되었다. 비밀결사인 독서회들도 맹휴를 준비했다. 12월 5일 경성제2고등보통학교가 제일 먼저 맹휴에 들어갔다. 이어 중동학교와 경성제1고등보통학교 등 경성 시내 학교에서 잇달아 맹휴가 일어났다. 맹휴운동은 12월 9일의 연합 시위로 발전했다. 이날 시위에는 경신학교, 보성고등보통학교, 중앙학교, 휘문고등보통학교 등 주요 사립학교들이 참여했다. 미처 교문 밖을 나서지 못한 학생들은 수업을 거부하고 농성을 벌였다. 경찰은 이날 1200여 명을 검거했다.[15] 그럼에도 동맹휴학과 시위가 계속되자 조선총독부는 12월 13일에 조기방학을 단행했다.[16] 이처럼 11월 초순 광주 지역에서 일어난 학생시위는 12월에 전국으로 확산되었다. 이러한 학생시위의 전국화에 대해 《동아일보》는 조선총독부의 주장처럼 학생 간의 사소한 충돌을 이용한 일부

공산주의자와 불온분자의 선동이 아니라, 민족차별이 근본 원인이라고 진단했다.

그의 원인은 곧 조선이라는 토지 내에 성립된 부자연한 양 민족의 주객전도적인 관계다. 일본인은 조선인에 대하여 치자적·정복적 우월감을 가질 때 조선인은 조선에 있어서는 자기가 주인이라는 확고한 전통적 신념을 가져 일본인의 우월적·모멸적인 언동에 대하여는 조선인이 아니고는 이해할 수 없는 심각한 불만을 느끼는 것이다. 사건의 발달이 이러한 민족감정의 일 폭발에 있는 데다가 그 화염에 땔감을 던진 결과가 된 것은 경찰 당국에서 일본인 학생은 석방하고 조선인 학생을 다수 검거한 사실이다. 이에 학생과 조선 측 민중은 경악하지 아니치 못한 것이다.[17]

그런데 개학하면서 1930년 1월 15일 경성에서 또다시 학생연합 시위가 일어났다. 이날 시위는 남학생은 휘문고등보통학교, 여학생은 이화여자고등보통학교가 주도했다. 이화여자고등보통학교 학생들은 근우회 서무부장인 허정숙의 지도로 기숙사에서 깃발과 격문을 제작하는 등 시위를 준비했다. 깃발에는 "학교는 경찰의 침입에 반대하라", "식민지교육정책을 전폐하라", "광주학생사건에 대해 분개하라", "학생 희생자를 석방하라", "일본의 야만정책에 반대하라", "각 학교의 퇴학자를 복교시켜라" 등의 격문을 적어 넣었다.[18] 또한 "제국주의 타도 만세, 약소민족 해방 만세"라고 쓰인 붉은 기도 준비했다. 휘문고등보통학교 학생들은 본래 1월 18일에 시위를 벌일 계획이었다. 하지만 1월 14일 여학생 대표를 만나 다음 날인 15일에 연합 시위를 벌이기로 합의했다. 남학생들은 변경된 일정을 급히 알리며 연합 시위를 준비했다. 1월 15일 오전 9시 30분 경성의 각 학교 학생들이 깃발을 들고 만세를 외치며 시위에 돌입했다. 이날 시위에는 15개 중등학교 학생들이 참여했는데, 이중 10개가 여학교였다. 12월 연합 시위 당시 주동자들이 검거되고 경계가 삼엄한 가운데 1월 15일 경성 한복판에서 다시 학생연합 시위가 일어나자 경찰은 단순한 학생운동이 아니라며 소요죄를 적용하겠다는 방침을 세웠다.[19]

1930년 봄까지 이어진 광주학생운동에는 전국 13도에서 280여 개 학교가 참여했다. 참가 학생은 연인원 5만 4000명에 달했다. 당시 중등학교급 이상 학생은 8만 9000명이었다. 광주학생운동으로 구속된 학생은 1642명이었다. 시위 주동자 혹은 가담자로 퇴학당한 학생이 582명, 무기정학을 당한 학생은 2330명에 달했다. 1929년 12월에는 일본에서, 1930년 1월부터는 중국 관내와 만주, 연해주, 미국 등지에서 한인 사회가 나서서 광주학생운동에 호응하여 집회를 열었다.[20]

3·1운동으로 첫 등장한 학생세력은 6·10만세운동에 이어 전국적인 학생시위로 발전한 광주학생운동에 이르기까지 일제시기에 일어난 대규모 대중시위의 선봉대였다. 맹휴를 통해 다진 결속감을 바탕으로 한 대중 동원은 압도적이었다.

2
노동자여 단결하라

노농운동에서 노동운동으로

1920년 4월 11일 최초의 전국적 노동단체인 조선노동공제회가 발족했다. 1919년 경성에서 박중화 등의 지식인이 결성한 조선노동문제연구회가 모태였다. 합법조직을 표방한 조선노동공제회가 강령에서 제일 먼저인권 문제를 언급한 점이 눈에 띈다.

인권의 자유평등과 민족적 차별의 철폐를 기함.
식민지 교육의 지양과 대중문화의 발전을 기함.
노동자의 기술 양성과 직업소개를 기함.

각종 노예의 해방과 상호부조를 기함.[21]

조선노동공제회는 노동의 신성함과 노동자의 존귀성을 강조하면서 '민족적·계급적으로 이중의 압박과 착취의 대상'이자 '박멸과 자멸의 운명밖에 없는 조선의 노동자·농민 대중'의 민족적·계급적 해방을 선언했다.

여기서 흥미로운 점은 '조선의 노동자·농민 대중'이라는 표현이다. 노동단체임에도 노동자와 함께 농민을 병렬해 부르고 있다. 당시 지식인들은 노동 문제의 틀로 농민 문제, 구체적으로는 소작인 문제를 바라보았다. 소작인을 농업노동자이자 임금노동자로 간주했다. 공장 노동자보다 소작인의 수가 훨씬 많으니 소작인 문제가 제일 중요한 노동 문제라고 주장하는 이들도 있었다. 이런 인식에서 소작인이나 농업노동자로 구성된 조직에 노동회 혹은 노동조합이라는 이름을 붙이기도 했다. 조선노동공제회는 소작인 운동을 노동운동에 포함하면서 소작인노동자라는 개념을 내놓았다. 진주와 광주에서는 조선노동공제회 지회가 소작인 운동에 앞장섰다.[22] 이 무렵 지방에서는 다양한 직종을 망라한 지역 단위의 노동조합이 생겨났다. 주로 지역 유지들이 나서서 만들었는데, 노동자와 농민을 구별하지 않고 모두 노동자로 인식하는 것은 조선노동공제회와 같았다.

1920년대 중반에 접어들면서 노동운동은 커다란 변화를 겪었다. 먼저 노동조합이 지역 단위가 아니라 주로 직업별로 조직되었다. 운수·통신업, 인쇄출판업, 서비스업은 물론 섬유공장이나 화학공장에 다니는 노동자들이 직업별 노동조합을 결성했다. 1926년 3월에는 직업별 노동조합의 전국 조직인 전조선신문배달조합총동맹, 조선인쇄직공총연맹, 조선철공조합총동맹이 잇달아 결성되었다. 둘째, 무산계급의 해방을 목표로 하는 사회주의 노동단체가 속속 들어섰다. 기존의 조선노동공제회도 1922년 7월부터 사회주의자들이 중앙집행위원회를 장악했다. 이제 노동조합들은 공공연하게 계급투쟁을 주장했고, 노동자가 아니라 노동계급이라 불렀다. '계급의식의 고양과 노동계급의 의식적 훈련'이 노동조합의 목표가 되었다.

1924년에는 전국적 노동운동 단체인 조선노농총동맹이 결성되었다. 1923년 9월부터 북성회의 주도로 조선노농총동맹준비회가 만들어졌다. 북성회는 일본에서 활동하다가 귀국하여 국내 활동을 시작한 사회주의 단체였다. 북성회는 상향식 조직 구성을 시도했다. 진주, 대구, 광주 등 지방 도시의 노동단체와 농민단체를 모아 중앙조직을 건설하고자 했다. 먼저 진주에서 경상남도노농운동자간친회를 개최하고, 대구에서는 남선노농동맹회 발기총회를 열었다. 이어 광주에서 전라도노농연맹을 조직했다. 이러한 준비를 발판으로 경상도와 전라도의 90여 개 가맹단체의 대표 150여 명이 대구에서 모여 남선노농동맹회 창립총회를 개최했다. 이러한 하부조직 결성에 힘입어 마침내 1924년 4월 15일, 경성에서는 전조선노농대회가 열렸다. 전국의 83개 노농단체 대표 87명이 참가한 이 대회에서 '전 조선의 노동운동과 농민운동 단체를 아우르는 전국적 총동맹을 조직하자'고 결의하여, 닷새 뒤인 4월 20일에 조선노농총동맹을 창립했다. 농민운동이 노동운동에 포섭되는 형태였지만 산하에 노동부와 소작부를 별도로 두었다. 조선노농총동맹의 강령은 다음과 같다.

우리는 노농계급을 해방하고 완전한 신사회를 실현할 것을 목적으로 함.

우리는 단체의 위력으로서 최후의 승리를 얻을 때까지 철저적으로 자본계급과 투쟁할 것을 기함.

우리는 노농계급의 현하 생활에 비추어 각각 복리 증진·경제 향상을 기함.[23]

조선노동공제회의 강령에 비해 사회주의적 색채가 강화되었음을 알 수 있다. 민족 문제에 대한 언급은 없다. 각지의 노동단체와 농민단체들이 속속 가입하면서 전성기에는 조선노농총동맹 가입 단체가 260여 개였고, 회원은 5만 명에 달했다.

노동운동과 농민운동이 활발해지면서 1925년 가을부터는 조선노농총동맹을 노동단체와 농민단체로 분리하는 문제가 제기되었다. '노동자와 농민은 어디까지나 성질이 다른 별개의 산업 분야에 속하므로 전국적 운동조직도 별개의 단일한 중앙기구가 필요하다'는 인식이 확산되었기 때문이다. 조선노농총동맹 중앙집행위원회는 11월에 회의를 열어 농민총동맹과 노동총동맹으로 분리하기로 결정했다. 이에 지방의 노동자와 농민 연합단체 역시 별개 조직을 결성하는 개편을 추진했다. 조선노농총동맹은 1926년 4월 22일에 분립대회를 열고자 했으나, 경찰의 불허로 포기해야 했다. 대의원 간담회조차 경찰이 허가하지 않아 분리 절차를 밟지 못하고 해를 넘겼다. 조선노농총동맹은 소속 단체들을 노동조합과 농민조합으로 구분하여 정리하고 조선노동총동맹과 조선농민총동맹으로 분립하기로 재차 결의했다. 조선노농총동맹은 집회 허가가 어렵다는 판단 아래 분립 절차의 민주적 합법성을 확보하기 위해 소속단체의 의사를 묻는 서면투표를 실시했다. 1927년 9월 7일 개표 결과 노동단체 중에는 98개 단체가 분립에 찬성했고, 4개 단체는 의사를 밝히지 않았다. 농민 단체 중에는 128개 단체가 분립에 찬성했고, 역시 4개 단체가 의사를 밝히지 않았다. 이날 서면 투표 결과에 따라 조선노농총동맹은 조선노동총 동맹과 조선농민총동맹으로 나뉘었다.

생존권을 위한 파업

1920년대 조선총독부에는 노동 문제를 전담하는 부서가 없었다. 1921 년 7월 조선총독부가 내무국에 사회과를 신설하여 노동 문제를 사회사 업의 한 분야로 다루는 정도였다.[24] 노동단체와 노동운동의 동향을 파악 하는 일은 조선총독부 경무국 보안과 소속 경찰의 몫이었다. 일본에서는 이미 1916년부터 노동인권을 보장하기 위해 공장법을 시행하고 있었다. 공장법은 '유년공·부인 노동자의 최저연령과 취업시간 제한, 야간작업 과 위험하고 위해한 작업 금지, 산전산후의 보호를 주요 내용으로 하는 법'이었다. 조선총독부는 1920년대부터 공장법을 조선에 적용하는 문제 를 검토했으나 공업이 유치한 단계에 있어 시기상조라는 경제논리에 밀 려 끝내 입법화하지 못했다. 도 단위로 '공장취체규칙'을 제정하여 시행 하는 데 그쳤다. 경기도는 1922년 공장의 설립과 설비 시에 경찰서의 허 가를 받도록 하는 '제조공장취체규칙'을 공포했는데, 이 규칙은 예방과 위생을 위한 단속 규정 중심이어서 노동보호라는 노동입법의 취지와는 거리가 멀었다. 이에 언론들은 '공장취체규칙'으로는 노동자의 생존권을

보장할 수 없으므로 속히 공장법을 제정해야 한다고 주장했다.[25]

　조선총독부는 노동자의 생존권을 보장하는 데 나서지 않았을 뿐 아니라 1907년에 제정한 보안법, 1919년에 제정한 제령 7호 '정치에 관한 범죄 처벌의 건'과 함께 1925년 5월에 사상통제법인 치안유지법을 공포하여 노동운동과 노동조합을 탄압하는 노동정책을 펼쳤다.[26] 결국 노동자들은 법으로 보호받지 못하는 생존권을 노동쟁의, 즉 파업이라는 직접 행동을 통해 스스로 얻어내는 수밖에 없었다.

　1921년 9월 부산에서 5000여 명의 부두노동자가 동맹파업을 일으켰다. 동일 부문 노동자가 일으킨 최초의 총파업이었다. 원인은 임금 삭감이었다. 운송업자들이 1920년 이래의 전후(戰後) 경제공황에서 입은 손실을 벌충하기 위해 임금을 삭감했던 것이다. 1921년 1월에 임금을 30퍼센트 깎아놓고는 4월에 다시 20퍼센트를 삭감했다. 그런데 9월에 또 임금을 인하한다는 소문이 돌자 노동자들이 행동에 나섰다. 석탄을 운반하는 노동자 1000여 명이 나서서 9월 12일에 고용주들에게 임금 인상을 요구하며 파업선언서를 보냈다. 물가는 폭등하는데 임금은 계속 떨어지고 있어 생활이 불가능하니 임금을 최소한 40퍼센트 인상해 달라는 요구였다. 고용주들에게 9월 15일까지 답을 달라고 했지만 아무런 응답이 없자 노동자들은 9월 16일과 17일 이틀에 걸쳐 파업을 단행했다. 이에 놀란 고용주들이 25일까지 답을 주겠다고 약속했으나, 부두노동자의 임금 인상 요구는 더욱 거세졌다. 상선 화물 운반 노동자, 연락선 화물 운반 노동자, 시내 각 운송점 화물 운반 노동자 2000여 명도 임금을 40~50퍼센트 인상할 것을 요구하며 고용주들과 협상을 시도했다. 고용주들은 노동자들을 비난하면서 협상을 결렬시켰다.

결국 9월 26일 부두노동자 5000여 명이 총파업을 선언하고 운반 작업을 중단했다. 부산항은 마비상태가 되었다. 일본을 오가는 관문인 부산에서 부두노동자가 일으킨 총파업인 만큼 식민지 경제에 미치는 파장은 컸다. 부산 부윤과 부산상업회의소 서기장이 중재에 나섰다. 여론은 연이은 임금 인하로 인해 생존권을 위협받아 일어난 총파업이라는 점에서 동정적이었다. 고용주들이 인근 지역에서 화물을 운반할 노동자를 구했으나, 사람들은 파업을 파괴하는 노동은 수치스럽다며 호응하지 않았다. 첫날부터 수십 명의 파업 지도자들이 경찰에 체포되었음에도 노동자들은 20~30명씩 모이는 소규모 집회를 열며 파업을 계속했다. 3일 만인 9월 29일 노동자 대표와 고용주 대표가 노사협의를 진행했다. 다음 날인 9월 30일에 양측은 10~15퍼센트 임금 인상에 합의했다.[27] 부두노동자의 총파업이 임금 인상이라는 결과를 가져오자, 부산에서는 1921년 가을부터 반년가량 파업과 임금 인상 요구가 끊이질 않았다.[28] 부산 부두노동자 총파업처럼, 당시 파업은 대개 자연발생적이었고, 주로 임금 문제로 인해 일어났다. 노동자 파업 풍경이 아직 익숙하지 않았던 시절, 물리적 충돌 없이 사실상 노동자의 승리로 끝난 부산 부두노동자 총파업은 세간의 화제가 되었다.

1920년대 중반부터는 조직적인 파업이 증가했고, 임금 문제를 포함하여 노동조건 개선을 요구하는 목소리가 높아졌다. 또한 파업은 점차 지속적이고 전투적인 동시에 지역적 연대 혹은 직업별 연대를 강화하는 방향으로 나아갔다. 1926년 1월 전라남도 목포에 있는 제유공장에서 파업이 일어났다. 그 공장은 식물성 기름을 제조하는 조선에서 가장 큰 제유공장이었다. 제유노동조합은 임시총회를 열고 인격적 대우, 임금 인상,

노동시간 단축 등의 요구 조건을 내걸었다. 회사는 새로 노동자를 모집하는 방식으로 파업에 대응하려 했다. 제유노동조합은 긴급총회를 열어 조합의 승인 없이 회사를 방문하는 노동자는 즉각 처벌할 것을 결의했다. 노동조합의 굳건한 연대에 직공 모집에 응하는 사람은 한 명도 없었다. 회사의 태도를 확인한 제유노동조합은 장기전에 대비했다. 2월 2일 제유노동조합은 조합원의 생활 보장을 위한 행상대를 조직하는 한편, 실업자대회 개최를 결의했다.

목포 제유공장 파업이 한 달 넘게 지속되자, 목포는 물론 전국적으로 주목을 받기 시작했다. 여론은 음력설을 넘기면서 타협의 여지가 있을 것을 기대했으나 허사였다. 회사는 더욱 강경한 태도를 보이며 경찰의 지원 속에서 직공 모집을 시도했다. 이번에는 인근 농촌에서 농민 150여 명을 변장시킨 채 밤에 공장으로 데려와서 외출도 금지하고 작업을 시켰다. 나아가 제유노동조합 소속 노동자들을 회유했다.

2개월 넘게 파업이 이어지던 3월 초순 한밤중에 공장 부근에서 회사가 모집한 노동자 수십 명이 습격을 당해 10여 명이 중경상을 입는 사건이 일어났다. 이 일을 시작으로 제유노동조합은 폭력투쟁을 전개했다. 20명의 결사대가 공장을 습격하여 유리창을 깨뜨리고 기계를 떼어내거나 부숴 작업을 중단시키고 새로 고용된 노동자 5~6명을 구타하여 중상을 입혔다. 하지만 공장 습격 이후 지도부들이 줄줄이 체포되면서 제유공장 노동자 파업도 막을 내렸다.[29]

목포 제유공장 파업은 결속력이 강고한 노동조합의 주도로 일사불란하게 진행되었고, 회사 측은 강경일변도로 대응했다. 팽팽하게 맞서던 양측의 충돌은 결국 폭력사태를 불러왔다. 5년 전인 1921년에 일어난 부산 부두노동자의 파업과는 양상이 크게 달랐다. 생존권을 확보하기 위한 파업투쟁의 장기화는 노동조합이라는 조직과 중앙과 지방의 노동단체와의 연대, 그리고 언론의 주목이 있었기에 가능했다.

노동쟁의의 정점, 원산 총파업

1929년에 일어난 원산 총파업은 지역연맹체인 원산노동연합회의 주도로 일어났다. 원산노동연합회와 같은 지역연맹체는 전국적 조직인 전국노농총동맹보다 늦게 결성되었다. 지역연맹체는 1924년 5월 순천 노동동맹회를 시작으로 1928년 상반기까지 24개가 결성되었다. 이중 16개 조직이 1925년 하반기부터 1926년 상반기 사이에 결성되었다.

지역연맹체 중 지역 기반이 가장 탄탄한 곳이 원산이었다. 원산에서 처음 나타난 노동단체는 1921년 3월에 조직된 원산노동회였다. 원산노동회는 원산항에서 부두노동에 종사하는 항만 하역노동자를 중심으로 조직되었다. 1925년 10월 원산노동회는 결복, 운반, 부두, 운송, 두량, 선박, 해륙의 7개 노동조합을 조직하기로 결의하고 다음 달에 원산노동연합회로 개편했다. 그러자 인쇄, 양복, 양화, 목공, 급수부 등의 직공조합도 원산노동연합회에 가입했다. 원산노동연합회의 조직 체계는 크게 운수부와 직공부로 나뉘었는데, 운수부에 약 1800명, 직공부에 약 200여 명이 가입하여 활동했다. 개인적으로 가입한 136명은 합동노동조합의 이름으로 묶여 활동했다.[30]

원산노동연합회는 결성 직후부터 1927년까지 3년 동안 26건의 파업을 주도하여 모두 승리로 이끌었다. 원산노동연합회는 미리 자금을 모아 파업기금을 준비했고 소비조합과 노동병원, 노동자 이발부를 설치하여 노동자들에게 물질적 이익을 제공했다. 산하 조합마다 구제부를 두어 회원 노동자들의 상호부조 활동에 힘썼으며, 회원이 사고를 당해 작업을 못하거나 병에 걸리는 경우 생활비를 지원했다. 그러므로 원산의 노동자들은 다투어 원산노동연합회 산하 조합에 가입하려고 했다.[31] 원산노동연합회는 이러한 강력한 조직력을 기반으로 실질적인 단체교섭을 확보함으로써 파업을 승리로 이끌었다. 나아가 원산노동연합회가 주체가 되어 지역 내 모든 화주들을 상대로 단체교섭을 시도했다. 동일노동 동일임금을 실현하기 위해 화주들에게 노임표 조회를 요구했다. 그러나 이 운동은 실질적인 주도자인 원산노동연합회 집행위원 이필준이 암살되면서 더 이상 진행되지 못했다.[32]

원산 총파업은 1928년 9월에 발생한 문평제유공장 노동자의 파업에서 시작되었다. 원산 인근의 덕원군 북성면 문평리에 있는 문평제유공장은 영국인 회사인 라이징선(Rising Sun) 석유회사가 경영하는 곳이었다. 일본인 감독 고다마(兒玉)가 조선인 노동자를 구타한 사건이 발생하자 문평제유공장 노동자들은 고다마의 파면을 포함한 5개 항의 요구 조건을 내걸고 20일 동안 파업했다. 회사 측은 이에 굴복하여 3개월 기한 내 문제 해결을 약속했다. 3개월의 약속 기간 동안 노동자들은 노동조합을 조직했고, 원산노동연합회에 가입했다. 반면 회사 측은 책임을 회피하며 3개월을 허비했다.

1929년 1월에 문평제유공장 노동조합은 재차 파업을 결의했다. 이제부터 지도부는 문평제유공장 노동조합이 아니라 원산노동연합회였다.

원산노동연합회가 파업을 이끌면서 원산노동연합회 산하 단체는 문평제유공장의 화물을 취급하지 않기로 결의했다. 원산상업회의소는 이에 맞서 원산노동연합회 회원을 고용하지 않겠다고 통고했다. 그러고는 원산노동연합회가 이유 없이 임금 인상을 요구하며 파업을 벌인다는 내용의 전단지를 원산 시내에 붙였다. 이에 원산노동연합회는 문평제유공장의 일방적인 협약 파기가 파업의 원인이라며 맞섰다. 이때부터 노동자단체인 원산노동자연합회와 자본가 단체인 원산상업회의소가 정면으로 충돌하기 시작했다.

1929년 1월 22일 원산노동연합회는 산하 단체의 파업 참여 의사는 해당 단체에 일임하되, 다음 날인 23일부터 총파업에 들어가기로 결정했다. 이 결정에 따라 그날 곧바로 두량노동조합과 해륙노동조합이, 23일에는 결복노동조합과 운반노동조합이, 24일에는 원산중사조합과 원산제면노동조합이 잇달아 파업에 들어갔다. 27일에는 양복직공조합이, 28일에는 우차조합과 인쇄직공조합이, 2월 1일에는 양화직공조합이 파업을 단행했다. 2200여 명의 노동자를 회원으로 거느린 원산노동연합회 소속 노동조합 대부분이 파업에 참가한 것이었다.[33] 명실상부한 총파업이었다.

경찰은 모든 집회와 전단지 배포를 금지했다. 일본인들은 재향군인과 소방대원을 내세워 비상경계를 섰다. 영흥, 고원, 안변 등지에서 경찰이 파견되었다. 일본군 제19사단 함흥보병대 300명도 비상경계에 합류했다. 원산노동연합회는 지구전으로 대처했다. 노동자의 폭동을 경계하면서 규찰대를 조직하여 회사 측의 노동자 모집을 저지하고 규율과 질서를 유지하도록 했다. 원산 총파업 소식이 국내외에 알려지면서 각지로부터 파업자금이 답지했고 격려 전보와 편지가 쏟아졌다. 각지의 노동조합이나 노동연맹이 파견한 위문단과 조사단도 속속 원산을 찾았다.

경찰의 대응은 한층 강경해졌다. 지속적인 파업에 자금을 대고 있는 것으로 의심되는 원산노동연합회 산하 소비조합을 압수수색했다. 원산노동연합회 산하 노동조합들도 압수수색했다. 300여 명의 경찰을 동원하여 원산노동연합회 회원 가정을 일일이 돌아다니며 식량과 가옥상태 등을 조사하기도 했다. 끝내는 원산노동연합회 주요 간부들을 체포했다. 원산상업회의소로 결집한 자본가들은 원산노동연합회의 박멸을 선언하는 성명서를 발표하고 함남노동회라는 어용단체를 설립하는 등 강경대응하며 버텼다.

2월 중순부터 파업단의 식량이 떨어졌다. 원산노동연합회 소속 노동자들은 금주·금연은 물론이고 하루에 두 끼를 먹는 절약투쟁을 벌였다. 결국 조선인 자본가들은 원만한 해결이 불가능하다고 판단하고 원산노동연합회의 요구 조건을 수용하면서 노동자의 복귀를 요구했다. 3월 하순에 조선인 운송점에서 단독으로 원산노동연합회의 요구 사항을 인정하고 파업을 해결하자 몇몇 조선인 자본가들이 동조했다. 원산노동연합회 역시 조선인 상회와 상점에 속한 노동자들에게 복귀를 지시했다.[34] 그런데 장기 파업에 지치고 원산노동연합회의 복귀 결정에 불만을 품은 노동자들이 4월 1일과 3일에 함남노동회를 습격했다. 이를 빌미로 원산에는 무장경찰과 기마헌병이 증파되어 수색과 검거 선풍이 불어닥쳤다. 결국 4월 6일 원산노동연합회는 파업 종결을 선언하고 말았다. 그럼에도 원산이라는 지역에서 원산노동연합회라는 노동단체를 중심으로 노동자들이 80일 넘게 총파업을 벌인 것은 유례없던 일이었다.

1920년대 말 노동운동은 단결권, 단체교섭권, 단체행동권 등의 실질적인 획득에까지 이르고 있었다. 노동자와 노동조합에 기반을 둔 노동운동이 스스로 얻어낸 권리였다. 하지만 원산 총파업에서 드러났듯이 식민권력은 노골적으로 노동권을 파괴하고자 했다. 노동자들은 쉽게 물러서지 않았다. 1929년 3월 하순 원산의 조선인 운송업자들이 파업 철회 조건으로 '이전과 같이 원산노동연합회의 단체계약권과 단체교섭권, 단결권을 승인한다'는 조항을 내걸 만큼 노동자들의 노동권에 대한 인식은 확고했다. 반면 원산의 일본인 상공회의소장은 "단체계약권은 조선, 일본은 물론 세계 노동자에게는 없는 일이다. 이러한 악법을 긍정해서는 안 된다"[35]라며 노동권을 죄악시했다.

원산 총파업 이후 노동운동에 변화가 일어났다. 지역과 직업을 넘어 산업별 노동조합 설립운동이 일어났다. 산업별 노동조합은 공장반 – 분회 – 지회 – 전국 조직이라는 상향식 조직 형태를 갖고 있었다. 공장반의 설치는 노동조합 활동의 무게중심이 가두에서 공장으로 옮겨가는 것을 의미했다. 노동조합의 강령과 목표도 공장이라는 생산현장에 적합한 것으로 바뀌었다. 계급적 이익과 단결의 도모, 대중 본위의 신사회 건설 같은 구호 대신 8시간 노동제, 최저임금제, 동일노동 동일임금, 아동 및 부인 노동의 보호, 단결권·단체교섭권·단체행동권의 확보를 주장하는 구호가 전면에 부상했다.

1930년대에는 산업별 노동조합 설립운동과 함께 혁명적 노동조합 운동이 일어났다. 혁명적 노동조합 운동은 공장과 회사에서 먼저 대중적 조직 기반을 확보하는 데서 출발해서 궁극적으로는 노동자 계급에 기반을 둔 조선공산당을 재건한다는 목표를 갖고 있었다. 1930년대 원산에

서도 산업별 노동조합 설립운동과 혁명적 노동조합 운동이 지속적으로
일어났다.

여성으로서, 운동가로서

여성 스스로 여성을 깨우치리라

3·1운동은 여성운동에도 전환점이 되었다. 이전과는 비교할 수 없는 속도로 많은 여성단체들이 생겨나면서 여성 계몽운동을 펼쳤다. 여성 계몽운동을 이끈 대표적인 여성단체는 차미리사가 주도한 조선여자교육회였다. 차미리사는 19세 되던 해에 남편이 죽자 기독교에 귀의하여 미국 유학을 떠났다. 1912년에 귀국한 후 배화학당 사감과 교사로 지내면서 3·1운동 직후 종교교회에서 야학을 열어 부인들을 가르쳤다. 그리고 1920년에 조선여자교육회를 창립했다.

차미리사는 무엇보다 여성교육이 시급하다고 보고, '남성의 압박 아래에서 노예 생활을 하고 있는 1000만 여성에게 배움의 기회를 베풀어 '인간으로서의 권리를 되찾아'주고자 했다.[36] 먼저 조선여자교육회는 종교교회에서 실시하던 야학을 계승하여 부인야학강습소를 열었다. 부인야학강습소는 13명으로 시작했으나 다음 학기가 시작될 무렵에는 150명이 넘는 여성이 몰려들었다. 15~50세의 여성이면 누구나 부인야학강습소에 입학할 수 있었다. 수업료는 받지 않았고 가난한 학생에게는 공책이나 연필 등을 무료로 나누어주었다. 초등교육 수준에서 조선어, 일어, 영어, 한문, 습자, 수신, 지리, 이과, 위생, 생리, 산술, 음악 등의 과목을 가르쳤다.

조선여자교육회는 강연회와 토론회도 열었다. 1920년 4월 12일 종교교회에서 열린 강연회는 여성 스스로 여성 문제를 주제로 개최한 최초의 강연회였다. 5월 1일에는 승동교회에서 토론회를 개최했다. 토론회 주제는 '오늘날 조선 여자계의 급선무가 조선에서 활동함이냐 혹은 해외에 유학함이냐'였다. 여성들이 공개석상에서 갑론을박하며 토론하는 모습은 조선에서 처음 보는 풍경이었다. 6월 5일에 열린 강연회는 청중들이 몰려들면서 아수라장이 되는 바람에 중단되었다. 6월 11일에 다시 열린 강연회도 만원사례였다. 조선여자교육회는 폭발적인 반응에 고무되어 참가비를 받아 경비를 조달하고자 했다. 냉면 한 그릇이 15전이던 시절인데도 1원의 입장료를 내고 들어온 청중으로 강연회장은 가득 찼다.

조선여자교육회는 언론 활동에도 뛰어들었다. 창간호가 이미 나온 《여자시론》을 인수하여 2호부터 기관지로 발간했다. 《여자시론》은 여성 개조와 여성 해방을 내세운 여성 잡지였다. 남녀 불평등 사회를 반신불수의 사회라고 비판하며 여성을 압박하는 각종 불합리한 제도와 사상을 고발했다. 여성 해방의 길로는 가정 개조, 봉건예절 타파, 여성교육 실시 등을 제시했다. 그러나 《여자시론》 6호에 실린 글을 조선총독부 당국이 문제 삼으면서 발간이 중단되었다.[37]

조선여자교육회는 창립 1주년이 되는 1921년 5월 청진동에 여러 유지들의 도움으로 회관을 마련했다. 하지만 운영비가 부족했다. 차미리사는 순회강연단을 조직하여 여성 계몽운동을 펼치는 동시에 기금을 모으는 방안을 내놓았다. 여름휴가를 이용하여 전국을 돌며 강연회를 열어 문화 보급, 여성 해방, 가정 개량 등을 주장할 계획을 세웠다. 순회강연단은 음악단 3명, 연사 3명 등 총 6명으로 구성되었다. 순회강연단은 7월 9일 경성을 떠나 9월 29일 남대문으로 돌아올 때까지 84일 동안 67개의 마을을 순회하며 강연했다.

이번 순회강연회의 사업에 이르러서는 다만 감탄할 뿐이다. 84일의 장기간에 전 조선 남쪽 끝, 북쪽 끝, 동쪽 끝, 서쪽 끝을 다니면서 60여 개소를 순회하였으며 그간 경비는 3000여 원인데 지방 인사의 동정과 원조로 충당하고도 2000여 원의 의연금이 남았다고 한다. 이 또한 반도사의 신기록이다. 남자 사회에도 일찍이 단체행동으로 80여 일 60여 처를 순회강연한 예가 없는데 하물며 바깥출입을 못한 여자 사회에 있어서랴. (……) 과거에 있어서는 여자가 교육을 받을 기회가 남자만 못하여 이로 인하여 능력상의 차이가 변하여 정치상의 불평등을 이루었으나 현대에 이르러서는 정치상의 불평등도 차차 변하였으며 교육상의 불평등이 대부분 제거되었으니 이것이 곧 장차 사회의 만민평등을 실현할 기초이다.[38]

조선여자교육회의 순회강연은 세상의 이목을 집중시켰다. 여성이 주체가 되어 여성의 자유와 권리, 인격을 되찾고자 하는 자발적 여성 계몽운동이기 때문이었다. 야학, 강연회와 토론회, 순회강연단 등을 통한 조선여자교육회의 여성 계몽운동은 1923년 부인여자강습소를 근화학원이라 이름 짓고 주간부를 설치함으로써 학교 교육을 통한 여성 계몽운동으로 이어졌다.

신여성의 여성 해방론

여성 해방을 표방하는 여성운동이 본격화된 것은 1920년대였다.

최근에 이르러 우리 조선 사회에서도 여자 해방 문제가 혹은 당연으로 혹은 신문잡지의 기사로 많이 논의되며 혹은 청년남녀의 모여 앉은 좌석에서도 격렬한 논쟁의 재료가 되는 등 문제가 자못 일반화하여가는 것은 우리들이 다 같이 기뻐할 만한 사실이다. 더욱더 많이 논의되어 여자 해방 문제를 누구나 다 충분히 이해하게 되고 더 한층 일반화하게 널리 선전되기를 바라는 바이다.[39]

여성 해방운동의 주역은 '모던걸'이라 불린 신여성이었다. 신여성의 등장은 세계적인 현상이었다. 1차 세계대전과 러시아혁명 이후 세계 개조의 흐름 속에 등장한 신여성들은 여성을 억압하던 가족제도를 비판하고 자유연애와 자기 의지에 의한 결혼을 주장했다. 그리고 여성에 대한 사회적 차별을 극복하고 남녀평등을 추구하는 여성운동을 전개했다. 1920년 3월 김일엽이 여성 잡지 《신여자》를 창간했다. 이는 신여성에 의한 여성 해방운동의 등장을 상징하는 사건이었다. 《신여자》의 필진은 신교육을 받은 여성들이었다. 이들은 여성 억압의 현상을 타파하여 여권을 신장해야 한다고 주장했으며, 신가정의 상을 제시했다.

1923년에 천도교에서 여성 잡지인 《신여성》을 창간하면서 신여성은 중등학교 정도를 졸업한 여성을 가리키는 말이 되었다. 이들 신여성은 직업과 가정을 양립하거나 또는 이상적인 배우자를 만나 부부 중심으로 가정생활을 꾸리는 것을 이상으로 여겼다. 즉 신여성에게 여성 해방의 첫걸음은 봉건적인 가족제도에서 벗어나 남녀 간의 자유연애 결혼으로 부부 중심의 신가정을 꾸리는 것이었다. 이를 위해서는 여자도 신교육을 받아 남편과 지적 수준이 같아야만 했다. 그러나 현실은 달랐다. 신가정의 중심도 여전히 남성이었다. 신여성이라도 남편을 섬기는 존재에 불과했다. 사회적으로도 아직 남자와 동등한 사회인으로서 더불어 활동하고 평등한 의무를 지는 여성상이 제대로 구현되지 못하고 있었다. 즉 신여성이라도 독립적이고 과학적이며 합리적으로 가정 살림을 하는 아내인 동시에 남편과 지적 교류를 하는 이상적인 여성, 즉 전업주부여야 했다. 그럼에도 여성을 '인형의 집'에만 가두는 시대는 막을 내리고 있었다. '새로운 청춘을 창조하라: 일에 대하여 흥미를 가질 것이다. 개인과 가정 이외에 사회에 대하여"[40]라는 구호처럼 구시대의 낡은 제도에서 벗어나 사회적 삶을 꾸릴 줄 아는 여성이야말로 진정한 신여성이라는 인식이 차츰 자리를 잡아갔다.

그러나 사회주의 여성운동이 등장하면서 종래의 신여성운동은 봉건적인 여성의 삶에 대한 부분적인 변화에 만족하면서 진보의 노력 없이 안일하게 현실에 안주하려는 소부르주아적인 속성을 지닌 것으로 비판되었다. 이는 곧 사회주의 여성 해방론의 논리 위에 새로운 여성 해방운동이 전개됨을 의미했다.

일본이나 미국 같은 데 가서 신교육을 받고 돌아와 일본말을 잘하고 영어를 잘한다고 그것이 반드시 신여성이 될 수는 없습니다. 그 머릿속에 들은 노예근성에 뿌리박은 모든 성격과 또 거기에서 좇아 나오는 쓸데없는 허영심을 척결하여 버리지 못한 여자이면 그것은 장옷 쓰고 내외는 아니 할지라도 일본말 잘하고 영어 잘하고 구두를 신은 구여성에 지나지 않습니다. 소위 모던걸들의 단발만 하여도 그렇습니다. 그것은 각기 그 취미이니 사회적으로 무슨 큰 폐해가 있기 전에 단발을 하거나 말거나 시빗거리가 못 됩니다. 그러나 양장하고 단발한 모던걸들의 그 머릿속에 새로운 사회의 새로운 생활에 대한 노력과 포부가 조금도 없는 때에는 그것은 양장한 구여성에 지나지 않습니다.[41]

외면은 신여성이라도 내면에 구여성의 습성을 지니고 있다면 여전히 구여성이라는 주장이다. 기생 출신으로 도쿄로 유학을 떠나 여자 유학생으로 조직된 사회주의 여성단체인 삼월회의 간부로 활약했던 정칠성은 '신여성이란 구제도의 불합리한 환경을 부인하는 강렬한 계급의식을 가진 무산여성으로서 새로운 환경을 창조코자 하는 정열이 있는 새 여성'이라고 선언했다.[42] 이는 신여성에 대한 사회주의식 해석으로, 사회주의 여성운동을 이끌 신여성 세대의 등장을 상징했다.[43] 정칠성에게 여성 해방은 첫째, 교육을 통해 자신의 인격을 쌓아올리는 것이고 둘째, 그 바탕 위에서 강렬한 계급의식을 가지고 불합리한 구제도를 무너뜨리기 위해 행동하는 것을 의미했다. 또한 정칠성은 가정이라는 소(小)보다 사회라는 대(大)를 위해 행동해야 한다고 주장했다.

그야 여자란 병풍 속에 그린 닭같이 인형의 집 안에 고요히 들어앉아서 밥이나 먹고 잠이나 자던 옛 시대에는 가정 이외에 또 남편 이외에 더 소중한 것이 없어서 여성의 의무란 거의 그 가정적 의무를 다하는 것이 전부였겠지요. 그러나 급격한 호흡을 쉬고 있는 현대 같은 어느 과정에 선 사회에서는 여자의 동원을 절실히 요구하고 있습니다. 큰일에 나와달라고 희생하여달라고 간청하고 있습니다. 우리들이 어떻게 이 청을 물리칠 수가 있겠습니까? 그것이 떳떳한 이치인데요.[44]

신여성은 '사회의 의무를 더 중히 여겨 가정 의무를 소홀히 함으로써 남편의 질책과 제재를 받을 때는 일과 동지를 위해 가정에서 뛰쳐나와야 한다'는 것이다.

이처럼 신여성은 무조건적인 동경의 대상이 아니라, 신시대를 상징하는 하나의 문화 현상이었고, 사회주의 여성 해방론에 따르면 비판 대상이었다. 하지만 신여성의 등장과 함께 여성 인권론과 여성 해방론이 본격적으로 제기된 것만은 분명한 사실이었다.

여성계의 민족협동전선, 근우회

여성운동 역시 1920년대 초반부터 몰아친 사회주의의 세례로부터 자유로울 수 없었다. 기독교계 여성들이 여성운동을 주도하는 가운데 사회주의 사상을 가진 여성들이 여성운동에 뛰어들기 시작했다. 사회주의 여성운동은 여성 해방을 사회혁명과 동일시했다. 1924년 5월에 조직된 최초의 사회주의 여성단체인 조선여성동우회의 '선언문'과 '강령'에 그러한 관점이 잘 드러나 있다.

〈선언문〉

(……) 빵이 없는 자여! 비인간적 생활에서 운 여성이여! 분기하자! 그리고 굳게 굳게 결속하자! 우리와 이해가 많이 공통되는 군중과 제휴하자! 그리하여 지배계급의 남권을 철폐하고 자본의 독아(毒牙)에서 우리를 끌어내자! 우리의 참된 활로는 이것이 첩경인 동시에 또 오직 하나인 길이다! 자유의 미래를 알리는 여명의 종소리는 울린다.

〈강령〉

1. 본회는 사회진화법칙에 의하여 신사회의 건설과 여성 해방운동에 나설 일꾼의 양성과 훈련을 꾀한다.
2. 본회는 조선 여성 해방운동에 참가할 여성의 단결을 꾀한다.[45]

조선여성동우회에는 20~26세의 여성이 가장 많았다. 경성의 여학생과 유학생을 포함하여 학생이 가장 많았고 의사, 간호사, 교사, 기자, 노동자, 가정주부 등 다양한 계층의 여성이 참가했다. 조선여성동우회는 여성 문제에 관한 강연회를 열고 매주 여성 문제에 관한 서적을 읽고 토론했다. 세계여성의 날을 기념하는 행사를 열고 여성 노동자를 위한 음악회를 개최하기도 했다.

1925년에는 여성운동에서 사회주의 색채가 더욱 또렷해졌다. 벽초부터 새로운 사회주의 여성운동 단체가 생겨났다.[46] 1월에는 조선여성동우회에 참여한 바 있는 화요파·북풍파 사회주의자 허정숙, 주세죽, 김조이 등이 경성여자청년동맹을 결성했다. 경성여자청년동맹의 첫 사업은 3월 8일 세계여성의 날을 기념하는 일이었다. 당시에는 세계여성의 날을 '국제부인데이'라 불렀다.[47] 조선여성동우회의 창립자 중 한 사람인 서울파 사회주의자 박원희도 2월에 30여 명의 사회주의 여성운동가를 모아 경성여자청년회를 창립했다. 회원으로는 역시 여학생이 가장 많았고 가정부인과 여성 노동자도 있었다. 부인강좌를 열거나 국제부인데이를 기념하는 등의 활동은 다른 사회주의 여성운동 단체들과 대동소이했다.

1926년 11월 14일에는 경성여자청년회 회관에서 재경부인운동자 간친회가 열렸다. 조선여성동우회, 경성여자청년동맹, 경성여자청년회 등이 사회주의 여성운동의 통합을 논의하기 위해 모인 자리였다. 경성여자청년회와 경성여자청년동맹은 통합을 결의하고, 12월 5일에 중앙여자청년동맹을 결성했다. 강령은 '첫째, 무산계급의 권리 및 여성 해방을 위하여 청년여자의 단결과 분투를 기한다. 둘째, 청년여자의 대중적 교양과 조직적 훈련을 기한다'였다. 사회주의 여성운동 단체임을 분명히 밝힌 것이다.

1927년 2월에는 민족협동전선의 산물인 신간회가 창립되면서 각 분야에서 민족협동전선 운동이 일어났다. 여성운동계에서는 사회주의계 여성운동가와 여성 계몽운동에 힘쓰던 기독교 여성 지도자를 비롯한 민족주의계 여성운동가들이 모여 1927년 5월에 근우회를 조직했다. 근우회는 국내외에 걸쳐 60여 개의 지회를 조직했다.

근우회는 선언문에서 '우리가 우리 자신의 해방을 위하여 분투하는 것은 조선 사회 전체를 위하여, 나아가서는 세계 인류 전체를 위하여 분투하게 되는 행동이 되지 않으면 안 된다'라고 하여 여성 해방의 보편적 가치를 강조했다. 하지만 같은 여성운동계 내에서도 사회주의계와 민족주의계 사이에 인식의 차이는 쉽게 좁혀지지 않았다. 사회주의계는 여성은 경제적 권리를 가져야 행복할 수 있으므로 우선은 정치적·경제적 자유를 얻기 위해 싸워야 한다고 주장했다. 반면 민족주의계는 지식을 향상해야 행복할 수 있다며 여성의 계몽과 교육에 힘써야 한다고 주장했다. 사회주의계 여성운동가들이 차츰 근우회를 주도하면서 민족주의계 여성들이 떠나기 시작했다. 이를 위기로 인식한 근우회는 1929년 7월에 제2차 전국대회를 열어 새로운 행동강령을 발표했다.

1. 교육의 성적 차별 철폐 및 여자의 보통 교육 확장
2. 여성에 대한 사회적·법률적·정치적인 모든 차별의 철폐
3. 모든 봉건적 인습과 미신 타파
4. 조혼 폐지 및 결혼·이혼의 자유
5. 인신매매 및 공창 폐지
6. 농민 부인의 경제적 이익 옹호

7. 부인 노동자의 임금 차별 철폐 및 산전 4주간, 산후 6주간의 휴양과 그 임금 지불

8. 부인 및 소년 노동자의 위험노동 및 야간작업 폐지

9. 언론·출판·결사의 자유

10. 노동자·농민 의료기관 및 탁아소 제정·확립[48]

민족주의계든 사회주의계든 모두가 여성 인권을 위해 요구할 수 있는, 보편적이고 현실적으로 절박하고 호소력 강한 주장들을 담고 있다.

근우회 본부는 지방 순회강연을 하고 기관지인 《근우》를 발간했다. 1930년에는 잡지 《별건곤》 불매를 결의하기도 했다. 이 잡지가 여성운동을 무시하는 동시에 조선인 사회 내에서 중상을 일삼고 개인을 공격하고 있으므로 여론 환기를 위해 사 보지 않겠다는 것이었다. 지회들은 본부와 연계하여 지역 사정에 맞는 독자적인 여성운동을 펼쳐나갔다. 강연회와 토론회, 야유회와 체육대회, 자선음악회 등을 개최했다. 부인 야학을 운영하는 지회는 60여 개 지회 중 8개에 불과했다. 문맹퇴치 운동만이 여성운동의 전부라고 보던 고정관념에서 벗어나 여성에 대한 억압을 고발하고 이 억압으로부터 해방되기 위한 투쟁의식을 고양하는 데 힘써야 한다는 사회주의 여성운동 방침의 반영이었다.[49] 그런데 1929년 11월에 일어난 광주학생운동의 연장선상에서 1930년 1월 15일에 경성에서 일어난 여학생 시위의 여파로 사회주의계 여성운동가들이 검거되었다. 이런 상황에서 1930년 12월에 회의를 열어 확대 집행위원회는 농촌 여성의 계몽운동, 즉 문맹 퇴치 운동에 주력하는 체제 내적 개량 운동으로 운동 방침을 전환했다.

1931년에 들어 사회주의 진영에 의해 신간회를 비롯하여 민족협동전선체의 해소론이 등장했다. 3월에는 근우회 신의주지회가 근우회 해소론을 제기했다. 해소론의 요지는 근우회가 '소부르주아적이고 투쟁성을 상실한 개량주의 단체이므로 즉각 해소하고 그 역량을 노농운동 강화에 돌려야 하며, 성별 조직은 계급 역량을 분할시킨다'는 것이었다. 해소론이 등장하면서 경성지회를 비롯한 지회운동이 현저히 약화되어갔다. 여기에 경찰의 탄압이 더욱 심해지면서 활동이 어려워졌다. 근우회 본부는 해소 논의를 위해 전국대회를 시도했으나 이조차 실현하지 못한 채 소멸의 길을 걸었다.[50]

4
세대로서의 청년과 어린이

신세대로서의 청년과 청년 담론

젊은 세대를 가리키는 청년이라는 개념은 19세기 후반에 등장했다. 청년은 일본에서 먼저 대중화된 개념이었다. 1880년 일본 초기 기독교 지도자인 고자키 히로미치(小崎弘道)가 YMCA를 '기독교청년회'로 번역한 이래 일본에서는 세이넨(靑年)이 젊은 세대를 가리키는 개념으로 정착했다.[51] 일본에서 번역한 '청년'을 조선 지식인이 처음 사용한 것은 1896년 전후로 추정된다. 정부 지원으로 일본 유학을 떠난 학생들은 1895년 대조선유학생친목회를 결성하고, 1896년 2월부터 《친목회회보》를 발간했다. 1896년 6월에 발간된 《친목회회보》 3호에 〈청년지사에 망(望)〉이라는 글이 실렸다. 1897년 6월《친목회회보》5호에 실린 〈유민설〉에서 남순희는 청년을 진화론적 생존 경쟁의 주역이며 국민 형성의 기틀로 파악하고 시대의 골수인 청년을 위해 교육을 시급히 개혁해야 한다고 주장했다. 1897년에는 '청년'이란 개념이 국내에서도 사용되기 시작했다. 미국 감리교 한국선교회가 대한중앙청년회를 조직하고 각지 교회 산하에 엡윗청년회를 결성했다.[52] 1898년 무렵에는《독립신문》에 청년, 청년회라는 단어가 등장했다.[53]

청년이란 개념이 확산된 것은 1905년 이후 계몽운동이 본격화하면서였다. 이 무렵 신문이나 학회지 등을 통해 청년 개념이 급속도로 확산되었다. 소년과 청년은 각각 다른 연령대를 지칭하는 개념으로 정착했다. 유년 – 소년 – 청년 – 장년이라는 인식이 서서히 자리 잡기 시작했다. 이때 청년은 학생 또는 30대 전후의 젊은 지식인을 가리켰다. 계몽운동에서 청년은 가장 시급한 교육과 계몽의 대상이었다. 스스로 신세대로서의 청년이라는 인식을 갖고 있던 일본 유학생들은 국망 이후《학지광》을 매개로 청년을 근대화의 전위로 내세우는 청년 담론을 제기했다. 청년은 이제 '피교육자가 되는 동시에 교육자가 되어야 하고 학생이 되는 동시에 사회의 일원이 되어야 하는', '자수자양(自修自養)'의 세대이자 나아가 문명화를 선도하는 집단이며, 개인으로서 확고한 자의식을 가진 근대적 주체라는 것이다.[54]

3·1운동에서 학생을 포함한 젊은이, 즉 청년은 시위를 촉발하고 확산시킨 주역이었다. 그렇기에 3·1운동 이후 청년은 신시대를 이끌어갈 주인공이라는 기대를 한 몸에 받았다. 청년은 사회를 개조하고 계몽하는 문화운동의 선봉대이자 신문명의 건설자였다. 또한 청년은 민족과 사회

의 운명 자체와 동일시되었다. '조선의 현재와 미래는 청년에게 있다'는 것이다.[55] 나아가 대중의 힘을 결집하기 위해 청년에게 희생적이고 헌신적인 역할을 할 것을 요구했다. '선각자인 청년은 일신의 안일을 기꺼이 버리고, 심지어 가정마저 버리고 민중의 운명을 개척할 운동에 투신해야 한다'는 것이다.[56]

청년에 대한 기대는 청년운동에 대한 기대이기도 했다. '지방에 교육열을 완성하도록 하며 신사상을 확립하도록 하며 경제적 권리를 회복하게 하는 모든 운동의 중심이 곧 청년이며 청년단체'[57]이기 때문이었다. 《동아일보》는 지역의 청년에게 청년회를 조직할 것을 호소하고 기존 청년회를 향해서는 전국적 차원의 청년회 연합조직을 결성할 것을 제안했다.[58] 또한 '사회활동의 근원이요, 사회 전진의 세력'[59]인 청년회에게는 자립과 자결에 입각한 자율성을 요구했다.

청년들이여 자결하라! 청년들아! 모든 것을 자결하라! 시대에 뒤처진 부형들도 믿지 말고 그 누구의 인도를 바라지도 말아라. 오직 자신의 손을 자결하라. (……) 누구의 제창하는 아래에서 순응적으로 하지 말고 피동적으로도 하지 말아라. 오직 자립적으로 자결의 정신을 가지고 이상적 청년회를 건설하기를 본 기자는 참으로 간절히 원하는 바이다.[60]

이처럼 《동아일보》를 필두로 민족주의자들은 청년을 문화운동, 즉 민족의 근대화와 문명화를 이끌 사회적 주체로 규정했다.

시대 변화에 민감한 청년 세대는 사회주의 사상이 확산되자 빠르게 수용했다. 1922년 10월에 결성한 무산자청년회처럼 사회주의적 개념인

'무산'을 청년회 이름에 붙이기 시작했다. 무산자청년회가 내놓은 '무산청년선언문'에 따르면 무산청년은 '먹지 아니하면 살아갈 수 없으면서 먹으려 해도 먹을 수 없는 재산 없는 청년'[61]을 뜻했다. 사회주의 청년 담론도 등장했다.[62] 이청우라는 필명의 사회주의자는 청년은 '무산계급의 전위대'가 되어야 한다고 주장했다. 주종건은 계급론적 관점에서 청년 담론을 전개했다. 그는 "무산청년운동은 무산계급 해방전선의 일부대"이고, 최후 목표는 "무산계급의 완전한 해방"이라고 밝혔다. '조선이 계급운동의 초기에 있고, 인위적 작용에 의해 근대 공업은 전혀 발달하지 못하였으나 자본주의적 고도의 착취를 당하고 있는, 변태적 사회 진화의 과정에 있으므로 계급전선의 전위대가 될 자는 무산청년을 빼고는 다시 있지 못하다'[63]라고 했다.

하지만 1920년대 후반에 사회주의 운동이 성장하고 계급론적 성향이 강화되면서 '청년＝계급 전위'라는 등식은 약화되어갔다. 사회주의 담론에서 청년이 차지하는 비중도 줄어들었다. 계급과 혁명 개념의 위세 앞에 청년과 같은 세대 개념은 부차적인 위치로 밀려났다. 청년운동 역시 급성장한 노동운동과 농민운동에 밀려 기타 운동 중 하나로 취급되었다.[64]

결사를 통한 청년운동

3·1운동 이후 제한적이나마 결사의 자유가 허용되자 제일 먼저 청년회가 우후죽순으로 생겨났다. 1920년에서 1921년 사이에만 1300개 이상의 청년회가 결성되었다.[65] 각지 청년회가 가장 비중을 둔 사업은 교육

계몽운동이었다. 대부분 청년회는 강습소나 야학을 운영했고 학교에 준하는 청년학원을 경영하기도 했다. 당시에는 입학난이 사회 문제가 될 만큼 학교 수가 절대적으로 부족했다. 학교 다닐 나이를 초과하거나 학자금 사정 등으로 학교에 다니지 못하는 청소년도 많았다. 그들에게 청년회가 교육의 기회를 제공했다. 야학에는 두 종류가 있었다. 하나는 노동자를 대상으로 일상생활에 필요한 한글, 산술, 일어 등을 가르치는 야학이었다. 또 하나는 보통학교 졸업자를 대상으로 산술, 법학, 지리, 역사, 상업, 부기, 경제, 영어 등을 가르치는 야학이었다. 후자를 마친 학생 중에 일부는 상급학교로 진학했다. 회원의 수양과 훈련, 나아가 대중 계몽수단이기도 한 토론회와 강연회 역시 청년회 활동에서 큰 비중을 차지했다. 강연 주제는 다양했고, 사회주의에 대한 관심이 커지면서는 마르크스주의에 대한 강연이 늘었다.[66]

청년회 설립 붐이 한창이던 1920년 경성에서는 청년회를 이끌 전국적 기구가 준비되었다. 6월 28일 각계 인사 53명이 모여 조선청년회연합회 기성회를 조직했다. 기성회가 발표한 강령은 다음과 같다.

사회를 혁신할 것.

세계의 지식을 광구할 것.

건전한 사상으로 단결할 것.

덕의를 존중할 것.

건강을 증진할 것.

산업을 진흥할 것.

세계 문화에 공헌할 것.[67]

지식을 구하고 덕의를 존중하며 건강을 증진하는 '수양'과 사회혁신과 산업진흥이라는 '사업'을 추구하고자 했음을 알 수 있다. 조선청년회연합회 준비 소식이 전해지자 100개가 넘는 청년단체가 가입을 신청했다. 1920년 12월 2일 조선청년회연합회가 창립총회를 열 무렵에는 121개 청년단체가 가입한 상태였다. 조선청년회연합회는 순회강연을 위주로 한 계몽활동에 집중했다.

조선청년회연합회도 사회주의의 파고를 피할 수 없었다. 1922년 4월 조선청년회연합회 제3회 총회에는 2개의 건의문이 제출되었다. 사회주의자로서 상하이파에 속한 장덕수는 '조선은 아직 혁명 시기가 성숙하지 않았으므로 문화 계몽운동을 통해 민중의 경제적 생활수준의 향상과 민족의 잠재력 육성에 노력해야 한다'라고 주장했다. 서울청년회와 무산자동맹회에서 활동하던 사회주의자 김사국은 '혁명적 투쟁 방식에 의한 완전한 독립국가의 달성'을 주장했다. 두 건의문을 놓고 격렬한 논쟁이 일어났다. 결국 서울청년회를 필두로 19개 청년단체가 탈퇴했다.[68]

조선청년회연합회를 탈퇴한 서울청년회는 새로운 전국적 청년운동단체 결성을 추진했다. 전국의 청년회에는 1922년 10월 30일에 전조선청년단대회를 개최한다는 공문이 서울청년회 이사장 김사국의 명의로 전달되었다. 하지만 조선청년회연합회로부터 반동단체로 몰리고 참가 단체도 50개를 밑돌면서 대회는 연기되었다. 1923년 1월에는 전조선청년단대회를 대신하여 전조선청년당대회를 개최한다는 사실이 신문지상을 통해 발표되었다. 주최단체에 변화가 있었다. 서울청년회를 비롯하여 조선청년회연합회에서 탈퇴한 청년단체들에 천도교, 기독교, 불교, 대종교 등의 종교 청년단체들이 가세했다.[69]

사회주의계 청년운동가들이 주도하는 전조선청년당대회는 1923년 3월 24일부터 29일까지 6일 동안 개최되었다. 90여 개 단체의 대표 150여 명과 개인 참가자 50여 명이 참여했다. 대회는 3개 분과로 나뉘어 진행되었다. 제1분과는 부인 문제·교육 문제·종교 문제를, 제2분과는 경제 문제와 노동 문제를, 제3분과는 민족 문제·청년회 발전 문제·기타 사회 문제를 토의했다. 참가자들의 희망에 따라 분과를 배치했다. 각 분과 회의에서 토의하여 정리된 안건은 전체 대회에서 의결할 예정이었다. 하지만 경찰은 '안녕질서를 방해할 염려가 있다'는 이유로 집회 금지 명령을 내렸고 각 분과 대표들은 비밀리에 긴급히 모여 결의안을 채택했다.[70] 전조선청년당대회에 참가했던 지방 청년단체 대표자들은 귀향 후 사회주의 청년운동에 앞장섰다. 지방에도 사회주의 사상단체들이 생겨났다. 이러한 풍토 속에서 조선청년회연합회는 쇠락해갔다. 1923년 4월에 열린 제4회 정기총회에는 31개 청년단체 대표 47명만이 참석했다. 게다가 일부 단체 대표들은 전조선청년당대회와 제휴하지 않는 이유를 따졌다.[71] 이처럼 전조선청년당대회를 계기로 청년운동은 무산계급 운동에 집중했고, 조선청년회연합회는 지지기반을 상실해갔다.[72] 전조선청년당대회 개최로 합법적인 청년운동의 주도권을 장악하는 데 성공한 서울청년회는 조선청년회연합회를 끌어들여 계급운동에 기초한 전국적 청년단체를 결성하기로 합의했다.

1924년 2월 서울청년회와 조선청년회연합회는 조선청년총동맹 발기 준비회를 결성하고 강령을 채택했다.

대중을 본위로 한 신사회 건설을 기도함.

조선 민중 해방운동의 선구가 되기를 기도함.[73]

고려공산청년회 중앙총국이 결성한 합법적 청년운동 지도단체인 신흥청년동맹도 조선청년총동맹 건설에 함께했다. 1924년 3월 서울청년회, 조선청년회연합회, 신흥청년동맹 등의 대표자로 조선청년총동맹 창립위원회가 구성되었다.

1924년 4월 21일 223개 단체 대표와 700여 명의 방청객이 지켜보는 가운데 조선청년총동맹이 창립했다. 조선청년총동맹의 결성은 '청년운동의 통일을 상징하는 동시에 민족주의적 운동에서 사회주의적 무산계급 운동으로 청년운동이 전환했음을 보여준다'는 평을 받았다.[74] 조선청년총동맹은 창립대회에 이어 임시대회를 진행하던 중 경찰에 의해 해산당했다. 경찰은 토의안 가운데 종교를 부인하고 민족운동은 혁명적이어야 한다거나 동양척식주식회사를 공격하자는 내용은 조선총독 정치를 근본적으로 부정하는 동시에 타파하자는 발상에서 나온 것이라며 집회를 금지했다.[75] 조선청년총동맹 결성 이후 사회주의 청년단체가 급속도로 확산되었다. 기존 청년단체들은 혁신총회를 통해 사회주의적 청년단체로 전환했고 사회주의 이념을 가진 새로운 청년단체들이 결성되었다.

민족협동전선인 신간회가 등장하자 청년운동도 방향 전환을 선언했다. 1927년 6월 17일 조선청년총동맹은 새로운 방침을 수립했다. '무산계급 청년운동을 전 민족적 청년운동으로 전선을 확대한다'는 원칙 아래 강령과 규약을 수정할 것을 천명했다. 8월 31일과 9월 1일 이틀 동안 열린 중앙집행위원회에서는 새로운 강령을 채택했다.

전조선 청년대중의 정치적, 경제적, 민족적 이익의 획득을 기함.

전조선 청년대중의 의식적 교양과 훈련의 철저를 기함.

전조선 청년대중의 공고한 조직의 완성을 기함.[76]

조직 방침에 대해서는 과거의 파쟁으로 인한 모든 분파적 청년운동을 일소하고 통일운동의 기치 아래 맹진하여 노동청년과 농민청년을 지도 세력으로 삼아 단일한 전국적 중앙집권 조직을 완성할 것을 결의했다.

1931년에 신간회 해소 문제가 제기되자 이번에는 지방 청년동맹을 중심으로 조선청년총동맹을 해소하고 노동청년과 농민청년을 각각 노동 조합과 농민조합의 청년부로 재편성하자는 주장이 제기되었다. 수원청 년동맹이 조선청년총동맹의 해소를 정식 제의했다. 조선청년총동맹만 이 아니라 지역 청년동맹을 해소하는 문제를 둘러싼 논란이 전국에서 일 어났다. 1931년 1월부터 5개월에 걸쳐 벌어진 해소 논쟁의 결과 경남·전남·평북·평남·강원 청년연맹이 해소를 결의했다. 이 당시 '노동청년 을 조합 청년부로'라는 구호가 유행했는데, 이는 곧 성별·연령별 차이는 부차적이고 계급 문제가 근본 문제이므로 노동조합과 농민조합의 확대 강화가 중요하다는 해소론자의 주장이기도 했다.

미래 세대인 소년에게 인권을!

20세기에 들어오면서 최남선의 〈해에게서 소년에게〉라는 신체시가 상 징하듯이 천시의 대상이던 소년의 인권이 주목을 받게 되었다. 소년 인권은 어른이 주도한 어린이운동 또는 소년운동을 통해 계몽되고 실현되었다. 소년운동을 이끈 대표적인 단체는 방정환이 이끄는 천도교소년회였다.

어린이는 결코 부모의 물건이 되려고 생겨나오는 것도 아니고 어느 기성 사회의 주문품이 되려고 나온 것도 아닙니다. 그네는 훌륭한 한 사람으로 태어나오는 것이고 저는 저대로 독특한 사람이 되어갈 것입니다.[77]

소년에게도 인간으로서의 권리, 즉 인권이 있다는 게 천도교 소년운동의 출발점이었다. 천도교 이론가인 이돈화는 어린이가 상하관계가 지배하는 조선의 현실에서 약자로서 천대받고 있다면서 어린이의 인권을 보장하고 보호해야 한다고 주장했다. 부모가 자식을 대하는 태도에서는 물건 주인이 물건을 다루는 태도를 연상하게 되고 학교가 생도를 대하는 태도는 경찰이 피의자를 취급하는 태도를 방불케 하며 또한 사회가 어린이를 대하는 태도는 주인이 노복을 대하는 듯하다는 것이다. 이돈화가 볼 때, 이러한 수직적 관계의 일상화는 어린이의 개성 발달을 저해하고 자유와 활기를 꺾어 어린이에게 공포심과 위축감을 심어줄 뿐이었다.[78]

천도교 소년운동 지도자 김기전은 민주주의 문화의 토대인 수평적 관계망, 즉 어른과 어린이 사이의 평등한 관계 형성을 주장했다. 그는 장유유서의 유교적 수직관계가 온존하는 문화를 비판하면서 몇 가지 대안을 제시했다. 첫째, 어린이를 대하는 말투와 태도를 고칠 것을 제안했다. 어른이라면 감정적 기분을 되도록 드러내지 말고 어린이의 주장이라 하여 무조건 무시하지 말고 잘 들어주어 어린이가 자신의 주장을 제대로 펼수 있도록 해주자는 것이다. 둘째, 어린이를 천대하지 말고 독립된 인격으로 인정하여 의복, 음식, 거처에서 어른과 똑같이 대우하자는 것이다. 셋째, 어린이에게 경어를 쓰는 일이 쉽지는 않겠지만 우선 학교에서 그런 문화를 만들자는 것이다. 넷째, 어린이 사이에서도 여전한 남녀 차별을 없애자는 것이다. 김기전이 내린 결론은 간단하다. 어린이 또한 사람이라는 것이다. 2000만 형제 중의 한 사람이며 세계 16억 명 중 한 사람이며 장래 큰 운명을 개척할 사람이니 그의 인격을 인정하자는 것이다.[79]

방정환은 학교 교육에 비판적이었다. 부모 역시 무지한 사랑만 있고 친권을 내세워 권위를 휘두르면서 자식을 자기 의사에 꼭 맞는 사람으로 만들려는 욕심뿐이며, 학교도 사회에 필요한 인물을 주문받아 똑같이 찍어내는 교육만을 하고 있다고 했다. 그가 보기에 학교는 불합리하고 불공정하고 강제적이고 위압적인 문화가 판치는 곳이었다. 방정환이 꿈꾸던 교육은 어린이가 자유롭고 재미있게 저희끼리 기운껏 활활 뛰면서 자라도록 애정 어린 지도를 하는 교육이었다. 어린이끼리 새 사회를 만들어 새 질서를 만들어나가야 하는 것이지 기존의 것을 강요해서는 안 된다는 것이었다. 그저 어린이가 요구하는 것을 주고 어린이에게서 싹이 돋는 것을 북돋워주고 보호하는 교육이어야 한다는 것이다. 방정환은 그러한 교육을 실천하기 위해 필요한 공간은 학교가 아니라 바로 소년회임을 역설했다.

사람이 이 세상에 필요한 사람이 되려면 산술이나 글씨 쓰는 것만 배워가지고는 안 되는 것이다. 더구나 어린 때는 더욱 그렇다. 학교에서 배우는 것외에, 더 근본적으로는 사람 노릇하는 바탕을 지어 가지지 않으면 안 된다. 그래서 유치원과 같이 그들의 자유로운 심신의 활동을 도모하는 외에 더 근본적이요 더 실제적인 생각과 지식과 또 훈련까지 주는 것이 소년회이다.[80]

또한 소년운동은 짓밟히고 학대받고 쓸쓸하게 자라는 가련한 소년의 어린 혼을 구원하고자 하는 실천 운동이었다. 천도교청년당과 조선농민사를 이끌었던 이성환은 '이 세상 사람들이 다 자유롭고 평화롭고 그리하여 다 같이 잘 살아가기' 위해서는 소년회를 만들어 세상을 향해 "우리의 인권을 존중하라"고 외쳐야 한다고 소년들을 독려했다.[81] 이 같은 소년운동 지도자들에게 어린이는 나라의 장래를 책임질 미래 세대였다.

한 가정의 장래를 담당한 자도 아동이며 한 국가의 장래를 담당할 자도 아동입니다. 현재의 미결(未決)한 문제를 해결할 자도 그들 아동이며 현재의 미완전한 사상을 완전히 할 자도 아동입니다.[82]

그러므로 '장래 조선 민족인 아동들이 지금 희망하는 모든 것을 기어코 달성할 날이 올 것'이라는 믿음을 가지고 그들이 모범적인 사람이 되어 장래 모든 책임을 질 만한 인격을 갖추도록 양육해야 한다는 것이다.

어린이 세상을 꿈꾸며 소년회가 나아간다
―――

소년운동은 천도교청년회, 정확히는 천도교 교주인 손병희의 사위인 방정환의 주도로 본격화되었다. 1921년 4월 천도교청년회 내에 조직된 소년부는 곧바로 천도교소년회로 발전했다. 천도교소년회는 '쾌활건전한 소년'을 만드는 데 목적을 두고 발족했다. 천도교소년회의 회원 자격은 만 7~16세 소년으로, 남녀 조선인은 물론 외국인도 가입할 수 있었다. 천도교인이 아니어도 상관없었다. 천도교소년회 조직은 일단 남자와 여자로 나누고 이를 다시 연령별로 8~10세(제1부), 11~13세(제2부), 14~16세(제3부)로 편성했다. 소년회 간부인 위원은 소년회원 중에 선거를 통해 선출했다. 천도교소년회 운영 경비는 일반 유지의 찬조금, 실제로는 천도교의 지원으로 충당하고 일부는 나이 어린 회원들이지만 최소한의 자립·자영의 원칙을 구현하기 위해 각자가 부담하도록 했다. 천도교소년회의 독특한 문화 규범은 세인의 관심을 끌었다. 회원 상호 간에는 물론이요 지도위원과 회원 간에도 반드시 경어를 사용한다는 규칙이었다. 천도교 소년운동 지도자들이 가정이나 사회에 만연한 아동 천대 문화를 바꾸기 위해 경어를 사용하자는 주장을 천도교소년회에서 실천한 것이다.[83]

천도교소년회의 실천 활동의 백미는 어린이날 제정이었다. 어린이라는 개념을 고안한 사람은 방정환이었다. 방정환은 1920년 8월에 발행된 《개벽》 3호에 실은 번역 동시 〈어린이의 노래〉에서 처음으로 어린이라는 개념을 사용했다.[84] 어린이라는 말 자체는 신조어가 아니었지만, 여기에 인격을 부여하여 하나의 개념체계를 구성한 사람이 방정환이었다. 방정환에게 어린이는 애녀석, 어린애, 아해놈 등의 비칭에서 벗어나 그들의 인권을 존중하고 보호하자는 염원이 담긴 존칭에 다름 아니었다. 즉 어린이는 늙은이, 젊은이와 대등한 인격 주체를 부르는 높임말과도 같은 것이었다. 또한 방정환에게 어린이는 '이 세계의 장래의 주인공', 즉 민족의 미래를 책임질 실천적 주체를 의미했다.[85]

천도교소년회는 1922년 5월 1일에 첫 번째 어린이날 행사를 개최했다. 이날 소년회원들은 경성 시내를 행진하며 '10년 후의 조선을 생각하라'라는 전단 등을 배포하며 어른들에게 어린이를 독립된 인격체로 존중하고 사랑으로 대함으로써 어린이의 인권을 적극적으로 보호하자고 호소했다.

천도교소년회 역시 소년을 대상으로 한 소년운동 단체였지만, 1920년대 사회운동의 추세로부터 결코 자유로울 수 없었다. 천도교소년회의 활동을 흔드는 풍파는 소년운동의 방향과 주도권을 둘러싸고 이념을 달리하는 소년운동 단체와 갈등하거나 혹은 연대하는 과정에서 일어났다. 이러한 시대 조류에 대한 천도교소년회의 대응은 크게 두 가지로 나타났다. 먼저 천도교소년회는 1923년 3월 1일에 《어린이》 잡지를 창간했다. 천도교단의 신구 분화와 독립운동 진영의 좌우 분화가 동시에 진행되는 격동 속에서도 《어린이》의 편집 방향은 항상 일정했다. 여기에는 방정환의 어린이관이 절대적인 영향을 미쳤다. 그는 《어린이》의 편집 방향에 대해 다음과 같이 피력했다.

《어린이》에는 수신강화 같은 교훈담이나 수양담은 일체 넣지 말아야 한다. 저희끼리의 소식, 저희끼리의 작문, 담화 또는 동화, 동요, 소년소설 이것만으로 훌륭하다. 거기서 웃고 울고 뛰고 노래하고 그렇게만 커가면 훌륭하다. 그림을 많이 넣어 부드러운 감정을 유발하고 한편 미적 생활의 요소를 길러주어야 한다.[86]

천도교소년회가 소년들에게 공동체의 울타리를 마련해주었듯이, 《어린이》도 비록 잡지지만, 어린이가 자유롭고 즐겁게 뛰어노는 놀이터가 되어야 한다는 것이다. 《어린이》는 소년들에게 폭발적인 인기를 끌어 1925년 무렵에는 3만 부의 판매 부수를 자랑하게 되었다.

한편 천도교소년회는 《어린이》 잡지 창간이라는 독자적 활동과 함께 소년운동계의 맏형으로서 우후죽순으로 생겨나는 소년운동 단체와의 연대 활동을 추진했다. 천도교소년회 단독으로 개최하던 어린이날 행사를 소년운동 단체들의 연합 행사로 만들었다. 1923년 천도교소년회는 불교소년회, 조선소년군 등과 함께 어린이날 행사 준비를 위한 기구로 조선소년운동협회를 결성했다.[87] 5월 1일에 어린이날 시가 행진을 벌일 계획이었으나 경찰이 불허하자, 행사에 참가한 어린이들은 행진 대신 '어른에게 드리는 글', '어린 동무에게', '소년운동의 기초 조건', '어린이날의 약속' 등의 전단을 배포했다. 이날 경성에 뿌려진 전단은 무려 12만 장에 달했다고 한다. '어른에게 드리는 글'과 '어린 동무에게'의 내용은 다음과 같다.

〈어른에게 드리는 글〉

어린이를 내려다보지 마시고 쳐다보아주시오.

어린이를 늘 가까이 하사 자주 이야기를 하여주시오.

어린이에게 경어를 쓰시되 늘 부드럽게 하여주시오.

이발이나 목욕, 의복 같은 것은 때맞춰 하도록 하여주시오.

잠자는 것과 운동하는 것을 충분하게 하여주시오.

어린이를 책망하실 때에는 쉽게 성만 내지 마시고 자세히 타일러주시오.

어린이들이 서로 위하여 즐겁게 놀 만한 놀이터나 기관 같은 것을 지어주시오.

대우주의 뇌신경 말초는 늙은이에게 있지 아니하고 젊은이에게도 있지 아니 하고 오직 어린이 그들에게 있는 것을 늘 생각하여주시오.

〈어린 동무에게〉

돋는 해와 지는 해를 반드시 보기로 합시다.

어른에게는 물론이고 당신들끼리도 서로 존대하기로 합시다.

뒷간이나 담 벽에 글씨를 쓰거나 그림 같은 것을 그리지 말기로 합시다.

길가에서 떼를 지어 놀거나 유리 같은 것을 버리지 말기로 합시다.

꽃이나 풀을 꺾지 말고 동물을 사랑하기로 합시다.

전차나 기차에서는 어른에게 자리를 사양하기로 합시다.

입은 꼭 다물고 몸은 바르게 가지기로 합시다.[88]

소박하고 따뜻한 말로 어린이를 대하고, 어른과 상하관계가 아닌 평등한 관계인 어린이의 인권을 존중할 것을 호소하고 있다.

어린이날 준비를 위한 비상설 연합체인 조선소년운동협회가 주최하는 어린이날 행사는 매년 규모가 늘어났으며 사회주의적 색채가 점차 짙어져갔다. 1925년 어린이날 행사에는 직업소년 위안 원유회가 열리기도 했다.

천도교소년회가 주도하던 소년운동 연대 활동이 위기에 봉착한 것은 1926년에 어린이날 행사 준비를 둘러싸고 오월회와 충돌하면서부터였다. 오월회는 1925년 5월 31일에 서울청년회계인 정홍교의 주도로 '우리는 사회진화법칙에 의하여 소년총연맹을 체결함'이라는 강령을 내세우며 결성된 사회주의 소년운동 단체였다.[89] 1926년에는 순종의 급작스러운 죽음으로 어린이날 행사가 무산되면서 갈등을 봉합할 수 있었지만, 1927년에는 급기야 조선소년운동협회는 천도교당에서, 오월회는 시천교당에서 각각 어린이날 행사를 치르는 일이 발생했다. 하지만 2개의 어린이날 행사를 바라보는 사회의 따가운 시선은 양측 모두에게 큰 부담을 주었다. 결국 조선소년운동협회와 오월회는 1927년 7월에 4개 연맹체와 68개 소년운동 단체를 모아 조선소년연합회 발기인대회를 개최한 데 이어 10월에는 창립대회를 열어 방정환을 위원장으로 선출했다. 그리고 어린이날을 노동절과의 충돌을 피해 5월 첫 번째 일요일로 변경했다.

1928년 3월 22일 350여 개 단체가 모여 조선소년연합회를 조선소년운동총동맹으로 개편했다. 하지만 경찰의 요구로 이름을 조선소년운동총연맹으로 바꿔야 했다. 이처럼 사회주의 소년운동이 강화되면서 천도교소년회와 방정환은 소년운동계에서 물러났다. 그럼에도 그해 어린이날에는 전국에서 50만 명의 어린이가 참여하여 성황을 이루었다. 경성에서는 '희망을 살리자, 내일을 살리자'라는 간절한 구호를 앞세우고 1만 명이 넘는 어린이가 거리를 행진했다. 어른들도 어머니대회, 아버지대회 등의 집회를 열어 어린이날 행사에 동참했다. 행진이 저지되는 경우도 있었다. 붉은 글씨로 '어린이날'이라고 쓴 띠를 어깨에 두르자 붉은 글씨가 불온하다며 저지당했다. 무심결에 그 띠를 두르고 나갔다가 경찰에게 빼앗기고 만 어린이도 있었다. 붉은색 깃발을 들고 가려다 행진을 금지당하기도 했다.

암울한 시대에 어린이는 미래 세대였다. 소년운동은 어린이들의 인권을 존중하고 그들에게 민주주의적 삶과 문화를 심어주었고, 어린이날 거리로 쏟아져 나온 많은 어린이들은 어른에게 독립의 내일을 기대하게 했다.

1907년 7월 신문지법 제정
1909년 출판법 제정
1919년 3·1운동 이후 《조선독립신문》을 필두로
《각성회회보》·《자유민보》·《국민신보》 등 지하
신문이 독립운동 소식을 전함

1923년 3월 신문지법·출판법개정기성회 출범
1923년 3월 29일 조선민립대학기성회 창립총회

1922년 11월
《신생활》·《신천지》 필화사건

1919년 9월
사이토 마코토 총독 부임. 문화정치 시작.
언론의 자유를 제한적으로 허용했지만 사전검열 실시

1920년대 전국에서 학교설립운동 일어남
1921년 11월 27일 언론인 결사 무명회 창립
1922년 2월 조선교육회가 조선교육협회로 개칭

3장

권리를 위한 투쟁

❶ 언론운동, 자유롭게 말할 권리를 달라
❷ 형평운동, 인간답게 살 권리를 위한 투쟁
❸ 교육운동, 차별 없는 배움의 권리를 찾고자

1925년 10월 천도교 농민운동단체인 조선농민사 창립
1926년 12월 함남 고원에서 함남기자대회 개최
1929년 조선일보, 문자보급운동 전개
1929년 5월 12일 천도교노동운동 단체인 조선노동사 창립
1931년 동아일보, 문맹퇴치운동인 브나로드 운동 시작
1932년 형평사전위동맹사건

1923년 4월 25일
백정 출신 등 약자의 차별 철폐와 권리 쟁취를 위한 형평사 창립

1924년 6월 7일 언론집회압박탄핵대회 개최
1924년 9월 16일 야학 교재 발간을 목적으로 한 조선노동교육회 창립
1924년 11월 19일 신문사 사회부 기자들이 철필구락부 결성
1925년 초등교육입학난구제방법연구회 결성
1925년 3월 29일 전조선노동자교육대회 개최
1925년 4월 15일 전조선기자대회 개최

조선총독부는 조선인의 정치적 권리를 핍박했다. 정치적 자유를 억압했다. 1910년대 조선총독부의 무단통치는 자유 없는 속박의 생활 그 자체였다. 3·1운동 이후 조선총독부가 언론·출판·집회·결사의 자유를 제한적이나마 허용했으나, 조선인은 그 허용된 틈새를 또다시 자유를 위한 투쟁의 장으로 삼아야 했다. 자유를 위한 투쟁은 곧 권리의식에서 발원한다. 자유롭게 말할 권리, 인간답게 살 권리, 교육받을 권리 등을 누릴 수 없을 때 그것을 되찾기 위해 자유투쟁을 벌이는 것이다.

조선총독부는 처음부터 조선인의 눈과 귀를 철저히 틀어막았다. 식민권력이 보여주고 들려주고 싶은 것만 보고 들을 것을 강요했다. 3·1운동을 일으킨 조선인은 지하 신문을 비롯한 인쇄매체를 돌려 읽으며 식민권력의 눈 가리고 아웅식 언론 탄압에 일격을 가했다. 이후 조선어 신문과 잡지가 발간되면서 새로운 싸움이 시작되었다. 조선총독부는 사전검열 제도를 실시하고 언론인을 협박하거나 구속하는 등 언론 탄압의 고삐를 당겼으며, 언론인들은 언론인의 결사체 혹은 사회운동 단체와의 연대체인 언론집회압박탄핵회 등을 결성하여 언론 탄압, 나아가 집회 금지를 남발하는 식민권력에 맞섰다.

언론수호 운동이 식민권력에 대한 조선인의 민주주의 투쟁이었다면, 형평운동은 '우리 안의 차별의식'과 싸우는 민주주의 투쟁이었다. 1894년 갑오개혁으로 제도적으로는 해방되었으나 여전히 사회적 차별에 시달리던 백정 출신들은 형평사를 조직하여 형평운동을 전개했다. 사회운동 단체의 적극적 지지와 연대 속에 인간답게 살 권리를 찾기 위한 인권운동을 펼치는 동안에도 전국 곳곳에서 일어나는 반형평운동에 맞서야 했다. 차별받는 소수자인 백정 출신들이 스스로 형평사라는 결사를 조직하고 차별적 대우와 인권 유린에 맞서 싸우는 가운데 백정 출신에 대한 사회적 차별은 점차 사라져갔다.

식민 지배로 인해 크게 훼손된 권리 중 하나가 교육받을 권리였다. 교육받을 권리는 19세기 독일, 벨기에를 비롯한 서양 여러 나라의 헌법에 명시되기 시작한 기본적 권리였다. 교육받을 권리는 시민권의 필요조건으로 모든 시민은 공적 교육을 받을 권리를 평등하게 누려야 한다는 것이다.[1] 조선인은 조선총독부를 향해 턱없이 부족한 학교의 설립을 요구하는 동시에 스스로 대안을 찾아나섰다. 지역마다 뜻과 돈을 모아 보통학교와 고등보통학교를 설립하는 학교 설립운동을 벌였고, 고등교육을 실시하기 위해 민립대학 설립운동을 전개했으며, 학교 문턱을 넘기 어려운 사람들을 위해 야학을 열고 개량서당을 세웠다.

조선인들은 식민권력의 독재와 전제에 맞서고 스스로 주체로 나서 '우리 안의 차별의식'을 극복하고 빼앗긴 권리에 좌절하지 않고 대안을 마련하고자 했다. 권리를 위한 투쟁은 곧 민주주의 운동이었다.

1

언론운동,
자유롭게 말할 권리를 달라

지하 신문, 3·1운동을 북돋우다

일본은 통감부 시기부터 언론 탄압 정책을 폈다. 통감부는 일본의 신문
지법과 출판법을 모체로 1907년에 신문지법을, 1909년에 출판법을 제
정했다. 1910년에 들어선 조선총독부는 통감부에 가장 저항적이던 《대
한매일신보》를 매수하여 조선어로 된 조선총독부 기관지인 《매일신보》
로 바꿔버렸다. 그리고 신문지법을 근거로 신문 발행 허가권을 쥐고는
조선어로 발행되는 민간 신문을 일체 불허했다. 조선어로 발행되는 신문
은 단 하나, 일본의 동화정책을 찬양하는 《매일신보》뿐이었다.[2]

언론의 자유가 없던 그 시절, 3·1운동이 일어났다. 독립시위를 준비

한 종교계와 학생세력은 많은 전단을 만들고 지하 신문을 제작했다. 조선총독부 당국은 시위 확산 원인의 하나로 선동적인 전단을 지목했다. 각종 유인물과 격문, 지하 신문 등은 3·1운동의 전국화·일상화의 촉매제였다. 특히 지하 신문의 역할이 컸다. 간단한 구호를 적은 삐라·낙서·포스터, 시위 계획이나 투쟁 방침을 알리는 격문·사발통문, 관리의 사퇴나 일본인의 퇴거를 요구하는 경고문·협박문 등의 선전물과 함께 지하 신문은 각지의 운동 상황을 알리며 투쟁을 독려했다.

3·1운동의 발발과 함께 제일 먼저 등장한 지하 신문은 《조선독립신문》으로, 모두 27호까지 발행했다. 《조선독립신문》 1호는 천도교월보사 사장 이종일이 발의하여 보성전문학교 교장이자 천도교 소유 인쇄소인 보성사 사장이던 윤익선의 명의로 1919년 3월 1일에 발행되었다.[3] 《조선독립신문》은 관계자들이 연이어 체포되자 릴레이식으로 발행인을 바꾸면서 4월 말까지 지속적으로 발간되었다.[4] 천도교에서 발행한 《조선독립신문》 1~4호는 3·1운동의 주동세력으로서 독립시위에 대한 구상과 진행 상황을 알리는 데 크게 기여했다. 특히 2호에서는 '가까운 시일에 가정부를 조직하고 가대통령 선거를 할 것이다'라고 하여 임시정부의 수립을 알리기도 했다. 3·1운동 초기에 발행된 《조선독립신문》의 영향으로 전국에서는 이를 본뜬 각종 지하 신문이 발간되었다. 《국민회보》, 《전민보》, 《충북자유보》, 《대동보》, 《자유민보》, 《반도의 목탁》, 《국민신보》, 《각성회회보》 등이 그것이다. 5호부터 27호까지 릴레이로 발행된 《조선독립신문》 역시 경성을 비롯한 전국 각지의 독립시위 소식과 함께 해외 독립운동 소식도 전했다. 무엇보다 전국적으로 시위가 계속되고 있다는 사실을 알림으로써 독립시위의 지속과 확산에 일익을 담당

했다.[5]

《각성회회보》는 1919년 3월 8일 이후 등장한 지하 신문으로 경성공업전문학교 2년생인 양재순과 김호준이 1호부터 4호까지 제작했다. 각 호는 등사판을 사용하여 약 80부씩 인쇄했고, 당일에 경성 시내에 배포했다.[6] 《각성회회보》는 독립은 누구도 방해할 수 없는 일로서 모든 동포는 이에 적극적으로 참여하자는 내용을 담고 있었다. 《반도의 목탁》은 배재고등보통학교 학생 장용하, 이봉순, 염형우, 중앙학교 학생 서정기 등이 4월 1일부터 한 달 동안 배포한 지하 신문이다. 1호부터 3호, 그리고 특별호까지 4번 발행되었고 적게는 70부, 많게는 300부까지 배포되었다. 《반도의 목탁》은 2호에서 〈3·1독립선언서〉 말미에 적힌 '공약 3장'을 준수할 것을 호소했다.[7] 《자유민보》는 백광필과 중앙학교 학생인 최석인, 유연화 등이 제작했다. 이들은 4월에 1호부터 5호까지 각 1000부를 발간하여 "민족자결주의에 따라 조선은 독립해야 한다"는 취지의 논설과 기사를 실었다.

그런데 1919년 4월 11일 경성 삼청동에서 발견된 지하 신문 이름도 《자유민보》였다. 발행 주체가 알려지지 않은 또 다른 이름의 《자유민보》가 있었던 듯하다. 여기에는 〈일본의 운명은 여하〉라는 사설과 함께 파리 강화회의에서의 한인 대표단의 활동, 필리핀의 독립운동, 만세운동에 대한 폭력적 탄압, 《매일신보》의 허위 보도, 지방 시위 소식, 경찰기관이 되어버린 학교 등에 관한 기사가 실렸다. 《매일신보》에 대해서는 3·1운동 이후 "동은 서라, 정(正)은 가(假)라, 유는 무라 하여 계급 동포의 의심과 반감을 일으키는 일종의 사기적 위조서류"를 만들고 있다고 강도 높게 비판했다.[8] 4월 17일에 경성 팔판동에서 발견된 《자유민보》 15호는 발행일자가 4월 15일로 되어 있다. 4월 11일에 발견된 《자유민보》 25호처럼 사설과 기사로 구성되어 있으나, 발행 주체가 동일한지는 불확실하다. 이 지하 신문은 상하이 임시정부 수립 소식을 알리고 있다.

　가정부 성립 : 지난 8일에 상하이에서 우리 임시정부를 조직하여 세계에 선포하였다더라.[9]

　《국민신보》라는 이름의 지하 신문 역시 여러 주체에 의해 발간된 듯하다. 세브란스 병원에 근무하던 이일선은 개인적으로 4월 중순부터 8월 하순까지 《국민신보》 1호부터 26호, 그리고 '국치기념특별호'를 제작했다. 그는 각호마다 300부 정도를 인쇄하여 종로와 동대문 부근에 배포했다. 4월 25일 종로에서 발견된 《국민신보》 11호의 제작자도 이일선인지는 불확실하다. 이 지하 신문 역시 사설과 기사로 구성되어 있는데, 흥미로운 점은 〈가정부 조직에 대하여〉라는 사설에서 임시정부에 대해 언급한 것이다. 여기서 가정부는 4월 23일 종로에서 열릴 예정이던 13도 대표의 국민대회에서 선포하고자 한 한성정부를 가리킨다.[10] 배화학당 교사였던 김응집도 《국민신보》라는 지하 신문을 만들었다. 8월 12일에 21호, 8월 28일에 국치기념특별호를 제작했다고 한다. 《자유민보》나 《국민신보》처럼 여러 주체에 의해 지하 신문이 발간된 것은 지하 신문을 통해 3·1운동의 확산에 기여하고자 하는 대중의 자발적 참여가 있었기에 가능한 일이었다.[11]

　3·1운동 시기 지하 신문은 대안언론의 역할을 했다. 사설을 통해 독립운동의 정당성을 알렸고, 기사를 통해 국내외의 3·1운동 소식을 알

리고 이를 왜곡하는 《매일신보》를 규탄했다. 또 국내외의 임시정부 수립 소식을 알려 만세시위 확산을 북돋웠다. 지하 신문 발간 운동은 곧 언론의 자유를 획득하기 위한 운동이었다. 또한 이는 식민지 조선에서의 언론 탄압 정책을 비판하는 일본 내의 목소리조차 무시해온 조선총독부에 대한 일대 가격이었다.

당시 일본에서는 1918년에 집권한 하라 다카시(原敬) 내각이 정부 안의 신문국을 폐지하고 더 많은 언론의 자유를 허용하는 정책을 펼치고 있었다. 이에 발맞추어 일본 식민통치에 비판적이던 요시노 사쿠조(吉野作造)는 '언론의 자유가 없는 조선은 암흑의 천지다'라며 '차별, 무인(武人)정치, 동화정책을 철폐하고 언론의 자유를 인정하라'고 요구했다.[12] 일본에서 조선어 잡지 《반도시론》을 발간하던 다케우치 로쿠노스케(竹內錄之助)는 '하라 내각에 대하여 간절히 바라는 바는 조선에 대한 언론의 자유에 있도다. '조선은 특수정치로 언론을 불용한다'는 관료적 해석을 타파하고 입헌적 두뇌로써 조선 개발에 일대 장애가 된 언론 압박을 철거하고, 오랫동안 침쇠했던 반도의 공기를 일소하는 것이 급무'라고 주장했다. 또한 언론의 자유를 허용하여 불평을 털어놓게 함으로써 오히려 불평을 완화할 수 있다고 역설했다.[13] 3·1운동 당시 지하 신문을 비롯한 각종 인쇄매체의 범람에 놀란 조선군 참모부는 1919년 7월에 "피차의 의사를 소통하고 융화의 일 수단으로서 어느 정도까지 언론의 자유를 허용할 필요가 있다"며 그것이 식민통치에 더 유익하다는 의견을 내놓았다.[14] 결국 조선총독부는 문화정치의 일환으로 조선어 신문과 잡지의 발간을 제한적이나마 허용하지 않을 수 없었다.

언론의 자유를 허하라

조선총독부는 1919년 가을 조선어 신문 발행을 허가한다고 발표했다. 바로 10건이 넘는 발행 허가 신청서가 접수되자 조선총독부는 이중 3종의 신문만 허가했다. 이는 1919년 9월에 부임한 사이토 마코토(齋藤實) 총독이 내놓은 언론정책에 따른 조치였다. 사이토 총독의 언론정책의 목표는 분명했다.

조선인이 스스로 말하고자 하는 바를 말하게 하여 그들이 가지고 있는 사상을 알 수 있게 하고, 그들이 잘못 생각하고 있는 것이 있으면 이를 바르게 이끄는 하의상달, 상의하달의 길을 열어 차라리 시대에 순응하게 하는 수단으로 한다. 특히 조선어 신문과 같은 것은 조선 중 유일하게 《매일신보》 하나에 지나지 않으니, 차제에 2~3개의 조선어 신문의 간행을 허용하여 민심의 통일과 시정의 선전에 이용할 필요가 있다.[15]

신문지법에 의해 허가받은 3종의 신문은 《동아일보》,《조선일보》,《시사신문》이었다. 《시사신문》은 《시대일보》,《중외일보》,《조선중앙일보》 순으로 이름이 바뀌었다. 조선총독부는 출판법에 의거하여 잡지 발행도 허가했다. 1922년에는 《개벽》,《신천지》,《신생활》,《조선지광》,《동명》 등의 잡지도 신문지법에 의해 시사 문제를 다룰 수 있도록 허가했다.[16] 대신 검열제도를 강화하여 언론을 옥죄었다. 신문 기사는 검열을 통과해야 보도할 수 있었다.

검열과 허가 사항 등을 관장한 부서는 경무국 고등경찰과였다. 이후

업무가 늘어나고 전문성이 요구되자 조선총독부는 검열의 효율성을 높이고자 1926년 5월 고등경찰과에서 도서과를 분리하여 독립된 부서로 운영했다. 고등경찰과와 도서과는 신문과 잡지만이 아니라 문화 예술의 모든 부문에 걸쳐 사전검열을 실시했다. 신문, 잡지, 단행본의 경우는 내용을 검열하여 삭제 또는 압수 처분을 내렸고, 경우에 따라서는 정간을 명령하기도 했다. 기사의 삭제와 압수, 그리고 정간의 칼날은 누구도 피해갈 수 없었다.[17]

조선총독부는 신문·잡지에 대한 검열에서 더 나아가 언론인 탄압도 불사했다. 1922년 8월 마루야먀(丸山鶴吉) 경무국장은 각 신문사·통신사 대표를 소집하여 언론을 단속하여 문제가 있을 경우 사법처리할 것임을 경고했다. 2개월 후 실제로 언론인이 구속당하는 사건이 일어났다. 조선총독부는 잡지 《신생활》이 1922년 11월호에 〈러시아혁명 5주년 기념〉, 〈민족운동과 무산계급의 전술〉 등의 글을 실으려 한 것을 문제 삼아 폐간 처분했다. 검찰은 박희도 사장과 인쇄를 맡은 노기정을 소환 조사하고 박희도의 집을 압수수색했다. 김명식 주필과 유진희, 신일용 기자도 취조했다. 그리고 12월 2일에 박희도, 김명식, 신일용, 유진희를 신문지법과 제령7호 위반 혐의로 구속했다. 경성지방법원은 박희도에게 징역 2년 6월, 김명식에게 징역 2년, 신일용과 유진희에게 징역 1년 6월을 선고했다. 언론 탄압을 상징하는 《신생활》 필화사건은 '조선 초유의 사회주의 재판'으로 많은 관심을 불러일으켰다.[18] 조선총독부는 1922년 11월에 잡지 《신천지》에 대해서도 백대진의 〈일본 위정자에게 여하노라〉라는 기사를 문제 삼아 백대진 주간과 인쇄를 맡은 장재흡을 검거했다. 12월 7일 검찰은 신문지법과 제령7호 위반으로 백대진을 기소했고, 경성지방법원은 그에게 징역 6월을 선고했다.

1922년 11월 《신생활》과 《신천지》 필화사건이 일어나자 《동아일보》
는 사설에서 조선총독부를 비판했다. 조선총독부가 '두 잡지 외에 몇 종
의 잡지를 신문지법에 의해 허가한 지 불과 1개월밖에 지나지 않았는데
이번 사건을 일으킨 것은 이미 이런 사건을 의중에 두고 있었던 것은 아
닌가'라며 필화사건을 일으킨 저의를 물었다. 또한 두 잡지 관계자를 구
속한 것은 상식에 어긋나는 일이라고 비판했다.[19] 조선총독부의 언론정
책에 대해서도 따졌다. 언론에 문제가 있다면 행정처분으로 가능한데도
왜 굳이 사법권을 발동하여 신체를 구속하고 형벌을 주려 하는가를 물었
다. 또한 필화사건임에도 확정 판결이 나기 전에 신체를 구속하는 것은
인권을 무시한 가혹한 처사라고 비판했다. 나아가 신문화 건설이란 다양
한 의견을 제시하게 하여 그중 장점을 취하고 단점을 버리는 것을 말하
는데, 언론을 압박하는 것은 문화정치와는 거리가 먼 일이라며 문화정치
에 대해 근본적인 의문을 제기했다.[20] 조선총독부가 펴는 언론정책의 기
만성에 대해서는 '무단정치'와 '문화정치'를 비교하며 비판했다. 조선총
독부가 무단정치를 청산하고 문화정치의 수립을 선언했다면 뭔가 달라
져야 하는데 그렇지 않다는 지적이었다. 즉 문화정치란 자유를 보장하고
의사를 존중하는 데 있을 터인데, 그렇지 않다면 옷만 바꿔 입은 무단정
치라는 것이었다. "막연한 문화정치의 미명하에 자유를 억압하며 의사
를 강요하는 것은 우롱이 아니면 기만"이라고 했다.[21] 연이은 필화사건
에 "현재의 조선총독 정치는 전제정치"라고 일갈하기도 했다.[22]

《동아일보》는 조선총독부의 언론정책에 대한 비판을 넘어 언론의 자
유가 무엇인가에 대해서도 적극적으로 의사를 개진했다. 언론의 자유는

곧 사상 발전에 대한 자유를 의미한다는 것이다.

언론의 자유는 곧 사상 발전에 대한 자유를 이름이라. 우리는 우리의 사상이 자유로이 발전하기를 간절히 바란다. 바란다느니보다 자유라야만 할 것이다. 그러하므로 마침내 언론의 자유를 얻지 못하면 차라리 말 못하는 벙어리가 나으니 현재에 대한 사상은 울리지 아니치 못할 것이요 장래에 대한 사상은 알리지 아니치 못할 것이다. 벙어리 아닌 우리에게 말을 못하게 금함은 당국자의 단견이니, 사상상 발전은 권력으로 훼방을 놓거나 막지 못할 것이라. 설혹 일시적으로 방해하거나 막을 수 있다 하나, 역사상 진행 귀추야 어찌 권력으로 변할 수 있으랴. 이 귀추는 인민 사상이 정할 바이요, 관리 권력이 미칠 바 아니니 일시 성공을 자랑하는 편과 최후 승리를 차지할 편이 서로 다툴 때, 피 흘리는 역사가 생기나니 이는 인류의 큰 불행이다.[23]

또한 언론의 자유를 억압하는 것은 곧 인간의 기본권을 억압하는 것이라고 주장했다.

자유가 현대의 특색이라 하면, 언론은 현대인의 권리다. 언론이 없는 곳에 자유가 없고, 자유가 없는 곳에 노예는 있고 금수는 있는지 알 수 없으나 인간은 없다.[24]

이처럼 《동아일보》는 조선총독부의 언론정책을 비판하면서 "문화가 발달한 곳에 언론이 존중되고 문화가 유치하면 언론을 학대하는 것이다. 그러므로 언론의 자유는 문명국의 헌칙이요, 현대인의 표지다"라며 언론 탄압이 계속된다면 자연스럽게 비밀결사나 직접행동으로 나아가기 쉽다고 경고했다. 그러니 언론을 존중하고 관대히 대하라는 것이다.[25]

《조선일보》는 1924년 9월 신석우 사장과 안재홍 주필 체제가 들어서면서 언론의 자유에 대해 본격적으로 언급하기 시작했다. 언론을 "조선민중의 표현기관"[26]이라 정의하면서 조선총독부의 허가제와 검열제를 폐지해야 한다고 주장했다. 이처럼 《동아일보》와 《조선일보》는 사설에서 언론관계법이 인간의 기본적인 권리인 언론의 자유를 지나치게 억압하고 있다며, 이러한 악법을 철폐하는 것이 언론운동의 관건이라고 주장했다.[27]

언론 자유 수호운동

《신생활》과 《신천지》 필화사건은 언론의 자유를 확보하기 위한 운동의 필요성을 환기시켰다. 제일 먼저 법개정 운동이 일어났다. 1923년 3월 신문사 대표, 서적 조합원, 변호사 등이 모여 신문지법·출판법개정기성회를 조직했다. 3월 17일 이들은 조선 문화 발전에 큰 장애가 되고 있는 신문지법과 출판법의 개정 운동을 추진하기로 결정했다. 이를 위해 조선일보사, 동아일보사, 매일신보사 대표 각 1명과 실무위원 10명을 선출했다. 이 가운데 3인의 교섭위원을 뽑아 조선총독부를 방문하고 경무국장과 법무국장에게 신문지법과 출판법 개정 건의안을 제출했다.[28]

1924년 6월 20일에 열린 언론집회압박탄핵대회는 언론인 최초의 언론 자유 투쟁이었다. 그해 4월 2일 박춘금을 비롯한 각파유지연맹원들이 동아일보 사장 송진우와 이사 김성수를 협박하는 사건이 발생했다. 각파유지연맹은 1924년 3월 25일에 조선총독부의 지원 아래 12개 친일 단체가 모여 결성한 연합체였다. 각파유지연맹은 창립총회에서 독립사상과 사회주의를 비난하고 조선총독부를 도와야 한다는 내용의 선언문을 발표했다.[29] 《동아일보》 3월 30일자와 4월 2일자 사설은 각파유지연맹 결성 과정을 밝히고, 각파유지연맹이 '총독정치의 선전기관이며 이를 좇는 자들의 야합'이라고 비판했다. 이에 대한 보복으로 각파유지연맹이 송진우와 김성수를 협박했던 것이다. 각파유지연맹원들은 두 사람에게 《동아일보》 사설과 같은 주장을 다시는 하지 않겠다는 각서를 쓰라고 강요했다. 송진우는 사담(私談)이라는 문구를 넣어 각서를 썼고, 김성수는 개인 돈 3000원을 주기로 하고 위기를 모면했다.

4월 4일 김성수는 3000원을 가지고 마루야마 경무국장을 방문하여 박춘금에게 전해줄 것을 요청했다. 마루야마는 수령을 거부했고 《매일신보》는 송진우의 각서를 찍은 사진을 실으며 《동아일보》를 공격했다. 일종의 망신주기였다. 이에 《동아일보》는 4월 11일자 신문에 협박사건의 전말을 보도했다. 《시대일보》와 《조선일보》도 사건의 전말을 자세히 보도하고, 사설을 통해 각파유지연맹을 비판했다. 반면 잡지 《개벽》은 송진우와 김성수가 위협에 굴복하여 각서를 쓰고 돈을 주기로 한 것은 비겁한 일이라고 비판했다. 이 사건으로 《동아일보》의 위신은 크게 추락했다. 《동아일보》 기자단은 4월 24일 사장 송진우를 비롯한 간부 5명에 대한 불신임을 의결했다. 동아일보사 경영진은 결국 주주총회를 열어 송진우와 김성수의 사표를 수리했다.[30]

조선총독부와 결탁한 친일단체의 언론인 협박 사건에 이어 조선총독부가 조선노농총동맹과 조선청년총동맹의 집회를 금지하는 사건이 일어났다. 이 또한 각파유지연맹과 연관된 일이었다. 각파유지연맹원인 박춘금은 부산에서 일본으로 건너가려는 노동자에게 자신이 이끄는 노동상애회에 들어오면 쉽게 일본으로 갈 수 있다고 선전하면서 입회비 2원을 받았다. 이 사실이 알려지자 부산에서는 박춘금의 횡포를 규탄하는 시민대회가 열렸다. 조선노농총동맹과 조선청년총동맹은 합동으로 경성에서 이를 규탄하는 강연회를 계획했다. 그러자 경찰이 강연회를 금지했다. 두 단체는 조선총독부의 언론과 집회의 자유에 대한 탄압 행위에 대해 연대조직을 만들어 항의하기로 결의하고 언론단체와 사회단체에 동참을 촉구했다.

1924년 6월 7일 신문사와 잡지사는 물론 청년단체, 노동단체, 여성단체, 교육단체, 형평단체 등 31개 단체 대표 100여 명이 언론집회압박탄핵회(이하 탄핵회)를 결성하고 다음과 같이 결의했다.

언론 및 집회에 대한 당국의 무리한 압박에 공고한 결속으로써 적극적으로 항거할 것.
언론 및 집회의 압박에 대한 항거 방법은 실행위원에게 일임할 것.[31]

탄핵회는 다음 날 곧바로 5명의 탄핵실행조사위원을 선정하여 언론 및 집회 관련 압박에 대한 실태를 조사했다. 탄핵회는 실태 조사를 바탕으로 6월 20일 천도교당에서 언론집회압박탄핵대회를 열고자 했다. 그런데 당일 경찰은 이 대회가 치안을 방해할 염려가 있고 보안법에도 위반된다며 금지를 통보했다. 당일 통보로 인해 이 사실을 모르는 청중들은 대회장에 몰려들었고 경찰은 탄핵회 관련자들을 연행했다가 석방했다.[32]《동아일보》는 대회 금지에 대해 강력히 비판했다.

사람인 다음에는 사상이 있다. 그래서 언론이 있고, 그래서 집회가 있다. 이를 무리하게 압박하면서 이는 치안을 유지함이라 하면, 이 치안의 표준은 물을 것도 없이 그들에게 있고, 우리에게 있지 않음을 알 것이다. 그러면 우리는 우리를 위하여 이 치안을 인정할 수 없지 아니한가. 치안이라 함은 압박을 미화하기 위한 명사이니, 나누어 볼 것이 없다.[33]

탄핵회는 6월 28일 2차 대표회의를 열었다. 100여 명이 참가한 가운데 언론 및 집회에 대한 압박 사례 실태 조사를 보고했다. 이에 따르면 1924년 1월 1일부터 6월 20일까지 압수 건수는 월간지《개벽》이 3회, 주간지《조선지광》이 7회, 일간지《시대일보》가 9회,《조선일보》가 13회,《동아일보》가 15회였다. 3월부터 6월 20일까지 경성 시내에서 금지된 집회 건수는 모두 13건이었다. 이날 회의에서는 7월 20일을 기하여 국내외에서 일제히 언론 집회 압박을 탄핵하기 위한 연설회와 시위를 벌일 것을 결정하고 다음과 같은 결의문을 채택했다.

언론은 생존의 표현이요 집회는 그 충동이라. 우리의 생명이 여기에 있고, 우리의 향상이 여기에 있다. 만일 우리의 언론과 집회를 압박하는 자 있다 하면 그것은 우리의 생존권을 박해하는 자이다. 현하의 조선총독부는 직접적으로 우리의 언론을 압박하며 집회를 억제한다. 그러므로 우리 민중은 우리의 생존을 위하여 당국의 이러한 횡포를 탄핵한다.[34]

7월 20일 연설회와 시위 역시 경찰의 금지로 무산되었다.[35]

이듬해인 1925년에는 전국기자대회가 열렸다. 기자들 스스로 언론의 자유를 획득하기 위해 결속력을 높이고자 하는 취지였다. 전조선기자대회를 개최하기로 결의한 단체는 무명회였다. 무명회는 1921년 11월 27일에 창립한 언론인 결사였다. 언론사에 근무하는 조선인 기자라면 회원이 될 수 있었다. 무명회는 문화 보급의 촉진, 언론 자유의 신장, 여론의 선도, 회원의 명예와 권리의 옹호 및 회원 상호 간의 친목 도모 등을 추구했다.

무명회는 1925년 1월 31일에 열린 임시총회에서 전조선기자대회를 열기로 결의했다. 동아일보 최원순 기자의 제안이었다. 3월 6일 무명회는 기자대회 추진 방법에 대해 토의했다. 일단 무명회가 주최하기로 하고 각 신문사와 잡지사 대표 34명을 준비위원으로 선정했다. 준비위원들은 3월 15일 첫 회의를 열어 구체적인 개최 방안을 마련했다. 참가 자격은 조선어 신문과 잡지 기자로 한정했다. 대회는 4월 15일부터 17일까지 3일 동안 천도교당에서 열기로 했다. 3월 18일 2차 준비 회의에서는 대회 개최 취지서를 채택하여 대회 일자가 다가오자 전국 각지에서 참가 신청이 쇄도하여 대회 전날까지 690여 명이 신청했다. 참가자들에게는 기자대회 휘장을 만들어 배포했다. 1924년 11월 19일에 각 신문사의 사회부 기자 20여 명이 결성한 철필구락부도 대회 운영을 도왔다. 대회 기간 중 《철필시보》라는 기관지를 발행하여 대회 소식을 알리는 역할을 했다.

4월 15일 대회 첫날 회의에서는 의장에 조선일보 사장인 이상재, 부의장에 조선일보 주필인 안재홍을 선출했다. 이어 대회 전날 준비위원 중한 사람인 신철이 경찰에 연행되었으므로 석방을 교섭할 위원 3인을 선출했다. 의안 작성 위원으로는 안재홍 등 9인을 선출했다. 둘째 날에는 조선총독부 경무국의 고등과장을 비롯한 수십 명의 경찰이 입회한 가운데 대회가 진행되었다. 이날 대회에서는 의안 작성 위원회가 마련한 6개 항의 의안을 통과시키고 결의문을 채택했다.

우리는 친목과 협동을 공고히 하여 언론의 권위를 신장 발휘하기를 기함.
신문 및 기타 출판물에 대한 현행 법규의 근본적 개신을 기함.
언론·집회 및 결사의 자유를 구속하는 일체 법규의 철폐를 기함.
동척을 위시하여 현하 조선인의 생활 근저를 침식하는 각 방면의 죄상을 적발하여 대중의 각성을 촉구함.
대중운동의 적극적 발전을 촉성하기를 도모함.[36]

경찰은 이중 세 번째와 네 번째 항이 불온하다며 보도를 금지했다. 이날 회의에서는 전조선기자대회를 상설기관으로 하느냐 아니면 일회성에 그치느냐에 대한 논의가 벌어졌다. 결국 상설기관으로 두지는 않고 기자대회를 소집할 필요가 있을 때에 매년 혹은 격년에 한 번 열도록 하고 무명회가 소집권을 가진다는 결정을 내렸다. 대회는 다음 날 동대문 밖에 있는 상춘원에서 야유회를 즐기는 것으로 막을 내렸다. 신철은 대회 마지막 날에 석방되었다. 이후 전조선기자대회는 다시 열리지 못했다.

하지만 탄핵회와 전조선기자대회에 참석했던 기자들의 주도로 각 지방에서 기자단이 결성되었다. 동아일보사, 조선일보사, 시대일보사 등의 신문지국이 설치된 곳에서 군별로 기자단을 조직했다. 군별 기자단이 모여 도별 연합체를 결성하기도 했다. 지역 기자단들은 매년 기자대회를 열어 기자의 권익 옹호와 언론의 신장을 꾀했다. 경찰이 명예훼손이나 보안법 위반으로 기자를 구금하거나 무단으로 신문을 압류하는 행위에 항의했다. 기자대회가 제대로 열리지 못하거나 기자가 체포되어 실형을 받은 경우도 적지 않았다. 1926년 12월에 함경남도 고원에서 열린 4회 함남기자대회에서는 기자단이 정치사회 문제를 토의하려다 경찰의 제지를 받자 이에 대한 항의 표시로 탄핵강연회를 열었다가 20여 명이 검거되기도 했다.

　무명회는 전조선기자대회 이후 주로 기자들의 권리 수호를 뒷받침하는 운동을 펼쳤다. 당시 기자들 가운데는 명예훼손 혐의로 고소를 당하는 이들이 많았다. 1925년 11월 함흥경찰서 형사 2명이 경성으로 출장 와서 시대일보 지방부장 홍남표를 포승줄로 묶고 수갑을 채워 연행했다. 《시대일보》 10월 30일자에서 악덕지주로 지목된 김승환이 명예훼손으로 고소했기 때문이다. 무명회는 긴급회의를 열어 '이 사건은 언론 압박은 물론 인권 유린'이라 규정하고 김승환의 비행과 경찰 당국의 횡포를 철저히 조사하여 폭로하고 여론을 환기시킬 것을 결의했다. 그리고 송진우, 안재홍, 이종린 등 3명을 조선총독부 경무국장에 보내 항의하고 함흥경찰서장에게는 경고문을 보냈다. 철필구락부도 총회를 열어 경찰 당국의 태도를 규탄하는 결의문을 채택하고 함흥경찰서장 앞으로 경고문을 발송했다. 철필구락부는 언론옹호회를 열려고 했으나 경찰의 불허로 뜻을 이루지 못했다. 무명회, 철필구락부 소속 기자들은 물론 일본인 기자까지 참여한 경성기자유지연맹은 함경남도 경찰부장에게 질문위원을 보내고 전국 각지의 기자단에 격문을 보내어 이 사건을 규탄할 것을 호소했다. 11월 20일 함흥에서는 함남기자대회가 열려 경찰의 횡포를 비판하고 김승환을 성토했다. 11월 30일 함흥지방법원에서 열린 공판에서 홍남표는 징역 6월을 선고받고 12월 8일에 보석으로 풀려났다.

이처럼 언론과 집회에 대한 탄압이 일상인 현실을 목도하면서 조선인들은 일본 식민권력의 통치하에서는 권리를 지켜낼 자유조차 없다는 것을 실감해야 했다. 여론은 언제나 언론 자유 수호운동을 지지하고 성원했으며 사회운동 단체들도 적극 연대했다.

2

형평운동,
인간답게 살 권리를 위한 투쟁

차별을 넘어 공평으로

형평운동의 주체는 백정 출신이었다. 조선시대에 백정은 신역과 군역과 부역이 부과되지 않는 남자라는 의미였다. 한마디로 권리도 의무도 없는, 그래서 백성의 자격이 없는 사람이었다. 1894년 동학농민군은 '칠반천인의 대우를 개선하고 백정이 쓰는 패랭이를 벗게 할 것'을 요구했으며, 갑오개혁 정부가 천민 해방을 선포하면서 백정이라는 신분은 철폐되었다. 이처럼 제도적인 신분 해방은 이루어졌지만 사회적 차별은 쉽게 없어지지 않았다. 일제시기에도 백정 출신에 대한 사회적 차별은 여전했다. 무엇보다 백정 출신의 자녀들은 학교를 다니는 것이 쉽지 않았다. 진주에서 처음 형평운동이 일어난 것도 그런 사회적 차별 때문이었다. 진주에 사는 이학찬은 백정 출신 자산가였다. 그는 자녀를 공립학교나 사립학교에 입학시키려 했으나 거절당하기 일쑤였고, 설령 허가를 받아도 나중에 백정 자식이라는 사실이 알려지면 배척을 받아 학교를 그만두어야 했다. 이학찬은 이런 원망스러운 세상을 바로잡고 싶었다. 그는 40만 명의 백정 출신에게 희망을 주기 위해 사회적 차별의 철폐를 요구하는 형평운동에 나섰다.[37]

형평운동의 출범에 자극을 준 것은 1922년에 일본에서 일어난 수평운동이었다. 에다로 불리는 일본의 특수부락민은 1차 세계대전 직후에 활발해진 노동운동의 영향을 받아 '자기해방운동'을 전개했다. 1871년에 에다해방령이 반포되었으나, 이후 40여 년 동안 특수부락민의 사회적 불평등과 경제적 궁핍은 별로 달라진 게 없었기 때문이다. 1922년 3월 나라현의 특수부락민 단체인 청년동지회가 주도하여 수평사를 창립하고 '절대해방과 경제적 자유와 직업의 자유'를 요구했다.[38] 수평사의 창립에 대해 《동아일보》는 수평운동으로 사회가 더욱 평등지향의 민주주의로 나아갈 것이라고 전망했다.[39]

형평사 창립대회는 1923년 4월 25일 진주에서 열렸다. '형평사 주지'에는 인간다운 대접을 받고 인간으로서의 권리를 누리려는 백정 출신들의 의지가 분명하게 드러나 있다.

공평은 사회의 근본이요 애정은 인류의 본량(本良)이다. 그런고로 우리들은 계급을 타파하고 모욕적 칭호를 폐지하며 교육을 권장하여 우리도 참다운 인간이 되기를 바람이 본사(本社)의 주지다. 지금까지 조선의 백정은 여하한 지위와 여하한 압박에 처하였던가? 과거를 회상하면 종일토록 통곡하여도 피눈물을 금하기 어렵다. 여기에 지위와 조건 문제 등을 제기할 여유도 없이 눈앞의 압박을 절규함이 우리의 실정이다. 따라서 이 문제를 선결하는 것이 우리의 급무라고 인정하는 것은 적확한 것이다. 낮고 가난하고 뒤떨어지고 약하고 천하고 굽실대는 자는 누구였던가? 아아, 우리 백정이 아닌가? 그런데 이와 같은 비극에 대하여 사회의 태도는 어떠한가? 소위 지식계급에서 압박과 멸시만을 하였도다. 이 사회에서 우리의 연혁을 아는가? 모르는가? 결코 천대를 받을 우리가 아니다. 직업의 구별이 있다고 하면 짐승의 생명을 뺏는 자 우리 백정뿐만이 아닌가 하노라. 본사는 시대의 요구보다도 사회적 실정에 응하여 창립되었을 뿐 아니라 우리도 조선 민족 2000만의 1인이라. 갑오년 6월부터 법령으로써 백정의 칭호가 없어지고 평민이 된 우리들이다. 애정으로써 상호부조하여 생활의 안정을 도모하고 공동의 번영을 기하려 한다. 이에 40여만이 단결하여 본사의 목적인 그 주지를 널리 밝혀 드러내고자 하노라.[40]

이 '형평사 주지'는 일제시기의 대표적인 인권선언이라 할 수 있다. 인간다운 대우를 받기 위해 차별받는 약자인 백정 출신이 스스로 일어서 인간 해방과 평등 세상을 만들겠다는 선언이었다.

형평사는 형평사의 사원 자격을 백정 출신에 국한하지 않고 조선인이면 누구나 들어올 수 있도록 했다. 이는 형평운동을 백정 출신에 대한 차별 철폐 운동으로 한정하지 않고 조선 사회의 차별 철폐 운동의 일환으로 자리매김하려는 의도에서 비롯된 것으로 보인다. 인간다운 대우를 요구하는 형평사의 인권운동에 대해 언론은 물론 청년·노동·농민운동 단체와 재일한인 단체들이 큰 관심을 가지고 직·간접적으로 지원했다. 이러한 호응 속에 형평사는 창립된 지 1년이 지날 무렵 전국적으로 12개 지사, 67개 분사로 조직을 확대할 수 있었다. 가장 세력이 클 때는 287개의 지사·분사와 3만 2000여 명의 사원을 거느렸다.

형평사는 진주에서 출범했으나, 창립 직후부터 경성으로 본부를 옮기는 문제로 논란이 일었다. 1923년 11월에 전조선형평대표자대회를 열어 본부를 대전으로 이전하기로 결의한 바 있었다. 그런데 1924년 2월에 부산에서 열린 형평사 전조선임시총회에서 본부를 경성으로 이전하자는 주장이 다시 제기되었다. 이를 주장했던 장지필, 오성환 등은 형평사에서 나와 형평사혁신동맹을 결성했다. 형평사혁신동맹 본부는 경성에 자리 잡았고, 4월 25일에 견지동의 천도교당에서 형평사 창립 1주년 기념식을 겸하여 형평사혁신동맹대회를 열었다. 이 자리에서는 200여 명의 사원과 방청객 300여 명이 지켜보는 가운데 형평사혁신동맹총본부가 결성되었다. 같은 날 대전에서는 진주의 형평사 본부가 주최하는 형평사 창립 1주년 전국형평사대회가 열렸다. 창립 1년 만에 형평사가 둘로 갈라진 것이었다.

여기에는 이념 갈등이 내재되어 있었다. 진주의 형평사 본부는 본사를 경성이나 대전으로 이전하는 데는 동의하면서도, 그 대신 혁신운동을 하지 않는다는 조건을 내세웠다. 형평사혁신동맹총본부는 본사 이전은 별개 문제이며 혁신운동을 결코 포기해선 안 된다고 주장했다. 경상도의 부유한 백정 출신이 주도하는 형평사 본부는 형평운동이 오직 백정 해방운동에 진력해야 한다는 입장이었다. 반면 경기·강원·전라 지역의 무산 백정 출신이 이끄는 형평사혁신동맹총본부는 다른 계급운동과 연대하여 계급운동의 하나로 형평운동을 추진해야 한다고 주장했다. 무산계급과 동일한 전선에 서야 진정한 의미의 인권을 쟁취할 수 있다는 김덕한의 주장이 후자를 대변한다.

형평운동의 운명을 형평사원 자체의 분투 여하가 아니고 세인의 동정 여하에 구하는 것은 잘못이다. 천부인권·천의 등을 부르짖으며 평등을 요구하는 것은 하등의 실적이 없다. 자본주의 사회하에서는 절대 평등이 없다. 현재의 경제조직이라는 그것이 자연히 계급의 차별을 낳게 한다. (……) 이 의미에서 형평운동의 주의는 너무도 박약하고 몽롱하다. 진정한 인권을 가지려면 지금부터 선명한 계급적 의식─무산계급의─을 갖고 무산계급과 동일한 전선에 서지 않는 한 형평의 절규는 아무런 효과를 얻지 못할 것이다.[41]

실제로 형평사혁신동맹총본부의 경우, '일체 계획을 혁신하여 형평운동은 계급의식을 충분히 가진 철저한 분자만으로 사업을 진행하며 백정계급 자신의 행동에 의해 절대적인 해방을 도모한다'는 노선을 표방하고 있었다. 사회주의가 풍미하는 가운데, 인권 해방운동의 일환인 형평운동도 편이 갈렸다.

인권 신장을 위한 활동

형평사는 백정 출신에 대한 사회적 차별을 없애고 인간으로서의 존엄성과 평등한 권리를 확보하기 위해 결성되었다. 형평운동은 백정 출신에게도 인권이 있음을 사회적으로 인정받겠다는 집단적 저항운동으로 시작된 것이다.

형평사는 차별철폐 운동에 적극적으로 나섰다. 제일 먼저 호적에서 백정이라는 신분 표시를 삭제할 것을 요구했다. 그런데 이 문제는 조선총독부 차원에서 해결할 수 있는 문제가 아니었다. 지방 관청이 관행적으로 호적에 백정 신분을 표기하고 있었기 때문이다. 그래서 형평사는 지역별로 호적 정정을 요구하는 운동을 전개했다. 형평운동의 진원지인 경상도에서는 형평사의 요구를 받아들여 각 군청에 호적 정정을 지시했다. 전라북도 익산군 황등면의 경우에는 형평사원이 면장과 직접 호적 정정을 교섭했다. 한편 관청에 대해서는 관리들의 공공연한 백정 출신에 대한 공적 차별을 철폐할 것을 요구했다. 형평사는 관리들이 형평사원들에게 무례한 말을 사용하지 않도록 각 관청과 교섭하는 활동을 전개했다.

백정 출신에 대한 차별 중 형평사원들이 가장 민감하게 반응한 것은 아동 교육에 대한 차별이었다. 백정 출신 부모를 둔 아동들이 제대로 학교 교육을 받을 수 없는 현실이 그들로 하여금 차별철폐 운동에 나서게 한 결정적 동기였다. 우선 형평사는 학령아동의 취학에 힘썼다. 형평사원의 자녀 입학을 방해하는 경우 전 사원이 결속하여 이에 대항하고 대책을 마련했다. 또 때를 놓치거나 차별로 인해 진학하지 못한 자녀를 위한 강습소를 설치했다. 야학도 형평사원의 자녀 교육에 한몫했다. 자녀 교육에 대한 열망은 다음의 주장에 잘 나타나 있다.

우리가 배워야 하는 것은 말로 형상할 수 없을 정도로 많습니다. 동쪽 하늘에 떠오른 해가 서산을 넘으면 밝았던 세계가 어두워지는 천문학의 법을 배워야 하고, 어떤 땅 속에는 석탄이 있고, 어떤 돌 속에는 금이 들어 있는가 하는 지리학도 배워야 합니다. 개미의 생존번식이나 송화가 되었다가 송실을 맺는 생물학의 법도 배워야 합니다. 그러나 그날그날을 살아가는 빵 한 조각으로 곤란을 겪는 우리가 우선 배우고 가장 잘 알아야 하는 것이 무엇이겠습니까.

형제자매들이여! 인생은 환경에 지배되는 것이므로 긴말이 필요하지 않더라도 단결해야 할 전술을 마련할 것으로 믿지마는 더욱 공고하게 결속하는 방책을 배워야 한다고 생각합니다. 여러분은 대개 일본어를 배우는 것으로 압니다. 일본어를 배우는 것도 나쁘지 않으나, 그 시간을 이용하여 신문·잡지를 열심히 읽어 세계 정세가 변천하는 것을 배우는 것이 우리 전도에 가장 필요한 것입니다.[42]

자녀들이 교육을 받아 세상에 눈을 뜨고 실력을 쌓는 것도 차별철폐의 중요한 수단이라는 인식에서 형평사는 자녀 교육에 각별한 관심을 쏟았다.

형평사는 자녀 교육과 함께 사원의 계몽에 나섰다. 사회에서 차별받거나 무시당하지 않고 동등한 대우를 받으려면 그에 걸맞은 소양을 갖추어야 한다는 인식에서였다. 신문·잡지를 구독하는 일과 강습회, 연설회가 권장되었다. 이를 사원 교양이라 불렀는데 모든 지사와 분사에서 추진했다.

반형평운동을 넘어 무산운동으로

형평사가 창립될 무렵부터 시작된 반형평운동은 형평운동 전 기간에 걸쳐 일어났다. 양반 출신이나 관리, 그리고 농민들이 반형평운동에 가담했다. 농민들의 반형평 정서는 사회 최하층 계급이던 백정 출신이 평등을 주장하는 것이 곧 자신들의 사회적 계급의 하향으로 인식하는 데서 나온 것이었다. 반형평운동은 형평사원에 대한 개별적·집단적인 물리적 폭력의 형태로 나타났다. 형평사는 반형평운동이 일어나면 진상조사위원 혹은 특파원을 파견하고 응원대나 결사대를 조직했다. 나아가 경고장을 발송하고 조선총독부에 재발 방지를 요구하며 상해·폭력죄로 고소하는 등 다양한 방법으로 대응했다.

반형평의 논리는 1925년 형평사 예천분사 2주년 창립기념식에서 예천청년회장 김석희가 한 발언에 잘 나타나 있다.

백정을 압박하는 것이 하등의 죄악이 될 것이 없다. 어느 시대, 국가를 물론하고 국법이 있는 것이다. 그 국법을 어기다가 백정이 된 것이다. 그러니까 백정을 압박하는 것이 결코 개인의 죄악이나 사회의 죄악이 아니다. 또 조선왕조 500년은 그와 같은 압박을 받았지마는 지금은 좋은 시대를 만나 형평운동이 일어나기 전부터 칙령으로 차별을 철폐하였으니 형평사는 조직할 필요가 없다. 아무쪼록 돈을 많이 모아 공부만 잘하면 군수도 될 수 있다.[43]

이 발언을 기화로 예천에서는 수천 명이 며칠 동안 형평사 예천분사와 이를 돕기 위해 예천분사에 단체 가입한 신흥청년회를 습격하고 형평사원의 집에 쳐들어가 남녀를 가리지 않고 구타하는 폭력사태가 일어났다. 이에 대한 언론의 지탄은 준엄했다.

불쌍한 무리들아, 형평사원이나 농민 사이에 차별이 있으면 몇 푼어치나 있으며 조선놈이라는 슬픔을 서로 받는 원한과 비천한 대우에 무엇이 얼마나 차별이 있겠느냐. 하물며 서로 도와서 해방운동의 기세를 돕고 생명의 새로운 길을 발견하기에 여력이 없는 이때에 거지들의 누더기 싸움을 대가리 터지게 할 것이 무엇이 있느냐. 하물며 형평사라는 백정들의 모임이라고 하여 재래에 젖어오던 계급적인 습성, 비루한 감정에 지배가 되어가지고 이러한 분규를 일으킨 것이 사실이면 대단히 그 무지를 책하는 동시에 반성을 요구할 일이라고 아니할 수 없다.[44]

그런데 반형평운동 중에는 백정 출신이 종사하는 도축과 정육 판매로 인해 경제적 손실을 보고 있다고 생각한 사람들이 일으킨 경우도 있었다. 1925년 11월에는 경성에서 도부조합과 정육상인과의 분쟁이 일어났다. 경성부에서 운영하는 숭인면의 도축장에서 형평사 조합원과 일반 정육상 사이에 물리적 충돌이 일어났던 것이다. 백정 출신인 도부조합원은 소 한 마리를 도축하는 데 1원씩을 받았는데 한 정육상점에서 고용한 일반인 4명은 하루에 도축하는 가축 수와 관계없이 일당으로 1원씩을 받았다. 도부조합원들이 그들에게 조합에 들어와서 같은 품삯을 받으며 일하자고 권했으나 거부당했다. 이에 정육상인들이 도부조합원을 쓰지 않으면서 충돌이 생긴 것이었다.

반형평운동에 맞서 형평사는 내부 단결을 더욱 공고히 다지는 한편,

밖으로는 함께 연대할 세력을 찾았다. 1925년 4월 제3회 전국대회를 통해 형평사본부와 형평사혁신동맹총본부가 통합되면서 활기를 되찾은 형평사는 예천 사건 이후 사회단체들과 적극적으로 연대하기 시작했다.

1926년에 형평사는 무산운동으로의 진출을 선언했다. 4월에 열린 제4회 전국대회에서 무저항주의를 일소할 것을 결의한 형평사는 사회운동 단체와 연대하여 각종 사회운동에 참여했다. 이를 통해 형평운동은 활동 기반을 확장하는 성과를 거두었다. 사회주의에 기반을 둔 형평운동을 주장하는 급진파의 입지도 넓어졌다. '백정에 대한 인권 유린이나 사회적 차별은 자본주의의 소산이므로 노동자·농민의 계급투쟁과 제휴하여 자본주의를 타도하는 정치투쟁에 나서지 않으면 안 된다'는 것이었다.[45] 급진파는 보편적이고 순수한 인권운동만으로는 백정 '계급'의 해방이 요원하기 때문이라는 주장을 거듭했다.

조선의 형평운동은 순전히 인권운동에서 시작되었습니다. 그러나 특수 조선인만큼 지배계급의 압박이 매우 심하여 수많은 희생자도 냈고 따라서 운동의 효과도 적지 않은 것은 사실이나, 철저한 우리 계급의 해방은 이와 같이 미지근한 인권운동만은 되지 않으리라는 것이 과거 경험에서 얻은 것이외다. 그러므로 금후 우리 운동은 방향을 전환하여 경제적 내지 정치적으로 진출하여야 합니다.[46]

이러한 급진파의 부상으로 곧 형평운동 내 급진파 대 온건파의 갈등이 재연되었다. '백정에 대한 차별 대우는 자본주의의 소산이므로 이를 철폐하기 위해서는 자본주의 타도가 선결문제'라고 주장하는 급진파에 대해 온건파는 '형평운동은 끝까지 본래의 목적을 위해서만 싸워야 하며 사상단체를 이용하거나 사상단체의 괴뢰가 되는 것을 배격해야 한다'며 맞섰다.

급진파는 1928년 제6회 전국대회를 통해 사회주의적 색채가 배어 있는 '신강령'을 채택하고 중앙집행위원에 다수 진출했다. 제6회 전국대회는 '인권 해방운동에서 민족운동 및 계급운동으로의 방향 전환'이라는 평을 받았다. 이후 급진파와 온건파는 1931년에 형평청년총연맹의 해체 및 신간회 해소론과 맞물린 형평사 해소론을 놓고 또다시 충돌했다. 형평청년총연맹 해체론과 형평사 해소론은 급진파를 비롯한 사회주의자들의 제안이었다. 급진파는 '형평사는 소부르주아 집단이니 해소하고 각 지역의 형편에 따라 노동조합 혹은 농민조합을 조직하자'고 주장했다. 결국 형평청년총연맹은 해체되었고, 형평사 해소론은 논의에만 그쳤다.

하지만 급진파는 조선총독부 당국의 표적이 되었다. 조선총독부는 1932년 말부터 '백정의 해방은 형평운동보다 계급운동을 통해 이루어야 한다고 주장하면서 형평사 해소를 조종하는 동시에 적화운동을 위한 비밀결사를 조직했다'는 이유로 100여 명의 급진파를 검거했다. 형평청년 전위동맹사건이 그것이다. 급진파의 빈자리를 채운 것은 온건파였다. 이제 형평사는 온건파에 의해 장악되었다. 그리고 형평사는 1935년 친일융화를 표방하는 대동회로 개편되었다. 스스로 생존권을 찾아나서 일정한 성과를 거두었음에도 결국 식민권력에 포섭된 것이다.

3
교육운동,
차별 없는 배움의 권리를 찾고자

배워야 산다, 학교 설립운동

3·1운동 이후 배워야 산다는 교육열이 일어났다. 이는 곧 입학난으로
이어졌다. 입학난은 초등교육 기관인 보통학교부터 시작되었다. 당시
보통학교 수가 절대적으로 부족했기 때문에 학교에 들어가려면 시험을
치러야 했다. 1910년대에는 보통학교에 다니면 일본말을 배우게 되므
로 나중에 일본 군인으로 뽑혀간다는 소문이 돌아 대체로 입학을 꺼리
는 분위기였다. 대신 서당을 다녔다. 1919년에만 해도 보통학교 적령
아동 39만 명 중 서당에 다니는 학생이 27만 5000명으로 70퍼센트에
달했다.

하지만 3·1운동 이후에는 보통학교 입학 수요가 급격히 늘었다. 이를 두고 개인 출세를 꿈꾸는 풍토가 생겼기 때문이라는 분석이 있다. 이와 달리 독립운동가 정이형은 3·1운동에 앞장선 학생들을 보면서 교육의 중요성을 깨달아 입학 수요가 늘었다고 회고했다.

3·1운동의 결과 민중의 교육운동은 더욱 활발해졌다. 삼면일교에서 이면 일교로, 나아가 일면일교로까지 교육 열기가 높아진 것은 사람들이 전에는 왜놈을 보기만 하여도 외면하다가 3·1운동이 일본 유학생 층에서 태동되었다는 것을 알고 왜말이라도 배워서 세상을 좀 알고 살아야겠다는 생각을 했기 때문이었다.[47]

3·1운동 이후 '실력을 키워야 독립할 수 있다'며 민족주의자들이 펼친 문화 계몽운동도 교육열을 고조시켰다. 한 공립보통학교는 전년도에 비해 입학 지원자가 70배 늘었고, 입학 지원자가 많아 입학 시기를 무기한 연기한 학교도 있었다.[48]

하지만 조선총독부는 교육에 거의 투자하지 않았다. 일본에서는 정부 예산의 7퍼센트가 교육비에 들어갔다. 조선총독부의 경우는 1.4퍼센트에 불과했다. 일본에서는 의무교육을 실시했지만 식민지 조선에서는 그림의 떡이었다. 오히려 보통학교 학생도 매달 1원가량의 수업료를 내야 했다. 학교비라는 세금도 거두었다. 조선인을 위한 교육비를 사실상 조선인이 부담하도록 한 것이었다. 조선총독부가 내놓은 정책은 3개 면에 보통학교 1개씩을 짓는다는 3면1교 정책이었다. 조선인의 반응은 냉소적이었다. '소위 3면1교제는 실시되지 못해도 1면1주재소제는 꼭 실시되었다'라고 비판했다.

1920년대 조선인의 취학률은 학령아동의 20퍼센트 미만에 불과했다. 입학난은 연례행사가 되었고 탈락한 학령아동 문제가 사회 문제로 부상했다. 신학기만 되면 언론이 이를 대대적으로 보도하면서 쟁점화했다. 공립보통학교 입학시험이나 편입시험 준비를 위한 입시학원은 호경기를 누렸다. 1925년에 천도교 지도자 이종린과 변호사 김병로 등이 나서서 초등교육입학난구제방법연구회를 결성할 만큼 입학난은 초미의 관심사였다.[49]

조선총독부는 입학난을 해결하기 위해 공립보통학교에서 학습회라는 이름으로 2부제 수업을 시행했다. 경성 시내 14개 공립보통학교에 분산 배치한 경성공립보통학교학습회는 1학급당 60명씩 20학급, 1200명을 모집해서 2년간 수신, 일본어, 한글, 산술을 가르쳤다. 입학 자격은 만 9~13세의 학령아동이었다. 해당 공립보통학교에 재직 중인 교사 2인이 담임교사로 배정되었다.[50] 하지만 학습회는 입학 지원 탈락자 중 극히 일부를 구제하는 수준에 불과했다. 게다가 수업료 부담은 자녀 교육을 포기하거나 방기하는 원인으로 작용했다.

결국 조선인들이 스스로 학교설립기성회를 만들어 학교 설립에 나섰다. 1921~1928년에 새로 생긴 공립보통학교 861개교 중《동아일보》와《조선일보》기사에 등장하는 213개 학교 대부분이 조선인이 세운 것이었다. 설립 자금은 공동기금을 전환하거나 기부금을 모집하는 방식으로 적립했다. 본래 사립학교, 서당, 강습회 등이 있는 지역에서는 이들 교육기관의 기본 재산을 공립보통학교의 설립 기금으로 전환하기도 했다.[51] 1920년대 공립보통학교로 전환된 90개교 중 강습소는 11개, 야학

은 10개, 사립학교가 65개로 사립학교의 승격이 가장 활발했다.[52]

전라남도 목포에서는 청년회와 노동조합이 공립보통학교 설립운동을 펼쳤다. 1923년 4월 8일 공립보통학교 신설을 위한 학부형회가 개최되었는데, 2000여 명이 참석할 정도로 관심이 높았다. 설립 기금은 신입생과 재학생 1인당 각각 10원, 5원의 기부금으로 충당하기로 결의했다. 그리고 조선인 교육시설에 대한 원조기관으로 목포교육협의회를 조직하기로 했다.[53] 사립보통학교 설립운동은 공립에 비해 부진했지만 지역 면민들이 의연금을 모아 세우는 경우도 있었다. 전라북도 금산군 부리면 면장과 유지 10여 명은 1920년 5월 권학회를 조직했다. 권학회는 부리면은 물론 인근의 부귀면, 남일면, 남이면에서도 의연금을 모금하여 사립학교를 세웠다.[54]

당시 보통학교 설립운동이 읍면 단위로 전개되었다면 중등학교에 해당하는 고등보통학교 설립운동은 부군이나 도 단위로 일어났다. 그런데 고등보통학교 설립운동에서는 학교 위치를 둘러싸고 지역민들 사이에 갈등이 빚어지기도 했다. 1921년 9월 30일 각 군 대표로 구성된 충남고등보통학교기성동맹회는 충남도청에서 총회를 개최했다. 이들은 관립으로의 전환을 전제로 사립충남고등보통학교를 설립할 것을 결의했다. 충남도청은 교통의 요충지인 천안이 적격지라고 밝혔다. 이에 홍성 지역 유지들이 고등보통학교를 유치하기 위해 기부금 모집에 적극적으로 나섰다. 그런데 충남도청이 입장을 바꿔 후보지를 공주로 바꿨다. 이 때문에 홍성과 공주 지역 유지들이 학교 위치 문제를 놓고 충돌했다. 우유부단한 충남도청의 태도는 충남고등보통학교 설립을 사실상 방해하는 것으로 비치면서 비판받았다.[55]

경상북도 김천군에 세워진 김천고등보통학교는 고등보통학교 설립 운동의 성공 사례라고 할 수 있다. 김천의 금릉청년회는 1921년 결성과 동시에 입학난 완화에 노력했다. 금릉학원을 설립하여 초등과에서 학령 아동을 가르쳤고, 중등교육을 실시하는 중등과도 설치했다. 1923년에는 고등보통학교기성회를 설립하고 기금 목표를 30만 원으로 잡았다. 금릉청년회는 선전과 기부금 모집을 위해 시민대회를 개최하고 인근 지역 공립보통학교 출신자를 파악하는 등 고등보통학교 설립에 적극적으로 나섰다. 신간회가 결성된 이후 신간회 김천지회 회원들이 대거 발기인으로 참여하면서 지역적인 교육운동으로 발전했다. 1930년에는 최송설당이 20만 원 상당의 부동산과 10만 원의 예금통장을 기부하고 7명의 유지가 나서서 학교 부지 확보에 노력하면서 학교 설립에 한 발 다가섰다. 언론에 이 사실이 대대적으로 보도되면서 각지로부터 이를 격려하는 전보와 후원금을 내겠다는 편지가 답지했다. 그런데 경북도청에서 학교 설립 계획서를 받아들이지 않았다. 조선총독부 학무국이 실업학교로 변경하면 허가하겠다는 조건을 달았기 때문이다. 그렇게 1년을 끌다가 1931년 2월 5일 송설당교육재단이 설립 인가를 받았다. 1932년 4월 정열모가 교장으로 취임하고 8월에 교사가 완공되면서 김천고등보통학교가 탄생했다.[56]

일본은 이미 1885년부터 초등교육 의무화를 추진했다. 하지만 식민지 조선에서는 1942년에 징병제 도입과 병행하여 1946년부터 의무교육제를 실시한다고 발표했다. 이 같은 명백한 교육 차별 속에서 조선인들이 나서서 스스로 초등교육은 물론 중등교육까지 해결하고자 한 움직임이 바로 학교 설립운동이었던 것이다.

우리 힘으로 대학을!

일본과 청이 대학을 설립하기 시작한 것은 19세기 말이었다. 일본의 도쿄대학은 1877년에 개교했다. 청의 베이징대학은 1898년에 경사대학당으로 출발했다. 하지만 조선과 대한제국에서 국가권력은 대학을 설립하지 않았다. 그럼에도 지식인들의 대학 설립 요구는 이어졌다. 이미 1880년대부터 박영효나 유길준 등의 개화파가 대학교육 실시를 주장한바 있었다. 박은식은 1904년에 발표한 〈학규신론〉에서 "각 도시에는 중학교를 설치하고 한성에는 대학교를 설치함으로써 인재를 양성하는 교육기관으로 삼아야 할 것이며, 이러한 교육기관은 공립학교로서 운영되어야 할 것이다"라고 주장했다.[57] 그의 요구는 대한제국이 망할 때까지 실현되지 않았다. 1910년에 들어선 조선총독부는 식민지 조선에서는 대학교육을 실시하지 않겠다는 방침을 갖고 있었다.

사이토 총독은 문화정치의 일환으로 1922년 2월에 '조선교육령'을 개정했다. '시세와 민도의 차이'에 근거한 1910년대식 교육이 '시세의 요구에 순응하여 일본인과 조선인의 교육을 될 수 있는 대로 구별하지 않는' 교육으로 방향을 선회했다. 조선총독부는 1920년 12월 23일에 임시교육조사위원회를 구성하고 '조선교육령' 개정을 추진했다.[58] 임시교육조사위원회는 1921년 1월 7일과 5월 2일에 회의를 열어 조선총독부 학무국이 작성한 원안을 심의하고 승인했다. 첫 회의에서 학무국은 '대학 및 대학 예비교육의 길을 연다'는 내용의 원안을 제출했다. 조선총독부 차원에서 대학 설립을 가시화한 것이다. 임시교육조사위원회 활동을 결산한 '임시교육조사위원회 결의요항'에는 '전문대학, 대학예과 및 대학은 내지의 제도에 준한다'는 내용이 적시되었다.

식민지 조선에서의 대학 설립의 공은 1921년 12월에 일본 정부로 넘겨졌다. 조선교육령 개정안이 일본 법제국과 내각, 그리고 천황의 자문기구인 추밀원의 심의를 거치는 동안 줄곧 대학 설립 문제가 논란의 핵심이 되었다. 조선과 타이완의 교육령이 동시에 심의를 받았는데, 대학설립은 시기상조라며 반대하는 견해도 적지 않았다. 또한 식민지에 대학을 설립할 경우 민간에 의해 사립대학이 먼저 설립될 것이라는 점을 경계했다. 이러한 우려는 추밀원에서 조선교육령 개정안 심의를 할 때도제기되었다.

이번에 조선 및 타이완에 대학 제도를 인정해 관·공·사립대학을 설치할수 있는 길이 열린 결과로 만에 하나 외국인이 경영에 관계하는 불완전한 사립대학이 관립대학보다 먼저 설립되는 일과 같이 통치상으로 크게 우려할만한 일이 일어나지 않을까 두렵다. 즉 당국에서 그것에 대처하는 장치를 그르치지 않기를 본관들은 간절히 희망하는 바이다.[59]

추밀원의 우려는 기우가 아니었다. 조선인들도 조선교육령 개정의 의미를 잘 알고 있었다. 《동아일보》는 조선교육령 개정안이 추밀원 심의를통과하며 공포되기 전날인 1922년 2월 3일자에 〈민립대학의 필요를 제창하노라〉라는 제목의 사설을 게재했다. 이 사설은 조만간 관립대학이설립될 것이라고 내다보면서 이에 맞설 민립대학의 설립을 주장했다.

대학교육에 대하여 특히 민립대학을 제창하는 이유는 무엇인가. 대개 관립대학과 민립대학에 있어 그 정신에 자연히 차이가 생기나니 관립에서는 관료주의가 발호하고 민립에서는 민주주의가 발생하는 것은 일본의 실례가 역력히 증명하는 바이며 이 진리의 연구는 자유를 절대의 생명으로 하는 것이다.[60]

민립대학 설립운동이 제기되자 조선청년회연합회는 이에 동참할 것을 결의했다. 1922년 4월 1일부터 6일까지 개최한 제3차 집행위원회에서 '교육에 관한 건'을 결의하여 교육권이 평등한 권리라는 점을 분명히 했다.

교육은 사회 발달의 근본 동력이요 기초 조건임을 선언함.
교육의 권리는 만인에게 평등하여 신성한 권리임을 선언함.
교육은 인생의 자유 발전을 목적할 것이요, 외부적 제약은 강요할 것이 아님을 선언함.[61]

이러한 교육의 일반원칙에 따라 다섯 가지 과제를 제시했는데, 그중 하나가 '민립대학을 속히 실현할 것'이었다. 또한 민중을 위해서는 평민대학을 개설하여 각종 강좌를 강의할 것을 결의했다.

조선교육령 개정안이 발표된 직후부터 대학 설립운동이 활발하게 일어났다. 1920년에 창립한 조선교육회가 조선교육협회로 인가를 받으며 조선민립대학기성준비회를 조직했다. 이상재를 비롯하여 각계 인사 47명이 참여한 조선민립대학기성준비회는 《동아일보》, 《조선일보》의 협조를 받아 '삼가 고합니다. 이천만 부모형제자매'라는 제목의 발기인

선발 요령을 전국 각지에 발송했다.[62] 12월부터 각 지방에서는 발기인을 선정하여 중앙에 통보했다. 1923년 1월 10일까지 250여 명이 참여 의사를 밝혔고, 창립총회가 열린 3월 29일까지 경성을 비롯한 전국 170여 군에서 1000여 명이 발기인으로 참여했다. 이중 창립총회에 참석한 발기인은 462명이었다. 이 자리에서는 '발기취지서'와 함께 '설립계획서'를 채택했다. 발기취지서는 '관립대학도 머지않아 개교될 터인즉 대학이 전무한 것은 아니나 반도 문운(文運)의 장래는 결코 일개의 대학으로 만족할 바 아니요 또한 그처럼 중대한 사업을 우리 민중이 직접 경영하는 것은 차라리 우리의 의무'라는 주장을 담고 있었다. 대학 설립 목적에 대해서는 다음과 같이 설파했다.

교육에는 단계와 종류가 있기에, 민중의 보편적인 지식은 이를 보통교육에 의해 받을 수 있지만, 심원한 지식과 온오한 학리는 이를 고등교육에 기대하지 않을 수 없음은 설명할 필요도 없을 것이다. 사회 최고의 비판을 구해서 능력과 행동력을 갖춘 인물을 양성하고자 한다면, 무엇보다 최고학부를 둘 필요가 있게 된다. 그뿐만이 아니라 대학은 인류의 진화에 실로 막대한 관계가 있기에 문화의 발달과 생활 향상은 대학이 생겨나기를 기다리고서야 비로소 기획하고 또 얻을 수 있다. (……) 따라서 이제 우리 조선인도 세계의 한 부분을 차지하는 문화민족의 일원으로서 다른 사람들과 어깨를 나란히 하며 우리의 생존을 유지하고 문화 창조와 향상을 꾀하고자 한다면 대학의 설립을 놓아두고 다른 길은 없다.[63]

민립대학의 교육 이념으로는 첫째 심원한 지식과 온오한 학리의 추구,

둘째 유능유기한 인물의 양성, 셋째 인류와 민족의 문화 발달 및 생활 향상 등이 채택되었다.

'설립계획서'에 따르면 조선민립대학기성회가 추진한 민립대학은 종합대학을 지향했다. 설립계획은 3단계로 나누어 추진하기로 했다. 1단계는 400만 원을 모금하여 법과, 문과, 경제과, 이과 등 4개 학과와 대학예과(豫科)를 개설하는 것을 목표로 했다. 2단계에는 300만 원을 모금하여 공과를 두고 각과에 충실을 기한다는 계획이었다. 3단계에는 300만 원을 모금하여 의과와 농과를 설치하기로 계획했다.[64]

창립총회에 이어 4월 2일에 개최된 중앙집행위원회는 이상재를 위원장으로 선출했다. 조선민립대학기성회 지방부는 1923년 5월 10일에 경성지방부 발기회를 시작으로 전국에서 조직되었다. 지방부는 일단 각 군에 설치하고 군지방부는 각 면에 지회를 두었다. 군지방부가 결성되면 중앙에서 선전위원을 파견하여 민립대학 설립 취지를 널리 홍보하고 면민의 협조를 얻어 지회를 설립하는 데 힘썼다. 만주, 하와이 등지의 동포들도 적극적으로 참여하여 지방부를 조직하고 설립 기금을 모집했다.[65]

조선민립대학기성회는 1년 내에 1000만 원을 모금한다는 목표를 세웠다. 그런데 "한민족 1000만이 한 사람 1원씩"이라는 구호를 앞세운 모금운동에는 일정한 기준이 없었다. 각 지방부에서 사정에 맞게 1만 원 이상 5만 원 이하로 기금액을 미리 정했다. 기금은 문서로 약정하는 방식을 택했다. 기부할 액수를 미리 정하고 돈은 나중에 내도 된다는 얘기였다.

그런데 1923년 여름에 물난리가 났고, 가을에는 일본의 간토(關東) 대지진의 여파로 인한 경제공황이 닥쳤다. 이듬해에는 남부 지방이 가뭄을, 북부 지방이 홍수를 겪었다. 이런 상황에서 기금 모금을 지속하기는 어려웠다.[66] 여기에 기금 출연자에 대한 협박과 감시의 눈길이 심해지면서 민립대학 설립운동은 1년도 안 되어 기세가 꺾이고 말았다.

조선총독부로서는 민립대학기성운동이 전국적으로 일어나자 긴장할 수밖에 없었다. 식민권력의 입장에서는 관립대학을 먼저 설립하여 기선을 제압하는 동시에 민간 차원의 대학 설립을 막아내야 했다. 민립대학 기성운동에 자극받은 조선총독부는 관립대학 설립에 박차를 가했다. 조선총독부가 관립대학 설립에 나선 이유를 당시 조선총독부 학무과장이던 마쓰무라 마쓰모리(松村松盛)는 다음과 같이 회고했다.

일찍이 경성제국대학의 설립 시에 내가 설립에 관한 용무로 도쿄에 갔을 때 구보다(久保田) 추밀원 고문관에게 호출되어 대학 설립에 관한 여러 가지 이야기를 나누었던 바, 그는 조선에는 법과대학이 필요 없지 않은가? 오히려 그보다는 농과대학 같은 것이 필요하지 않은가 하는 질문을 했다. 그러나 당시 조선에는 민립대학 설치 운동이 꽤 맹렬하여 기부금 모집을 시작하고 있었고 다른 한편으로는 미국 선교사들도 사립대학 설립의 계획이 있었으며 이들 대학은 주로 법률·정치·경제 등의 연구를 목적으로 하는 관계상 이때 만약 관립의 법과대학을 세우지 않으면 조선에서 법률·정치·경제 등의 최고교육은 이들 사학에 맡기지 않으면 안 되는데, 당시 민족운동을 볼 때 이는 심히 위험시되는 것이라고 답변하여 이해를 얻었던 일도 있다.[67]

조선총독부는 1923년 11월 대학창설준비위원회를 조직했다. 이듬해 5월에는 경성제국대학관제를 공포하여 예과를 개설했고, 1926년부터 법문학부와 의학부 신입생을 모집했다. 그해 3월 민립대학 설립운동이

재추진되었으나 조선총독부의 압력과 자금난으로 중단되었다. 이로써 해방될 때까지 식민지 조선에서 대학은 단 하나, 관립대학인 경성제국대학만 존립했다. 민간 주도의 사립대학 설립을 원천봉쇄한 것은 교육받을 권리에 대한 명백한 침해였다.

밤낮 없는 배움, 민중을 깨워라!

3·1운동 이후 민중교육론이 부상했다. 민중계몽의 중심에 교육이 있었던 것이다. 민중교육론은 주로 농민을 대상으로 제기되었다.

우리가 잃어버린 모든 것—자유, 부, 건강, 민족적 명예, 정당한 권리, 민족적 통일—이 전혀 우리의 무지에서 나오는 것임을 자각할 때에 우리에게는 두 가지 할 일이 있다. 하나는 과거의 무지에 대하여 흙과 재를 무릅쓰고 애통해하는 것이요, 하나는 그 애통의 피와 눈물로 기름을 삼아 인민교육 운동의 횃불을 드는 일이다. 하물며 농민이 전 민족의 10분지 8 이상에 달함을 생각할 때에 농민의 무지는 무엇을 의미하며 농민교육은 무엇을 의미하는지를 알 것이다.[68]

농민교육은 농촌 계몽운동의 일환으로 이루어졌는데, 무엇보다 문맹 퇴치가 최우선 과제였다.[69] 1925년에 조직된 천도교 산하의 조선농민사는 이를 추진한 대표적인 농민운동단체였다. 상무이사인 이성환은 "우리의 살이요 피인 우리 말과 글을 배우자! 그리하여 그것으로써 우리나라의 자연과 역사와 현대에 대한 실생활과 또한 요구를 잘 알며 잘 살피며 잘 교섭하는 일을 하자! 이 일을 중심으로 하여 민중의 힘을 집중 통일하자!"라며 한글 보급을 주장했다.[70]

농민교육에는 학생들도 적극적으로 나섰다. 학생들은 방학 때 순회강연단이나 선전대를 조직하여 농촌 계몽활동을 펼쳤다. 일부는 귀향 활동의 일환으로 직접 강습소와 야학 등을 설립하거나 운영했다. 최우선 과제는 역시 문맹퇴치였다. 동아일보사와 조선일보사 등의 언론기관도 문맹퇴치에 앞장섰다. 1920년대 후반부터 1930년대 중반까지 진행된 문자보급 운동과 브나로드 운동이 그것이다. 방학을 이용해 학생들이 귀향활동을 벌이면 언론사는 교재를 직접 제작, 보급하는 식으로 지원했다.

농촌 계몽운동과 함께 노동자 교육에 대한 관심도 커졌다. 서울청년회는 민중교육을 추진하기 위해 조선노동교육회를 조직했다. 조선노동교육회는 1925년 3월 29일부터 3일 동안 전조선노동자교육대회를 개최했다. 이 대회는 경찰의 집회 금지로 제대로 치러지지 못했으나, 민중교육의 필요성과 노동야학과 농민강습에 대한 관심을 촉발하는 계기가 되었다.

한편 새로운 지식에 대한 관심은 점점 커져가는 데 비해 제도교육의 벽은 높았다. 그 대안교육으로 부상한 것이 야학교육이었다. 야학의 1차 목적은 학령아동 구제와 성인의 문맹퇴치였다. 3·1운동 이후 여러 단체에서 설립한 야학은 사회적인 관심과 후원을 받으며 노동, 농민, 여성, 아동, 직공, 점원, 형평 야학 등으로 분화 발전했다. 무엇보다 여성야학이 크게 증가했다.

세계 사조의 변천을 따라 남의 나라 여자들은 여권 확장이니 참정권이니 사회 개량사업이니 하고 떠들며 모든 운동의 선구가 되어 있는 이때에 우리 정반수가 되는 여자들은 차차 비참한 경우에 빠지게 되는 중 일반의 교육제도가 보급되지 못하여 일부의 자산계급, 시기에 적당한 여자들에게는 교육이 있으나 구가정에 제재받는 부인, 더욱이 경제 곤란으로 이중의 고통을 받아가며 공장 그 외의 자유노동하는 부인네들께 우리의 언문 열다섯 줄, 곧 160여 자일지라도 잘 통달하여 자기의 의사를 표시하며 신문·잡지 같은 것이라도 읽어서 세상 변천되는 형편도 알아 상식을 얻어서 2세 국민 양성에도 필요하고 자체의 막막한 것도 깨치기 위하여 낮에는 여가 없는 직업부인인 무산여성의 편리를 위하여 재경여자기독교청년회연합 주최로 여자노동야학을 설시하였는데 (……)[71]

시간과 경제력이 부족한 직업여성을 위한 야학은 여성교육의 중심기관으로 정착했다. 조선여자교육협회를 비롯한 여성단체가 여성야학운동을 주도했다. 경성제사주식회사는 회사가 주도한 여성야학의 사례다. 이 회사에서는 전무인 석진형의 주도로 기숙사 내에 야학을 설립했는데 130여 명의 여성 노동자 중 대다수가 참여했다.[72] 종교계가 주도한 여성야학도 있었다. 함경남도 단천에서는 기독교에서 부인야학교를, 천도교에서 광제여자야학교를 운영했다. 재학생이 각각 100명과 80명에 달했다. 지방에서도 여성단체가 주도한 여성야학이 있었다. 인천여자웹윗청년회의 문학부는 가정부인을 대상으로 여자보통야학을 설립했다. 이는 1924년 영화여학교 부설로서 여자 학령아동 구제를 위한 여자야학으로 발전했다. 수업 연한은 3년이고, 공립보통학교와 같은 교과목을 편성했다.[73] 인천여자웹웟청년회 문학부의 활동에서 보이듯 여성야학은 가정부인을 대상으로 문맹퇴치에 힘쓰는 사회교육 기관이자 학령 여자아동을 수용하는 초등교육 기관의 역할을 했다.[74] 1920년대 중반에는 사회주의자들이 여성의 경제적·계급적 자각을 촉진하기 위해 여성야학을 설립하기도 했다.[75]

야학 교재는 교사 스스로 제작하기도 했으나 사회단체에서 교재를 제작하는 경우도 있었다. 조선노동사는 농촌산술, 한글독본, 대중산술, 대중강독, 조합기장법 등의 교재를 발간했다. 조선교육협회도 노동산술, 노동독본, 한자초보, 국어독본 등을 제작하여 보급했다. 조선농민사는 농민야학을 운영하면서 농민독본을 직접 만들어 보급했다. 조선노동교육회는 야학에 쓸 교재를 보급하면서 교재의 통일성과 교육 내용의 충실화를 지향했다.

조선노동교육회의 활동은 1920년대 후반 군 단위의 야학연합회를 결성하는 데 자극제 역할을 했다. 대전에 있던 20여 개의 노동야학은 대전노동야학연합회를 만들었다. 경상북도 안동청년회는 30여 개의 학술강습소·개량사숙 등을 망라한 안동강습회연합협의회를 조직하여 체계적이고 통일적인 야학운동을 시행했다. 함경남도 신흥에 소재한 80여 개 야학 운영자들도 야학연합회를 결성했다. 조선총독부의 탄압에 공동 대응하고 야학운동의 저변을 확대하기 위해 결성한 야학연합회의 활동은 지역 내 사회단체의 적극적인 지원을 받으며 야학운동의 확산으로 이어졌다.[76]

한편 민중교육에서 빼놓을 수 없는 것이 서당 개량운동이었다. 1910년대 이래 서당의 수는 지속적으로 증가했다. 1911년 1만 6540개에서

1918년 2만 3369개로 크게 증가했다. 학생 수 역시 14만여 명에서 26만
여 명으로 늘어났다. 보통학교 학생 수보다 월등하게 많았다. 조선총독
부에 의해 3면1교제에 입각한 공립보통학교 설립이 추진되었으나, 초등
교육 기관 수는 절대적으로 부족했다. 조선인은 공립보통학교 설립운동
과 함께 서당 개량운동을 활발히 전개했다. 서당 개량을 주장하는 지식
인들은 서당을 보통학교에 대한 거부감을 없애면서도 근대교육을 행할
수 있는 완충지대로 인식했다.[77] 천도교 지도자 김기전은 서당 개량을 응
급개선책으로 삼아야 한다고 주장했다.

  아무쪼록 학교를 설립하되 이 또한 사실상 부득이하거든 우선 재래의 서
  당을 개량하며 또는 신설할 밖에 없습니다. 그런데 학교가 아니면 서당 2개
  중 하나는 매 동리에 반드시 있어야 하겠나이다.[78]

  근대교육을 위해 학교가 필요하지만 금전 문제로 학교를 설립할 형편
이 안 되면 개량서당이라도 세우자는 것이다.
  집 앞에 보통학교가 있는데도 근대학문이나 일본식 교육에 대한 거부
감 때문에 자녀를 학교에 보내지 않거나 보통학교 교수학습 방법이 자
녀의 소질 등을 계발시키지 못한다고 여긴 부모들도 자녀를 서당에 보냈
다. 이에 따라 서당은 경사(經史) 학습에서 벗어나 산술, 조선어, 일본어,
이과 등 실용적인 교과들도 가르치는 개량서당으로 변모했다. 서당의 시
설을 늘리고 신구학을 겸비한 교사를 초빙하여 교육 방식을 개선하고 새
로운 교과목을 추가했다. 아예 재래서당을 통폐합하거나 지역 유지와 주
민들이 갹출하여 서당을 설립하기도 했다.

서당 개량에 대한 구상은 제각기 달랐다. 보통학교의 일반교과 위주로 가르치는 서당이 필요하다고 주장하는 사람이 있는가 하면, 교육 과정을 실용성과 실리 위주로 재편하여 덴마크의 민중고등학교처럼 농촌 부흥의 중심 기관으로 삼아야 한다는 생각으로 서당 개량운동에 참여하는 사람도 있었다. 민족의식을 일깨우는 교과를 가르치며 조선인 본위의 교육을 실시하기 위해 개량서당을 여는 사람도 있었다.[79] 개량서당은 한 군내에 평균 10개 이상에 달할 정도로 큰 호응을 얻었다. 조선인들은 개량서당이 시설은 미흡하지만 신식교육을 행하며 문맹퇴치에 앞장서는 교육기관으로 인식했다.

개량서당이 늘어나는 가운데 1929년에 조선총독부는 '서당규칙'을 개정하여 서당 설립 인가제를 실시했다. 사실상 서당을 통제하는 조치였지만 1930년대에도 서당 학생 수는 꾸준히 늘었고, 교사가 둘 이상인 서당도 증가했다.

1921년 마르크스가 쓴 〈정치경제학 비판을 위하여〉의 서문이
〈유물사관요령기〉라는 제목으로 번역 소개
1921년 5월 아르쿠츠파 고려공산당과 상하이파 고려공산당 창당
1921년 7월 중국공산당 창당
1922년 5월 이광수, 민족개조론 발표
1923년 1월 조선물산장려회 결성

1920년 8월
정태신, 국내 최초의 마르크스주의 관련 글인
〈맑스와 유물사관의 일별〉 발표

1914년 7월 1차 세계대전 발발

1918년 1월 8일
우드로 윌슨 미국 대통령, 〈14개조 평화 원칙〉 발표하여 민족자결주의 제창

1918년 11월 11일 독일 항복으로 1차 세계대전 종식
1919년 1월 18일 파리 강화회의 개막. 6월 28일에 베르사이유 강화 조약 성립
1919년 2월 8일 도쿄 유학생, 독립선언서 발표
1919년 3월 코민테른 창설
1919년 3월 1일 경성에서 33인 민족대표가 서명한 독립선언서 발표
1919년 3월 11일 만주 지린에서 대한독립선언서 발표
1919년 3월 17일 연해주에서 대한국민의회가 독립선언서 발표
1919년 한용운, 〈조선독립의 서〉 집필
1920년 4월 《동아일보》·《조선일보》 창간

4장

사상의 향연

1935년 코민테른 7차 대회에서 반파시즘 인민전선 결의
1938년 4월 이주하, 적색노동조합 원산좌익위원회 조직
1939년 박헌영, 경성콤그룹 결성하여 활동
1941년 임시정부, 대한민국 건국강령 발표
1945년 12월 안재홍, 《신민족주의와 신민주주의》 발간
———
1934년
안재홍·정인보 등,
정약용의 여유당전서 교열 출간하는 등 조선학운동 전개

1924년 1월
이광수, 〈민족적 경륜〉 발표, 합법적 정치결사 제안
———
1925년 1월 3일 레닌 사망 1주기를 기념하여 도쿄에서 사회주의 결사 '일월회' 결성
1925년 4월 17일 조선공산당 창당
1927년 안창호, 분열을 막고 독립을 위해 화합하자는 '대공(大公)주의' 개념 제시
1928년 12월 10일 코민테른, 6차 대회 직후 조선공산당 지부 승인을 취소하고
재건 방침을 제시한 '12월 테제' 채택
1930년 2월 호찌민, 베트남 공산당 창당
1931년 조소앙, 〈한국독립당의 근상〉에서 삼균주의의 이론 체계 제시
1933년 이재유 그룹, 조선공산당재건운동 추진

식민권력은 사상의 자유를 옥죄었다. 하지만 조선인의 활동 반경은 한반도를 넘어서고 있었다. 중국 관내와 만주, 연해주, 멀리 미국에서도 조선인들은 스스로 혹은 중국인, 일본인과 연대하여 다양하고도 풍부한 사상의 향연을 벌였다.

가장 강력한 힘을 가진 사상은 역시 민족주의였다. 민족주의는 국내외에서 식민권력에 맞서는 저항의 절대동력이었다. 반제국주의론, 민족자결주의, 절대독립론을 바탕으로 하는 민족주의는 독립운동가들에게 사회주의마저 품고 독립으로 나아가야 한다는 정언명령이었다. 하지만 현실은 녹록하지 않았다. 사회주의가 등장하면서 독립운동 진영은 민족주의와 사회주의로 나뉘었고 국내에서는 민족담론을 둘러싼 논쟁이 벌어지면서 민족주의가 타협과 비타협의 두 길로 갈라섰다. 민족주의와 사회주의가 함께 둥지를 틀었던 신간회가 해체되면서 민족주의 진영은 '조선을 알자'며 조선학운동을 제기했고, 이 운동을 이끌었던 안재홍은 민족주의의 이론화에 나서서 신민족주의를 탄생시켰다.

사회주의, 즉 마르크스주의 혹은 마르크스-레닌주의는 기성의 사상체계였다. 그래서 마르크스주의 '원전'을 통해 익혀야 하는 사상이었다. 양과 질에서 일본이나 중국보다 떨어졌지만, 마르크스와 엥겔스, 그리고 레닌의 원전이 번역되어 소개되었다. 사회주의 운동에서는 역시 혁명론이 중요했다. 조선혁명은 곧 사회주의 혁명이어야 한다는 주장과 민족혁명을 거쳐 사회주의 혁명으로 가야 한다는 주장이 맞섰다. 조선공산당은 국제 공산당인 코민테른의 승인을 받았으나 다시 승인이 취소되면서 해체되었다. 이후 코민테른의 '12월 테제'는 조선인 사회주의자의 나침반이 되었으나, 노선 전환에 따라 코민테른이 다시 제시한 인민전선론은 현실 여건상 기본 노선의 지위를 획득하지는 못했다.

제3의 사상으로 각광받던 아나키즘은 자본주의와 제국주의는 물론 민족주의와 사회주의에도 반대했다. 또한 정치혁명을 거부하면서 민중에 의한 직접혁명을 주장했다.

  민주주의는 독립을 통해 되살려야 하는 대안의 가치로서 다양한 얼굴로 존재했다. 3·1운동 당시 발표된 독립선언서들은 독립운동이 식민통치로 인해 잃어버린 민주주의를 회복하는 길이라고 주장했다. 이때 자주와 평등, 그리고 정의와 평화라는 민주주의를 획득해야 하는 주체는 개인이 아니라 '민족'이었다. 일부 민족주의자들은 민주주의를 조선총독부의 군사독재형 통치를 공격하는 잣대로 썼으며, 가진 자의 정치적 권리를 주장하는 부르주아민주주의론을 내놓았다. 민주주의의 이론화도 시도되었다. 조소앙은 자신이 제창한 삼균주의를 바탕으로 신민주주의를 주창했다. 정치, 경제, 교육의 평등을 바탕으로 하는 신민주공화국이 신민주주의가 지향하는 나라였다.

1
민족주의,
저항의 절대동력

절대독립의 길

이 삼천리 강토를 일본의 통치에 맡긴다는 것은 있을 수 없는 일이니, 부득불 우리들은 폭력을 써서라도 독립을 하지 않으면 아니 되겠으므로 이번 기회에 세계평화를 위해서 각 약소국가가 독립을 한다 하므로 이러한 행동을 취하게 된 것이다. 수백만 대중이 모두 궐기해서 진력하므로 결국은 목적을 달성하리라 믿으며, 그러므로 절대 독립사상은 버릴 수가 없다.[1]

3·1운동 당시 평화시위가 좌절되자 주재소를 파괴하고 구금자를 탈환하는 폭력투쟁을 주도한 안동 사람 조수인의 주장이다. 이처럼 파리

강화회의에 일말의 기대를 품으면서도, 우리가 만세를 불러야 독립된다는 생각, 단순히 만세만 부를 게 아니라 우리 힘으로 폭력을 동원해서라도 일본 제국주의를 몰아내야 한다는 생각에서 다양한 계층이 만세시위에 참여했다. 즉 민족 스스로의 힘으로 일본 제국주의에 맞서 반드시 독립을 이루고야 말겠다는 민족자결주의, 반제국주의론, 절대독립론은 3·1운동을 계기로 굳건히 자리 잡은 민족주의의 기본 이념이었다. 지역, 신분, 계급을 뛰어넘어 독립이라는 하나의 목표를 향한 독립시위에 목숨도 아까워하지 않던 '우리'가 곧 민족이었던 것이다.[2]

민족주의는 내셔널리즘(nationalism)의 번역어다. 동아시아에서는 내셔널리즘을 민족주의만이 아니라 국가주의 혹은 국민주의로도 번역했다.[3] 대한제국의 지식인들은 주로 민족주의를 차용했다. 대한제국에 민족주의를 소개하는 데 큰 역할을 한 청의 지식인 량치차오(梁啓超)는 민족주의에 대해 '세계에서 가장 광명정대하고 공평한 주의로서, 타민족이 우리 민족의 자유를 침범하지 못하도록 하고, 우리 민족 또한 타민족의 자유를 침범하지 않으며, 본국 내에서는 인권의 독립을, 세계 내에서는 국권의 독립을 지키는 것'이라고 정의했다.[4]

주목할 점은 민족주의가 제국주의의 개념과 동시대에 등장했다는 사실이다. 제국주의의 침략 위기에 직면하여 이에 저항하거나 대비하기 위한 이념적 무기로 부상한 것이 바로 민족주의였던 것이다. 최동식은 민족자결적 관점에서 민족주의를 '같은 종족, 같은 언어, 같은 문자, 같은 습속의 사람들이 한곳의 땅을 점거하여 서로 동포로 여겨 함께 독립과 자치에 힘써서 공익을 도모하고 타족을 막아내는 것'이라고 해석했다.[5] 신채호는 민족주의를 '타민족의 간섭을 받지 않는 주의', 즉 '우리 민족의 나라는 우리 민족이 주장한다'라는 주의라고 정의하며 제국주의에 저항하는 길은 민족주의를 떨치는 데 있다고 강조했다.[6] 하지만 대한제국기의 민족주의 담론은 사회진화론에 기반하고 있어, 제국주의를 비판하면서도 한편에서는 우리도 그 길을 따르기 위해서는 실력을 갖추어야 한다는 자강론을 품고 있었다.[7] 앞서 언급한 최동식이 사회진화론적 관점에서 제국주의를 정의했다. '민족주의가 극히 발달하여 다시 일보, 더 나아가 안으로 국민의 실력에 충실하고 밖으로 조국의 특권을 확대하며 남의 경계로 세력을 확장하고 위권(威權)으로 남의 땅에 들어가는 것'이 제국주의라고 했다.[8]

국권을 잃은 1910년대에 들어서면 사회진화론적 시각을 넘어 민족평등적 관점에서 민족주의 담론이 제기되었다. 박은식은 사회진화론이 제국주의 침략을 정당화한 점을 비판했다. '다윈이 강권론을 제창함으로써 소위 제국주의가 세계에서 둘도 없는 유일한 기치가 되어 나라를 망치고 종족을 멸하는 것을 당연한 공례로 삼아 전쟁의 화가 극도로 비참하게 되었다'는 것이다. 나아가 조선 민족을 '대동민족'이라 부르며 '소위 20세기에 들어와서 멸국·멸종으로 공례를 삼는 제국주의를 정복하고, 세계인권의 평등주의를 실행하는 데 있어서 우리 대동민족이 선창자가 되고 주맹자가 되어 태평의 행복을 세계에 두루 미치게 한다면 참으로 끝없는 은택이요, 더없는 영광'이라고 주장했다.[9]

제국주의에 대한 비판은 일본의 죄악을 들춰내며 직접 공격하는 방식으로 구체화되었다. 1919년 3월 11일 지린에서 발표된 〈대한독립선언서〉는 일본의 세 가지 죄악상을 제시했다.

일본의 합방 동기는 그들의 소위 범일본주의를 아시아에서 제멋대로 행함 이니, 이는 동양의 적이요, 일본의 합방 수단은 사기와 강박과 불법무도와 무력 폭행을 극도로 써서 된 것이니, 이는 국제법규의 악마이며, 일본의 합방 결과는 군대 경찰의 야만적 힘과 경제 압박으로 종족을 마멸하며 종교를 강박하며 교육을 제한하여 세계 문화를 저지하고 막았으니 인류의 적이라.[10]

침략주의로 동양의 적이 되었고 무력과 강제로 조선을 병합하여 국제 법규를 어겼으며 병합 이후 야만적 군사독재·전제를 실시하여 세계 문화 발전을 가로막아 인류의 적이 되어버린 점 등을 들어 일본 제국주의를 비판했다. 〈2·8독립선언서〉는 '실로 일본의 조선에 대한 행위는 사기와 폭력에서 나온 것이니, 이와 같이 위대한 사기의 성공은 세계 흥망사상에 특필할 인류의 대치욕'이라고 일갈했다.

1917년 러시아혁명 직후 레닌이 제기하고, 1918년 윌슨 미국 대통령이 전후 세계 재편을 위해 제시한 민족자결주의는 곧바로 독립의 당위성을 뒷받침하는 논리로 수용되었다. 1919년 3월 17일 연해주에서 대한국민의회가 발표한 〈독립선언서〉는 제국주의를 비판하면서 민족자결론의 시각에서 독립의 정당성을 설파하고 있다.

소위 제국주의와 침략정책은 파리 회의와 함께 영원히 소멸할 것이며, 정의 인도의 자유주의는 이로써 시세가 되어 더욱더 밝게 빛날 것이다. 바꾸어 말하면 금일의 세계는 윌슨 씨가 제창한바 민족자결주의의 시대라. 고로 동서양의 어느 민족을 막론하고 강포한 이민족의 병탄을 받는 자는 진실로 자치의 능력과 독립의 자격이 있다면 그 기반에서 벗어나 자주자결하는 것이

천하의 공리다. 병탄한 강국도 그 민정에 따라 독립을 돌려주고 함께 자유와 행복을 사랑하는 것이 또한 천하의 공리이다.[11]

한용운도 3·1운동으로 체포되어 감옥에서 쓴 〈조선독립의 서〉에서 민족자결론적 관점에서 절대독립의 당위성을 다음과 같이 주장했다.

한 민족이 다른 민족의 간섭을 받지 않으려 하는 것은 인류가 공통으로 가진 본성으로서 남이 꺾을 수 없는 것이며 또한 스스로 자기 민족의 자존성을 억제하려 하여도 되지 않는 것이다. 이 자존성은 항상 탄력성을 가져 팽창의 한도, 즉 독립자존의 길에 이르지 않으면 멈추지 않는 것이니 조선의 독립을 감히 침해하지 못할 것이다.[12]

나아가 한용운은 '조선인에게는 당당한 독립 국민의 역사와 전통이 있을 뿐만 아니라 현대 문명을 함께 나눌 실력이 있다'라고 주장했다.[13]

3·1운동이 빚어낸 반제국주의론과 민족자결주의에 뿌리를 둔 절대독립론은 이후 독립운동 세력이 민족주의 진영과 사회주의 진영으로 분화되는 가운데 상호 연대와 통합의 논거로 작용했다. 여운형은 상하이에서 1918년에 신한청년당을 결성하고, 이듬해인 1919년에는 임시정부 외무차장으로 활동했다. 이 무렵 일본 정부는 여운형을 도쿄로 초대하여 자치운동에 나설 것을 권유했다. 절대독립론자인 그는 독립운동의 정당성을 다음과 같이 주장하며 이를 거부했다.

일본인이 생존권을 갖고 있는 것과 같이, 조선 민족에게도 생존권이 있다.

조선 민족이 민족적 자각으로써 자유 평등을 요구하는 데에 대하여 일본 정부가 이를 방해할 권리는 없다. 세계는 약소민족의 해방, 노동자의 해방 등 세계개조를 절규하고 있다. 조선의 독립운동은 세계의 대세, 신의 의사, 조선인의 각성에 따른 자연적·필연적인 운동이다.[14]

여운형은 1919년 말 외무차장직을 그만두면서 이후 임시정부에 직접 참여하지 않았다. 그렇다고 임시정부를 적대시하거나 임시정부 해체론을 주장한 적도 없었다. 그는 자신이 비록 임시정부에 참여하고 있지는 않지만 임시정부에 속한 인민의 일원이라고 생각했다. 여운형은 사회주의 운동에 대해서도 배타적이지 않았다. 그는 '조선은 지금 민도가 낮기 때문에 곧 공산주의를 실행하는 것은 잘못이다. 때문에 지금은 민족주의를 실행하는 것이 마땅하다'는 레닌의 조선혁명관에 동의한다고 주장했다. 또한 "시종일관 조선 전체의 이익을 위하여 노력할 작정이며, 전체가 공산주의가 좋다면 곧 실행할 것이고, 나쁘다면 실행하지 않을 것이다. 일부만을 위한 운동은 하지 않을 것이다"라고 말하여 자신은 어느 특정계급만을 위한 운동은 하지 않겠다는 뜻을 밝혔다. '조선 독립을 열망하는 자로서 독립운동을 돕겠다는 사람이라면 누구와도 손을 잡을 생각'으로 상하이 고려공산당에 입당하기도 했다.[15]

중국에서 활동한 독립운동가 중에는 여운형처럼 민족주의자이면서도 오로지 독립을 위해 사회주의 운동에 참여 혹은 연대하는 사람이 적지 않았다. 이념을 떠나 절대독립론적 입장에서 활동하고자 한 독립운동가들이 있었다. '전 민족이 각기의 주의를 버리고 전 민족이 일치단결하여 공동의 이익을 획득하기 위해 현 단계에서 더욱 가능하고 적합한 프로그

램에 의해 총역량을 집중해야만 제국주의에 대항할 수 있다'는 것이 절
대독립론자들의 노선이었다.[16]

절대독립론자인 안창호 역시 사회주의를 포용하는 태도를 취했다. 그
는 1920년대 초 러시아와의 연대를 주장했다. 당시 레닌은 식민지 조선
에서는 프롤레타리아 혁명이 아니라 민족혁명을 추구해야 한다고 주장
하며 임시정부에 자금을 지원하고 있었다. 안창호는 이를 호의적으로 받
아들였다. 그는 1924년 샌프란시스코에 머무를 때 사회주의 서적을 소
지하고 있다는 이유로 검거되기도 했다. 님 웨일즈가 쓴 《아리랑》에서
김산은 '안창호는 결코 공산주의자가 아니었지만 조선공산당을 반대한
적은 한 번도 없었다'라고 회고했다.[17] 안창호는 1927년에 대공(大公)주
의라는 개념을 제시했다. '대공'은 독립운동이 민족주의와 사회주의로
분열되는 것을 막고 독립이라는 공통의 목적을 위해 화합한다는 의미를
담아 선택한 개념이었다. 그가 내놓은 대공주의는 온 국민이 대공(=민
족)을 위해 공헌하는 생활을 하자는 것이었다.[18] 이처럼 절대독립론에 입
각해서 이념을 떠나 민족의 대동단결을 추구한 민족주의자들을 열린 민
족주의자 혹은 진보적 민족주의자라고 부르기도 한다.

민족주의의 선택, 비타협 또는 타협

1920년대 초 사회주의 이념의 확산과 함께 독립운동 진영은 민족주의
진영과 사회주의 진영으로 분화되었다. 식민통치하의 국내에서 두 진영
간에 일어난 이념 갈등의 도화선이 된 것은 바로 민족담론이었다. 이때

민족주의 진영은 '민족의 개조', '민족의 생존', '민족적 단결'을 외치며 민족주의를 앞세웠고, 사회주의 진영은 이에 대해 적극적으로 비판하면서 민족주의 진영의 타협성과 개량성을 폭로했다. 논쟁은 독립운동 진영의 분화는 물론 민족주의 진영과 사회주의 진영 내의 분화를 야기하면서 치열하게 전개되었다.[19]

3·1운동 직후 민족주의 진영이 내세운 민족담론의 화두는 '문화'였다. 문화적 민족담론은 고유의 전통을 포기하고 문명의 이권을 누리기 위해, 즉 현대 문명을 수립하기 위해 서구의 문화를 전면 수입하자는 논리였다. 일명 서도서기론(西道西器論)이었다. 문화적 민족담론의 생산자들에게 서구적 근대문명은 도달해야 할 궁극의 경지였다. 안확은 영국, 프랑스, 이탈리아를 개조의 모범국이라 불렀다.[20] 일본 역시 개조에 성공하여 승리한 나라로 인식되었다. 반면 그들이 바라보는 식민지 조선의 현실은 비참했다. 조선은 그저 '나체이고 굶주린 창자이고 사막 세계일 뿐'이었고, '문명의 낙오자요 귀머거리요 벙어리요 장님'이었다.[21]

이처럼 선진과 후진, 문명과 비문명의 대비 속에서 문화적 민족담론 생산자들은 낡은 전통을 버리고 민족성을 개조해야 한다고 주장했다. 민족성을 개조하자는 주장은 언제나 타락한 민족성을 고발하는 것에서 시작되었다. 이광수는 민족의 현실을 다음과 같이 개탄했다.

현재에 있는 것과 같은 조선 민족으로는 생존의 능력이 없고 능력이 없으니 권리도 없습니다. 제가 입는 옷감도, 제 몸치레하는 물품도, 바늘 한 개, 당성냥 한 개비도, 제가 다니는 길도, 대학교 하나, 도서관 하나, 제가 먹는 약 하나 만들 줄 모르는 조선 민족, 서로 속이고 시기하고 잡아먹고 용기 없고 주의 없고 게을러빠지고 진취성 없고 따라서 세 놈도 한데 뭉칠 수 없는 현재의 조선 민족은 생존할 능력도 권리도 없는 무리외다.[22]

이를 극복하기 위한 대안으로 문화적 민족담론 생산자들은 민족적 체면을 걸고 대세에 영합하는, 즉 문명과 시대에 맞는 품성을 갖출 것을 채근했다. 민족적 체면을 걸고 세계 기준에 맞는 민족개조를 수행해야 한다는 것이다.

문화적 민족담론을 총체적으로 집약한 것이 《개벽》 1922년 5월호에 발표한 이광수의 〈민족개조론〉이다.[23] 이광수는 민족개조론에서 타락한 민족성을 운운하며 이를 개조하기 위해 서구 민족을 모범으로 삼아야 한다고 주장했다. '앵글로색슨족은 자유를 좋아하고 실제적이요 진취적이요 사회적인 국민성을 갖고 있고, 독일인은 이지적이요 사색적이요 조직적인 국민성을 갖고 있고, 라틴족은 평등을 좋아하고 감정적인 민족성을 갖고 있다'고 했다. 이광수는 이러한 모범을 따라 배우는 길이 조선 민족을 개조하는 유일한 방도라고 여겼다. '참되고 부지런하고 신의 있고 용기 있고 사회적 단결력이 있고 평균하게 부유한' 모범 민족으로 개조되어야 한다는 것이다. 이광수는 민족개조를 이끌 계급으로 식자계급 및 유산계급을 꼽았다. 일본, 영국, 미국도 소수의 식자계급·유산계급이 다수의 무식계급·무산계급을 지도하여 오늘의 발전을 이루었다는 것이다.

이광수의 민족개조론은 발표 직후 곧바로 제국주의에 대한 투항선언이라는 비판을 받았다. 사회주의 진영을 대표하는 잡지인 《신생활》이 이광수를 비판하는 데 앞장섰다. 신상우는 민족개조론에 드러난 자기모

멸적인 역사 인식을 문제 삼으며 '2000만 인의 집합체이며 5000여 년의 유구한 역사를 가진 조선 민족의 역사는 문화생활의 원조적 역사요 불후의 역사'라고 반박했다.[24] 신일용은 민족개조론을 조목조목 비판했다. '오늘날 우리가 쇠퇴 기아에서 빈사하게 된 원인은 우리 민족의 생리적 불구나 정신상 결함, 열악한 민족성에 있는 것이 아니라, 정복과 착취의 사실에 있으며 경제조직이나 사회제도의 개혁을 거론하지 않는 사상가옥론은 민중적 정신을 마비시키는 마취제이며 현상 유지와 강자 옹호를 목표로 삼는 사이비한 현상유지론'이라는 것이다. 이광수에 대해서는 '제국주의를 흠모하는 몰상식하며 영국에 미친 병자'라고 몰아붙였다.[25]

민족개조 논쟁을 전후하여 문화적 민족담론은 퇴조기에 접어들었다. 1921년 11월에 열린 워싱턴 회의에서 어느 열강도 조선의 독립을 지원하지 않는다는 냉엄한 현실을 목도한 민족주의 진영은 경제적 실력 양성 운동에 나섰다. 신문과 잡지에는 문화 대신 생존과 생활이라는 경제담론이 넘쳐났다. '경제를 경시하고 산업을 무시하는 것'을 조선 민족의 결점으로 지목했던《동아일보》가 경제적 민족담론의 적극적인 선전자로 나섰다.《동아일보》는 일찍부터 조선총독부에 조선인 본위의 산업정책을 수립할 것을 요구해왔다. '조선인은 총독부 당국에 대하여 그 생존권을 주장하며 발달에 대한 기회를 요구할 당당한 권리를 갖고 있으며 현대 산업은 자유로운 발달이 어렵기 때문에 정치적인 보호와 장려가 필요하므로 총독부가 조선의 산업을 특별히 보호 장려해야 한다'라고 주장했다.[26] 민족을 향해서는 '경제 문제가 모든 문제의 근본 문제이며 모든 권리의 간선이며 모든 생활의 기초로서 정치적 자유보다 경제적 권리를 회복하는 것이 더 중요하다'[27]라고 설파했다.

1922년에 접어들자 《동아일보》는 경제적 민족담론을 생산하고 선전하는 데 그치지 않고 '민족적 생존을 위해 전 민족이 일치단결하여 산업운동에 나설 것'을 제안했다. 구체적으로는 첫째 민족적인 경제단체를 설립하여 조선총독부에 보조 장려와 관세철폐 반대 등 조선인의 이해를 반영한 산업정책을 수립하도록 촉구할 것, 둘째 자본가들이 은행을 모두 합동하여 토착자본만의 금융기관을 설립하고 경제조사를 통해 조선인에게 알맞은 제조공업을 육성할 것, 셋째 민중은 약간의 손해를 감수하고서라도 토산장려에 힘쓸 것 등을 제시했다.[28] 특히 이 시기 경제적 민족담론에서는 민족적 협조가 절대적으로 강조되었다. 민족은 자산계급이 조선총독부를 압박할 수 있는 지지대일 뿐만 아니라 소비대중으로서 토착자본의 성장을 위한 축적 기반이기 때문이었다. 《개벽》은 생산대중이 아닌 소비대중으로서의 민중의 역할을 각성시키고자 애족심에 호소했다. 질 낮고 비싼 조선인의 제품을 쓴다는 것은 경제학적 법칙에 어긋나지만, 민족의 생명을 위해 개인의 불편과 손해를 감수하는 의무 관념을 가져달라는 것이다.[29]

경제적 민족담론은 1923년 1월 조선물산장려회가 결성되면서 전국적인 경제운동으로 구현되었다. 물산장려운동은 출발부터 찬반 논쟁에 휩싸였다. 민족주의 진영에서는 물산장려운동이 '우리 형제 중에 먼저 각성된 이가 죽지 말고 살자는, 즉 헐떡헐떡 숨넘어가는 조선 민족적 생명을 최후의 주사로 회생케 하자는 부르짖음'이며, '계급 간의 분열 투쟁을 도모하는 것보다 먼저 조선 사람의 경제적 실력을 배양하는 것'이 조선 민족의 당면과제라고 주장했다. 사회주의 진영의 입장은 둘로 나뉘었다. 조선물산장려회 이사로 참여한 사회주의자 나경석은 '조선 민족은 노동자 자본가 할 것 없이 일제의 위압 아래 식민지 민족으로서의 공통된 이해관계를 갖고 있으며 현재 조선은 민족적 멸망의 위기에 있으므로 전 민족이 일치단결하여 면사(免死)운동에 나서야 한다'라고 주장했다.[30] 물산장려운동에 반대하는 사회주의자 이성태는 물산장려운동을 '자산계급이 자본주의 왕국을 건설하기 위해 민족일치라는 교묘한 이론을 내세워 무산계급을 이용하여 계급적 이익을 취하려는 기만적인 운동', 즉 중산계급의 이기적인 운동이라고 규정했다.[31] 결국 물산장려운동은 '안=사회주의 진영의 반대'와 '밖=조선총독부의 감시와 탄압'으로 인해 차츰 힘을 잃어갔다.

민족주의 진영은 '문화'와 '경제'의 파고를 넘어 1923년 후반부터는 '정치적 중심세력의 결성'을 주장했다. 민족주의 진영과 사회주의 진영 사이에 갈등이 더욱 커질 것이라는 우려와 함께 '혁명의 시대는 갔다'는 정세 인식에서 '정치'라는 카드를 내놓은 것이었다. 이번에도 《동아일보》가 나섰다. 《동아일보》는 민족적 중심이 될 만한 단체의 결성을 화두로 정치적 민족담론을 선전하는 데 앞장섰다. '조선 민족이 자력으로 생존권을 확보하기 위해서는 중심세력이 될 만한 단체를 만들어야 한다'라는 것이다. 민족주의 진영의 실세로서 100만 명을 동원할 능력을 가진 천도교 역시 최린이 교단을 장악한 1923년 초반부터 '민족적 중심세력을 작성하기 위한 단체'의 결성을 모색하고 있었다.[32] 《동아일보》와 천도교가 말하는 '민족적 중심세력 결성'은 민족주의 진영의 독자적 정치세력화를 염두에 둔 제안이었다.

이광수는 1924년 벽두에 《동아일보》에 〈민족적 경륜〉이라는 논설을 연재하여 '합법적인 정치결사' 조직을 주창했다.[33] 그는 지금까지의 정치운동은 일본을 적대시하면서 비밀결사로만 가능했다고 평가하고, 전 민족적인 정치운동을 벌이기 위해 '조선 내에서, 허락하는 범위 내에서, 일대 정치적 결사를 조직'할 것을 제안했다. 이러한 정치결사는 '당면한 민족적 권리와 이익을 옹호하고 조선인을 정치적으로 훈련단결하여 민족의 정치적 중심세력을 만들어 장래 정치운동의 기초를 이룩하기 위한 것'이었다.

이광수의 합법적인 정치결사 제안은 곧 자치운동을 선언한 것과 다름없다는 반발에 부딪혔다. 민족주의 진영이 자치운동을 주장했다는 사실은 큰 파장을 일으켰다. 사회주의 진영은 이 문제를 쟁점화하고 실력 행사에 나섰다. 1924년 4월에 출범한 조선노농총동맹과 조선청년총동맹은 《동아일보》 불매운동을 결의했다. 《동아일보》는 정치운동이 자치운동을 의미한다는 사실을 부인하지 않았다. 오히려 노동 문제와 계급투쟁에만 집착하는 사회주의자들보다는 자신들이 변함없는 민족의 대변자라고 주장했다.

노동 문제보다 민족 문제가 더 절급하지 아니한가. 내부의 노동 문제는 우리 민족이 생존하는 날에는 언제든지 해결할 신조가 있거니와 민족 문제는 우리의 모든 생활이 시각을 다투어 파멸하여가는 이때에 단결로 힘을 합하고 맹진으로 세를 만들지 아니하면 구급할 방책이 만무하다.[34]

하지만 자치운동에 대한 반대는 격렬했다. 민족주의 진영 내에서도 의견이 갈리면서 타협적이고 투항적인 민족주의 우파와 비타협적이고 저항적인 민족주의 좌파로 나뉘었다. 절대독립론을 고수하는 후자를 당시에는 '사회주의를 이해하는 민족주의자'라고 불렀다.

이처럼 민족주의 진영의 민족담론은 주로 독립운동 진영 내 정치투쟁에서 자기노선의 정당성을 추구하면서 사회주의 진영의 계급노선을 비판하는 역할을 했다. 사회주의 진영은 민족주의 진영의 민족담론을 적극적으로 비판하면서 세력 확장에 힘썼다.

신민족주의로 가는 길, 조선을 알자

1930년대 민족주의 진영은 좌우를 불문하고 민족문화 운동에 뛰어들었다. 1930년대 초반 조선의 역사와 문화를 제대로 이해하자는 '조선학' 붐이 일었다. 신간회 해소 이후 민족주의 진영은 조선 민족의 역사와 문화 속에서 특수성을 찾아서 이를 체계화하는 데 주목했다. 조선학을 통해 민족운동의 돌파구를 찾고자 했던 것이다.[35] 그것은 '조선을 알자! 조선 문화를 알자! 함은 조선이 세계적으로 성대하고 조선 문화가 세계적으로 우월함으로써가 아니다. '우선 저를 알자'는 것이다'[36]라는 주장처럼 단순한 복고주의는 아니었다. 조선학운동은 민속이나 토속문화에서 가치를 발견하기보다는 보편적이고 주체적인 안목을 가지고 과거로부터 근대적 요소를 찾아내는 데 집중했다.[37]

민족주의 좌파로서 신간회에서 활약했던 안재홍은 '조선과 같이 현대에 있어 사회적 후진성을 보다 많이 가진 사회에서는 진보적인 문화운동, 계몽운동이 다른 무엇과 병행되어야 한다'며 조선학 연구에 뛰어들었다.

무릇 일거에 정치적 성패를 결정하려는 문제라면 시대의 압력이나 객관의 정세로써 다룰 조건이 많이 있을 것이지만 그러나 다만 정치적 약진이 불리한 시대이니 차라리 문화적 정진에로 노력하자 함이다. 그것은 아무 정치적 형태로서가 아니요 차라리 사업적·기업적 방식으로써 이에 정진하고자 함이다.[38]

안재홍은 '조선적이거나 민족적인 것에 관심 갖고 토구(討究), 공작하는 것이라고 해서 모두 반드시 반동보수이거나 감상적 복고주의거나 소부르주아적 배타주의만은 아니다'라고 주장했다. 그는 정인보와 함께 정약용의《여유당전서》를 교열하여 출간했으며 정약용, 신채호 등에 대해 연구하고 한국 고대사와 관련한 논문들을 발표했다. 하지만 조선 문화사업을 총괄하기 위한 조선문화협회 결성 계획은 실현하지 못했다.[39]

안재홍은 조선학운동을 이끌면서 민족주의의 이론화에도 힘썼다. 그는 먼저 선진국가의 우익 민족주의, 즉 국민주의를 민족주의와 구별했다. 양자는 뿌리가 같지만 질적으로 다르다고 보았다. 국민주의는 저주의 대상이지만, 민족주의는 그렇게 될 수 없다는 것이다. 즉 선진국의 국민주의로 인해 1차 세계대전이 일어났다고 하여 나쁜 것으로 인식하지만 후진사회의 민족주의는 국민주의와 똑같이 취급하면 안 된다는 것이다. 후진사회의 민족주의는 '낙후된 처지에서 진지한 생존 노력의 투쟁적인 역량을 길러내는 데 있어 반드시 한번 거쳐야 하는 단계'였다.[40]

그렇다면 민족주의란 무엇인가? 안재홍에게 민족은 같은 땅 위에서 하나의 생활공동체를 이루어 오랜 시일 동안 역사적 경험을 같이 하면서 같은 문화를 만들어온 공동체를 의미했다.[41] 이처럼 '동포, 즉 공동체라는 의식을 갖고 있는 민족을 기초로 국제사회에서 일정한 독립된 영역을 갖고 생활하고자 하는 것'이 바로 민족주의라고 생각했다. 그러므로 침략적 성격을 가진 국민주의가 아닌 이상 민족주의는 말살하거나 저주할 이유가 없는 정당한 이념이었다.

그렇다면 민족주의는 사회주의 진영이 내세우는 계급주의와 어떤 관계를 맺어야 하는가? 안재홍은 이를 민족주의가 민족 공통의 연대감을 형성하는 심리 상태라고 할 때, 민족 내부의 계급적 모순은 어떻게 해결할 것인가라는 문제로 보았다. 그는 계급 문제의 중요성을 부인하지 않았다. 민족과 계급의 관계는 중층적이고 병존적인 것으로 받아들였다.[42] 민족공동체가 계급보다 위에 있다고 보고, 계급 모순에 대해서는 '이해가 충돌할 때는 항쟁하고, 조화될 때는 조화하는', 즉 항쟁과 조화의 양면으로 풀어가야 한다고 주장했다.

안재홍은 사회주의에서 말하는 세계주의 혹은 국제주의는 너무 추상적이라고 비판했다. 국경을 초월하여 계급적으로 단결하자는 것이 대세이나, 민족 또는 국민이 같은 혈통과 같은 문화 그리고 오랜 세월 동안 같은 생활전통을 가지고 살아온 공동운명체라는 의식과 그들만의 독특한 친애와 결합은 마음대로 벗어버릴 수 있는 게 아니라고 보았다. 따라서 안재홍은 각 민족이 민족애를 기반으로 굳건히 존재하면서 국제주의적 인류애라는 큰길로 나아가는 것이 현대인의 자세라고 주장했다. 국제주의를 부인하지는 않으나, 민족과 세계는 '민족적인 것'을 매개로 만나야 한다는 것이다. 그래서 그는 우리의 자연과 역사에 걸맞은 문화를 바탕으로 세계적 대동(大同)의 조류로 나갈 것을 강조했다.

우리는 문화적인 세계인으로서만 잘 산다는 것보다는 문화적인 조선인으로서, 향토인 자연을 즐기면서, 생성의 역사에 걸맞은 조선적인 정취에 기뻐하면서, 그리하여 변동되는 시대에서 그 자동적인 세계적 대동에의 조류에 항진하는 것이다.[43]

이 같은 인식을 바탕으로 안재홍은 조선에서 출발하여 세계의 끝까지 돌아 '세계로부터 조선에' 되돌아와야 한다고 주장했다. 그는 국제주의와 민족주의는 공존할 수 있으며 서로 회통한다고 보았다. 각 민족이 서로 문화를 주고받으면서 다투고 배우는 과정을 통해 향상하고 발전할 수 있다고 보았다. 또한 각 민족의 문화가 서로 교류하고 접촉하는 때일수록 조선에 대해 더 잘 인식하고 있어야 한다고 주장했다.[44] 이것이 바로 안재홍이 조선학운동에 뛰어든 이론적 근거였던 것이다. 그는 남의 것만 빌려서 사는 집단적 룸펜이 되어서는 안 된다며 "세계 문화 채용에 의한 자아 창건의 도정에서 어떻게 조선색과 조선소를 물들이며 짜 넣을 것인가"[45]라는 과제를 풀어야 한다고 지적했다.

안재홍은 해방을 맞자 곧바로 〈신민족주의와 신민주주의〉라는 글을 발표하여 신민족주의론과 신민주주의론을 주창했다. 신민족주의는 '민족으로 세계에 세계로 민족에 교호되고 조합되는 민족적 국제주의—국제적 민족주의'를 핵심으로 하며, 국가 운영에 있어서는 만민공생, 대중공영의 신민주주의를 토대로 삼는 신조선을 꿈꾸는 이념이었다.[46]

2
사회주의,
민족과 계급 사이에서

원전으로 익히는 유물사관

1917년 러시아 사회주의 혁명의 성공은 전 세계, 특히 약소국과 식민지 민족에게 사회주의를 보급하고 전파하는 데 결정적 역할을 했다. 러시아 혁명에 성공한 러시아 소비에트 정부가 전쟁에 반대하고 식민지 독립운동을 물심양면으로 적극 후원했기 때문이다. 그만큼 사회주의는 식민지 민족에게 강력한 호소력을 지니게 되었다. 조선에서도 많은 독립운동가들이 사회주의를 수용했다.[47]

1920년대 국내에서 마르크스주의는 운동과 사상 두 측면에서 빠르게 주류화되었다. 사회주의 사상은 1910년대부터 알려졌다. 초기에는 마르크스주의만이 아니라 아나키즘이나 길드 사회주의, 기독교 사회주의, 페이비어니즘 등 다양한 조류가 소개되었다. 그러나 러시아혁명과 3·1운동을 거치면서 마르크스주의가 주도적인 위치를 차지하기 시작했다.[48]

국내에서 출판물을 통해 제일 먼저 발표된 마르크스주의와 관련한 글은 정태신이 《개벽》1920년 8월호에 우영생이라는 필명으로 발표한 〈맑스와 유물사관의 일별(읽은 중에서)〉이었다.[49] 이 글은 사카이 도시히코(堺利彦)의 저작인 《유물사관개요》 중 일부를 정태신이 선별하여 번역한 것이었다.[50] 마르크스주의 원전 가운데 최초로 번역되어 공간된 것은 〈유물사관요령기〉라는 제목으로 나온 마르크스의 저작인 《정치경제학 비판을 위하여》의 서문이었다. 서문에는 생산력과 생산관계, 토대와 상부구조, 존재와 의식, 경제적 사회구성체의 계기적 발전과 사회주의 사회의 필연적 도래 등 마르크스주의의 핵심 내용이 서술되어 있다. 각국어로 번역되어 마르크스주의 수용 과정에서 큰 역할을 한 글이었다.

국내에서는 1921년 3월과 4월에 각각 사회주의자인 윤자영과 신백우가 번역했다.[51] 윤자영은 〈유물사관요령기〉, 신백우는 〈유물사관개요〉라는 제목으로 글을 실었다. 둘 다 일본의 사회주의자 사카이 도시히코와 가와카미 하지메(河上肇)의 번역본을 저본으로 중역했다. 이후에도 〈유물사관요령기〉는 여러 차례 번역되어 소개되었다. 시천교 잡지인 《금지(今至)》 1922년 12월호에 실렸고, 《조선일보》는 1924년 1월 9일부터 11일까지 3회에 걸쳐 〈유물사관요령기〉를 실었다.[52]

〈유물사관요령기〉가 인기를 끈 것은 역사는 발전하는 것으로 자본주의가 극복되고 사회주의가 필연적으로 도래한다는 유물사관에 매료되었기 때문이었다.[53] 이러한 〈유물사관요령기〉의 정식화를 바탕으로 사회주의자들은 당대 조선 사회를 일본 제국주의에 의해 지배되는 사회적 생산과정의 마지막 적대적 형태인 자본주의 사회로 규정했다. 그러므로 제국주의 일본도 필연적으로 망할 수밖에 없다고 인식했다. 현재 자본주의는 필연적으로 붕괴하고 사회주의가 도래한다는 〈유물사관요령기〉에 대한 이해는 1920년대 사회주의자들이 마르크스주의를 수용하고 선전하는 데 커다란 영향을 미쳤다.[54] 1921년 9월에는 국내에서 최초로 〈공산당 선언〉이 번역되어 비합법출판물로 발행되었다.[55] 〈공산당 선언〉을 최초로 번역한 조선인은 중국에 망명해 있던 여운형이었다.[56]

1923년에는 민중사가 마르크스주의 원전 중 단행본으로는 처음으로 《임금·노동과 자본》을 발행했다. 민중사는 신생활사그룹을 중심으로 물산장려운동에 반대했던 소장 사회주의자들이 만든 결사였다. 민중사는 《임금·노동과 자본》에 이어 《가치·가격과 이윤》까지 마르크스주의 원전 2종을 번역하여 팸플릿으로 발행했다. 사카이와 가와카미의 일역본과 영역본을 저본으로 하여 번역했으며 역자 주를 달아 독자의 이해를 돕고자 했다.[57]

엥겔스의 저작으로는 《유토피아에서 과학으로의 사회주의 발전》이 1925년에 처음 번역되었다. 신춘의 번역으로 일월회 기관지인 《사상운동》에 〈과학적 사회주의〉라는 제목으로 연재되었다. 〈과학적 사회주의〉는 영역본을 저본으로 하고 사카이와 가와카미의 일역본을 참조했다. 주요 개념은 사카이와 가와카미의 일역본에서 취사선택했지만 독자적인 번역어를 사용하기도 했으며 79개의 역주를 달았다. 1926년 4월에는 일월회 산하 조직인 권독사 편집부가 《유토피아에서 과학으로의 사회주의 발전》을 《과학적 사회주의》라는 제목으로 출판했다. 이 책 역시 영역본을 저본으로 삼고 사카이와 가와카미의 일역본을 참조하는 등 《사상운동》의 연재물과 번역 과정이 거의 같았으나, 다만 일역본에서 삭제되거나 복자로 처리한 부분을 모두 살려 번역한 점은 달랐다.[58]

일월회는 1925년 1월 3일 레닌 사망 1주기를 기념하여 도쿄에서 결성된 사회주의 결사였다. 일월회는 마르크스주의 연구와 선전 활동에 집중했다. 특히 기관지인 《사상운동》을 통해 마르크스주의 원전 번역과 소개에 주력했다. 《사상운동》에는 〈과학적 사회주의〉를 포함하여 7종의 마르크스주의 원전 번역물이 실렸다. 권독사에서도 《과학적 사회주의》를 비롯하여 7종의 팸플릿을 간행했다. 이중에서 눈에 띄는 것은 레닌의 저작인 《카를 마르크스》를 번역한 《맑스와 맑스주의》다. 레닌의 저작을 번역함으로써 마르크스, 엥겔스, 레닌으로 이어지는 마르크스주의 체계를 원전을 통해 수용하려는 의지를 엿볼 수 있기 때문이다. 일월회는 레닌주의를 제국주의 시대의 마르크스주의로 규정했다. 또한 마르크스의 학설과 방법으로 이론적·실천적 문제를 해결하여 마르크스주의를 더욱 풍부하게 만든 진정한 마르크스주의로 인식했다. 이러한 레닌주의에 대한 인식을 바탕으로 《카를 마르크스》를 번역한 것이었다.[59]

1926년에는 《카를 마르크스》의 또 다른 번역본인 《맑스와 맑시즘의 경개(梗槪)》가 출간되었다. 같은 해에 레닌의 동일한 저서가 출간된 것이다. 이 책을 출간한 사회과학연구사는 1926년 경성에서 조직되어 1927년까지 활동한 서울파 계열의 사회주의 운동단체였다. 사회과학연구사에서는 10종의 마르크스주의 팸플릿을 간행했는데, 번역서가 다수를 차지했다.[60]

1920년대에 국내에서 번역된 마르크스주의 원전은 〈공산당 선언〉,

《정치경제학 비판을 위하여》서문,《임금·노동과 자본》,《가치·가격과 이윤》,《유토피아에서 과학으로의 사회주의의 발전》,《고타강령 초안 비판》,《마르크스가 쿠겔만에게 보낸 서신》,《카를 마르크스》등이었다. 이러한 번역 상황은 마르크스주의 원전이 대부분 번역되고 마르크스·엥겔스 전집이 출간되고 있던 일본이나 중국의 마르크스주의 원전 번역 상황과 비교하면 소략한 것이었다. 조선총독부의 사상 통제가 심한 탓도 있었지만, 무엇보다 지식층인 사회주의자들이 일본어 책을 읽을 수 있었다는 점이 크게 작용했다.[61]

조선 혁명의 두 가지 길

1921년 5월 고려공산당이 러시아와 중국에서 각각 결성되었다. 같은 이름의 고려공산당이 하나는 이르쿠츠크에서, 하나는 상하이에서 생겨났다. 이르쿠츠크파 고려공산당은 국내와 중국에서 참여한 사람도 있었지만, 러시아에 있는 한인 사회주의자가 주를 이루었다. 상하이파 고려공산당에는 러시아 지역 사회주의자들이 없었다. 주로 국내, 중국 관내, 만주, 일본 등지의 조선인 공산주의자들이 모였다. 2개의 고려공산당은 독자적인 혁명이론을 가지고 있었다. 그 두 길은 이후 사회주의 운동에서도 늘 긴장관계를 형성했다.

두 계파는 조선 독립을 세계혁명의 일환으로 파악하는 공통점이 있었다. 조선 독립운동은 '일본의 침략주의에 저항한다는 견지로 보아 국제적 사회주의 운동'이라는 것이다. 하지만 조선혁명론은 서로 달랐다. 이르쿠츠크파는 '일본 권력과 외국 및 토착자본으로부터 조선을 해방하고 서구 여러 나라 프롤레타리아트와의 협력 속에서 공산주의에 입각한 사회를 건설하는 것'을 목표로 삼았다. 즉 일본 제국주의로부터 조선을 해방시킴과 동시에 공산주의 사회를 건설할 것임을 천명했다. 독립 후 들어서는 신국가는 부르주아민주주의 공화국이 아니라 노동자의 전권이 실현되는 노동자·농민의 소비에트 공화국이어야 했다. 한마디로 이르쿠츠크파는 사회주의 혁명에 입각한 소비에트 건설을 추구했다.

상하이파의 궁극적인 목표는 사회 각 구성원의 원만한 영달이 이루어지는 절대평등의 대동세계, 즉 사회주의 사회를 건설하는 것이었다. 하지만 강령에 따르면 "민족적 해방이 사회혁명의 전제"이고 "우리의 민족적 해방운동은 사회혁명의 일 계단"이었다. 즉 사회주의 건설에 앞서 민족해방이 선행되어야 한다고 주장했다. 상하이파는 민족해방 혁명으로부터 사회주의 혁명으로 발전하는 연속혁명을 추구했다. 이르쿠츠크파가 보기에 민족혁명 단계가 사회주의 혁명보다 시급하다는 상하이파의 연속혁명론은 사회주의 노선이 아니라 민족주의 노선에 불과한 것이었다.

상하이파는 사회주의의 선행 단계인 민족혁명을 위해 민족혁명 단체들과 제휴할 필요가 있음을 인정하는 민족통일전선론을 견지했다. 상하이파 민족통일전선론에는 식민지적 조건에 처해 있는 조선인들은 총체적 무산자이므로 광범한 민족적 통일기관을 창출하는 것이 사회주의적 이상과 모순되지 않는다는 인식이 깔려 있었다. 이 같은 상하이파의 총체적 무산자론 역시 이르쿠츠크파로부터 비판을 받았다. 다른 나라와 마찬가지로 조선에서도 계급 분화가 일어나고 있으며 조선의 부르주아지는 조선의 프롤레타리아트에게는 적대적 세력이라는 것이다. 하지만 이르쿠츠크파도 '진정으로 혁명적인 민족단체'와의 정치적 제휴는 인정했다. 하지만 상시적인 것이 아닌 일시적인 제휴로 한정했다.

고려공산당은 조선 혁명운동의 부르주아적 성격과 주어진 세력관계 아래에서의 이 운동의 역사적 불가피성을 확인하면서 민족 해방운동을 지원하고 혁명투쟁을 위해 진정으로 혁명적인 민족단체를 활용하기 위해 이들과 접촉하고 일시적인 협정이라도 맺도록 하는 것이 필요하다고 간주한다.[62]

여기서 말하는 진정으로 혁명적인 민족단체는 일본 제국주의에 반대하는 '적극적인 실질적 투쟁기관'에 한정했다. '활동하지 않는 조직'은 설혹 일본 제국주의에 반대한다고 자임하더라도 그 혁명적 성격을 인정하지 않았다. 여기서 실질적인 투쟁은 무장투쟁을 가리킨다.

이르쿠츠크파가 볼 때 상하이파는 우경적이었고, 상하이파가 볼 때 이르쿠츠크파는 좌경적이었다. 상하이파 중앙위원이었던 김철수는 레닌의 말을 빌려 이르쿠츠크파가 좌경적이라고 비판했다.

그때엔 레닌이 아직 생존한 때라 고려 두 당의 정강을 보고서 '상하이에서 세운 정강이 옳다. 식민지의 당이 어찌 바로 사회혁명으로 들어갈 수 있냐.' (이는 이르쿠츠크파의 정강에 사회주의 혁명을 내걸고 오히려 상하이파의 정강을 민족주의자들의 것이라고 공격하는 보고를 했기 때문에) 좌경적임을 지적했던 것이다.[63]

이처럼 이르쿠츠크파의 조선혁명론은 조선 혁명을 사회주의 혁명으로 간주하던 사회주의자를 대표하는 조류였다. 반면 상하이파의 조선혁명론은 민족혁명이 선행되어야 사회주의 혁명으로 발전할 수 있다는 연속혁명을 대표하는 흐름이었다.[64]

1923년 물산장려운동을 둘러싼 논쟁에서도 조선 혁명에 대한 두 입장이 고스란히 반영되었다. 민족주의 진영 대 사회주의 진영의 논쟁도 있었지만, 사회주의 내에서도 의견이 갈렸다. 사회주의자들은 조선의 자본주의가 미발달했으나, 조선에서 자본주의를 지양하고 사회주의를 지향해야 한다는 데는 모두 동의했다. 하지만 조선의 현실에서 '지금 무엇을 할 것인가'를 놓고는 입장이 갈렸다.

나경석은 "생산력이 충분히 발달하지 못한 사회에서는 사회혁명을 장래의 목표로 삼은 정치혁명은 일어날 수 있어도 사회혁명은 즉석에서 출현하지 못한다"라고 주장했다.[65] 그러므로 조선 현실에서 사회주의 혁명을 논하는 것은 시기상조라고 했다. 지금은 계급투쟁이 아니라 사회주의 혁명의 물적 토대인 생산력을 증대시키는 것이 필요하다는 주장이었다. 이에 대해 주종건은 '사회주의 혁명을 위해서 지금 해야 할 일은 생산력 증대에 힘쓰는 것이 아니라 사회주의 혁명을 지향하는 계급투쟁'이라며 맞섰다.[66] 이성태는 현재 조선에서 가장 중요한 것은 '외래의 정복계급만을 배척하여 동족 안에 있는 착취계급의 지배를 받는 것이 아니라 그도 또한 노동계급의 적인 것을 의식하고 그의 지배까지도 전멸하게 하여 사회주의 사회를 실행하는 것'이라고 주장했다.[67]

이처럼 사회주의자들은 조선 혁명을 놓고 두 가지 입장을 보였다. 한편에서는 민족혁명에 이어 사회주의 혁명을 혹은 사회혁명 다음에 정치혁명을 추진해야 한다는 단계론적 조선혁명론을 주장했다. 다른 한편에서는 민족혁명과 사회주의 혁명을 동시에 실현하기 위해 계급투쟁에 매진해야 한다는 '동시적인' 조선혁명론을 내세웠다.

국제주의 노선을 받아들이는 법
—

1925년 4월에 창당한 조선공산당은 코민테른 조선지부로서의 위상을 갖고 있었다. 코민테른(comintern)은 1919년 3월 레닌의 주도하에 모스크바에서 결성된 코뮤니스트 인터내셔널(communist international)의 약자다.[68] 코민테른은 결성 당시부터 제국주의의 식민지 정책을 폭로하고 동양 피압박민족의 해방을 과제로 제시했다. 그리고 피압박민족의 광범한 반제국주의 전선, 즉 반제전선을 결성하기 위해 조선과 중국, 인도, 터키 등의 반제국주의 운동을 지원했다. 코민테른은 1926년 3월 조선공산당을 정식 승인했다.[69] 조선공산당은 코민테른의 승인을 획득함으로써 당 바깥에서 활동하는 사회주의 그룹의 구성원들을 끌어들이면서 조선 사회주의 운동의 실질적인 대표기관이 되었다.[70]

하지만 코민테른은 1928년 6차 대회 직후 조선공산당에 대한 지부 승인을 취소했다. 즉 조선 내에서 투쟁하는 사회주의 그룹에 대한 일체의 지부 승인을 거부하고, 조선의 사회주의 운동에 대한 지도를 국제공산당 동양부에 위임했다. 그해 12월 10일에는 코민테른 집행위원회가 '조선 문제에 대한 코민테른 집행위원회 결의'를 채택했다. 이것이 이른바 '12월 테제'다.

'12월 테제'는 조선공산당의 재건 방침을 제시했다. 조선공산당의 빠른 재건과 통합을 위해서는 먼저 노동자와의 유대를 결여한 지식인 서클과 같은 낡은 조직 방식을 청산하고 "항상 볼셰비키적이고 조직적으로 견실한 당"을 결성해야 한다고 강조했다. 기존 조선공산당이 거의 지식인과 학생으로 구성되어 있어서 소부르주아·영웅주의적 파벌투쟁을 일삼았다고 비판하면서 프롤레타리아 당으로서의 계급적 성격을 강화할 것을 요구했다. 노동자와 농민에 기반을 둔 견실한 조선공산당의 재건을 지시한 '12월 테제'는 조선의 사회주의 운동에 커다란 영향을 미쳤다.[71]

조선공산당은 해체되었고, 신간회와 신간회지회의 해소가 상징하듯 중앙과 지방의 많은 민족협동전선체들이 사회주의자들의 해소론에 따라 사실상 해체되었다. 이후 조선공산당 재건운동에 참여한 사회주의자들은 혁명적 노동조합과 혁명적 농민조합을 결성하여 노농계급의 독자적 혁명역량을 강화하는 활동을 펼쳤다.

'12월 테제'는 조선공산당 재건 방침과 함께 조선혁명론을 제시했다. 조선이 식민통치를 받고 있으며 자본주의 전(前) 단계의 형태를 띠고 있으므로 제국주의를 타도하고 토지혁명을 이룩하는 부르주아민주주의 혁명을 이루어야 한다는 것이었다. 또한 부르주아민주주의 혁명을 위해 '소비에트를 기초로 한 프롤레타리아와 농민의 민주주의적 독재정부'를 만들 것을 제시했다.

제국주의 굴레에 대한 승리는 토지 문제의 혁명적 해결과 노농민주독재의 수립(소비에트 형태)을 전제로 하며, 그를 통해 부르주아민주주의 혁명은 프롤레타리아트의 헤게모니하에서 사회주의 혁명으로 전화한다.[72]

조선공산당 재건운동에 나선 사회주의자들은 '12월 테제'에서 제시한 것처럼 식민지 조선이 먼저 부르주아민주주의 혁명을 해야 한다는 데 뜻을 같이했다. 조선 사회가 아직 성숙하지 못하기 때문에 부르주아 혁명을 한 뒤에 사회주의로 나아가야 한다는 것이었다. 단계론적 혁명론이 대세인 셈이다. 부르주아 혁명을 통해서 부르주아지가 정권을 잡는 것이 아니라 노동자와 농민이 정권을 잡아 민주독재를 해야 한다는 데도 동의했다. 다만 '12월 테제'에서 문제가 된 것은 소비에트 형태로 부르주아 혁명을 하라는 대목이었다. '노동자·농민에 의해 자발적으로 조직되고 운영되는 프롤레타리아 독재정권의 권력기관'인 소비에트가 부르주아 혁명에서 어떤 역할을 해야 하는지에 대해서는 의견이 분분할 수밖에 없었다. 일부 사회주의자들은 소비에트 형태의 노농민주독재란 자본주의를 전복하고 소비에트 정권을 세우는 것이라고 이해했다. 조선공산당 재건운동에 나선 많은 사회주의자들은 일단 혁명적 시기가 와야 소비에트를 건설할 수 있다고 보고, 노동자들이 주도하는 파업위원회, 공장위원회, 공장대표회의, 실업자위원회 등을 조직하는 혁명적 노동조합 운동을 통해 소비에트의 싹을 틔우고자 했다.[73]

그런데 1935년에 모스크바에서 열린 코민테른 7차 대회는 종전의 방침을 뒤집는 결정을 내렸다. 파시즘의 위협이 증대하고 있다며 그에 대항하는 반파시즘·반제국주의 세력을 통일하기 위한 반파시즘 인민전선의 결성을 결의했다. 조선 대표로 참가한 김하일 역시 '반제 민족혁명 단일전선을 조직하고 민족 개량 부르주아지 가운데 일부를 끌어들여야 한다'는 취지의 연설을 했다.[74] 코민테른은 식민지 국가의 사회주의자에게 반제국주의 인민전선을 결성하라는 임무를 부여했다.

코민테른의 인민전선론은 '12월 테제'와 달리 조선공산당 재건운동의 기본 노선으로 수용되지 않았다. '이재유 그룹'은 부르주아민주주의 혁명인 민족혁명에서도 노동자와 농민이 핵심 세력이며 혁명이 성공한 뒤에는 노동자와 농민이 정권을 잡아야 한다고 주장했다. 그럼에도 행동 슬로건으로는 '노동자·농민의 소비에트 정부 건설'과 '반파쇼·반제 인민전선 확립'을 함께 제시했다. 이는 인민전선을 반전운동에 활용할 전술로 받아들였기 때문이다.[75]

이주하가 이끄는 '적색노동조합 원산좌익위원회'는 처음에 인민전선을 받아들이지 않았다. 그들 역시 '노동자·농민의 정권'을 구상하고 있었다. 하지만 중일전쟁이 터진 이후 지도부를 개편하면서 인민전선을 통일전선전술로 수용하는 변화를 보였다.

코민테른 7차 대회에서 결의한 인민전선운동 방침에 기초해서 민족해방 통일전선 결성을 강화해야 한다. 이를 위해 우리들은 예전의 적색노동조합 조직을 강화한다는 방침에서 한발 더 나아가 공산주의자에게 조선민족해방 통일전선의 공동 목표인 '일본 제국주의 타도' 슬로건을 높이 들도록 해야 한다. 이 공동 목표 아래서 노동자 계급만이 아닌 농민·소부르주아·학생·인텔리겐차·각종 종교단체, 그 밖의 여러 계층의 민족개량주의 그리고 각종 반동단체 속으로까지 침투해야 한다.[76]

그럼에도 인민전선을 통일전선전술로 여겼을 뿐, 소비에트 권력 구상은 그대로 유지했다.

경성콤그룹 역시 1934년에 코민테른 17차 집행위원회에서 채택한

'조선공산당 행동강령'이 제시한 '소비에트 형식의 노동자와 농민의 혁명적·민주주의적 독재 수립' 노선을 포기하지 않았다. 인민전선전술은 위로부터의 통일전선전술이라고 이해했다. 비공산주의 그룹과의 위로부터의 통일전선을 허용하는 것으로 보았다. 이를 위해 민족주의 그룹, 특히 대중이 있는 종교계의 반제·반전그룹과 공동투쟁 강령에 따라 위로부터 통일전선을 펴는 방식과, 도시 소부르주아 지식인을 중심으로 소부르주아적인 대중조직인 반제동맹을 만들어 노동대중조직과 아래로부터 통일전선을 구성하는 방식을 생각했다.[77]

이처럼 코민테른의 기본 방침이 프롤레타리아 헤게모니 전취에서 다시 반파시즘 통일전선·반제인민전선으로 바뀌자 사회주의자들은 전자를 기본 노선으로 수용한 것과 달리 후자는 하나의 전술로 받아들이는 경향을 보였다. 일부는 조선처럼 의회가 없는 곳에서는 인민전선전술을 적용할 수 없다고도 주장했다. 실제로 전시 파시즘 체제에 있는 식민지 조선에서 사회주의 진영은 연대할 민족주의 진영을 찾기 힘들었을 뿐만 아니라 비합법적 영역에서 분산적으로 활동하고 있었다.[78] 엄혹한 현실과 괴리된 방침은 아무리 코민테른의 결정사항이라 해도 전면적으로 수용하기 어려울 수밖에 없었다.

3
아나키즘, 제3의 사상

민족주의와 사회주의에 반대하다

아나키즘은 그리스어 아나코(anarchos)에서 유래한 말로, '지배자가 없다', '권력이나 정부가 없다'라는 뜻이다.[79] 1902년 게무야마 센타로(煙山專太郎)가 《근대 무정부주의》라는 저서를 내놓은 후에는 아나키즘을 무정부주의로 번역하기도 했다. 하지만 아나키스트들이 정당에 참여하기도 했으므로 아나키즘을 무정부주의로 번역하는 것은 적절하지 않다는 지적에 따라 요즘은 아나키즘이란 개념을 원어 그대로 쓰는 추세다.[80]

아나키즘은 19세기 말에 우리나라에 소개되었으며 1910년대에 본격적으로 수용되어 1920년대 초 전성기를 누렸다. 1920년대에는 많은 아나키스트들이 사회주의자로 전향했다.

아나키스트들은 모든 권력을 부정했다. 그것은 국가권력에 대한 부정으로 이어졌다. 아나키스트에게 권력은 '인간 본능을 말살하고 평화를 파괴하는 원흉'[81]이며, 권력을 행사하는 국가는 민중을 지배·착취하고 '민중의 피와 살을 박탈하지 않으면 존재할 수 없는 존재'였다.[82]

조선인 아나키스트들에게 국가는 곧 식민지 권력이었으며, 국가 부정은 곧 식민지 권력 타도를 의미했다. 아나키스트들이 보기에 일본 지배 권력을 조선에서 쫓아내지 않으면 조선인은 유대민족보다 더 처참해질 것이 분명했다.[83] 이처럼 식민지 권력을 최대의 강권(强權)으로 규정하고 반제국주의 투쟁을 전개하면서 아나키즘은 독립운동과 결합했다. 조선인 아나키스트에게 반제국주의 투쟁은 곧 독립운동이자 아나키스트 사회를 건설하기 위한 투쟁이었다.

반제국주의 논리는 민족주의에 대한 비판으로 이어졌다. 아나키스트들이 독립운동에 참가한 것은 조선인을 억압하는 식민지 권력을 타도하고 조선인을 해방시켜 자유로운 삶을 영위할 수 있도록 하기 위함이지, 또 하나의 억압기구인 민족국가를 건설하기 위함이 아니었다. 또한 민족주의 운동을 벌여 비록 독립을 쟁취하더라도 그것은 지배 권력의 교체에 불과할 뿐이며 결코 민중이 해방되는 것은 아니라고 주장했다.

다른 민족의 통치와 민족적 모멸 내지 사회적 불평에 대한 민중의 반항성을 역이용하여 민족이니 독립국가니 하는 미명으로 민중의 정의와 자유를 탈환하기 위한 정당한 반역운동을 마비시키고 자기네들의 지배적 착취적 권력 확립을 기도하는 민족주의 혁명은 벌써 민중의 거부 내지 배격의 대상이 되고 있다. 다른 민족의 통치를 무너뜨리고 자기 민족 일부의 지배적 권력을 수립하는 것은 즉 민중의 착취적 주인의 지위를 교대하는 것뿐이고, 민중 자신은 의연히 노예와 압박으로부터 해방되지 못하는 까닭이다.[84]

민족주의에 대한 비판은 신간회 같은 민족협동전선 결성에 대한 반대로 이어졌다. 아나키즘은 일관되게 '민족 자본가'의 혁명성을 부정하기 때문에 그들은 어떤 상황에서도 결코 연대할 수 있는 세력이 아니었다. 아나키스트들은 민족협동전선은 '민족 자본가들이 단결을 이용하여 자신들의 야심과 소권력적 만족을 충족하려는 술책'에 불과하다고 주장했다.

1930년대 들어와서는 아나키스트들의 민족주의 비판의 초점이 민족주의의 극단적 형태인 파시즘에 대한 반대로 전환되었다. 아나키스트들은 파시즘을 자본주의를 유지하기 위한 최후의 이데올로기로 파악하고 파쇼체제 타파를 주장했다. 나아가 파시즘이 민중을 호도하기 위해 전개한 애국운동을 철저히 분쇄해야 한다고 주장했다.[85]

금일 자본주의는 재래의 지배 상태로는 그 존재를 계속할 수 없게 된다. 파멸이 절박하여 온다. 이 파멸을 방호하며 그 존재를 지속하기 위해 안출된 것이 저들이 절규하는 애국운동이다. 그러므로 저들이 떠드는 국난이란 곧 저들의 지배난이며 착취난이다. 민중이 자기를 결박하고 자기들을 억제하는 주인을 존재시키기 위한 운동이 애국운동의 정체이다.[86]

아나키스트들의 자본주의에 대한 반대 역시 일관되고 철저했다. 그들은 민중은 "새벽부터 밤중까지 하루 종일 일해도 한 조각의 빵조차 한 조각의 천조차 또 한 칸의 집조차 쉽게 구하지 못하는 데 비해 손가락 하나조차 움직이지 않는 패거리들은 토지자본이라는 이름으로 우리들의 땀과 피의 결정체 거의 전부를 거리낌 없이 점령하고 자신들의 욕망을 만족시키는 사회가 바로 자본주의 사회"라고 보았다. 또한 아나키스트들은 부르주아민주주의의 대의정치와 다수결 원칙을 부정했다. 타인의 개입이 없는 직접적인 자아의 실현을 중시하는 아나키스트들로서는 위임제에 바탕하는 의회주의를 반대할 수밖에 없었다. 그들에게 의회란 민중의 피땀을 빨아먹는 중산계급 이상의 분자로 구성되어 있으므로 민중에게는 유해무익한 집합에 불과했다. 다수결의 원칙에 따를 경우 소수자들의 자유는 보장되지 않는다며 다수결 원칙에도 반대했다.

다수란 두뇌를 빼앗긴 오로지 기계시되는 인간의 모임을 의미한다. 이런 다수가 소수 간부의 의지에 의해서 맹목적으로 선동된 채 행동하는 것이 소위 다수의 힘이기 때문에, 그것은 결코 진정한 다수 민중의 의지로부터 나오는 힘이 아니다.[87]

결국 아나키스트들에게 부르주아민주주의란 '정신이 거세된 민중'들을 대상으로 다수결 원칙을 시행하여 부르주아지로 하여금 영원히 지배할 수 있도록 해주는 이데올로기에 불과했다.

한편 아나키즘은 사회주의와 마찬가지로 자본주의 사회 타도와 사유재산 철폐, 무계급·무착취 사회 건설을 지향했다. 하지만 어떤 가치보다 개인의 절대적 자유를 추구하는바, 그것은 사회주의에 대한 철저한 반대로 이어졌다. 아나키즘은 특권계급과 자본가에 대한 투쟁보다 사회주의자와의 투쟁을 우선시했다.

아나키스트들은 사회주의 사상의 근본인 변증법적 유물론과 사적 유물론을 부정했다. 인류사회는 생산력과 생산관계의 모순에 의해 발전하는 것이 아니라 개인들의 해방되고자 하는 본능적 욕망에 의해 발전한다는 것이다. 역사 발전의 동력은 개인의 욕망이라고 주장했다.

굴욕과 궁핍 속에서 나날이 생명의 위협을 받는 우리가 이 현사회를 파괴하고 자유, 행복의 신사회를 건설하려는 것은 학리도 아니고 철학도 아닌 생명 그것이 명하는 당연한 요구다. (……) 프랑스혁명이 실패하고 러시아혁명의 유혈의 희생이 민중해방을 성취하지 못한 것은 완전한 인간으로서의 욕구에서 출발하지 않은 원인이 있다. (……) 번쇄한 이론을 배격하여 그래서 자기의 인간으로서의 높은 욕망으로부터 대담한 실행에 서로 나아가자.[88]

사회주의에 대한 비판은 프롤레타리아 독재론과 중앙집권주의에도 가해졌다. 모든 개인이 자유의사에 따라서 자신의 행동을 결정하는, 권력과 지배와 억압이 없는 평등한 사회를 지향하던 아나키스트로서는 무계급사회를 건설하기 위한 과도기로서 프롤레타리아 독재를 설정하고 중앙집권적인 권력기구를 창설하는 사회주의에 동조할 수 없었다. 나아가 프롤레타리아 독재를 파시스트 독재보다 더한 것이라 비판했다.

저들 소비에트 정부는 프롤레타리아 혁명을 표방하고 프롤레타리아와 농민 노동자의 고혈의 최후의 한 방울까지 착취 약탈하면서 프롤레타리아 국가의 탈을 쓰고 민중을 기만하고 전제와 횡포를 다 부리고 있다. (……) 보라,

붉은 러시아는 쌓였던 야심을 감추지 못하고 대외적으로는 표면으로 갖은 욕을 다하는 자본주의, 그중에도 세계 일류인 미국과 악수하고 이어서 제국주의와 자본주의의 동업조합인 국제연맹에 가입하여 상임자리를 차지하고 세력을 다투고 대내적으로는 파시스트적 독재, 아니 그보다 더한 세계에 둘도 없는 프로독재를 행사하여 민중을 혹사하고 아사와 총살을 여지없이 하고 있다.[89]

일부 아나키스트들은 사회주의를 아예 타도 대상으로 설정하기도 했다. 흑풍회는 "자본가와 동일한 적인 공산당 일파를 배격하자", "중앙집권주의를 배척하고 자유연합주의를 고창하자", "중앙집권주의의 공산당을 박멸하자" 등의 표어를 사무실 벽에 붙여놓았다고 한다.[90]

직접행동에 의한 사회혁명
———

아나키스트들은 정치와 정치운동에도 비판적이었다.

정치가 존재하는 곳에 반드시 죄악이 있고 과거 수천 년의 인류 역사를 관찰하건대 정치가의 죄악사는 그침이 없다. (……) 최근의 정치상은 과연 탐욕과 파렴치의 합전(合戰)이며, 교묘한 술책과 도덕과 법률이란 무기로 민중을 기만하여왔다.[91]

정치는 죄악의 근원이라는 것이다. 아나키즘에 따르면 대의정치는 민중이 정치에 직접 참여하는 것을 배제하므로 민의를 올바로 대변할 수 없으며, 정치혁명 또한 권력 교체에 불과할 뿐 민중을 억압과 착취의 굴레로부터 해방시켜주지 못한다. 일본에서 활약한 아나키스트 박열은 '프랑스, 영국, 미국 등의 사회당, 노동당으로부터 선출된 국회의원, 대신 등은 어떠한가. 그들은 노동자를 위해서 도대체 무엇을 하였는가? 실제로 아무것도 하고 있지 않다'라며 대의정치의 허구성을 비판하면서 대의정치를 통해서는 자본주의 사회를 타도하고 노동자를 해방시키는 것이 불가능하다고 주장했다.[92] 이하유는 정치운동을 위해 의회로 진출한 무산당 의원 등이 할 수 있는 역할은 '사회 보장, 빈민 구제, 주택 개선, 공장법 등의 노자협조적 정책을 제안하여 폭발하려고 하는 민중혁명을 지연시키고 방지시키며 붕괴하고 있는 자본주의를 조장하고 연장하는 것밖에 없다'라고 비판했다.[93] 아나키스트에게는 '어떠한 정당을 물론하고 정당인 이상에는 우리의 적'이었다.[94]

따라서 아나키즘 사회는 정치혁명이 아니라 민중이 직접 참여하는 사회혁명을 통해 도달해야 했다. 아나키스트들은 민중의 직접행동을 강조하면서 지식인이나 전위조직에 의한 지도를 부정했다. 이하유는 피압박 민족의 해방은 정치운동이 아니고 진정한 혁명운동, 즉 혁명적 수단으로 기성제도를 파괴하고 전 민중을 토대로 하는 혁명적 건설에 의해서만 달성될 수 있다고 주장했다. 이홍근도 아나키스트 운동만이 진정한 민중해방과 민족해방을 이룰 수 있다고 주장했다.

식민지의 민중은 결코 민족이라든지 독립국가라든지 하는 미명으로 가려서 부르주아가 자기계급의 지배적 착취적 야망의 확립을 기도하는 민족주의 혁명의 환상으로부터 깨어나지 않으면 안 된다. (……) 사회당과 공산당은 결코 약소민족을 해방할 의도는 없는 것이다. 고로 식민지 해방운동이 제휴할 수 있는 유일한 아군은 자유연합주의자뿐이다.[95]

민중의 직접행동에 의한 사회혁명론을 이론화한 사람은 신채호였다. 그는 〈조선혁명선언〉에서 민중직접혁명론을 제창했다. 이에 따르면 첫째, 지금까지의 혁명은 인민을 지배하는 상전, 즉 특수세력의 명칭을 변경한 것에 불과했으나 앞으로의 혁명은 민중이 민중 자신을 위해 하는 혁명, 즉 민중직접혁명이어야 한다. 권력의 교체에 불과한 정치혁명이 아니라 사회혁명으로 나아가야 한다는 것이다. 둘째, 민중직접혁명을 완수하려면 민중의 각오가 필요한데, 앞서 깨달은 민중이 혁명적 선구자가 되어야만 모든 민중이 각성할 수 있다. 즉 먼저 깨달은 민중이 자신을 압박하는 강도를 없애고 강도의 시설을 파괴하면 이에 고통 받던 사람들이 각성하면서 모든 민중이 혁명의 길로 들어서게 된다는 것이다. 셋째, 일본 제국주의를 쫓아내고 민중을 해방시키기 위해서는 민중의 폭력적 혁명이 일어나야 한다. 즉 민중과 폭력 가운데 하나가 빠지면 그것은 번개같이 끝날 수밖에 없다는 것이다. 신채호는 폭력혁명 수단으로 암살, 파괴, 폭동 등을 제시했다.[96] 신채호의 민중의 직접행동에 의한 사회혁명론은 아나키스트들의 실천 이론으로 자리매김했다.[97]

4
민주주의, 대안의 가치

민주주의의 주체, 민족

19세기 신분해방 이래 조선과 대한제국에서는 자유·자치와 평등·정의
를 추구하고 입헌군주제 혹은 공화제 국가로의 전환을 꿈꾸며 '민주주의
를 향한 역사'를 빚어내고 있었다. 하지만 입헌군주제 국가로서 의회가
존재하고 참정권이 있는 나라인 일본은 대한제국을 멸망시키고 획득한
식민지 조선에 일본 헌법을 적용하지 않았다. 일본 군부가 식민지 조선
의 통치권을 장악하고 전제에 가까운 군사독재형 통치를 실시했다. 이는
개인의 자유와 평등과 권리를 확보하기 위해서는 민족의 자유와 평등과
생존권의 확보가 선결되어야 한다는 것을 의미했다.[98]

3·1운동 당시 등장한 독립선언서들은 식민권력에 의한 민주주의 탄압을 비판했다. 〈2·8독립선언서〉는 일본의 식민 지배는 '무단전제의 부정하고 불평등한 정치'라고 비판하면서 조선인에게 참정권, 집회결사의 자유, 언론·출판의 자유를 불허하고 신교(信敎)의 자유와 기업의 자유를 구속했으며 행정·사법·경찰 등 모든 통치기관이 개인의 권리를 침해했다고 주장했다.[99] 이러한 자유를 되찾기 위해서는 먼저 나라가 독립해야 했다. 이제 자주와 독립이 민족의 자유와 평등을 확보하기 위한 민주주의의 상징 구호가 되었다. 〈대한독립선언서〉는 일본의 전제정치를 비판하면서 '대한민주의 자립'을 선포했다.

우리 대한은 완전한 자주독립과 신성한 평등복리로 우리 자손과 인민에게 대대로 전해지도록 하기 위하여 이에 다른 민족의 전제의 가혹한 억압에서 대한민주의 자립을 선포하노라.[100]

〈2·8독립선언서〉에서 독립은 곧 자유와 정의의 획득을 의미했으며, 독립운동은 곧 '민족 생존을 위한 자유의 행동'이었다. 〈3·1독립선언서〉는 다음과 같이 시작한다.

우리는 이에 우리 조선이 독립국임과 조선인이 자주민임을 선언한다. 이로써 세계 만국에 알려 인류 평등의 큰 도의를 분명히 하는 바이며, 이로써 자손만대에 깨우쳐 일러 민족의 독자적 생존의 정당한 권리를 영원히 누려 가지게 하는 바이다.[101]

독립, 자주, 평등의 가치를 내세우며 민족 생존의 권리, 즉 독립을 주장하고 있다. 또한 〈3·1독립선언서〉는 '영원히 한결같은 민족의 자유 발전'과 '전 인류의 공존동생권'을 내세우며 민족마다의 자유 발전과 인류로서 차별 없는 대접을 강조하고 있다.

이처럼 3·1운동에서 민족 독립의 정당성을 주장하는 내적 논리는 민주주의였다. 민족의 자유와 평등을 구현하는 것은 민족의 정당한 권리이므로 독립해야 한다는 주장은, 민족의 독립은 곧 민주주의의 원리에 따라 구현되어야 한다는 것을 의미한다. 여기에 전 민족 구성원, 즉 인민이 동조했다는 것은 민주주의 가치에 대한 이해와 동의가 있었음을 의미한다.

3·1운동 이후에도 식민지 조선에서 자유와 평등의 가치는《현대신어석의(現代新語釋義)》(1922)의 정의처럼 민족을 전제로 이해되었다.

자유주의 : 국민의 자유를 확장하고자 하는 정치상의 주의.

평등주의 : 협의로는 한 나라의 민족, 광의로는 세계의 민족이 누구를 막론하고 즉 귀천 상하 남녀의 구별 없이 인류가 되어 각각 동일하게 권리와 의무를 가질 뿐 아니라 계급의 차등 없이 모두 동등하다는 주의.[102]

이처럼 집합적 주체로서의 민족의 자치를 표방하는 민주주의를 집약한 개념이 바로 민족자결주의였다.

민족자결주의 : 세계 속에 존립하는 크고 작고 강하고 약한 여러 민족은 모두 각각 자유 자결을 행할 권리를 가진 자이므로 강대민족이 단지 약소민족의 자유와 독립을 속박하는 것은 세계평화상 허용되지 못하는 일이다. 그러

므로 영원한 세계평화를 위하여 또 각 민족의 행복을 위하여 각자의 존립은 각자의 자결로 행한다는 주의.[103]

민주주의 문화가 정착하는 과정에서 식민지로 전락하면서 개인이 주체가 되는 민주주의가 설 땅도 매우 협소해졌다. 따라서 개인 주체의 민주주의를 보장하기 위해서는 먼저 민족의 자유와 평등, 생존권, 즉 민족 주체의 민주주의를 구현해야 한다는 주장이 더 설득력을 가질 수밖에 없었다. 당시에는 민족자결주의를 국제적 데모크라시라고 정의했다.[104]

1919년 3월 17일 대한국민의회가 발표한 〈독립선언서〉는 일본을 민주주의의 공적이라 비판하며, 민주주의라는 보편적 가치로 볼 때 세계의 모든 민주주의자는 독립투쟁에 나선 '우리 편'이라고 선언했다.

일본의 군국주의의 발전은 세계의 평화, 세계적 민주주의 대이상의 확립, 정의 및 민족의 자유로운 문명적 발전의 이름으로 용인할 수 없는 바이며 세계 민주주의도 이 문제에 대하여는 반드시 그 정대하고 엄숙한 한 마디를 밝혀야 할 것이다. (……) 우리는 자유를 위하여, 정의를 위하여, 일반적 평화를 위하여, 또 인류 최선의 이상을 위하여, 압제자 및 폭학자에 대해 용감히 분투하고자 한다. 세계의 모든 민주주의자는 다 우리 편이다.[105]

윤봉길이 《농민독본》을 저술하여 농민에게 '개인의 자유는 민중의 자유에서 나아진다'라고 가르쳤듯이,[106] 독립운동은 곧 '민족'의 민주주의를 회복함으로써 궁극적으로 '개인'의 민주주의를 되살리고자 하는 민주화 투쟁이었다.

가진 자의 선택, 부르주아민주주의

민주주의를 지지하노라. 이는 국체나 정체의 형식적 표준이 아니라 곧 인류 생활의 일대원리요 정신이니 강력(强力)을 배척하고 인격에 고유한 권리의무를 주장함이라. 그 용(用)이 국내 정치에 있어서는 자유주의요 국제 정치에 있어서는 연맹주의요 사회생활에 있어서는 평등주의요 경제조직에 있어서는 노동본위의 협조주의라. 특히 동아시아에 있어서는 각 민족의 권리를 인정한 위에서의 친목단결을 의미하며 세계정세에 있어서는 정의인도를 승인한 위에서의 평화 연결을 의미함이라. 다시 말하건대 그 형상은 폭력강행을 옳지 못하다고 하고 양심의 권위와 권리의 주장으로 인생 여러 면의 관계를 규율하고자 함이니 옛날의 소위 왕도정신이 곧 이것이라. 우리는 천하인민의 경복과 광영을 위하여 이를 지지하노라.[107]

《동아일보》1920년 4월 1일자에 실린 창간사의 일부다.《동아일보》는 "조선 민중의 표현기관임으로 자임"하고 "문화주의를 제창"하는 동시에 민주주의를 지지한다는 입장을 밝혔다. 짧지만 함축적인《동아일보》의 민주주의론을 통해 당시 민주주의에 대한 인식을 엿볼 수 있다. 민주주의는 인류생활 전반을 아우르는 보편적 원리로 이미 '천하를 횡행'하는 대세였다.

3·1운동 이후 언론들은 서양의 민주주의론을 소개했다. 이때 소개된 민주주의론을 정리해보면, 우선 민주주의 개념과 관련해서는 서양의 데모크라시는 곧 민주주의를 의미하며 동양 전통의 사상인 민본주의와는 구별된다고 파악했다. 민주주의 역사는 아테네의 민주정에서 출발하여

18세기 프랑스의 정치적 민주주의를 거쳐 현대 민주주의로 이행한 것으로 보았다. 현대 민주주의란 민족·계급 간 평등을 지향하는 민주주의였다. 민주주의 정신과 관련해서는 영국 노동당의 이론가인 아서 헨더슨(Arthur Henderson)의 글을 소개했다. 이에 따르면 모든 계급과 국민의 자유와 평등의 실현을 위해서는 다수의 인민이 이기심을 버리고 사회 전체의 행복을 추구하는 도덕적 의지를 가져야 했다.[108] 이러한 민주주의 정신을 함양하는 길은 다름아닌 교육이었다.[109]

이제 민주주의는 일본의 식민정책을 비판하는 원리가 되었다. 당시 일본은 문화정치로의 전환을 일본과 같은 체제로의 전환이라고 선전하고 있었다. 이에 대해 《동아일보》는 민주주의의 기본 원리는 인민의 자유 실현인데, 인민에게 참정권도 부여하지 않는 문화정치는 현대 정치가 아니라고 비판했다.[110] 그러므로 1920년에 실시된 지방자치제에 대해서는 매우 제한적이라고 비판하면서도 문화정치가 보여준 가장 진일보한 정책이라고 평가했다.[111]

독립운동 진영이 민족주의와 사회주의로 분화하면서 민주주의론에도 변화가 생겼다. 먼저 사회주의 진영은 이왕의 민주주의론에 비판적이었다. 자유와 평등의 조화라는 이상적 사회를 제기하지만 실천주체로서의 계급 문제를 외면하고 있어 현실에서는 부르주아계급의 계급성을 은폐하는 이데올로기로 작동하고 있다는 것이다. 신일용은 자본가계급과 노동계급을 무조건적으로 포용하는 '데모크라시'는 부르주아의 지배를 보증하는 논리이며, 사회주의와 민주주의는 본질적으로 대립할 수밖에 없는 관계라고 주장했다. 노동자계급이 민주주의와 투쟁하여 무산자독재를 달성해야만 진정한 사회변혁을 이뤄낼 수 있다는 것이다.[112]

반면 민족주의 진영은 민주주의를 일본과 식민 지배를 비판하는 효과적인 도구로 보았다. 《동아일보》는 일본에서 제대로 의회정치가 실현되지 않고 있는 현실을 비판하며 민주주의를 지향하는 현대국가의 수준에서 보면 일본은 후진국가라고 일갈했다.[113]

그런데 민족주의 진영에서는 민주주의를 모든 인민의 차별 없는 정치 '참여'의 민주주의가 아니라 지식과 재산이라는 부르주아적 조건을 만족시키는 정치 '제도'로 이해하는 변화를 보였다. 1920년 초만 해도 그들은 참정권을 부여하는 데 재산, 연령, 성별 같은 차별 조건을 모두 철폐해야 한다고 주장했다. 하지만 1922년경에는 연령과 지식을 일정 수준 갖춘 인물들이 민주주의를 운영해야 하며, 국민은 대표자를 선출할 정치적 상식을 갖춰야 한다고 하여 민주주의의 주체를 일정한 범위로 한정했다.[114] 부르주아지 중심의 정치 참여를 주장하는 부르주아민주주의론이 부상한 것이다.

이 같은 정치적 권리에 치중한 부르주아민주주의 담론은 자치론으로 귀결되었다. "정치권을 박탈당한 자에게 경제권이 없으며, 경제권이 없는 자에게 정치권이 없을 것은 일개의 원리 원칙"이라는 주장에서 알 수 있듯이 자산가로서 자치에 따른 정치적 권리에 대한 욕망을 차츰 드러내기 시작했다.[115] 이처럼 식민치하에서의 현실 민주주의는 양면성을 지닌 가치였다. 독립을 주장하는 논거인 동시에 식민체제를 인정하는 자치론의 근거였던 것이다.

사회민주주의: 신민주주의로 꽃피다

사회민주주의의 핵심 가치는 말 그대로 민주주의와 사회주의다. 1920년 대 초 지식인들이 주목한 민주주의 담론 중 하나가 사회적·경제적 평등을 강조하는 사회민주주의였다. 사회민주주의에 있어 평등은 모든 사람들이 실질적인 평등을 누리며 누구나 정치에 참여할 수 있다는 정치혁명의 기본 원리이자, 경제활동의 구성원에게 동등한 지위를 줌으로써 정치적 자유와 사회적 정의의 기초를 마련하는 민주주의의 핵심 원리였다.[116] 이처럼 사회적·경제적 평등을 중시하는 사회민주주의의 흐름은 1930년 대 이후 독립운동가들이 합일을 이루어가던 신국가 건설론에 반영되었다. 정치적으로는 민주공화국이되, 사회경제적으로는 평등주의에 기초한 사회주의적 정책을 실시하는 독립국가를 건설하겠다는 사회민주주의적 신국가 건설론이 대세였다.

이 같은 사회민주주의적 신국가 건설론을 뒷받침하는 이론이 바로 조소앙의 삼균주의였다.[117] 1930년대 초반 조소앙은 민주 입헌주의, 즉 민주주의를 추종하는 데서 더 나아가 조선에 적합한 신사회주의적 계획을 추진할 것을 모색했다.[118] 그는 1930년 안창호, 이동녕, 김구 등의 독립운동가들과 함께 한국독립당을 결성하고 삼균주의에 의거한 정강과 정책을 기초했다. 조소앙은 〈한국독립당의 근상(近像)〉이라는 글에서 삼균주의의 이론 체계를 제시했다.

독립당이 표방하는 주의는 무엇인가? 개인과 개인, 민족과 민족, 국가와 국가의 균등생활을 실현하는 것으로 주의를 삼는다. 무엇으로 개인과 개인의 균등을 도모하는가? 정치균등화, 경제균등화, 교육균등화가 바로 이것이다. 보통선거제도를 실행하여 정권을 가지런히 하고, 국유제를 실행하여 경제를 가지런히 하며, 국비의무학제를 실행하여 교육을 가지런히 할 것이니, 이것으로써 국내 개인과 개인의 균등생활을 실현한다. 무엇으로 민족과 민족의 균등을 이룰 것인가? 민족자결을 자타민족에게 적용하여 소수민족과 약소민족이 피압박 피통치의 지위로 빠지지 않게 하는 것이다. 무엇으로 국가와 국가의 균등을 도모할 것인가? 식민정책과 자본제국주의를 무너뜨리고 약소국을 겸병하거나 공격하는 전쟁행위를 근절시켜 모든 국가로 하여금 서로 간섭하거나 침탈함이 없도록 함으로써 국제생활에서 평등한 지위를 갖게 하는 것이다. 나아가 사해일가, 세계 일원을 궁극의 목적으로 한다.[119]

조소앙에게 삼균주의란 정치, 경제, 교육의 균등을 실현하는 사회를 추구하며 개인과 개인, 민족과 민족, 국가와 국가도 각각 균등을 실현하는 독립국가 건설의 이념을 의미했다. 즉 혁명 수단으로 일본 제국주의 세력을 박멸하고 국토와 주권을 되찾은 뒤 정치, 경제, 교육의 균등을 기초로 한 전민균등(全民均等)의 신민주공화국을 건설하여 안으로는 국민 각 개인의 균등 생활을 보장하고 밖으로는 민족과 민족, 국가와 국가 사이의 균등을 실현하여 궁극적으로는 세계일가의 이상을 이루고자 했다.

조소앙은 삼균주의를 바탕으로 일찍이 1930년대에 신민주주의를 주창했다. 그는 민주주의에 많은 관심을 가졌다. 3·1운동에 대해서도 '민주주의 사상이 실로 당시 운동의 모든 방면에 침투했던' 사건으로 '민주주의를 그 중심 조류로 한 혁명운동'이자 '현대 민주주의적 각성의 발로'라고 평가했다.[120]

조소앙이 제기한 신민주주의에서 '신(新)'이란 많은 국가가 민주정치를 채용했으나 민주정치의 실익을 얻지 못하고 형식적으로만 실시하고 있으므로 그런 진부한 민주적 찌꺼기를 먹지 말고 민주정치의 진수 혹은 민치(民治)를 실행하자는 뜻에서 붙인 접두어다. 즉 '구'민주주의의 결함을 극복하고 이를 혁신한다는 의지를 담고 있었다.

신(新)자를 가한 본의는 현대 세계 70여 나라 중 최대 다수의 국가가 민주정치를 채용하였으나 민주정치의 실익을 얻지 못하고 형식적으로 진행하고 있기 때문에, 우리는 진부한 민주적 찌꺼기를 먹지 말고 민주정치의 진수 혹은 민치의 본질을 실행하고자 하여 '신'자를 가한 것입니다. 이는 우리 정강에 열거한 삼균주의만이 옛 민주제도의 실패 및 결함을 보구(補救)하여 명실상부한 전민정체(全民政體)를 시행하게 될 것입니다.[121]

여기서 말하는 전민정체라는 개념이 바로 신민주주의의 요체라고 할 수 있다. 전민(全民)은 전체 국민을 뜻하는 것으로, 일부 계급만 주인 된 권리를 누리는 구민주주의에 대한 비판을 담고 있다. 이는 자본주의 데모크라시와 사회주의 데모크라시에 대한 동시 비판이었다. 조소앙이 보기에 자본주의 데모크라시는 계급 간의 갈등과 모순이 내재된 제도로, 자본주의 국가는 정치적 권리의 균등을 표방하면서도 실제로는 사유제로 인해 부가 편중되면서 무산자들이 정치적 권리마저 균등하게 누릴 수 없게 되었다. 반면 사회주의 데모크라시는 무산자 독재를 추구하는 제도로, 사회주의 국가 소련은 국유제를 통해 경제적 균부를 표방했으나 정치적으로는 특정 계급의 독재를 추구하여 정치적 권리의 균등을 부정하고 말았다.

조소앙은 이러한 구민주주의 시대가 가고 새로운 신민주주의 시대에는 정치·경제·교육의 균등, 즉 삼균주의를 기초로 한 신민주국을 건설해야 한다고 역설했다.[122] 또한 그 신민주국은 범한민족(汎韓民族)을 지반으로 하고 범한국 국민을 단위로 하는 전민적 데모크라시의 나라여야 한다고 했다.[123] 이렇듯 전민정체로서의 신민주주의란 유산계급이나 무산계급 어느 한쪽만을 위한 정체가 아니라 모든 국민이 두루 주인된 권리를 누리는 정체, 즉 '평민정치'를 의미했다.

조소앙은 평민정치의 핵심 요소로 대의정치, 보통선거, 언론·출판·집회·결사·신앙의 자유, 공판제도 등을 꼽았다. 국가 운영과 관련해서는 정치적으로는 민주적 중앙집권제, 경제적으로는 국가의 지도 및 계획 등 사회주의적 요소를 긍정적으로 평가했다. 민주적 중앙집권제란 민주주의와 중앙집권을 절충한 제도로 의사 결정 과정은 철저하게 민주적으로 하되, 실행 단계에서는 단호한 태도로 권력을 가지고 집행하는 것을 의미했다.[124] 또한 그는 경제적 균등을 실현하기 위한 기본 원칙으로 국가사회의 지도 및 계획 조정, 분배의 합리성을 제시했다. 자본주의 체제는 생산의 집체적 무정부 상태로 인해 분배의 불합리와 불균등의 모순이 존재하기 때문에 사회주의적 경제체제에 기초해야 한다는 것이다.[125]

조소앙의 신민주주의는 1941년 충칭에서 임시정부가 발표한 건국강령의 이념적 기반으로 수용되는 등 독립운동의 이념과 노선으로서는 상당한 성과를 거두었다.[126] 해방 이후에도 그는 신민주주의 노선을 고수했으나, 좌우대립과 좌우합작이 끊임없이 교차하는 현실이 분단으로 귀결되면서 끝내 좌절할 수밖에 없었다.

1912년 조선총독부, 사법기구와 인원 대폭 축소

1912년 3월 조선총독부, 검사 권한 강화하는 '조선형사령' 공포

1920년 3월 1일 여러 감옥에서 3·1운동 1주년을 기념한 옥중 만세투쟁 일어남

1911년 9월
105인 사건 발생

1908년 경성감옥 설립, 1912년에 서대문감옥으로 개명

1920년 7월 16일
허헌 변호사, 3·1운동을 준비한 48인의 공판에서 공소 불수리론 제기

1921년 10월 조선변호사협회 창립, 이후 사회운동 관련 재판에 적극 참여

1921년 10월 23일 국제변호사대회에 참석한 조선변호사협회 21인, 일본과 별개의 단체로 가입 요청했으나 무산됨

1923년 9월 간토대지진에 이은 조선인 대학살

1923년 9월 21일 무장독립단 관공서 습격 사건으로 주민 28명을 체포한 희천사건 발발

1924년 6월 조선변호사협회, 암태도 소작쟁의 관련 재판에 무료 변론

1925년 11월 제1차 조선공산당 사건 발발

1927년 김창숙, 상하이 조계에서 체포되어 경성으로 압송

5장

법에 맞선 정의

1929년 6월 갑산 화전민 사건 발발

1929년 7월 허헌 변호사, 신간회 중앙집행위원장에 선출.
12월 13일 민중대회사건으로 검거됨

1930년 11월 9일 김병로 변호사, 신간회 중앙집행위원장에 선임

1932년 '사상변호사' 김병로와 이인, 합동 변호사 사무실 엶

1927년 12월
고려혁명당 사건 피의자들, 진술 거부 등 법정투쟁 전개

1934년 6월 11일
정의부 군사위원장 오동진, 48일간 단식 옥중투쟁

1936년 간도공산당사건으로 22명이 서대문형무소에서 처형당함

1940년 8월 《동아일보》·《조선일보》 폐간

1942년 12월 23일 조선어학회 사건으로 이인 변호사 검거됨

1943년 허헌, 단파방송사건으로 검거됨

사법제도는 법으로 인권을 보호하기 위한 만든 제도다. 갑오개혁으로 사법제도가 생긴 이래 법치주의에 입각한 인권 보호의 중요성에 대한 인식이 커졌다. 1898년 러시아어 통역관 출신 각료로서 고종의 총애를 받으며 전횡을 일삼다가 유배를 가게 된 김홍륙이 고종의 찻잔에 아편을 넣는 사건이 발생했다. 정부는 죄인을 심문하면서 악형을 남용했고 부녀자까지 고문했다. 그러자 《독립신문》은 임금을 독살하려 한 범죄자라도 법률에 의해서만 처벌되어야 하며 고문과 악형은 인민 생명의 자유권을 침해하는 것이라며 비판했다.

이러한 선각적 인권의식은 일제의 식민통치가 시작되면서 전혀 존중받지 못했다. 태형이라는 전근대적인 형벌이 도입되었고 고문은 그야말로 남발되었다. 고문으로 허위자백을 받아 작성한 조서라도 재판에서 증거로 채택되는 데 아무 문제가 없었다. 이 때문에 '조서재판'이란 말이 생겨났다. 고문-허위자백-조서에 의해 조작되는 사건도 적지 않았다. 식민통치 초입인 1911년에 일어난 '105인 사건'과 말기인 1942년에 일어난 '조선어학회 사건'이 고문으로 조작된 대표적인 사건이다.

독립운동가들이 기억하는 감옥은 죽음의 집이었다. 감옥에서는 최소한의 인권도 없었다. 형무소에서 자행되는 고문은 법률적 근거가 전혀 없었다. 그래도 먹방이라 불리는 고문실에서 고문은 계속되었다. 독립운동가들은 감옥을 독립운동과 인권투쟁의 장으로 여기며 옥중투쟁을 불사했다. 48일간 단식투쟁을 벌이는 이도 있었고, 매년 3월 1일이면 약속이나 한 듯이 독립만세를 외치는 집단투쟁도 있었다.

변호사 제도는 1905년에 변호사법을 공포하면서 도입되었다. 1907년에 최초의 변호사 시험에 합격한 사람은 6명이었다. 독립운동가를 변호하는 변호사의 변론이 곧 독립투쟁이라 여기게 된 것은 3·1운동 관련 재판부터였다. 변호사들은 독립운동가와 함께 법정투쟁을 벌이기도 했다. 독립운동가들이 묵비권을 행사하며 재판을 거부하거나 충분히 진술할 시간을 달라고 주장할 때, 변호사들은 고문에 의해 작성된 조서의 증거 여부를 다투었고 재판정에서도 피고인에게 수갑을 채우는 인권유린에 항의했으며 일본의 침략주의와 조선총독부의 반인권적 행위를 비판하다가 제지당했다. 때론 변호사 자격을 정지당하기도 했다.

조선인 변호사들은 독립운동을 변론하는 동시에 사회단체인 조선변호사협회를 만들어 사회운동 단체들과 연대했다. 변호사 중에도 사회운동가들이 배출되어 허헌과 김병로는 신간회 중앙집행위원장으로 활약했다. 허헌은 민중대회 사건과 단파방송 사건으로 옥고를 치렀고, 이인은 조선어학회 사건으로 감옥에 갔다.

사법제도가 인권을 보호하지 않는 공간, 즉 민주주의가 존재하지 않는 공간에는 늘 양심수가 존재한다. 독립운동가들 역시 식민권력의 '법' 위에 독립투쟁의 '정의'가 있다고 믿기에 고문을 견뎌내고 옥중투쟁을 불사하며 스스로의 인권을 지켜내고자 했다. 또한 그들 옆에는 함께 법정투쟁을 벌이며 독립운동을 변론하는 변호사들이 있었다.

1
고문을 이기고 옥중투쟁에 나서다

고문으로 만든 사건

일제시기 경찰은 식민권력의 하수인 역할을 했다. 본래 경찰의 임무인 인민을 보호하고 복리를 증진하는 일은 뒷전이었다. 그들의 무기는 고문이었다. 독립운동 관련 사건 변론으로 잘 알려진 이인 변호사는 1910년대 경찰을 묘사하면서 '경찰은 범죄의 예심을 하면서 경죄 중죄를 불문하고 참혹하게 고문한다'는 글로 시작하고 '마치 소가 도살장으로 가는 것 같은 모습이다'라고 끝을 맺었다.

경찰은 범죄의 예심을 하면서 경죄 중죄를 불문하고 참혹하게 고문한다.

인민을 보호하고 복리를 증진하는 것이 경찰의 목적이 아니라, 강제 압박을 함으로써 인민이 경찰관청을 원귀처럼 보게 만든다. 보통보안경찰에서도 순사가 인민에 대해 극히 사소한 일로도 극악한 구타 수단으로 접하여, 한 마디라도 항의를 하면 즉시 구금한다. 경찰의 즉결선고에서는 어떠한 사실무근의 억울한 원죄가 있다고 하더라도 다시 호소할 길이 없다. 만약 정식재판을 신청하려 하면 건방진 놈이 관청 사무를 번다하게 한다고 말하며 또다시 더욱 잔혹한 형벌을 가하여 정식재판을 못하게 만든다. 그러므로 한국 시대에 경찰관을 일본에 위탁한 후 금일에 이르기까지 정식재판이 있었다는 얘기를 들어보지 못했다. 때문에 조선인은 재판소나 경찰 손에 구금당한 자는 죄의 유무와 형의 경중을 불문하고 그물에 걸린 물고기처럼 목숨이 마지막 길에 있다고 생각할 정도이다. 이 모든 것을 한마디로 말하면, 조선에서 어떤 관청의 관리를 불문하고 내부에서의 직무집행이나 외부에서의 인민에 대한 것을 불문하고 관권남용의 결과 민권을 유린하고 있다. 고문죄, 독직죄와 같은 범죄 구성을 마치 관리의 자격 요소처럼 생각할 뿐만 아니라 이러한 일에 대해 다반사인 양 아무렇지도 않게 생각하고 또 행하고 있는 것이다. 그러므로 인민과 관청은 서로 전혀 교섭하지 않는다. 관리가 문 앞을 지나가는 것을 보고 무서워하거나 또는 관청에서 호출장이라도 도달하면 혹시 또 무슨 일인가 하고 두려워하며 몸을 움츠리고 출두하는데, 마치 소가 도살장으로 가는 것 같은 모습이다.[1]

이러한 경찰의 위세라면 고문으로 사건을 조작하는 것도 서슴지 않았을 것이다. 식민통치 초기에 일어난 데라우치 총독 암살모의 사건과 말기에 일어난 조선어학회 사건은 경찰이 고문으로 만들어낸 사건으로 유명하다.

　조선총독부 경무국은 1910년 12월 압록강 철교 준공 축하식에 참석하기 위해 데라우치 총독이 신의주로 출발하는 날 또는 준공식을 마치고 경성으로 돌아오는 날 총독과 요인들을 암살하려는 음모를 꾸몄다는 혐의로 1911년 9월에 전국에서 700여 명을 검거하여 종로구치감에 구금했다. 이중 1심에서 유죄판결을 받은 사람이 105명이므로 이 사건을 '105인 사건'이라 부르기도 한다. 105인 사건으로 검거된 사람들은 혹독한 고문을 받았다. 자백 말고는 별다른 증거가 없기 때문이었다. 잔인한 고문이었지만, 흔적을 남기지 않는 기술을 발휘하기도 했다. 단근질을 할 때는 온몸에 기름을 바른 다음 지졌고 천장에 매달 때는 새끼줄에 붕대를 감아 팔이나 어깨를 묶는 방법을 썼다고 한다. 여러 날 굶긴 후 음식을 먹는 경찰들을 바라보게 하는 것도 참기 힘든 고통이었다. 고문은 한 번 시작하면 1시간에서 4시간까지 이어졌다. 이런 고문을 35일 동안 하루도 쉬지 않고 겪어야 했다. 학생 신분으로 체포되어 고문받았던 선우훈의 회고에 드러나듯이 극심한 고문을 견디지 못하고 무너져 내리는 자신을 지켜보는 것 또한 혹독한 고통이었다.

　접시 위에 판짝은 주먹만 한 보리밥 세 그릇이 들어왔다. 내 입술은 먹장같이 타고 조갈이 심하여 샅샅이 터졌고 피곤하고 쇠약한 몸은 앉을 기력이 없어 자주 쓰러졌다. 또한 눈 뜰 기운이 없음을 보는 저들은 보리밥 한 그릇을 내게 던져주니 돌이라도 삼킬 듯한 기갈에 아무 말 없이 엎어져 개와 같이 핥아 먹었다.[2]

또한 경찰들은 허위자백을 강요하는 가운데 자백 내용을 암기하도록 몇 번이고 연습을 시켰고 내용을 잊어버리면 다시 암기할 때까지 고문했다. 이 사건을 취재했던《재팬 크로니클(The Japan Chronicle)》의 아리마 요시타카(有馬義隆) 기자는 이를 두고 '지시에 의한 자유', 혹은 '암기에 의한 자유'라고 풍자했다.[3]

105인 사건이 고문에 의한 강압수사로 조작된 사건이라는 것은 당시 조선총독부 사법부에서 요직을 맡았던 일본인의 회고에도 잘 드러난다.

경무총감부에서 피의자의 자백에 의하면 암살모의 장소 및 용기 은닉 장소가 평안북도 선천읍내의 미국인 선교사가 경영하는 학교 기숙사 등이었으며 또 계획을 집행하고자 한 장소가 그 부근의 정거장 내였다는 것으로 (……) 선교사가 경영하는 학교 기숙사 및 그 자택을 여럿이서 꽤 엄중히 구석에서 구석까지 찾았습니다만 일물일점의 수확도 없고 또 정거장 검증의 결과도 경무총감부의 자백과 합치되지 않아 저는 사건의 내용은 모르지만 이것은 상당히 어려운 사건이라고 상상했습니다.[4]

피고인에 대한 취조는 사법경찰관이 했으나 상당히 무리가 있었던 것으로 보이며, 사건은 경성지방법원에 계속되어 제1심에서는 많은 사람이 유죄가 되었지만 제2심에서는 6명을 제외하고는 전부 증거불충분으로 무죄가 되었습니다. 그 유죄가 된 6명이 고등법원에 상고했지만 상고는 기각되어 6명의 유죄는 확정되었던 것입니다.[5]

1심에서 105명이 유죄판결을 받았지만 2심에서는 6명을 제외한 99인이 증거불충분으로 무죄판결을 받았다. 결국 검거된 700여 명 가운데 6명만 유죄판결을 받은 105인 사건 이후에도 혹독한 고문은 계속되었다. 박헌영은 1922년부터 1927년까지 5년간 1년을 제외하고는 줄곧 감옥에 있었다. 1922년 초 고려공산청년회 사건에 연루되어 평양감옥에서 복역하다가 1924년 말에 출옥했다. 그리고 1925년 11월에 1차 조선공산당 사건으로 또다시 체포되었다. 박헌영은 고문으로 심한 신경쇠약 증세에 시달리다 1927년 말에 가석방되었다. 그는 경찰 취조 과정에 대해 다음과 같이 증언했다.

우리들 중 누군가가 체포되기만 하면 그는 곧바로 예비 심문이 이루어지는 경찰서의 비밀 장소로 끌려가게 된다. 일제 경찰은 연행된 사람으로부터 증거를 수집하기 위해 냉수나 고춧가루를 탄 뜨거운 물을 입과 코에 들이붓거나 손가락으로 묶어 천장에 매달고 가죽채찍으로 때리거나 긴 의자에 무릎을 꿇어앉힌 다음 막대기로 관절을 때리거나 한다. 7~8명의 경찰들이 큰 방에서 벌이는 축구공 놀이라는 고문도 있다. 이들 중 한 명이 먼저 '희생양'을 주먹으로 후려치면 다른 경찰이 이를 받아 다시 또 그를 주먹으로 갈겨댄다. 이 고문은 가련한 희생양이 피범벅이 되어 의식을 잃고 바닥에 쓰러질 때까지 계속된다.[6]

이처럼 경찰이 죄를 씌우기 위해 남발한 고문이 재판 과정에서 쟁점이 되기도 했다. 1923년 9월 21일 평안북도 희천군 북면 명문동 창참에 약 30여 명의 무장독립단이 나타나 경찰과 주재소와 면사무소를 습격했다. 순사 한 명이 죽고 주재소가 불에 탔다. 면사무소와 민가 20여 호도 불에 탔다. 경찰은 주민 28명을 붙잡아 기소했다. 신의주지방법원은 이중 4명에게 징역 7년, 21명에게 징역 5년의 중형을 내리고, 3명에게는 무죄판결을 내렸다. 유죄판결을 받은 25명 모두 평양복심법원에 항소했다.

1924년 5월 1일 항소심에서 피고인들은 피의사실을 전면 부인했다. 경찰에 체포된 후 11일 동안 지독한 고문을 당해 묻는 대로 답했다는 것이다. 고문의 피해도 폭로했다. 손발을 못 쓰거나 다리병신이 된 사람도 있다고 호소하며 옷을 벗어 불로 지진 흔적을 보여주기도 했다. 재판관들이 피고인들의 옷을 벗기고 고문 흔적을 직접 검사한 후 재판장은 변호인의 고문 감정 요청을 받아들였다. 5월 17일에 열린 세 번째 공판에서 피고인 23명의 몸에서 타박상 등의 흔적이 있다는 의사의 감정서가 제출되었다. 8개월이 지난 시점인데도 상처가 15군데나 남아 있는 피고인도 있었다. 5월 23일에는 검사와 변호사가 의사와 함께 피고인의 옷을 벗기고 상처를 감정서와 대조했다.

첫 공판 소식이 언론에 보도되면서 조선변호사협회가 진상조사에 들어가는 등 여론이 들끓기 시작했다. 특히 성고문이 자행된 사실이 알려지면서 책임자를 처벌하라는 목소리가 높아졌다.

희천경찰서에서는 피고들이 거주하는 동리 창참에 있는 주택 전부를 불질러버리고 피고 중의 한 사람 박기순의 아내 최봉이라는 여자를 극형을 하다 못해 나중에는 음부에 심지를 해꽂고 불을 붙여 국부에 큰 화상을 이루었다고 한다. 이 귀에 듣기에도 살점이 떨리고 붓으로 기록하려는 손끝이 방향을 모르게 된다. 우리의 단장의 통분과 비애가 어찌 이에 그치랴마는 이와 같이 비인간의 만행을 마음대로 행하며 거룩한 사람의 생명을 죄 없이 죽임에야 무엇을 들어 변명을 요구하며 사과를 바라랴. 이것이 소위 문화정치의 산물이며 신성하다는 도덕과 법률의 가르침이냐. 아! 이천만의 조선 사람아, 이와 같은 참담한 사실과 철천의 원한과 모욕을 무엇으로써 보답하려는가.[7]

6월 21일 공판에서는 희천경찰서 경부보 등 6명을 불러 증인신문을 했으나, 이들은 모두 고문 사실을 부인했다. '그 당시에 창참주재소에 있었는데 습격을 당했으므로 도무지 원기가 없어서 고문할 기운도 없었다'라고 대답했다.[8] 7월 3일 공판에는 주민들이 증인으로 나와 피고인에게 유리한 증언을 했다. 변호사들은 피고인의 무죄를 주장하며 경찰들의 불법행동을 규탄했다. 하지만 7월 12일 판결에서는 1심에서 징역 7년을 받은 피고인만 2년을 감형받았을 뿐, 나머지는 1심 판결대로 징역 5년을 선고받았다. 경성고등법원에 상고했으나 기각되었다.[9]

식민통치 말기 전시총동원 체제에서는 조선어학회 사건이 일어났다. 1942년 9월 5일 조선어사전을 편찬하던 정태진이 함흥 영생여자고등보통학교 사건 관련자로 검거되었다. 홍원경찰서는 영생여자고등보통학교 여학생의 일기장에서 '국어를 상용하는 자를 처벌했다'는 구절을 발견하고 이는 곧 일본어를 쓰면 처벌한다는 뜻이라며 반국가행위로 몰아갔다. 이 과정에서 한때 이 학교 교사로 근무했던 정태진이 걸려든 것이었다. 홍원경찰서는 정태진에게 죄를 뒤집어씌우기 위해 고문을 가했다. 결국 강요에 못 이긴 정태진은 그들의 요구대로 자백서를 썼다. 이 허위 자백을 토대로 홍원경찰서는 조선어학회 관련자 검거에 나섰다. 33명이 체포되어 그중 29명이 구속되었다.

조선어학회 관련자들은 처음부터 혹독한 고문을 당했다. 치안유지법 위반 증거가 없기 때문이었다. 조선어학회는 합법적인 범위 안에서 학술 활동을 펼쳤을 뿐이었다. 하지만 홍원결찰서는 사회 명망가들을 일망타진하여 체포한 만큼 성과를 내야 했다. 홍원경찰서에는 농민조합사건 때 무자비한 고문으로 여러 청년을 죽음으로 몰아가서 사람백정으로 불리던 형사들이 있었다. 이들이 4개월 동안 고문을 자행했다. 강요에 의해 허위자백을 했지만 그 내용이 제각각이라 고문은 계속되었다. 이희승은 이때 비행기 태우기, 물 먹이기, 난장질하기 등의 고문을 받았다고 회고했다. 이중 물 먹이기에 대해서는 이렇게 기억했다.

 욕설이나 매로 피의자를 들볶다가 저희 비위에 거스르게 되면 목욕실로 끌고 가서 기다란 걸상에 사람을 반듯이 젖혀 눕힌다. 그러나 고개만은 걸상 끝에서 아래로 처지도록 하여놓고 사람을 걸상과 함께 단단히 묶어 졸라매되 두 팔은 뒤로 젖혀서 걸상 밑에서 맞잡아 매어놓는다. 그러고는 주전자나 바께쓰로 얼굴에다 물을 부으면 저절로 콧구멍을 통하여 기관으로 폐로 들어가게 된다. 이렇게 되면 숨이 막히므로 그 물을 될 수 있는 대로 콧구멍으로 삼키려고 애를 쓰게 된다. 그러나 아무리 하여도 물이 숨통으로 들어가지 않을 수가 없다. 이 노릇을 한참 계속하면 물을 먹어서 배가 퉁퉁하게 일어나고 기관으로도 물이 들어가 숨이 막히고 마침내 까무러치고 만다. 이상은 고문의 대충을 설명한 데 불과하므로 이를 직접 당하지 않은 사람은 그 고통을 상상조차 하기 어렵다. 이 고문을 그들은 해전이라 부른다.[10]

 국어학자 정인승은 비행기 태우기가 가장 고통스러운 고문이었다고 회고했다.

특히 비행기 태우기란 고문을 당하고 나면 열이면 열 모두 얼이 빠져 그저 "사실이지" 하고 물으면 그렇다고 고개만이 저절로 끄덕여졌다. 비행기 태우기란 두 팔을 등 뒤로 젖혀서 두 손을 한데 묶어 허리와 함께 동여놓고 두 팔과 등어리 사이로 목총을 가로질러 꿰어놓은 다음 목총의 양 끝에 밧줄을 묶어 연무장 대들보에 매달아놓고 빙글빙글 돌려서 밧줄을 꼰 다음 탁 놓으면 빙글빙글 빨리 돌아 정신을 잃게 되는 것이다. 거기다 십자가 모양 매어달린 팔이 비틀려 그 아픔은 형언키 어려운 것이었다.[11]

조선어학회 사건에서는 소위 공중전이라고 하는 비행기 태우기, 해전이라고 하는 물 먹이기, 육전이라고 하는 죽도나 목총으로 마구 때리는 난장질 같은 고문이 무차별적으로 가해졌다. 1년이 지난 1943년 9월 검찰은 16명을 '겉으로는 문화운동의 가면을 쓰고 조선 독립을 목적한 실력배양 단체'에서 활동했다는 이유로 치안유지법 위반과 내란죄로 예심에 회부했다. 예심이 종료된 것은 1944년 9월 30일로 체포된 지 거의 2년 만이었다. 그사이 이윤재와 한징이 옥사했다. 1944년 12월 21일부터 1945년 1월 16일까지 재판이 진행되었고, 장현식을 제외하고는 모두 유죄판결을 받았다. 이중 6명은 집행유예로 석방되었고, 실형을 언도받은 사람들은 경성고등법원에 상고했으나 해방 이틀 전인 1945년 8월 13일에 기각되었다.

식민통치 초기에 일어난 '105인 사건'과 1945년 8월 13일에 종료된 조선어학회 사건이 고문에 의해 조작되었다는 사실만큼 조선총독부라는 식민권력의 폭력성을 잘 보여주는 사례는 없을 듯하다.

죽음의 집, 감옥

근대적 감옥제도를 만든 것은 갑오개혁 정권이었다. 대한제국은 1898년 신감옥규칙을 제정했다. 통감부는 1907년과 1908년에 감옥관제를 개정하고 전국 8곳에 감옥을 설치했다. 이때 설치된 경성감옥이 서대문형무소의 전신이다. 준공 당시에는 480평 규모의 감방, 80평 정도의 부속시설로 수용 가능한 인원은 500명에 달했다. 당시 나머지 전국 7개 감옥의 수용 가능한 인원이 300여 명이었던 것에 비하면 대규모 감옥이었다. 5만 원의 거액을 들여 지었지만, 전면만 벽돌이고 지붕은 함석, 벽은 판자 위에 아연판을 두른 허술한 목조건물이었다.[12] 1912년 경성 공덕동에 신축한 감옥을 경성감옥이라 명명하면서 이곳은 서대문감옥으로 개칭되었다.[13] 1916년에는 여성 죄수를 가두는 여사가 신축되었다. 당시 전국 감옥에 대한 평에 따르면 서대문감옥은 옴이 많아 옴가옥이라 불렸다.

전국 감옥을 한번 쭉 둘러보면서 그것들의 특색을 하나씩 집어낸다면, 신의주감옥은 적수(赤水)감옥 — 적수란 것은 감옥의 물이 빨개서 흰 물건을 물에 담그면 곧 적색으로 변한다는 뜻이고 — 경성감옥은 일감옥, 대전감옥은 몽둥이감옥, 대구감옥은 싸움감옥, 함흥감옥은 쌍간나새끼감옥, 청진감옥은 생선감옥, 해주감옥은 외양감옥 그리고 서대문감옥은 옴감옥이다.[14]

1923년에 조선총독부는 감옥이라는 명칭을 형무소로 바꿨다. 당시 전국에 19개의 형무소와 10개의 지소가 있었다. 이때 서대문감옥은 서대문형무소로 이름이 바뀌었고 새로운 청사와 사형장이 들어섰다. 그 무렵 서대문형무소에 갇혀 있던 박헌영은 감옥을 '죽음의 집'이라고 불렀다.

　내가 있었던 감옥의 감방에는 침대는 물론 의자도 없었고 맨 바닥에 가마니만 깔려 있었다. 방 안의 온도는 보통 영하 5~6도였다. 하루 평균 10시간 이상 주로 어망을 짜는 노역에 시달렸다. 수인들은 방한 효과가 전혀 없는 아주 얇은 겉옷 한 장을 입고 지냈다. 산책 시간은 전혀 없었고 목욕도 일주일에 한 번밖에 할 수 없었다. 독서가 허용되는 책은 불교나 기독교 등의 종교 서적과 일본인들이 발행하는 팸플릿 정도였다. 편지와 면회는 두 달에 한 번 허락해주었다. 음식으로는 콩으로 만든 맛없는 국에 종종 소금에 절인 배추가 나왔다.

　감옥의 규칙을 위반하는 사람에게는 책을 압수하며 독방에 집어넣고 급식을 줄였다. 손발을 묶고 짐승처럼 매를 때리기도 했다. 경찰서를 거쳐 오는 정치범들 가운데서 건강한 상태로 감옥에 들어오는 사람은 아무도 없었다. 그들은 감옥에서 형편없는 음식과 힘겨운 노역으로 건강을 결정적으로 해치게 된다. 이로 인해 박순병, 백광흠, 박길양, 권오상 같은 사회주의자들이 감옥에서 사망했다.[15]

　감옥에서도 무법한 고문은 계속되었다. 조선어학회 사건으로 옥고를 치른 이희승 역시 굶주림과 함께 고문이 제일 무서웠다고 기억했다.

　감옥에서 가장 무서워했던 것은 굶주림과 고문이었다. 감옥으로 이감된 후로는 고문을 날마다 받지는 않았으나 이따금 왜경들은 한 사람 한 사람 마치 심심풀이나 하듯이 잔악한 악형을 가했다고 한다. 그런데 선생은 고문을 당하기 전날쯤이면 이상하게도 예감이 들어 그 두려움에 밤에도 잠들지 못하고 날을 새우곤 했는데, 그런 때는 차라리 고문을 당하고 난 뒤에 육신을 쭉 뻗고 누워 있는 편이 훨씬 나을 지경이었다고 한다.[16]

전국 감옥에는 징벌방이 있었다. 징벌방은 전기도 들어오지 않고 돗자리도 없는 시멘트 바닥이었다. 변기도 없어 징벌방 한구석에 쇠죽통 모양으로 홈을 파놓은 곳에서 대소변을 보아야 했다. 징벌방에서는 수갑을 차거나 가죽혁대로 온몸을 묶인 채로 지내야 했다. 밥덩이는 평소의 3분의 1 크기로 줄어드는 데 개처럼 엎드려야 먹을 수 있었다고 한다. 서대문형무소 간수였던 권영준은 무엇보다 먹방이라 불리는 고문실의 존재에 오싹했다고 한다.

당시 서대문형무소 본관 깊숙이 계호과 옆에는 취조실이라는 나무 팻말이 붙은 고문방이 있었다. 어느 형무소이건 크기와 위치는 다르지만 이런 목적의 방 한 칸씩은 다 있었다. 서대문의 것은 좁은 출입문과 조그만 창문이 하나 있는 것으로 중앙간수소를 통해 들어가게 되어 있었다. 전등이 없이는 한낮에도 캄캄한 이 방은 네 벽이 방음화되었고 바닥은 시멘트였다. 내가 형무소에 들어간 지 얼마 안 되어 이 방을 구경하고 놀라는 표정을 짓자 한 일본인 간수가 몇 년 전 기미소요 때 조선 학생들이 이곳에서 많은 욕을 보았다고 일러주었다. 한쪽 벽에 걸려 있는 갖가지 취조기구, 아니 고문틀은 보기에도 섬뜩했다. 천장 쇠고리에 걸려 있는 올가미 진 밧줄은 흡사 사형장의 그것과 다름없다고 느껴졌다.[17]

전국 형무소 중에 가장 많은 독립운동가가 수감된 서대문형무소에는 사형 집행장이 있었다. 1927년부터 1930년까지 세 차례에 걸쳐 일어난 간도공산당 사건으로 403명이 기소되었는데, 이중 22명이 1936년에 서대문형무소에서 처형되었다. 일본인 이소가야 스에지(磯谷季次)는 함흥과 흥남 지방에서 태평양노동조합에 가입하여 활동하다가 1932년에 체포되었다. 그는 함흥재판소에서 6년형을 선고받았고, 항소심 재판을 받기 위해 경성에 와서 서대문형무소에 수감되었다. 그는 감방에서 간도공산당 사건으로 사형선고를 받은 박익섭과 만난 기억을 이렇게 적었다.

　형무소에서는 사형수는 독방에 두지 않고 3명 이상의 감방에 수용했다. 혼자 두면 자살하지 않을까 하는 염려에서였다. 사실 보통 살인범들이 사형언도를 받고 독방에서 자살한 전례가 적지 않았다. 일반적으로 사형수라 하면 의기소침하여 식사도 잘하지 않고 침울해 있을 것으로 상상하는데, 박익섭의 생활에서는 전혀 그러한 어두운 인상이 느껴지지 않았다. 오히려 우리들보다 명랑할 정도였다. 그것은 "내 자신은 민족적 양심이 명령하는 대로 해야 할 것을 했다. 그래서 만족스러우며 뒷일은 천명에 따르다"는 느낌을 주었다.[18]

　이소가야는 자신이 병감에 있을 때 박익섭을 포함하여 간도공산당 사건 관련자 22명이 당당한 태도로 사형 집행에 임했다는 이야기를 전해 들었다고 한다.

　여운형은 1929년에 상하이에서 체포되어 경성으로 압송된 후 1932년까지 감옥생활을 했다. 그는 체포와 투옥 과정에서 다섯 가지 병을 얻었다고 한다. 상하이 야구장에서 붙잡힐 때 형사와 격투를 벌이던 중 귀를 맞아 한쪽 고막이 파열되어 일생 동안 한쪽 귀로만 들어야 했다. 둘째, 감옥에서 조밥을 먹다가 돌을 씹어서 이가 하나 부러지고 잇몸이 전부 상하여 염증이 생겼다. 이로 인해 출옥한 직후에 말을 할 때마다 턱이 아파서 무척 괴로워했다고 한다. 셋째, 소화불량을 얻었다. 이로 인해 얼굴이 수척해지고 노화되고 체중이 줄었다. 넷째, 감옥에 갇힌 지 며칠 못 가서 극심한 신경통에 시달렸다. 이로 인해 투옥된 지 6개월 만에 머리와 수염이 하얗게 세었고 불면증으로 3시간 이상 잠을 자지 못했다. 다섯째, 감옥생활에서 걸리기 쉬운 치질에 걸려 네 번이나 수술을 받아야 했다.[19]

이렇게 옥고로 병을 얻어 결국 죽음을 맞는 사람도 적지 않았다. 1920년 대동단을 결성하고 의친왕의 상하이 망명을 추진하던 중 체포된 전협은 오랜 옥고와 고문의 후유증으로 소화불량과 관절염이 생겨 더 이상 감옥생활을 할 수 없는 상태가 되었다. 1927년 7월 9일에 가출옥한 전협은 응급치료를 받았으나 이미 때를 놓쳐 이틀 만에 사망했다. 그가 만장하나 없이 쓸쓸하게 묻힌 후 조문객들이 종로경찰서 앞을 지나다 정문으로 뛰어들어 독립만세를 외쳤다. 그것은 옥중생활로 병을 얻었음에도 제대로 치료받지 못하고 죽은 독립운동가에 대한 남은 자들의 진혼곡이었다.[20] 전협에게 감옥은 박헌영의 말대로 죽음의 집이었다.

옥중투쟁

독립운동가에게 감옥은 식민권력에 항거하는 투쟁 공간이기도 했다. 1919년 3월 1일 독립선언서를 낭독한 직후 체포된 민족대표들은 옥중투쟁을 벌였다. 이들은 옥중에서 간수에게 아침저녁으로 절하는 것부터 거부했다.

　아침저녁 점검 때는 무릎을 꿇고 인사를 하는 것이 감방 규칙인데도 어느 누구 한 사람 인사는커녕 무릎조차 꿇지 않았다. 불교 대표로 승려학교장이던 한용운은 평소 정좌를 하고 참선을 하다가도 점검 때면 평좌로 간수부장을 빤히 쳐올려다보곤 했다. 물론 이들에게는 일본인 간수들만 배치되었는데 함태영은 자기 담당 간수를 볼 때마다 "너희들 잘못이 아니다. 우리는 조선 사람이기 때문에 잃어버린 나라를 찾으려는 것뿐이었다"라고 타이르곤 했다. 그 간수는 그 뒤에 어떻게 설득되었는지 비번 때 바깥에 다녀와서는 사회 움직임이라든지 여러 가지 새 소식을 적어주는 등 편의를 보아주었다. 또 사식을 차입할 때 밥 속에 쪽지를 넣어도 걸리지 않는 방법도 가르쳐주었다고 한다.[21]

　한용운과 옆방의 최린은 통방하다 들켜 벌을 받기도 했다. 감옥 창살 밖으로 서로 대화하거나 변기를 비우러 밖으로 나가면서 다른 방 죄수와 슬쩍 연락하는 것을 통방이라 한다. 한용운은 옥중투쟁의 3대 원칙으로 변호사를 대지 말 것, 사식을 먹지 말 것, 보석을 신청하지 말 것 등을 내세워 몸소 실천하고자 했다. 서대문감옥에서 자술서를 쓰라는 당국의 지시를 받고 〈조선독립의 서〉를 쓰기도 했다.

　서대문감옥에는 민족대표만이 아니라 3·1운동 관련으로 잡혀온 많은 사람들이 갇혀 있었다. 당시 서대문감옥에 수용된 사람은 3000명이 넘었다. 만세시위를 하다 잡혀온 사람들은 감옥 안에서도 독립만세를 불렀다. 당시 서대문감옥의 전옥으로 후일 조선총독부 감옥과장을 지낸 가키하라 다쿠로(柿原琢郎)는 이렇게 회고했다.

홍분한 재감자 중에는 방 안에서 큰 소리로 독립운동 연설을 하는 자가 있는가 하면 박수로 이에 공명하는 자가 있어 그 혼잡은 도저히 비할 수 없는 상태였고 게다가 감옥의 앞과 뒤의 높은 봉우리에 독립운동가가 올라가서 낮에는 태극기를 흔들고 밤에는 봉화를 올려서 재감자를 선동하는 일이 낮밤 연속되어 한 달 이상이나 계속되었습니다. (……) 만약 파옥이 결행되어 3천의 죄수가 일시에 밀고 나오면 치안이 아직 완전히 회복되지 않은 경성시 내외는 어떻게 될 것인가 밤낮으로 걱정했습니다.[22]

1920년 2월 민족대표 중 일부가 마포의 경성감옥으로 이감되었다. 경성감옥에 이감된 이갑성과 오화영은 3·1운동 1주년을 맞아 '3월 1일 정오에 기념 만세'라는 쪽지를 써서 수감자들에게 돌렸다. 그날 정오가 되자 공장에서 일하던 기결수들은 일손을 멈추고, 감방 안의 미결수들은 일제히 일어나서 만세를 외쳤다. 1700여 명이 부르는 만세소리가 공덕동 일대로 울려퍼지면서 감옥 밖에서도 만세를 불렀다. 헌병이 조사에 나서서 두 사람이 친필로 쓴 쪽지를 공장 구석에서 발견했다. 헌병은 모든 죄수가 보는 앞에서 두 사람을 묶어놓고 총개머리판으로 때렸다.[23] 대부분의 민족대표들이 1921년에 가석방된 것과 달리, 이 두 사람은 형량을 모두 채우고 1922년 5월 5일에 출옥했다.

1920년 3·1운동 1주년을 기념한 옥중투쟁은 서대문감옥에서도 일어났다. 이때 유관순도 앞장서서 만세를 불렀다. 이화학당 학생이던 유관순은 1919년 4월 1일 천안 아우내 만세시위를 주도한 혐의로 공주지방 법원에서 징역 7년을 선고받았다. 그러나 이에 불복하여 경성복심법원에 항소했다. 경성복심법원이 징역 3년을 선고하자 유관순은 상고를 포기했다. 경성복심법원에서 재판을 받기 위해 서대문감옥으로 이감된 유관순은 틈만 나면 독립만세를 불렀고 그때마다 고문실에 끌려갔다. 그리고 1920년 3월 1일에는 옥중 만세운동을 벌였다. 이 때문에 다시 간수에게 끌려가 심한 고문을 받았고, 병고 끝에 1920년 9월 28일 열여덟의 나이에 옥사했다.[24]

상하이에서 임시의정원 부의장으로 활동하다가 1927년에 체포된 김창숙은 누구보다 철저한 옥중투쟁을 벌였다. 경성에 이송되어 수감된 지 사흘 만에 경찰로부터 고문을 당했다. "신문하는 방법이 지극히 악랄하고도 잔인하여 마치 피에 굶주린 아귀 같았으니, 고문에 사용된 형구의 종류는 이루 다 헤아리지 못할 정도였다"[25]고 한다. 그는 일본 법률을 부인하는 뜻에서 변호사의 변론조차 거부했으며 자신을 포로라고 주장했다.

나는 엄연히 대한의 국민으로서 다른 나라인 일본의 법률 적용을 부인하는 사람입니다. 일본 법률을 부인하면서 일본 법률에 의하여 변호를 맡으려는 사람에게 나를 의탁한다는 일은 얼마나 모순된 일인지 알 수 없습니다. 그러니 일본의 법률로서 대한의 김창숙을 변호한다는 일은 못마땅할 뿐만 아니라 자격조차 없으므로 처음부터 억지로 변호하려고 든다면 법이론도 성립될 리 없습니다. 그럴진대 당신이 무슨 말로 나를 변호해주겠습니까? 나는 엄연히 포로입니다. 포로로서 구차히 살려고 발버둥치는 것은 곧 치욕입니다. 내 평생의 지조를 일소에 붙이고 싶지도 않으며 변호사를 의탁하여 구구한

삶을 지속하고 싶지도 않습니다. 내 말은 이것뿐이니 이만 돌아가주시기 바랍니다.[26]

김창숙은 재판에서 일본인 재판장이 본적을 묻자 "없다"고 대답하고는 "나라가 없는데 본적이 어디 있느냐"고 되물었다. 김창숙은 징역 14년을 선고받았으나, 항소조차 거부했다. 대전형무소로 이감되었으나 고문 후유증으로 병감 신세를 면치 못하다가 결국 제대로 서지 못하는 신세가 되었다. 병중에도 그의 옥중투쟁은 계속되었다. 신임 간수장이 왔을 때 절하기를 거부하고는 "내가 당신에게 절하지 않는 이유는 간단하다. 즉 나의 독립정신을 끝까지 고수하려는 것이 본심이니 내가 만약 당신에게 절한다면 침략자인 너희들에게 경의를 표하는 것이 될 터이니 어찌 내가 그런 못난 행동을 취하겠는가?"라고 논박했다. 이로 인해 병감에서 잡범들이 수용된 감방으로 옮겨졌다. 간수장이 일선융화를 강조하는 최남선의 책을 주자, "민족을 배반한 반역자의 미친개 짖는 듯한 이 흉서를 내가 읽을 성싶으냐? 기미독립선언서를 기초한 사람이 바로 이 사람일진대 이제와서 반역이라니 도륙을 한대도 그 죄는 갚을 길이 없다"라고 소리쳤다.[27] 김창숙은 1934년 9월에 병이 위중해지자 형집행정지로 풀려났다.

만주와 접하는 국경 지역에서는 감옥에 갇힌 독립군을 구출하는 작전이 펼쳐지기도 했다. 정의부 군사위원장으로 총사령을 겸임했던 오동진은 1926년 12월 16일 옛 동지의 밀고로 신의주경찰서 형사에게 체포되었다. 오동진이 잡히자 정의부에서는 구출을 시도했다. 1927년 7월 초순에 오동진의 부하인 장기선과 최성준 등이 압록강을 건너 국내에 잠입하여 약 5개월 동안 평안북도 일대에서 오동진을 구출하기 위해 활동했다. 1928년에도 오동진의 부하인 김여영이 신의주로 들어와서 신의 주형무소에 갇힌 오동진을 구하려다 체포되었다. 박경철 등 7명도 오동진 구출 결사대를 조직하여 신의주 건너편 안동현까지 진출했으나 무산되었다. 오동진은 투철한 옥중투쟁을 벌였다. 1929년 11월 11일부터 33일 동안 단식하면서도 조금도 기운이 쇠한 빛을 보이지 않았고 목욕도 보통 사람과 똑같이 하면서 자신의 예심종결서를 탐독하여 큰 화제가 되기도 했다. 1932년 3월 9일 신의주지방법원에서 제령7호 위반, 치안유지법 위반, 강도·살인·방화 등의 죄명으로 무기징역을 선고받았다. 1932년 6월 평양복심법원에서도 무기징역을 선고받자 상고를 하지 않고 장기수를 수용하던 경성형무소로 이감되었다. 1934년 6월 11일부터 48일 동안 단식투쟁을 벌였고, 이후 '형무소 정신병'이라는 기이한 진단을 받아 1944년 정신질환자들이 수용된 공주형무소로 이감되었다. 그해 12월 1일에 끝내 옥사하면서 17년간의 기나긴 옥중생활을 끝마쳤다.[28]

이렇듯 독립운동가에게 감옥은 정의를 실현하는 투쟁 공간이었다. 19세기에 미국에서 시민불복종운동을 펼쳤던 소로(H. D. Thoreau)는 "단 한 명이라도 부당하게 감옥에 가두는 정부 밑에서 정의로운 사람이 있을 곳은 역시 감옥뿐이다"라고 말했다.[29] 독립운동가에게 감옥이 바로 그러했다.

2
법정투쟁, 독립의지를 알리다

조서재판

식민지 조선의 사법제도는 일본의 사법제도를 식민지 통치의 목표와 조건에 맞춰 도입한 것이었다. 일본에서는 행정권이 사법권보다 우위에 있었다. 행정부처인 사법성의 사법대신이 사법재판소의 인사와 재정에 관한 감독권을 가졌다. 게다가 사법성의 대신과 고위관료는 소위 검벌(檢閥)로 불리는 검찰관료 인맥이 장악하고 있었다. 이러한 구조에서 판사의 신분 보장은 취약할 수밖에 없었고 검사가 재판에 영향을 끼칠 가능성이 높았다.[30] 형사재판에서도 검찰의 수사 서류가 공판을 지배하는 이른바 '조서재판' 등이 이루어지면서 검사의 영향력은 막강했고, 피고인과 변호사의 소송 활동은 제한적이었다.

식민지 조선에서도 행정권이 사법권 위에 군림하여 조서재판이 이루어지는 일본 사법제도의 특질이 그대로 반영되었다. 재판소는 조선총독의 명령인 제령(制令)에 근거해 조직되었다. 총독은 입법, 사법, 행정을 통할하는 지위에서 재판소와 검사국의 행정사무를 감독하고 검찰사무를 지휘했다. 판사는 법적으로 신분을 보장받지만 사법권이 행정권과 대립하여 총독정치를 견제하는 역할은 허용되지 않았다. 실제로 조선의 사법관들은 행정관에 협조하며 통치권력을 누렸다.[31]

조선총독부가 사법제도 개편을 내세워 제일 먼저 한 일은 사법기구와 인원을 대폭 축소한 것이었다. 1912년 조선총독부는 1909년 통감부재판소가 설치된 이래 고등법원-공소원-지방재판소-구재판소의 4급 3심제로 운영되던 법원조직을 고등법원-복심법원-지방법원의 3급 3심제로 축소하고, 필요한 경우 지방법원 사무의 일부를 취급하는 지방법원 지청을 설치했다. 1심은 지방법원, 2심은 복심법원, 최종심 및 특별한 사건 재판은 고등법원이 관장하도록 했다.[32] 고등법원 1개, 복심법원 3개, 지방법원 8개는 그대로 유지했으나, 종전의 구재판소에 해당하는 지방법원지청은 103개에서 60개소로 축소했다.[33] 판사 수는 1910년 이후 지속적으로 감소했다.[34] 이에 따라 지방법원 단독판사의 관할권이 넓어졌고, 경찰에게는 준사법권적 권한, 즉 범죄 즉결권 및 민사쟁송 조정권이 주어졌다.

1912년에 공포한 '조선형사령'에서는 형사절차상의 특례를 두어 검찰의 권한을 강화했다. 일본의 형사소송법에 명시된 인권침해 방지 대책이 '조선형사령'에는 없었다. 또한 형사재판은 공판정에서 제출된 증거를 바탕으로 판사가 유무죄를 따지는 것이 원칙임에도 불구하고 '조선형사령'은 경찰, 검사, 예심판사가 작성한 피의자와 증인에 대한 신문조서에 의존하여 판결할 수 있는 길을 열어놓았다. 이를 '조서재판'이라 부른다.[35] 또한 '조선형사령'은 경찰과 검찰에 강제처분권을 부여했다. 일본의 메이지법에서는 현행범과 준현행범에만 해당하는 '특별처분'이 조선에서는 일반적인 사건에도 주어져 경찰과 검찰이 '수사의 결과 급속한 처분을 요하는 것'이라고 판단한 경우에는 공소를 제기하기 전이라도 영장을 발부받아 검증, 수색, 차압을 하고 피고인과 증인을 신문할 수 있도록 했다. 검사가 피의자를 구류할 수 있는 기간도 최장 20일로 정했다. 경찰에게도 14일간 피의자 신병을 확보할 수 있는 유치명령권이 부여되었다.[36] 바로 이 기간에 경찰과 검찰은 피의자에게 고문을 가할 수 있었다. 여기에 예심제도가 더해지면서 피의자의 인권은 철저히 짓밟혔다. 예심제도란 검사가 수사 결과 중죄로 판단한 사건이나 경죄 중에서도 무겁고 복잡한 사건에 대해 예심판사에게 예심을 청구할 수 있는 제도였다. 본래 예심제도는 범죄 요건 성립을 확신하는 경우에만 공판 절차를 개시함으로써 검사의 기소 남발을 막고 피의자를 보호하기 위해 만들어진 제도였다. 하지만 이는 강제적인 방법에 의한 조사 절차의 연장이나 다름없기 때문에 오히려 탄압의 도구로 악용되었다.[37] 게다가 예심의 조서가 공판에서 매우 중요하게 취급되면서 예심제도는 '조서재판'을 조장하는 역할을 했다.[38]

한편, 형사절차상의 특례는 고문과 부패 현상을 낳았다. 1921년 조선의 형사정책을 총괄한 고등법원 나카무라(中村) 검사국장은 고문 남발의 폐해에 대해 이렇게 보고했다.

경찰관이 범죄 증거를 수집함에 범인의 자백을 얻는 것보다 간편한 방법이 없고 또 조선인은 협박과 폭력을 사용하지 아니하면 진실로 실토할 자 없으므로 고문으로 죄증 수집함이 가장 첩경의 방법입니다. 그러나 고문은 그로 인해 얻은 이익을 보상할 수 없을 정도의 큰 폐해를 낳은 점을 생각하지 않을 수 없습니다. 고문의 폐해는 외국인의 배일사상 선전에 좋은 빌미를 주고 불령선인의 독립운동에 좋은 구실을 주고 양민에게 총독정치를 저주하게 하여 제반의 행정에 지장을 줌은 각위가 이미 아는 바일 뿐만 아니라 재판상 실로 한심한 악영향을 발생시키고 있습니다. 무릇 형사사건의 증거 자료로 가장 많은 양을 차지하는 것이 경찰관의 조서입니다. 그래서 그 조서가 고문 끝에 나온 것이면 증거의 태반은 이를 상실하게 된다고 아니할 수 없고 그 결과 피고는 무죄를 언도받거나 그렇지 않더라도 증거 박약함으로 인하여 적당한 형보다 현저히 가벼운 형에 처해지는 폐해를 낳습니다.[39]

여기서 말하듯이 조서재판이 용인되는 사법체제는 수사기관이 수사과정에서 작성한 각종 조서에 판사가 크게 의존하는 체제이므로 조서가 피의자의 유무죄를 정한다 해도 과언이 아니었다. 실제로 조서재판은 이인의 말처럼 훨씬 더 차별적이고 잔혹하게 이루어졌다.

재판소는 전국에 걸쳐 100개소이지만, 조선인 판검사는 전국을 통틀어 30명뿐이고 일본인 판검사 수의 20분의 1에 불과하다. 서기, 고원까지 그러하다. 경찰에는 조선인으로서 경시가 된 자가 9명 있다. 재판소, 경찰관서 등 인민에 직접 관계하는 관청조차 민정, 풍속, 관습을 모르는 일본인으로 충원했다. 재판은 공평하지 않고 법규가 적용되지 않는다. 일본인과 조선인 사이에 동등한 정도의 사건에서는 반드시 조선인의 패배로 귀착되고 조선인의 이익을 위해서는 당연히 해야 할 직권 조사조차 하지 않는다. 특히 형사에서는 형을 적용함에 있어 인간을 한 마리 벌레만큼도 생각하지 않는다. 실로 난폭한 재판이다. 그러므로 조선인에게는 법률이 보호할 이익도 없고 따라서 권리도 없다. 이처럼 권리가 없는 곳에 어떻게 이익이 있을 수 있겠는가. 그래서 민사재판에서는 조선인의 이익이란 것이 없고, 형사재판에서는 전국의 감옥을 무수한 억울한 죄수로 충만하게 만들고 민정, 풍속, 관습을 모르는 일본인 법관의 가혹하고 부당한 재판을 받고 상소하려고 해도 변호인을 붙이면 어떨지 모르겠지만 대개는 사무집행을 번거롭다고 하여 혐기하고 피고인을 강제 또는 기망으로 상소를 하지 않게 하기 때문에, 법관이 형을 선고한 그 자리에서 형에 복역한다.[40]

희천 사건에서 살펴보았듯이, 고문에 의해 조작된 조서가 몸에 새겨진 고문 흔적보다 재판관의 유무죄 판단에 결정적인 영향을 미쳤다. 인권 보호를 위해 마련된 근대 사법제도가 식민지 조선에서는 부당한 통치행위를 인증하는 제도로 전락했던 것이다.

3·1운동 재판, 변론의 힘을 보여주다

1919년 3월 1일에 발표한 〈3·1독립선언서〉에는 33명의 민족대표가 서명했다. 이들 중 김병조를 제외한 32명이 재판에 넘겨졌다. 여기에 3·1운동을 실질적으로 준비한 16명이 추가로 체포되면서 48명에 대한 취조는 6월 초순에야 일단락되었다. 검사국은 이들을 출판법 및 보안법 위반으로 예심에 넘겼다.

경성지방법원에서 예심판사 나가지마 유조(永島雄藏)가 주심이 되어 진행한 재판은 8월 1일에 종결되었다.[41] 예심에서는 이 사건을 '조선 독립을 목적으로 하는 폭동을 야기함에 이르는 사실'로 정리하고 이를 형법 제77조의 내란죄에 해당하는 것으로 보았다. 48인이 '전 조선인에 대하여 평화교란을 선동하고 나아가 불온문서를 공표하여 조선 독립운동을 개시하게 하였으며 마침내는 폭동을 일으킬 자가 있을 것을 미리 알면서도 독립선언서를 다수 인쇄하여 배포했다'는 것이다. 내란죄는 경성고등법원(이하 고등법원)에서 다루도록 되어 있었으므로 예심판사는 예심을 종결하고 고등법원으로 사건을 회부했다.

고등법원은 고등법원 예심판사에게 사건 검토를 맡겼다. 예심판사는 고등법원장에게 피고인들의 행위는 내란교사죄에 해당하지 않는다는 내용의 의견서를 제출했다. 피고인들이 폭동을 교사한 게 아니고 폭동 행위자의 자발적 의사에서 나왔다는 것이다. 손병희 등 48인은 '독립선언식을 거행하고 또 독립만세를 부를 것을 전달하는 등의 행위'를 한 것에 불과하며 독립선언서에 등장하는 '최후의 일인, 최후의 일각까지'라는 표현이 있다고 해서 폭동으로 조선 독립의 목적을 달성할 것을 교사했다고 보기 어렵다는 것이다. 이 의견서에 따라 고등법원은 내란죄가 아니므로 경성지방법원에서 이 사건을 다루어야 한다고 판결했다.[42]

민족대표들은 체포된 지 1년이 훌쩍 넘은 1920년 7월 13일에 경성지방법원에서 첫 재판을 받았다. 변호인 측은 '이 사건은 현행 법령 중 어떤 조문에도 해당하지 않는다'며 공소 불수리를 주장했다. 피고인들에게 적용된 보안법과 출판법은 대한제국 시기인 1907년과 1909년에 각각 제정된 법률로 1911년의 칙령 제30호에 의해 효력을 상실한 만큼 공소를 불수리해야 한다는 것이었다. 보안법과 출판법을 적용할 수 없다는 변호인 측의 주장은 3·1운동으로 검거한 수많은 사람들을 보안법과 출판법으로 처벌해온 사법당국에 대한 일대 도전이었다. 재판부는 일단 그에 대한 판단을 유보하고 심리를 계속했다.

1920년 7월 16일에 열린 다섯 번째 공판에서 허헌 변호사는 새로운 공소 불수리론을 제기하여 큰 파란을 일으켰다. 요지는 다음과 같다.

이 사건의 공소는 수리되지 않아야 한다고 생각한다. 이 사건은 지방법원에서 고등법원에까지 올라가서 고등법원의 예심 결정을 다시 지방법원으로 이관하게 되었는데, 고등법원 결정서의 주문에 의하면 "경성지방법원을 본건의 관할재판소로 지정함"이라고 하고 있을 뿐이고, 그 주문에 "본건을 경성지방법원에 송치함"이라는 명문이 없다. 따라서 본건은 아직 고등법원에 계속 중이다. 그러므로 관할 지정을 받았을 뿐 송치를 받지 못한 본안을 이 법정에서 심리함은 명백한 위법이고, 따라서 이 재판소는 본건 공소를 수리하지 않는 판결을 내리는 것이 마땅하다.[43]

허헌이 제기한 공소 불수리론은 첫 공판에서 변호사들이 법 적용 근거를 문제 삼아 제기한 공소 불수리론과는 달랐다. 허헌의 공소 불수리론에 따르면 이 재판은 형식적 요건을 갖추지 않았으므로 각하해야 한다는 것이었다. 검사는 곧바로 논박했다. 고등법원 결정서의 '주문'에는 비록 '사건을 송치'한다는 말은 없으나, '이유' 부분에 송치한다는 말이 나오므로 주문에 송치가 포함된 것으로 해석할 수 있으며, 만일 공소 불수리를 할 경우 1년 6개월이나 미결 상태에 있는 피고인들에게 괴로움이 가중될 것이라는 주장이었다. 공소 불수리를 하면 처음부터 절차를 다시 진행하게 되므로 피고인들에게는 불이익이라는 뜻이다. 하지만 허헌은 절차상 하자가 있는데도 이대로 재판을 진행할 경우 항소와 상고를 통해 고등법원에 올라갔다가 다시 지방법원으로 내려오지 않으리라는 법이 없고 그럴 경우 그동안 했던 재판조차 무효가 될지 모르므로 재판장은 피고인 신문을 시작하기 전에 이 문제를 판결해달라고 요구했다. 소송관행의 빈틈을 파고들어 법대로 재판하라고 요구하는 허헌의 주장에 재판부는 당황했다. 재판장은 다른 재판관들과 의논한 끝에 다음 날 다시 공판을 열어 허헌이 제기한 공소 불수리 여부를 심리하겠다며 폐정했다. 허헌의 공소 불수리론은 3·1운동 재판 준비에 매달려 치밀하게 법리를 따지고자 한 노력의 산물이었다.

그때 나는 이 사건을 맡아 가지고 함흥에 있으면서 석 달 동안 침식을 잊고 다른 사건을 일체 사절하고 그 수만 매라는 30여 책의 거창한 기록을 밤낮 들여다보면 연구해왔는데 어찌 뜻하였으리요. 고등법원의 주문에는 사건을 경성지방법원의 관할로 지명한다는 말뿐이었고 송치한다는 정작 중요한 말이 없었습니다. 그러면 결국 48인의 피고는 고등법원에도 계속된 것이 아니고 그렇다고 지방법원으로 말할지라도 사건이 온 흔적이 없는데 수리를 할 수 없는즉, 피고들은 심리받을 필요가 없이 즉시 석방되어 나와야 할 것이었습니다. 나는 이에 법정에 서서 법률을 들고 재판장과 싸워 피고들을 아무 일 없이 석방시켜주어야 옳은 것을 믿고서 단연히 일어났습니다.[44]

허헌은 재판기피신청을 준비할 만큼 각오가 대단했다.

실로 그때의 조선 처지는 공소 불수리 문제로 뒤법석하였습니다. 마침내 합병 이후 처음 보는 이 공판 날은 당도했는데 나는 일생에 이 재판 하나만은 이겨놓고 죽는다는 굳은 신념으로 편협한 재판장이 되어 만일 법률을 무시하고 그 공소를 수리한다면 그 재판장까지 기피하여버리려 하여 기피신청서까지 미리 써서 손에 쥐고 법정에 나타나 피고 모두를 즉시 석방하라고 일대의 정력을 다 들여 열렬히 부르짖었습니다.[45]

다음 날 열린 공판에서 허헌 변호사는 더욱 정연한 논리를 폈다. "고등법원에서는 이미 보낸 사건이니까 고등법원으로 다시 송치할 수 없는 일이요 또 고등법원에서 다시 보내달라고 청구할 권리도 없는 것이다. 내란죄에 속하지 않는 이상 고등법원에서 다룰 수 없는 것이며 절차적 흠결을 보정하기 위해 고등법원에 원점 회귀해달라는 것도 불가능하다. 그러므로 고등법원이나 지방법원에서 처리할 수 없는 사건이니 당연히 공소를 수리하지 말고 피고인을 방면해야 한다"라고 주장했다. 이에 대해 검사는 전날과 같은 논리를 반복했다. 검사는 3·1운동 관련 재판이 쌓여 있고 유사한 사건에 미치는 파장이 일파만파라는 우려도 제기했다. 그러자 허헌은 검사의 주장은 수속법상 법률 문제임을 무시하는 언론에 불과하다고 논박했다. 재판장이 공소수리 여부에 대해 피고인들의 의견을 묻자 시일이 걸리더라도 정당한 법률을 적용해 처리하길 바란다고 답했다. 재판장은 기일을 정해 이 문제만 판결하겠다고 선언한 후 폐정했다. 마침내 8월 9일 재판장은 '본건 공소는 이를 수리하지 아니한다'

는 판결을 내렸다.

검사는 항소했고 경성복심법원은 경성지방법원의 공소 불수리 판결을 이유 없다며 취소했다. '예심 종결 결정문 이유에 송치한다는 말이 나오므로 주문에 사건 송치라고 쓰지 않았더라도 이 사건은 경성지방법원에 송치한 것으로 보아야 한다'는 것이었다. 검사의 주장을 그대로 받아들인 것이다. 경성복심법원은 첫날 변호사들이 제기한 보안법 및 출판법의 효력에 대해서도 유효하다는 판결을 내렸다. 칙령 제30호에는 "장래를 향하여" 효력을 상실한다고 되어 있으므로 그 이전에 만들어진 법률에는 소급 적용이 안 된다는 것이었다. 이는 충분히 예상할 수 있는 판결이었다. 보안법이 1911년부터 효력을 잃었다고 판결할 경우 그동안 내려진 수많은 유죄판결이 무효가 되기 때문이었다.[46]

보통 사람들이 공소 불수리론의 법리논쟁을 이해하기는 쉽지 않았다. 하지만 허헌이 치밀한 법리로 재판부를 궁지에 몰아넣음으로써 경성지방법원으로부터 공소 불수리 판결을 받아내자 신문들은 이를 대서특필했다. 당시 사람들은 피고인들이 흡사 무죄판결이라도 받은 듯이 기뻐했다.[47]

법정투쟁, 피고인과 변호사의 공동전선

독립운동가가 재판을 받게 되면 변호사는 그와 공동투쟁 전선에 서서 고문으로 꾸며낸 조서재판에 항의하거나 재판 과정에서의 인권 유린을 문제 삼는 경우가 많았다. 때론 변론 과정에서 독립운동의 정당성을 설파하다가 제지당하기도 했다. 고려혁명당 사건 공판에서도 어김없이 법정투쟁이 벌어졌다. 고려혁명당은 1926년에 정의부와 천도교 혁신파 및 형평사 간부들이 만주에서 조직한 결사였다. 고려혁명당의 활동 목표는 국내와의 연대를 기반으로 만주에서 무장투쟁을 전개하면서 이를 지원하기 위한 국제연대를 모색하는 데 있었다.[48] 하지만 그해 12월 28일 당원인 이동락이 만주 창춘(長春)에 있는 동아정미소에서 체포되면서 고려혁명당 조직이 발각되고 말았다. 창춘에 있는 일본영사관 산하 경찰이 이동락을 취조했다. 이동락은 고문을 당하면서도 열흘이나 버텼지만 결국 고려혁명당의 결성 사실과 자신이 당원임을 자백했다. 곧이어 관련자들에 대한 대대적인 검거가 시작되었다. 경찰과 검찰의 취조는 신의주에서 이루어졌다. 이 과정에서 경찰과 검찰은 위협적인 분위기에서 허위 진술을 강요하거나 진술하지도 않은 내용을 조서에 기입하는 불법행위를 저질렀다. 이 조서들은 재판에서 피고들의 부인에도 불구하고 유죄증거로 활용되었다.

예심은 1927년 10월 3일에 종결되었고 첫 공판은 12월 19일 신의주 지방법원에서 열렸다. 신의주에서 활동하는 이희적, 최창조와 경성에서 출장 온 이인이 변호사로 참여했다. 이인 변호사는 무보수 변론을 자청하여 공판이 끝날 때까지 변론을 이끌었다. 두 번째 공판부터는 경성에서 온 김병로 변호사가 가세했다.

첫 공판은 이름과 주소를 묻는 인정신문으로 시작되었다. 재판장이 "이름은 이동구인가"라고 묻자 이동구는 "이동구라 부르지 말고 이소라고 불러달라"고 요구했다. 이소는 이동구의 이명(異名)이었다. 이동구는 "어찌하여 심문할 때 경어를 쓰지 않느냐"며 항변하기도 했다.[49] 당황한 재판장은 이동구에 대한 심리를 중단하고 다음 순서인 김봉국으로 넘어갔다. 김봉국은 직업을 묻자 독립운동이라는 취지로 답변하여 재판장을 긴장시켰다.

정이형(본명 정원흠)은 고려혁명당 결성과 관련한 치안유지법 위반 이외에 살인, 강도, 방화의 혐의까지 받고 있었다. 정이형은 1922년에 만주에서 결성한 대한통의부와 1924년에 결성한 정의부의 지휘관으로 무장활동을 펼쳤다. 1925년 3월에는 평안북도 초산군 추동주재소를 습격하여 여러 명의 일본 경찰을 사살했다. 이 때문에 살인, 강도, 방화죄가 추가된 것이었다. 재판장이 살인, 강도, 방화 범죄에 대해 신의주경찰서에서 자백했다는 조서를 읽자, 정이형은 그런 진술을 한 적이 없다고 맞섰다. 경찰에서 자기 말을 들어주지 않아 재판에서 다툴 작정으로 조서에 인장을 찍었을 뿐 혐의를 인정한 적이 없다는 것이다. 정이형은 재판부에 진실을 말할 기회를 달라고 했으나 거부당하자 일체의 진술을 거부했다.[50] 재판장은 정이형에 대한 경찰조서, 검찰조서, 예심조서 등을 낭독하고 휴정을 선언했다. 이인 변호사는 즉각 항의했다. 만일 재판장이 읽은 대로 공판조서가 작성되면 정이형이 혐의 사실을 모두 시인한 것이 되므로 피고에게 반드시 진술 기회를 주어야 한다는 것이었다. 이인 변호사의 항의에 재판장이 정이형에게 신문에 답할 것을 요구했다. 정이형은 충분히 진술할 기회를 주어야 답변하겠다고 버텼다.

정이형의 진술 거부로 난관에 부딪힌 상황에서 재판부는 9명의 피고인에 대한 사실 심리에 들어갔다. 피고인들은 고려혁명당의 목적을 알고 가입했는가라는 재판장의 신문에 전면 부인했다. 이에 재판장이 피고인들의 범죄에 대해 경찰조서, 검찰조서, 예심조서 등의 증거가 있다고 지적했다. 피고인들은 경찰이 작성한 조서는 전부 거짓말이라고 반박했다. 혹독한 고문을 받으며 강제로 작성된 허위조서라고 했다. 검찰조서도 검사가 폭력을 가하는 상황에서 강제로 작성된 것이라고 주장했다. 수사단계에서의 폭력과 고문 사실을 폭로한 셈이었다.[51]

두 번째 공판은 1928년 2월 7일에 열렸다. 이날 재판장은 피고들의 수갑을 모두 채워두고, 심문할 때만 수갑을 풀겠다고 했다. 김병로 변호사가 공판정에서 피고인의 신체를 구속하는 것은 불법이라고 엄중하게 항의했다. 이에 재판장은 간수에게 모든 피고인의 수갑을 풀어주라고 말했다. 간수가 형무소에서 4명의 간수를 추가로 보내주면 풀겠다고 하자 재판장은 휴정을 선언했다. 공판이 재개되자 검사가 일어나서 형무소에서 2명만 올 수 있다고 하니 수갑을 풀고 심리하기보다는 공판을 연기해달라는 의견을 제시했다. 결국 재판부는 공판 연기를 선언했고, 이 때문에 재판부가 무성의하다는 항의가 쏟아졌다.[52] 3월 9일에 세 번째 공판이 열리자 재판장은 피고인 전원의 수갑을 풀어주었다.

첫 심문 대상자는 이동구였다. 이동구는 의견을 충분히 진술할 권리를 달라고 요구했다. 자기 생각을 제대로 진술할 수 있게 해주면 오히려 심리에 참고가 되고 심리 진행이 빠를 것이라고 주장했다. 그리고 판사와 1시간 동안 공방을 펼쳤다. 정이형은 이날도 진술을 거부했다. 법정에 대한 거부 의사를 분명히 밝힌 것이었다. 이인 변호사는 1차 공판에서 제기된 고문 주장에 주목하여 이동욱에게 확인을 요청했다. 이동욱은 자신이 고려혁명당원이라는 자백은 조작되었다고 주장하면서 고문당한 증거로 손을 내보이고 검사에게 뺨을 두 번 맞았다고 진술했다.[53]

다음 날 네 번째 공판이 열린 데 이어 결심 공판은 1928년 3월 19일에 열렸다. 검사는 정이형에게 사형을 구형했다. '정이형은 검사가 사형을 구형한다는 말을 듣고 또 한 번 현실과 제도를 비웃는 듯 빙그레 웃을 뿐 조금도 공포의 기색이 없이 태연자약하고 대담'했다.[54] 이인 변호사는 재판장과 검사에게 "혹 귀에 거슬리는 말이 있더라도 노하지 말라"고 부탁하고는 변론을 시작했다. 그런데 이인 변호사가 "일본은 동양평화의 미명하에 한국을 합병했으나 한국에 대한 식민정책은 양두구육에 흡사하다"고 말하는 순간 검사가 벌떡 일어나서 변론이 지극히 불온하다며 말을 잘랐다.[55] 재판장은 변론을 중단시키고 잠시 퇴정한 후 돌아와서 "이인 변호사의 변호는 불온하다"고 인정하고 변호를 중단시켰다. 조선 법조계에서 처음 일어난 변론 중단이었다. 김병로 변호사는 어떤 내용이 부당한지를 따졌다. '변호를 중지하려면 먼저 주의를 주고 그래도 고치지 않으면 그때 변론 중지를 할 것이지 처음부터 변론 중지를 한 것은 재판도덕을 무시한 처사'라고 항의했다. 오후에는 재판장의 허락을 받은 이인 변호사가 변론을 재개했다.

1928년 4월 20일 정이형은 무기징역을 선고받았다. 1심 판결에서 유죄선고를 받은 13명 중 8명이 항소했다. 1928년 10월 6일 평양복심법원에서 열린 항소심에서 재판장과 통역들은 피고인들에게 경어를 사용했다고 한다. 1심에서 이동구가 재판장의 반말 심문을 문제 삼아 논란이 되었기 때문이다.[56] 정이형은 항소를 포기하고 해방이 될 때까지 19년 동안 감옥살이를 했다. 일제시기의 반 이상을 감옥에서 보낸 장기수였던 셈이다.

고려혁명당 사건 관련 재판은 법정투쟁의 축약본이었다. 고문에 의한 허위자백이 담긴 조서의 증거 능력 여부, 재판 과정에서 피고인이 신체 구속을 받지 않고 충분히 진술할 수 있는 권리, 변호사의 변론권 등이 쟁점이 되었다. 재판 자체를 거부한 정이형을 비롯한 피고인들과 변호인들은 공판이 열릴 때마다 매섭게 재판부를 몰아붙이며 법정투쟁을 벌였다. 그것은 독립투쟁이었고 인권투쟁이었다.

3

변호사, 사회운동가가 되다

조선변호사협회, 사회운동에 나서다

조선총독부의 식민통치가 시작되던 1910년대에는 일본인 변호사와 조선인 변호사가 별도의 결사를 조직했다. 일본인 변호사는 경성제1변호사회에서 활동했고, 조선인 변호사는 경성제2변호사회에 모였다. 1919년 4월 경성지방법원 검사정(오늘날의 검사장)은 두 변호사회의 통합을 권고했다. 이에 따라 두 조직은 경성변호사회로 통합되었다. 창립총회를 개최할 당시 조선인 변호사는 31명, 일본인 변호사는 34명으로 백중세였다. 조선인 변호사들은 조선인을 회장으로 옹립하기 위해 결속했고 장도 변호사를 밀었다. 결국 1표 차이로 장도 변호사가 경성변호사회 회장에 당선되었다. 일본인 변호사들은 곧바로 조선인 회장 반대운동을 벌였다. 하지만 조선인 회장을 막을 법적 근거가 없기 때문에 조선총독부도 허가할 수밖에 없었다. 일본인 변호사들이 조선인 회장을 계속 반대하면서 갈등이 고조되자 결국 1년 만에 다시 둘로 나뉘었다. 1920년 4월 경성지방법원 검사정은 경성변호사회의 경성조선인변호사회와 경성일본인변호사회로 분립되는 것을 허가했다.[57] 경성조선인변호사회는 회장에 장도 변호사, 부회장에 박만서 변호사를 선출했다.

3·1운동 이후 사회의 각 부문에서 결사가 활발히 결성되는 흐름 속에 1921년 10월에는 이익단체인 경성조선인변호사회와 별도로 사회단체인 조선변호사협회가 창립되었다. 박승빈 변호사가 총무간사로 선출되었다. 조선변호사협회는 '정의의 발전, 인권의 옹호, 법제의 개선, 회원의 친교 증진'을 추구했다. 사회의 기대는 컸다. '변호사는 사회적 공직이라. 사리를 꾀하는 것이 본래의 목적이 아니며 인민의 권리를 옹호하고 사회의 공익을 꾀하는 것이 본래의 목적이 되나니 조선 사회에 있어이 목적을 이룸은 어려운 일 중에 어려운 일이라'며 조선변호사협회의 분발을 촉구했다.[58]

한편 국제연대에 대한 관심이 조선변호사협회를 결성한 계기이기도 했다. 1921년 10월 23일 베이징에서 개최되는 국제변호사대회에 참여할 조선인 변호사들의 독자적 결사체가 필요했던 것이다. 국제변호사대회는 아시아 각국의 변호사들이 국제적 친목 도모와 전 세계 인민의 권리를 정당하게 옹호하자는 취지로 조직된 국제연대체였다. 제1회 대회는 1919년 필리핀에서 개최되었다. 베이징에서 1921년에 열릴 예정인 제2회 대회를 준비하는 예비회의가 1920년 도쿄에서 열렸다. 조선인 변호사 7명도 예비회의에 참석하여 제2회 대회에 조선인 대표로 참석할 자격을 얻기 위해 다른 나라 대표들과 교섭했다.

제2회 국제변호사대회에는 중국의 각 지방 대표자 500명, 일본에서 50명, 필리핀에서 15명, 상하이 거주 미국인 4명, 러시아인 4명이 출석했다. 조선변호사협회에서는 21명이 참석했다. 조선변호사협회 대표들은 국제변호사협회장에게 가맹요구서를 제출하면서 각국의 대표들에게 조선변호사협회가 하나의 독립단체로 가입하는 데 협조해줄 것을 부탁했다. 이 소식을 들은 일본인 변호사들은 강력히 항의했다. 조선은 일본의 식민지이므로 한 나라에 두 대표가 있을 수 없다는 것이었다. 조선변호사협회를 독립단체로 인정할 경우 일본인 변호사들은 탈퇴하겠다는 엄포도 놓았다. 이에 대한 반박논리는 충분했다. 조선은 재판소구성법부터 법률 영역이 일본과 다르고 국제대회라고 해도 사적 회합이므로 일개 국가만이 아니라 일개 민족의 대표를 보내는 것은 정당하며, 식민 지배를 받는 인도나 필리핀 역시 국제변호사대회 결의권을 갖고 있으므로 조선인 변호사들도 대표를 보내지 못할 이유가 없다고 주장했다.[59] 결국 국제변호사대회는 제대로 회의도 못하고 폐회선언도 없이 끝나고 말았다.[60] 1923년 1월 필리핀에서 열린 제3회 국제변호사대회에는 10명 정도가 참석할 예정이었으나 조선총독부가 여권 발급을 불허했다.

조선변호사협회는 사회단체와 연대하여 사회 문제에도 적극적으로 개입했다. 1924년 4월 2일 각파유지연맹 박춘금 일행이 동아일보 사장 송진우와 이사 김성수를 협박하는 사건이 발생했다. 여론이 들끓는 가운데 4월 22일에는 각파유지연맹을 성토하는 민중대회가 열릴 예정이었다. 하지만 경찰이 집회 금지 처분을 내리자 조선변호사협회는 즉각 임시총회를 열었다. 경무국장과 법무국장, 검사정을 방문하여 이 사건에 대해 반성을 촉구하고 인권옹호 차원에서 관계 당국의 책임을 묻기로 결의했다.[61]

이 사건을 계기로 조선변호사협회는 더욱 적극적으로 사회운동에 뛰어들었다. 1924년 6월 암태도 소작쟁의 사건이 발생하자 조선노농총동맹과 협의하여 김병로 변호사가 무료 변론을 맡기로 했다. 또 언론집회압박탄핵회에는 김병로 변호사와 이인 변호사가 적극 참여했다. 이후 사회 단체들은 사회운동과 관련한 진상조사와 재판이 있을 때마다 조선변호사협회와 연대했다.[62]

사회운동가로서 신간회를 이끌다

독립운동과 사회운동 변론에 앞장선 변호사들은 사회운동가로서 확고한 명망을 얻고 있었다. 1927년 2월 15일에 합법적인 전국 조직으로 출범한 신간회에서 허헌 변호사와 김병로 변호사는 중요한 역할을 맡았다. 허헌 변호사는 1929년에 신간회 경성지회 회장으로 선출되었으며, 그해 7월 신간회 본부가 중앙조직을 간사제에서 집행위원제로 개편할 때 중앙집행위원장에 선출되었다. 때마침 허헌은 변호사를 그만두고 민족과 사회를 위해 힘을 쏟고 싶다는 생각을 하고 있었다.[63] 이때 김병로 변호사도 중앙집행위원으로 선출되어 회계부장 겸 총무간사장 직을 맡았다.[64]

변호사이자 사회운동가인 허헌이 신간회 중앙집행위원장이 되면서 신간회는 전국에서 일어난 각종 사회 문제의 진상을 조사하고 사회단체와 연대하는 일에 적극 나섰다. 1929년 6월 갑산 화전민 사건이 일어나자 신간회 본부는 직접 조사단을 파견했다. 이후 조사단의 보고를 토대로 항의를 조직화하고 여론화한 것이 첫 사례다. 1929년 6월 산림을 관리하는 행정기구인 영림서는 갑산군 보혜면 대평리 마을에 사는 화전민 1000여 명을 퇴거시키려 하다가 실패하자 경찰을 대동하고 가서 수십 호의 집을 불태우고 주민들을 강제로 쫓아냈다. 화전민 대표는 조선총독부를 찾아가 진정하고 신간회 본부에도 억울함을 호소했다. 신간회 본부는 진상을 조속히 조사하여 대책을 강구하기로 의견을 모았다. 경성의 사회단체들도 연대기구인 갑산화전민구축사건대책강구회를 결성했다.[65] 하지만 경찰은 7월 19일에 열릴 예정인 강구회의 회의를 불허했고, 이후에도 일체 행동을 금지한다고 통고했다. 결국 강구회는 진상조사도 하지 못했다.

이에 신간회 본부에서는 7월 18일 조사위원을 급파했다. 실지조사의 책임을 맡은 김병로는 그날 밤 갑산으로 떠났다. 이 같은 실지조사는 사회운동가로서의 변호사가 수행해야 할 역할이기도 했다. 여기에 《동아일보》와 《중외일보》 기자가 동행하여 힘을 보탰다. 열흘간의 진상조사를 마친 김병로는 7월 28일 신간회에 진상보고를 했다. 이어 《동아일보》와 《중외일보》는 물론 《조선일보》까지 나서서 갑산사건 진상에 대한 보도와 비판적인 사설을 경쟁적으로 실었다. 신간회는 8월 내내 사회단체와 신간회 지회에 갑산 화전민 사건의 진상을 알리고 조선총독부를 규탄하는 활동을 펼쳤다. 조선총독부는 갑산 화전민 사건과 관련한 모든 집회를 금지하고 언론을 탄압했다. 사태가 심각해지자 여론을 무마하기 위해 자신들이 실시한 진상조사 결과를 발표했다. 예상대로 '경찰이 방화했다는 것은 낭설일 뿐이며 주민들이 서로 양해한 후 빈집에 불을 지른 것이다'라는 내용이었다.[66] 진실공방 속에서 신간회 본부는 '갑산 화전민 사건 항의문'을 발표하여 피해 화전민의 현 경작지 보존, 소실 가옥·가구·식량에 대한 손해배상, 불을 지르고 화전민을 쫓아낸 직접 책임자 처벌, 이후 화전민의 안전보장 등을 요구했다. 항의문에는 진상조사서가 첨부되었다.[67]

신간회 본부는 원산 총파업 등 각지에서 일어난 쟁의에 대해서도 조사단을 파견하는 등 직접 개입했다. 1929년 11월에는 광주학생운동에 대한 현지조사를 벌였다. 11월 3일에 일어난 광주학생운동은 다음 날 광주지회로부터 신간회 본부에 보고되었다. 신간회는 조병옥을 현지에 급파했으나 광주에 들어가지도 못하고 경찰에 의해 쫓겨났다. 11월 9일 신간회는 긴급 간부회의를 열어 광주학생사건의 철저한 조사와 구속 학생의 석방을 위해 노력하며 현지조사를 실시할 것을 결의했다. 다음 날 현지조사에는 중앙집행위원장 허헌을 비롯하여 황상규, 김병로가 동행했다. 3개 신문사 기자들도 함께했다. 조사단은 이틀 동안 학교, 경찰, 검찰을 방문하여 조사하고 구속학생 석방을 위해 노력하는 등 광주학생사건에 직접 개입했다.[68]

신간회 본부는 지회에 광주의 실상을 널리 알렸고 '광주학생사건 진상발표 대연설회'라는 민중대회를 기획했다. 구호는 '광주사건의 정체를 폭로하라', '구금한 학생을 무조건 석방하라', '경찰의 학교 유린을 배격하자', '포악한 경찰정치에 항쟁하자' 등으로 정했다.[69] 2만 매의 인쇄물 배포는 허헌이 맡고, 연사는 조병옥이 섭외하고, 대중 동원은 이원혁이 담당했다. 신간회 본부의 민중대회에 맞춰 지회들도 광주학생운동의 진상을 알리는 행사를 준비하도록 했다. 하지만 민중대회를 열기로 한 12월 13일 새벽 6시, 허헌을 비롯하여 신간회 간부들이 체포되었다. 경찰은 신간회 본부를 수색하여 각종 인쇄물을 압수했다. 결국 민중대회는 열리지 못했다. 간부들이 검거되면서 신간회 본부는 심각한 타격을 받았다. 허헌은 예심을 거쳐 재판에 회부되어 1931년 4월 14일에 징역 1년 6월을 선고받았다. 그는 항소하지 않았고, 1932년 1월 22일에 가출옥으로 출소했다.[70]

다행히 체포를 면한 김병로가 1930년 1월부터 신간회 본부의 재정부장 겸 회계, 사무부장, 조사부장을 겸직하면서 신간회 본부를 책임졌다. 1930년 11월 9일 신간회 전체 대회를 대신하여 열린 중앙집행위원회에서 중앙집행위원장에 김병로가 선임되었다. 김병로 개인에게도 탄압이 가해졌다. 경찰은 신간회 내 비밀결사를 찾아낸다며 1930년 4월에 김병로의 집을 압수수색했다. 1931년에는 민사사건 변론에서의 과실을 빌미로 6개월 동안 변호사 자격을 정지했다. 김병로는 신간회에 누를 끼칠 것을 염려하여 중앙집행위원장직 사표를 제출했으나 반려되었다.

1930년 12월부터 신간회 지회의 사회주의자들로부터 신간회 해소론이 제기되었다. 이유는 두 가지였다. 우선 김병로 중앙집행위원장 체제에서 노선 갈등이 일어났다. 김병로가 이끄는 새 집행부는 온건파로 불렸다. 그런데 중앙집행위원인 이항발 등이 '언론·집회·결사의 자유 획득 운동의 전체적 투쟁으로서의 공민권 획득 운동', 즉 자치운동을 제창했다. 중앙집행위원인 박문희는 자치론을 주장하는 글을 써서 《대중공론》이라는 잡지에 게재해줄 것을 요구했다.[71] 집행부의 이러한 태도에 대해 사회주의자들은 반발했다. 이와 함께 코민테른은 1928년에 '12월 테제'를 통해 조선의 사회주의자들에게 민족주의자와의 협동전선을 포기하고 독자적인 운동을 전개할 것을 촉구했다. 이에 영향을 받은 사회주의자들이 신간회 해소를 주장하고 나선 것이었다.[72] 1931년 5월 15일에 열린 신간회 제2회 전체 대회에서 신간회 해소안은 찬성 43명, 반대 3명, 기권 30명으로 통과되었다.[73] 김병로는 해소론이 제기되자 강력히 반대했다. 신간회만큼 대중의 당면이익을 위해 싸울 수 있는 결사를 또다시 만들기 어렵다는 게 이유였다. 그는 엄혹한 정세에서는 오히려 신간회를 더 강화하는 게 급선무라고 생각했다.[74]

탄압받는 사상변호사

3·1운동을 기점으로 독립운동가 또는 사회운동가와 관련한 '사상사건'이 폭증했다. 이들의 사건을 담당한 변호사들은 사상변호사, 좌경변호사, 무료변호사 등으로 불렸다. 허헌, 이인, 김병로가 대표적인 변호사였는데, 이들을 '삼인'이라는 애칭으로 부르기도 했다.[75]

　무료변호사니 사상변호사니 하는 칭호가 생겼는데 그 가운데서도 허헌, 김병로, 나, 이렇게 셋을 삼인이라 하여 사상변호사의 대표격으로 지칭했다. 허헌의 아호가 긍인(兢人 혹은 肯人), 김병로가 가인(街人)인데 이인의 어질 인(仁)은 사람 인(人)자와 동음동의인지라 사람들이 그렇게 부른 것이다.[76]

　이들 사상변호사들은 신간회 활동을 전후하여 조선총독부의 탄압으로 고난의 길을 걷게 된다. 허헌은 신간회 민중대회 사건으로 영어의 몸이 되었다. 김병로는 허헌의 뒤를 이어 신간회를 책임지고 있는 터였다. 이로 인해 많은 사상사건이 이인에게 몰리게 되었는데, 이인도 1930년 5월 5일에 징계처분을 받았다. 변호사 자격 정직 6개월이었다. 이유는 1930년 3월 5일 경성지방법원에서 열린 수원고등농림학교 사건 재판에서 '심히 불근신한 변론'을 하여 변호사의 품위와 신용을 실추시켰다는 것이었다. 수원고등농림학교 학생들은 수원 시내와 인근 농촌에서 야학을 운영했다. 1928년 9월 수원경찰서가 야학 관련 학생 11명을 취조하면서 졸지에 비밀결사 사건이 되어버렸다. 1930년 3월에 공판이 개시되자 이인은 단순한 야학 활동을 중대한 비밀결사 활동으로 조작했다고 비판했다. 그럼에도 검사가 1년 6월을 구형하자 이는 지나치고 혹독하다고 항변했다. 문제가 된 변론 내용의 요지는 다음과 같다.

동양의 평화를 위해서는 한중일 3국이 정립하여 상호간의 발달을 도모하고 나아가서는 인류 문화복지에 공동 참여한다는 것이 한일합방 때 일본이 표방한 취지가 아니냐. 그런데 이제 와서 한민족을 노예시하고 차별하니 일본에 대한 감정이 악화함은 오히려 당연한 결과이다. 양부모의 학대에 견디지 못할 지경이면 양자는 친부모를 그리워할 것이요 그리하여 친가의 옛일을 다시 생각함은 인지상정이다. 일본의 식민정책은 이와 같은 잘못을 저지르고 있는 것이 아니고 무엇이냐. (……) 인간이란 원래 굶주리면 식물을 찾고 결박되었을 때는 자유와 독립, 해방을 요구하는 것이다. 이것이 바로 인간의 본능이니 학생들이 자유를 갈망하는 것은 이 본능에 의한 양심적 발로이고 역사적 필연이라 할 것이다.[77]

이인에 대한 정직처분은 변론 내용을 문제 삼아 징계처분한 첫 사례였다.[78]

김병로는 앞에서 언급한 것처럼 신간회 중앙집행위원장으로 있던 1931년 1월 29일에 82명의 소송 의뢰인 중 일부가 위임장을 제출하지 않은 민사소송에서 위임장 위조를 사실상 방조했다는 이유로 정직 6개월의 처분을 받았다. 그는 신간회가 해소되고 7월 23일 정직처분이 풀리자 곧바로 변론에 뛰어들어 간도공산당 사건 관련자들을 변론했다.[79] 이후에도 그는 1930년대 내내 민족주의와 사회주의라는 이념을 넘어 독립운동을 변론했다. 안창호, 조용하, 박헌영, 이재유를 비롯하여 경성제대 반제동맹 사건, 동우회 사건 등을 변론하는 사상변호사로서의 삶을 살았다.[80] 허헌은 감옥에 있던 1931년 4월 25일에 변호사 등록이 취소되었다. 이후 해방이 될 때까지 변호사 자격을 회복하지 못했다.

1932년에 김병로와 이인은 경성 청진동에 합동변호사 사무실을 차렸다. 변호사 자격증을 잃은 허헌도 매일 사무소에 들렀다. 허헌은 단파방송 사건으로 1943년에 또다시 검거되었다.[81] 경성방송국의 조선인 기술자들이 몰래 단파라디오를 조립하여 '미국의 소리'나 충칭 임시정부에서 송출하는 방송을 듣고 그 내용을 허헌에게 전한 사실이 발각되었던 것이다. 청진동 사무소를 들락거리던 사람들 대부분이 방송 내용을 전해 들었지만, 허헌은 모든 것을 자신의 책임으로 돌리며 그들을 보호했다. 1943년 11월 1일 경성지방법원에서 징역 1년을 선고받고 복역하던 중 1945년 4월 말 병보석으로 출감했다.[82]

1942년 12월 23일에는 이인이 조선어학회에 관여한 혐의로 검거되었다. 조선어학회가 조선의 독립을 목적으로 하는 결사라는 것을 알면서도 조선어학회를 위해 조선기념도서출판관이라는 출판단체를 조직하고 자금 1200원을 제공하여 《조선문자 및 어학사》를 출간하도록 한 점, 조선어사전 편찬 자금으로 200원을 제공한 점, 독립투사와 독립 후에 활약할 인재 양성을 위한 조직을 이극로와 협의했다는 점 등이 혐의 내용이었다. 이인은 1944년 11월경 병보석으로 출감했다가 12월에 공판이 열리면서 다시 수감되었다. 함흥지방법원은 1945년 1월 16일에 징역 2년 집행유예 3년을 선고했다.[83] 이때 재판장은 판결을 내리면서 이인을 힐난했다.

이때 재판장은 나를 대놓고 "당신에게 이 정도 판결은 약과다. 그동안 법정을 다니며 얼마나 귀찮게 굴었는지 아느냐"고 힐난했다. 마구잡이 감정으로 재판한 것임을 저들 입으로 입증한 셈이다.[84]

독립운동가들의 변론에 앞장섰던 김병로, 이인, 허헌 3인은 조선변호사협회의 일원으로서 사회단체와의 연대 활동에 그치지 않고 직접 사회운동가의 길을 걸었다. 이 때문에 법률가로서 조선총독부의 탄압을 받았고, 사회운동가로서 고문과 투옥을 경험해야 했다.

1919년 9월 2일 강우규, 사이토 총독에게 폭탄 투척

1919년 11월 김원봉, 중국 지린에서 의열단 결성

1920년 1월 임시정부, '국무원 포고 제1호'로 '독립전쟁 원년' 선포

1920년 10월 일본군, 청산리전투 보복으로 한인 수천 명을 학살한 간도 참변 자행. 임시정부에서 개전론·준비론 논쟁 격화

1921년 신아동제사·아세아민족반일대동당·중한협회 등 중국 각지에서 한중연대 발족

1921년 3월 이승만, 연두교서에서 준비론적 입장 천명

1923년 이정규, 중국 아나키스트들과 합작하여 이상촌인 양도촌 건설

———

1919년 8월 21일
《독립》에 〈시무감언〉 실림. 이후 외교론과 독립전쟁론 논쟁 시작

1898년
독립협회, 만민공동회 개최

———

1904년 동학 지도부, 자발적 결사체인 진보회 결성하고 정치 개혁 촉구하는 민회 개최

1907년 반제국주의를 목표로 아시아 최초의 국제연대체 아주화친회 발족

1909년 10월 26일 안중근, 이토 히로부미 사살. 이후 뤼순 감옥에서 〈동양평화론〉 저술

1919년 세계어연구회 발족

1919년 3월 1일 3·1운동 발발

6장

비폭력의 연대

1936년 원산에서 '적색노동조합조직 준비기관' 결성
1938년 10월 김원봉이 이끄는 조선의용대 창설
1941년 1월 10일 타이항산에서 화북조선청년연합회 결성
1941년 4월 미국에서 9개 단체가 연대하여 재미한족연합회 발족
1942년 7월 조선의용대 화북지대가 조선의용군으로 개편
1942년 7월 10일 화북조선청년연합회가 조선독립동맹으로 개칭
1942년 10월 한·중 간의 민간연대인 중화문화협회 발족
1944년 중국에서 반전단체인 일본인민해방연맹 결성
1944년 8월 경성에서 건국동맹 결성

———

1932년 4월 29일
윤봉길, 상하이에서 열린 천장절 기념식장에서
폭탄 투척하여 일본 요인 7명 사상

1923년 12월
암태도 소작농민들, 암태소작인회 결성하고 소작료 인하 투쟁

———

1927년 한·중·일 아나키스트들, 상하이노동대학 설립
1927년 아시아 7개국 대표 120여 명, 무정부주의자동방연맹 조직
1931년 김구, 한인애국단 결성
1932년 1월 8일 이봉창, 도쿄에서 히로히토 천황에게 폭탄 투척

만세시위는 3·1운동의 비폭력 직접행동을 상징하는 말이다. 물론 3·1운동 과정에서 시위대가 무장한 경찰이나 헌병, 때로는 군인에 맞서 폭력투쟁을 전개한 경우도 많았다. 그럼에도 국내외 사람들에게 깊은 인상을 남긴 것은 무장하지 않은 시위대가 만세를 부르며 행진하는 모습이었다. 연좌시위가 인도의 비폭력 직접행동을 대표했다면 만세시위는 조선의 비폭력 직접행동을 상징했다. 이후에도 6·10만세운동, 광주학생운동 등 대규모 대중시위에서는 비폭력 시위 방식이 이어졌다.

독립운동 과정에서 무장투쟁이나 암살·파괴활동이 없을 수는 없었다. 하지만 그것은 권력을 얻고 지배하려는 목적이 아니었다. 부당한 지배관계를 부인하는 힘, 폭력의 구조화를 떠받치는 제도를 해체하고자 하는 힘을 반(反)폭력이라 정의한다. 그렇다면 식민권력을 부인하고 식민체제를 해체하여 독립을 달성하고자 하는 의열단과 한인애국단의 암살·파괴활동 역시 반(反)폭력이라 부를 수 있을 것이다. 비폭력의 길과 반폭력의 길 사이에도 선택지는 있었다. 임시정부는 초기에 독립전쟁론 대 외교론, 개전론 대 준비론 간의 노선 투쟁을 거쳐 '독립전쟁으로 광복을 이루되, 이를 위한 준비를 하며 때를 기다린다'는 입장을 택했다.

공동투쟁이라는 연대의 전통은 독립운동이 갖는 또 하나의 특징이다. 1919년 3월 1일 경성의 만세시위는 천도교, 기독교, 불교를 대표하는 종교계와 학생세력의 연대의 산물이다. 이후 전국 방방곡곡에서 다양한 방식의 연대투쟁이 이루어졌다. 3·1운동 이후 결사·집회의 자유가 제한적이나마 허용된 후에는 암태도에서 일어난 소작쟁의도, 원산에서 일어난 노동자 총파업도 전국적 이슈가 되면서 마을 단위, 군 단위, 도 단위, 전국 단위의 지지와 성원, 즉 연대 활동과 연대투쟁이 활발하게 일어났다. 해외에서도 지지와 성원이 답지했다. 이러한 연대 의식과 연대 문화는 식민권력 앞에 약자로서 조선인 사회가 갖고 있던 응집력의 산물이었다. 해방 직전 임시정부, 화북조선독립동맹, 건국동맹 등 국내외에서 독립과 신국가 건설을 준비한 세력들은 독자적 노선을 추구하기보다는 연대와 연합을 시도하며 해방을 준비했다. 식민지 조선 밖에서는 국제연대가 활발히 이루어졌다. 일본인, 중국인을 비롯한 아시아인과 국제연대 조직을 결성하는 데는 아나키스트들이 앞장섰다. 중국 혁명을 도움으로써 조선 독립을 이루겠다는 연대의식을 가지고 활동한 독립운동가도 적지 않았다.

3·1운동 당시 독립선언서들은 동양평화와 세계평화의 전제로 조선의 독립을 앞세웠다. 조선의 독립에서부터 동양평화와 세계평화가 이루어진다는 것이다. 1차 세계대전이 끝나고 세계가 개조와 정의와 평화를 부르짖자, 평화를 세력 균형의 관점 혹은 국제 협조의 관점에서 바라보는 시각이 확산되었다. 중일전쟁과 아시아태평양전쟁으로 동아시아 전체가 전쟁에 휩쓸려 들어갔을 때는 반전평화운동이 일어났다. 반전평화를 앞세운 활동에서는 반전운동을 하는 일본인도 독립운동가의 동지였다.

1
비폭력의 길, 반(反)폭력의 길

비폭력 직접행동의 상징, 만세시위

조선 민족대표 제씨가 최후의 한마디라 하여 동지에 대해 고하기를, 우리는 조선을 위해 목숨을 바치는 바이다. 우리의 신성한 형제는 우리가 본래 품었던 뜻을 관철하여 끝까지 우리 2000만 민족 최후의 한 사람까지 절대로 난폭한 행동 또는 파괴적 행동으로 나아가지 말 것이다. 만일 한 사람이라도 난폭한 또는 파괴적인 행동을 하면 천고에 구할 수 없는 조선을 만들 것이므로 천만주의하고 자중하지 않으면 안 된다.[1]

1919년 3월 1일 천도교에서 배포한 지하 신문 《조선독립신문》에 실린

당부다. 3·1운동을 준비하던 천도교 지도부가 평화적 독립시위를 바랐음을 알 수 있다.[2] 이들은 독립시위를 준비할 때부터 대중화·일원화와 함께 비폭력을 원칙으로 삼았다. 하지만 그들의 기대대로 3·1운동이 비폭력 평화시위로 끝나지는 않았다. 폭력투쟁은 3월 초순부터 일어났고 3월 하순을 넘어서면서 절반에 가까운 시위가 폭력화하는 양상을 보였다.[3] 무기는 없었지만 시위대는 돌과 곤봉과 농기구로 경찰과 군인에 맞섰다.

1898년 한성이라는 황제가 사는 도시 한가운데서 만민공동회라는 비폭력 평화 집회와 시위가 일어났다. 처음 만민공동회를 개최한 것은 독립협회였다. 독립협회는 문명개화론의 시선에서 비폭력 시위에 집착했다. '비폭력＝문명'의 기준에서 보면 농촌에서 일어난 동학농민전쟁과 의병전쟁은 불법적인 폭력투쟁, 즉 '야만'이었다. 그것은 '죄인을 고치려던 사람들이 죄인의 일을 행하는' 행동이었다.[4]

1900년대에 접어들어 독립협회가 야만이라 비난했던 동학농민군의 지도자 손병희는 문명개화 노선을 취했다. 그는 1904년에 동학교인들을 중심으로 진보회를 결성했다. 진보회는 지방에서 문명개화적 정치개혁을 촉구하는 평화적 집회와 시위인 민회를 열었다. 동학은 이제 총을 들지 않고 문명개화에 매진한다는 의사를 지방 곳곳에서 열린 평화적 시위와 집회를 통해 보여주며 대한제국 정부에 동학의 합법화를 요구했다. 하지만 당시 동학교인들이 문명의 상징이라는 검은 옷에 단발한 모습으로 시위하는 것을 보고 사람들은 상당한 반감을 가졌다.[5] 농민항쟁과 의병전쟁에서 폭력투쟁을 경험한 인민들에게 비폭력 평화시위는 낯선 풍경이었다.

농촌 시위 풍경은 3·1운동부터 달라졌다. 시위는 사람들이 많이 모이는 장터에서 장날에 일어났다. 시위는 평화시위로 준비되었다. 처음부터 폭력투쟁을 모의한 경우는 거의 없었다. 시위를 모의한 주동자들은 연대세력을 찾고 군중 동원을 준비하고 독립선언서를 인쇄하고 태극기와 대형 깃발을 만드는 일을 했다. 시위는 주동자가 번화한 장소에서 예정된 시각에 미리 동원한 군중 앞에서 연설하거나 독립선언서를 낭독한 후 다 함께 독립만세를 부르며 시작되었다. 이어 시위대는 태극기를 흔들고 '독립만세'라고 쓴 깃발을 앞세우며 행진을 했다. 이처럼 주동자를 따라 만세를 부르며 행진하는 만세시위까지는 비폭력 평화시위였다. 여기까지는 3·1운동 당시 도시의 시위문화 그대로였다. 예전 농민항쟁 때 관헌으로 몰려갔듯이 시위대가 면사무소나 헌병 주재소 앞에서 일본으로 돌아가라는 구호를 외치면서부터는 분위기가 달라졌다. 헌병과 경찰이 총칼로 위협하며 시위대를 해산시키고 주동자를 체포하면 시위대는 돌멩이, 몽둥이, 죽창, 혹은 농기구로 무장하고 헌병 주재소로 몰려가서 때론 기물을 파괴하며 구속자 석방을 요구했다. 이에 헌병이 총을 쏘아 사상자가 발생하면서 시위는 막을 내렸다. 즉 무자비한 폭력적 진압에 대한 항거로 시위가 폭력화된 경우가 대부분이었다.[6] 하지만 폭력투쟁 과정에서도 현금이나 물품을 탈취하는 경우는 거의 없었다.[7]

　3·1운동 무렵 무기를 들고 관청으로 몰려가는 봉기는 거의 사라졌다. 지방마다 노동운동, 농민운동, 여성운동, 청년운동 등을 위한 자발적 결사체가 조직되면서 이들이 이끄는 평화적 집회와 시위가 일상화되었다. 소작쟁의나 노동쟁의도 처음부터 폭력투쟁을 준비하는 경우는 거의 없었다. 3·1운동은 비폭력 평화시위의 문화가 정착하는 분기점이 되었다.

3·1운동이 석 달 가까이 이어지면서 독립선언서를 읽고 만세 삼창을 부른 뒤 태극기를 앞세우고 행진을 벌이는 평화적 만세시위 방식이 퍼졌다. 3·1운동에서 폭력투쟁이 없었던 것은 아니지만, 이후 3·1운동의 기억화 과정에서 비폭력 만세시위의 등장에 많은 의미가 부여되었다. 1920년 임시정부의 주영대표로 있던 황기환은 대영제국 수상회의에 보낸 〈한국독립 호소문〉에서 3·1운동은 비폭력 평화시위를 통해 국제정의에 호소한 거사였다고 주장했다.

1919년 3월 1일 토요일, 조선인은 전국에서 모임을 갖고 '조선인과 조선의 독립'을 선언했다. 그들은 무장 없이 모였다. 거기에는 어떤 종류의 폭력도 없었다. 어디서나 사전에 일본인을 욕보이거나 해치지 않을 것이며 어떤 방법으로도 그들의 재산을 해치지 않을 것이라는 통고가 보내졌다.[8]

해방 직후 소설가 박태원도 3·1운동의 특징으로 비폭력 만세시위를 꼽았다.

3·1운동의 특성은 전혀 폭력을 사용하지 않았다는 점에 있다. 선언서 가운데 공약 3장으로 지도자가 민중에게 이것을 명령한 것이다. 민중은 빈손으로 다만 자유를 부르짖었다. 수만 수십만의 군중이 오직 목이 터져라 독립만세를 불렀다. 그리고 거리거리로 행렬하였을 뿐이다. 이리하여 왜적의 관공서는, 경찰서는, 또 감옥은 하나도 파괴되지 않았다. 관리 한 명 순사 한 명도 죽고 상한 자가 없었다. 그러나 이 무장 안 한 평화 군중을 향하여 왜적의 군대는 총을 겨누었고 경찰은 칼을 내어 둘렀다. 수원, 부천, 수안 등 각지에서

대량의 학살이 악마적으로 감행되었다. 왜적은 마침내는 기관총과 대포까지 출동시켰다.[9]

박태원의 말과 달리 관리나 순사가 죽은 경우는 있으나, 일본인 민간인은 단 한 명도 사망하지 않았다. 3·1운동이 보름 넘게 지속되는 가운데 중국 신문화운동의 개척자인 천두슈(陳獨秀)는 3·1운동에 대해 "민의를 사용하고 무력을 사용하지 않음으로써 세계혁명사에 신기원을 열었다"라고 높이 평가했다.[10] 5·4운동 당시 학생대표로 활약한 베이징대 학생인 푸쓰녠(傅斯年)도 3·1운동의 첫 번째 의의로 비폭력 혁명을 꼽았다.

첫째, 비폭력의 혁명이라는 것이다. 일본인은 조선인을 통치함에 있어서 조선인의 집 안에 무기 소지를 허락하지 않았다. 무기가 될 수 있는 금속성 물건에 대해서도 결코 사용을 허락하지 않았다. 나는 일찍이 한 조선 친구가 이렇게 말하는 것을 들은 적이 있다. 그가 사는 고향에서는 다섯 집이 하나의 식칼을 함께 사용해야 한다고 하니, 그 이상의 쇠붙이에 대해서는 더 말할 필요도 없을 것이다. 그러므로 이번 조선인의 독립운동은 단지 선언문을 발표하는 대회를 개최했을 뿐이고, 일본 경찰에게 그 죄악을 힐책하면서도 호미를 피로 바꾸는 무기로 사용하지 않았고, 무기를 자유를 얻는 도구로 사용하지 않았던 것이다. 이러한 거사는 오늘날 비록 성공할 수 없었지만, 이처럼 무기를 사용하지 않는 독립운동은 그 가치로 보자면 무기를 사용하는 독립운동보다 훨씬 숭고한 것이다. 무력을 사용하는 독립운동은 효과는 클 수 있지만 수단이 떳떳하지 않기에 이로 인해 결과의 성공이 모든 사람들에게 예상치 못한 나쁜 결과를 가져올 수 있다. 그러므로 무기를 사용하지 않는 조선

의 독립운동은 정의의 결정체이다.[11]

'무력을 사용하는 독립운동은 효과는 클 수 있지만 수단이 떳떳하지 않기에 이로 인해 결과의 성공이 모든 사람들에게 예상치 못한 나쁜 결과를 가져올 수 있다'라는 언급에서 독립협회 이래 문명개화 노선이 취하던 '폭력＝야만, 비폭력＝문명'이라는 이분법적 인식을 엿볼 수 있어 흥미롭다.

3·1운동의 비폭력성에 대한 박은식과 신채호의 생각은 달랐다. 박은식은 "우리 민족은 맨손으로 분기하여 붉은 피로써 독립을 구하여 세계 혁명사에 있어 하나의 신기원을 이룩하였다"[12]라며 높이 평가했다.

우리 한국 민족의 5000년 조국 역사의 신력(神力)을 중견으로 삼고 20세기 인도(人道)의 정의(正義)를 전면의 가치로 삼으며 충과 신(信)을 갑옷으로 삼고 예와 의를 창칼로 삼아 맨손으로 철동에 대결하고 붉은 피로써 포화에 대항하여 우리의 독립과 자유를 구하여 백발의 노인이나 어린아이나 약한 여자나 모두 머리를 나란히 해서 적의 칼날 밑에 목숨을 잃을지라도 조금도 후회하는 뜻이 없으며 앞으로 쓰러지면 뒤에서 계속하여 최후의 한 사람까지 싸울 것을 맹세하니 이는 전고(前古)에 없는 혁명인 것이다.[13]

반면 민중에 의한 직접혁명을 주장했던 신채호는 '3·1운동의 만세 소리에 민중적 일치가 슬쩍 보이긴 했지만 또한 폭력적 중심을 갖지 못했다'[14]라고 비판했다.

3·1운동을 이끈 만세시위는 말 그대로 비폭력 직접행동을 상징했

다. 3·1운동이 일어날 무렵 아시아에서는 독립운동이 고조되고 있었다. 3·1운동에 만세시위가 있었다면, 4월 5일 인도 국민회의파의 비폭력 직접행동에는 연좌시위가 있었다. 간디는 "비폭력 저항이 지배집단에 항거하는 수단으로서 혁명적 잠재력을 갖고 있음을 의심해서는 안 된다"고 설파했다.[15] 또한 "비폭력은 사람들을 순수한 민주주의로 인도한다"라고 주장했다. 여성과 어린이조차 거뜬히 한몫을 할 수 있는 직접행동이라는 것이다.[16]

반(反)폭력으로서의 의열투쟁

3·1운동이 일어났을 때 김원봉은 만주 지린에 있었다. 그는 〈3·1독립선언서〉를 읽고는 신채호처럼 실망했다. 무력항쟁이 아니었기 때문이다. "무기 없는 투쟁이 능히 강도 일본을 쫓아낼 수 있을까?", "독립만세 소리에 삼천리강산이 한때 통으로 흔들리기는 했더라도 그걸로 국토를 찾고 주권을 회복할 수 있을까?"라고 의심했다.[17] 김원봉은 강력한 군사력만이 조선이 일본의 지배에서 벗어날 수 있는 수단이라고 믿었다. 하지만 군대를 양성할 땅과 무기, 그리고 군인을 훈련시킬 무관학교를 확보하기란 불가능했다. 결국 김원봉은 무력항쟁 노선을 포기해야 했다. 그리고 1919년 11월 지린에서 암살·파괴운동을 위한 결사인 의열단을 결성했다. 의열단은 '7가살(可殺)'이라 하여 조선총독 이하 고관, 군부 수뇌, 타이완 총독, 매국적(賣國賊), 친일파 거두, 밀정, 반민족적 토호열신(土豪劣神)을 암살 대상으로 삼았다. 또한 '5파괴(破壞)'라 하여

조선총독부, 동양척식주식회사, 매일신보사, 각 경찰서, 기타 주요 기관을 파괴 대상으로 꼽았다. 창단 직후 근거지를 베이징으로 옮긴 의열단은 1924년 무렵 약 70여 명의 단원을 거느리고 있었다. 의열단의 활약은 대단했다. 박재혁의 부산경찰서 폭탄 투척, 최수봉의 밀양경찰서 폭탄 투척, 김익상의 조선총독부 폭탄 투척, 오성륜·김익상·이종암의 일본 육군대장 다나카 기이치(田中義一) 저격, 김상옥의 종로경찰서 폭탄 투척, 김지섭의 도쿄 니주바시(二重橋) 폭탄 투척, 나석주의 동양척식주식회사 및 식산은행 폭탄 투척 등이 의열단이 일으킨 거사였다.

한인애국단은 임시정부 국무령인 김구의 주도로 1931년에 만들어진 비밀결사였다. 김구는 '1년 전부터 임시정부에서 운동이 매우 침체한즉, 군사공작을 못한다면 테러공작이라도 하는 것이 절대 필요하다'[18]고 판단하여 한인애국단을 결성했다. 김구는 임시정부 국무회의에서 한인애국단의 책임자로 임명된 후 임시정부로 들어오는 수입의 반을 한인애국단 활동비로 사용했다. 임시정부가 국무회의의 의결을 거쳐 별도의 기구를 조직한 경우는 한인애국단이 최초였다. 국무회의는 한인애국단의 활동이나 인물 선정 같은 권한을 김구에게 일임하고 다만 결과만 보고하도록 했다. 한인애국단의 인원과 명단은 극비였다. 조선총독부 정보기관은 약 80여 명으로 추정했고 그중 10여 명이 핵심 단원이라고 파악했다.[19] 한인애국단의 활동으로는 1932년 1월 8일 이봉창이 도쿄에서 히로히토 천황에게 폭탄을 던진 사건과 4월 29일에 윤봉길이 상하이 홍커우공원에서 거행된 일본의 전승기념 겸 히로히토 천황의 생일을 기념하는 천장절(天長節) 기념식장에 폭탄을 던져 시라카와 요시노리(白川義則) 사령관을 비롯한 일본 요인 7명을 사상케 한 사건이 대표적이다. 이봉창과

윤봉길의 활약은 임시정부와 중국 국민당 정부의 연대를 강화하는 계기
가 되었다. 장제스는 김구와 회담을 가지고 임시정부에 대한 전폭적인
지지를 표명했다. 그리고 자신이 교장으로 있는 중앙육군군관학교 뤄양
분교에 한인특별반을 설치하도록 지원했다.

의열단과 한인애국단의 활동을 일본인은 테러라고 부르고 한국에서는
의열투쟁이라 부른다. 독립운동을 경험한 민족에게는 정당한 저항행위
가 제국주의 역사를 가진 나라에게는 테러행위가 되는 셈이다.[20] 그렇다
면 테러리즘이란 무엇인지 따져보자. 테러리즘의 목적은 살상이나 파괴
자체가 아니다. 테러라는 폭력 행위가 초래하는 공포감을 매개로 한 상
징적·정치적 효과를 노린다. 김원봉에 따르면 의열단은 암살·파괴활동
을 통해 일본 정계와 국민들에게 공포감을 조성하여 결국 식민통치를 포
기하게 만들겠다는 전략을 갖고 있었다.

우리 단(團)이 노리는 곳은 도쿄, 경성의 2개소로서 우선 조선총독을 죽이
기를 대대로 5~6명에 미치게 되면 반드시 그 후계자가 되려는 자가 없게 될
것이고, 도쿄 시민을 놀라게 함이 매년 2회에 달하면 조선 독립 문제가 반드
시 그들 사이에서 제창되어 결국은 일본 국민 스스로가 조선 통치를 포기하
게 될 것임은 명약관화한 일이다.[21]

테러리즘과 마찬가지로 의열단의 암살·파괴운동은 폭력투쟁의 심리
적이고 정치적인 효과에 유념했다. 하지만 의열단과 한인애국단의 활동
은 두 측면에서 테러리즘과 구별된다. 먼저 윤봉길의 진술처럼 그것은
조선인의 각성을 촉구하고 세계에 조선인의 존재를 알리기 위한 직접행

동이기도 했다.

물론 한두 명의 상급 군인을 죽이는 일만으로 독립이 쉽게 이루어지지는 않는다. 따라서 이번 사건도 독립에는 당장 직접 효과가 없음을 잘 알고 있으나 조선인의 각성을 촉구하고 세계에 조선인 존재를 분명히 알게 하고자 일으킨 것이다. 현재 세계 지도에 조선은 일본과 같은 색으로 채색되어 각국인들은 조선의 존재를 조금도 인정하지 않는 상황이다. 그러므로 이 사건을 통해 조선이라는 개념을 사람들의 뇌리에 깊이 새겨넣는 것이 장래 우리들의 독립운동을 위해 헛된 일이 아님을 굳게 믿는다.[22]

두 번째로 의열단과 한인애국단은 테러리즘 전략의 핵심 요소인 '무차별 살상'을 의도하거나 실행한 적이 없었다. 테러리즘은 불특정 다수의 민간인을 무차별적으로 공격하는 경우에 적용된다. 그런 희생을 담보로 삼아 정치적 이득을 노리는 행동 노선을 테러리즘이라고 한다. 의열단과 한인애국단의의 표적은 '적'의 수뇌부였지 무고한 민간인이 아니었다.

그렇다면 의열투쟁이란 개념은 언제부터 쓰인 걸까? '의열'이란 표현은 '의열남녀', '의열폭탄', '의열제위' 등에 드러나듯이 일제시기부터 존재했다. 단 의열투쟁이란 말은 없었다. '작탄투쟁'이나 '암살·파괴운동'이라 불렀다. '의거'라는 말도 없었다. '폭탄거사', '격살', '처단' 혹은 '장거', '순사(殉死)' 등으로 표현했다. 의열투쟁이란 용어는 1976년에 처음 등장했다. 독립운동사편찬위원회가 내놓은 《독립운동사》 제7권의 제목이 '의열투쟁사'였다. 1970년 독립유공자사업기금운영회의 결정에 따라 《독립운동사》가 처음 기획되었을 때는 '의열사투쟁사(義烈士鬪爭史)'라는 제목을 붙였다.[23] 의열은 '천추의열(千秋義烈)'에서 유래한 말로, 천추에 빛날 충의로 열렬하게 행동한 인물을 의열지사라고 했다.[24] '의열'에는 생사를 돌보지 않는 장렬한 희생과 의로움을 기린다는 뜻이 담겨 있다. 오늘날 의열투쟁은 살신성의(殺身成義)의 정신으로 개인 또는 집단이 기획·실행하는 저항행동을 가리키는 개념으로 사용되고 있다. 테러리즘이 권력을 유지 혹은 탈취하려는 목적에서 불특정 다수에게 자행하는 폭력행위라면, 의열투쟁은 인류 보편의 양심과 정의감을 가지고 구체적인 표적을 대상으로 행하는 폭력행위라는 것이다.[25]

의열단과 한인애국단의 의열투쟁은 개인의 일회성 거사가 아니라 조직적 기획에 따라 연속적으로 일어난 거사였다. 김구는 의열투쟁을 '참담한 사선에 처한' 민족이 택할 수 있는 독립운동 방략의 하나로 수용하면서도 폭력투쟁임을 부정하지도, 찬양하지도 않았다.

내가 조국의 자유와 민족의 해방을 위해 혁명사업에 헌신한 지 무릇 40년에 하루라도 폭렬행동 – 테러 – 을 잊은 적이 없다. 물론 이러한 행동으로만 우리의 혁명사업이 전부 성공하리라고 생각하는 바는 아니지만, 참담한 사선에 처한 우리로서 최소의 역량으로 최대의 효과를 거둘 수 있는 것은 이 길밖에 다른 길이 없다. 그러므로 나는 오직 이 방면에 전력을 경주했다.[26]

우리는 이른바 폭행·테러라는 것을 결코 찬양하는 자가 아니며 혁명의 사선을 헤매던 우리에게는 이 길이 최소의 역량을 가지고 가장 위대한 효과를 거둘 수 있다는 확호(確乎)한 인식에서 출발하게 되었다.[27]

이처럼 권력을 얻고 지배하려는 것이 아니라 부당한 지배관계를 부인하는 힘, 폭력의 구조화를 떠받치는 제도를 해체하고자 하는 힘, 즉 식민권력을 부인하고 식민체제를 해체하고자 하는 힘을 반(反)폭력이라 정의한다. 반폭력은 증오가 아닌 의로운 분노에서 나오는 힘으로 방어적 폭력이며 본질적으로는 비폭력을 지향한다.[28] 의열투쟁이 갖는 반폭력의 의미는 이봉창이 일본 천황에게 폭탄을 던진 이틀 후 한국독립당이 내놓은 선언서 '이봉창이 일황을 저격한 사건에 대하여'에 잘 나타나 있다. 여기서 일본 천황을 죽이려 한 이유를 다음과 같이 지적하고 있다.

그가 원수에 자리에 있으며 온갖 죄악이 모이는 자리에 있는 것이 그 첫째요, 적의 무리를 사로잡으려면 먼저 그 왕을 사로잡아야 하는 것이 그 둘째요, 우리 조국을 위해 원수를 갚는 것이 그 셋째요, 천벌을 내리고 인권을 신장하는 것이 그 넷째요, 우방을 위해 치욕을 풀어주기 위함이 그 다섯째요, 백성들이 참을 길이 없으면 무도한 임금을 주살하는 것이 그 여섯째요, 그들의 국체를 고쳐 우리 주권을 회복하기 위함이 그 일곱째요, 못된 오랑캐에게는 응당한 벌을 내리고 온 누리 사람에게는 뉘우침을 주기 위함이 그 여덟째요, 하늘에 순하고 사람에 응하며 천하를 고동하도록 하여 인류를 해방시키려 함이 그 아홉째다.[29]

침략자를 응징하는 방어적 폭력으로서 민족은 물론 인류가 해방되는 의로운 세상을 만들고자 일으킨 거사라는 얘기다. 이런 점에서 반폭력으로서의 의열투쟁과 비폭력으로서의 만세시위는 실천 방식은 달랐지만, 조선의 독립을 이루어 인류 평화에 기여하겠다는 궁극적 목적은 같았다.

비폭력과 반폭력 사이, 임시정부의 노선 투쟁

독립운동에는 늘 비폭력의 길과 반폭력의 길이 존재했고, 독립운동 세력은 선택의 순간이 오면 갈등했다. 초기 임시정부의 노선 투쟁이 대표적인 사례다. 1919년에는 외교론과 독립전쟁론이, 1920년에는 준비론과 개전론이 충돌했다. 뜨거운 논쟁의 마당은 임시정부 기관지인《독립》과 《독립신문》이었다.

1919년 6월 파리 강화회의가 막을 내렸고, 10월에는 국제연맹회의가 워싱턴에서 열릴 예정이었다. 4월에 출범한 상하이 임시정부는 국제연맹회의에 기대를 걸고 외교사업에 역량을 집중했다. 외교론이 득세한 임시정부에 대한 비판은 8월 21일자《독립》에 철혈(鐵血)이라는 필명으로 실린 〈시무감언(時務感言)〉에서 시작되었다. 논설은 '국제연맹이나 미국이 독립운동을 도우리라 기대하는 외교론을 버리고 독립전쟁이 벌어지고 있는 간도에 관심을 가지라'고 일갈했다.[30] 외교노선보다는 독립전쟁노선에 경주하라는 얘기다. 통합 임시정부가 들어선 9월 15일 다음 날인 9월 16일자《독립》의 〈시무감언〉에 묵당(默堂)이라는 필명으로 실린 논설은 독립전쟁론에 무관심하고 오로지 외교에 의존하는 임시정부에 반성을 촉구했다. 나아가 독립전쟁을 위해서는 상하이에 있는 임시정부 군무부를 북쪽으로 옮겨 연해주, 서간도, 북간도 세 곳을 통합한 최고기관을 설치할 것을 제안했다.[31]《독립》10월 7일자에는 난파(蘭坡)라는 필명으로 〈의뢰심을 타파하라〉라는 논설이 실렸다. 이 논설은 '국제연맹회의에서 독립을 승인하기를 바라는 것 자체가 자신의 실력을 고려하지 않고 남에게 의지하는 어리석은 생각이며 물론 외교도 필요하지만 그것이 독

립운동의 전부가 될 수는 없다'고 비판했다.[32]

임시정부는 독립전쟁론자들로부터 비판을 받는 데다 국제연맹회의마저 연기되자 궁색한 처지가 되고 말았다. 그러자 《독립》 10월 11일자에 〈외교와 군사〉라는 사설을 실어 외교론적 입장에서 독립전쟁론을 비판했다. 일본과 전쟁할 실력이 없는 상태에서 수백 수천의 결사대로 일본군에 대항하는 것은 달걀로 죽음에 맞서는 꼴이며 아무 실익도 없다는 것이다. 즉 독립전쟁을 하려면 먼저 실력을 키워야 한다는 것이다. "지금 우리 민족의 인도를 기초로 문화와 통일에 대한 신용이 절대로 필요한 때를 맞아 암살이나 부분적 전쟁이나 불통일의 행동을 함은 실로 자살적 행동"이라며 독립전쟁론을 강하게 논박했다. 나아가 국제연맹회의의 연기로 인해 오히려 외교에 총력을 기울일 수 있는 시간을 벌었다고 주장했다.[33]

1919년 11월 이동휘가 연해주에서 상하이로 건너가 국무총리에 취임하면서 독립전쟁론의 입지는 더욱 강화되었다. 이동휘는 미국에 있는 이승만 대통령에게 편지를 보내 국제연맹에 독립을 요구하는 외교와 최후의 혈전을 치르는 독립전쟁 중 어떤 방식이 더 나은지를 물었다. 이승만은 '최후 수단을 사용하여 국토를 회복할 수도 있지만 최후 운동에는 준비가 필요하며 미국을 자극할 필요가 없으니 위험한 행동은 무익하다'라고 답장했다.

하지만 임시정부는 1920년 1월에 '국무원 포고 제1호'로 '독립전쟁 원년'을 선포했다. 독립전쟁을 최상위 전략으로 채택한 것이다. 임시정부가 독립전쟁에 나설 것을 천명하자 곧 국내외에서 즉각적인 개전을 압박하는 목소리가 커졌다. 3월 2일 이동휘는 임시의정원에서 독립운동의 최후 수단인 전쟁을 개시하여 승리하기 위해 임시정부가 해야 할 14개 항의 준비 사항을 제시한 시정방침을 발표했다. 3월 30일에는 윤기섭 등 5인이 '군사에 관한 건의안'을 임시의정원에 제출했다. 건의안은 5월 중 적당한 시기에 군사회의를 소집하고 만주로 군사업무와 관련한 기관들을 옮기며 10~20개의 보병 연대를 편성하고 사관과 준사관 약 1000명을 양성하여 1920년 내에 전쟁을 시작한다는 계획을 담고 있었다.[34] 즉 각적인 개전론이 등장한 셈이다.

독립전쟁론과 외교론이 맞섰듯이, 개전론과 준비론이 맞섰다. 준비론자들은 《독립신문》 사설에서 입장을 표했다. 당시 《독립신문》은 안창호 계인 이광수가 사장 겸 주필로 있었다. 안창호는 개전에 앞선 준비를 강조하면서 평화적 전쟁을 주장했다. 평화적 전쟁이란 만세시위 같은 평화 시위와 일본 상품 배척, 납세 거부 같은 불복종운동을 가리켰다. 안창호는 암살·파괴활동에도 부정적이었다. 서구 열강에게 과격파로 찍혀 도움을 받기 어려워진다는 것이다.[35]

준비론과 개전론 간의 논쟁은 이광수와 연해주 및 간도에서 건너온 독립운동가 사이에 벌어졌다. 독립전쟁의 개전 시기가 핵심 쟁점이었다. 즉각적인 개전의 목소리에 준비론자들은 개전은 독립전쟁 준비를 완성하여 일본 제국주의와 싸워 이길 정도가 되었을 때 가능하다고 주장했다. 이에 대해 개전론자들은, 준비론은 준비가 없으면 혈전도 없다는 주장에 불과하며 혈전의 시작이 준비를 완성해가는 계기라고 공박했다.[36] 이광수는 《독립신문》에 4회에 걸쳐 〈적수공권(赤手空拳)〉이라는 사설을 실어 주전론을 "진정으로 국가를 위하는 자가 차마 못할 일"이라고 공격하고, 독립전쟁을 앞당길 방안으로 전쟁 준비와 함께 안창호가 말한 평화적 전쟁을 제시했다.

1920년 10월 말 청산리전투 패배에 대한 보복으로 일본군이 수천 명의 한인을 학살하는 간도 참변이 일어났다. 이 소식에 서구 열강의 동정과 지원을 얻은 후 비로소 전쟁이 가능하다는 선외교 후전쟁의 준비론자와, 일단 전투를 벌인 뒤라야 세계가 움직이고 민족 단합이 완성된다는 선전쟁 노선을 취한 개전론자가 크게 충돌했다. 당장 혈전을 결의해야 한다는 개전론과 장래의 대혈전을 준비하자는 준비론이 대치했다. 개전론의 목소리가 더욱 높아지자, 준비론자들은 더욱 적극적으로 준비론을 펼쳐나갔다. 안창호는 '지금까지 개전을 못한 것은 말로만 전쟁을 하고 실제 전쟁할 준비를 못했기 때문'이라고 주장했다. 이광수는 《독립신문》에 6회에 걸친 논설 〈간도사변과 독립운동 장래의 방침〉에서 준비론을 설파했다. '독립의 유일한 방법은 독립전쟁이지만 독립전쟁은 군인과 군비와 기회가 있어야 하므로 군인을 양성하고 군비를 저축하면서 기회를 기다리는 것이 근본주의'라는 것이다.[37] 1920년 12월 이승만 대통령이 상하이에 도착했고, 1921년 1월 이동휘는 이승만과 갈등을 빚다가 결국 개전론자들과 함께 임시정부를 떠났다. 이승만은 물론 외교론자이고 준비론자였다. 이승만은 1921년 3월 임시의정원에 제출한 연두교서에서 "우리의 승리는 무력에 있고 무력의 승리는 준비에 있다"며 준비론의 입장을 분명히 밝혔다.[38]

1919년 임시정부의 외교론과 독립전쟁론의 논쟁에서는 사실상 독립전쟁론이 이겼다. 임시정부가 1920년을 독립전쟁 원년으로 선포한 것이다. 이번엔 독립전쟁 방략을 놓고 개전론과 준비론이 충돌했다. 독립전쟁은 준비론에서는 최후의 수단이었으나, 개전론에서는 최선의 수단이었다.[39] 개전론자인 이동휘파가 떠난 후 임시정부에서는 일본 제국주의와 식민권력 타도를 위한 반폭력 무장투쟁에는 동의하나, 거기에는 비폭력적인 준비 과정이 필요하다는 평화적 전쟁론, 즉 준비론이 득세했다. 반폭력과 비폭력, 그 사이에 존재하는 선준비 후전쟁론이 임시정부의 노선으로 자리 잡은 셈이었다.

2

연대만이 살 길이다

연대투쟁의 전통을 수립하다

3·1운동은 독립운동에서 여러모로 선구적 역할을 했다. 연대투쟁에서
도 3·1운동은 새로운 경험 세계를 열어주었다. 처음에는 종교계와 학생
세력이 각자 독립선언과 시위를 준비했다. 천도교 지도자 권동진, 오세
창, 최린 등은 상하이에서 신한청년당의 밀사가 다녀가고 뒤이어 도쿄에
서 송계백이 〈2·8독립선언서〉 초고를 가지고 찾아오자 크게 고무되어
독립시위를 준비했다. 1월 20일 교주 손병희의 쾌락을 얻은 다음 대중
화, 일원화, 비폭력이라는 세 가지 원칙에 합의했다. 교단을 동원하겠다
는 손병희의 약속을 받은 천도교 간부들은 2월 초순부터 다른 종교계와

의 교섭을 시도했다.

기독교계에서는 평안도, 황해도, 함경도를 아우르는 서북 지방 장로교파와 경성의 감리교파가 별도의 독립시위를 준비하고 있었다. 장로교파에서는 상하이 신한청년당 밀사가 다녀간 직후부터 오산학교 교장인 이승훈을 중심으로 학생과 교회를 동원한 시위를 준비했다. 그러던 중 경성의 최남선으로부터 천도교 측의 연대 제의를 전달받았다. 수차례에 걸친 이승훈과 천도교 측의 회의 끝에 2월 하순에 양자는 독립시위를 함께 일으키기로 합의했다. 감리교파에서는 조선중앙기독교청년회(YMCA) 총무인 박희도가 청년부 회원으로 연희전문학교를 다니던 김원벽과 협력하여 전문학교 학생대표를 동원한 독립시위를 준비하고 있었다. 경성에서는 장로교파의 이갑성도 전문학교 학생들과 독립시위를 의논하고 있었다. 천도교는 이들에게도 연대를 제의하여 성사시켰다. 전문학교를 중심으로 기독교와 연합하여 독립시위를 준비하던 학생세력도 기꺼이 연대에 가담했다. 천도교는 불교와의 연대도 추진했다. 2월 말 천도교 지도자 최린은 한용운을 방문하여 3·1운동 참가 의사를 물었다. 한용운은 즉석에서 승낙하고 백용성의 동의를 얻어주었다.

천도교는 유림과도 접촉했다. 최린이 김윤식을 만났으나 성과는 없었다. 불교 인사인 한용운이 나서서 지방 유림을 대표하는 곽종석을 찾아가 교섭했으나 실패했다. 천도교는 대한제국 시절의 고위관리들과의 연합도 시도했으나 실패했다. 한규설, 박영효, 윤치호 등과 접촉하여 그들을 민족대표로 추대하려 했으나 한규설만 긍정적인 반응을 보였을 뿐, 다른 사람들은 모두 거절했다.[40] 윤치호는 천도교를 불신하고 있었다. 1919년 3월 2일 일기에 따르면 그는 오사카 마이니치신문과의

인터뷰에서 "천도교 인사들 같은 음모꾼들에게 속아서는 안 된다"라고 주장했다.[41]

3월 1일 경성의 시위는 천도교, 기독교, 불교, 그리고 학생세력이 함께 주도했다. 3·1운동이 전국으로 번지면서 지방 곳곳에서 천도교와 기독교 혹은 학생과 종교계의 연대 시위가 일어났다. 여러 세력이 연대하여 대중 시위를 준비하고 이끄는 모습은 3·1운동 이후 낯익은 풍경이 되었다.

3·1운동 이후 언론의 자유가 제한적이나마 허용되면서 신문과 잡지를 통해 전국은 더욱 긴밀한 네트워크를 형성해나갔다. 남과 북, 동과 서의 소식을 서로 주고받으며 때론 다독이고 때론 질책하며 조선인 사회는 '보이지 않는 손'과 같은 연대의식을 키워갔다. 전라남도 암태도에서 소작쟁의가 벌어졌을 때도 경성의 사회단체는 물론 국내외의 사회단체들이 마치 자기 일처럼 나서서 격려하며 함께 싸웠다. 지방에서 일어난 쟁의와 운동에 지역 단체들이 가담하고 전국적 규모의 단체들이 개입하여 연대 활동을 펼쳤다.

1923년에 암태도에서 소작쟁의가 일어난 것은 지주들의 과도한 소작료 징수 때문이었다. 특히 지주 문재철은 생산량의 60퍼센트에서 80퍼센트를 소작료로 거두어 원성이 높았다. 1923년 12월 소작농민들은 서태석의 주도로 암태소작인회를 결성하고 소작료를 논 40퍼센트, 밭 30퍼센트로 낮추되, 지주가 응하지 않으면 소작료를 납부하지 말 것을 결의했다. 지주들은 대체로 소작인회의 제안을 수용했으나 문재철은 거부했다. 이에 암태소작인회는 1924년 3월 21일 정기총회에서 문재철에 대한 소작료 불납동맹을 결의했다.[42] 그리고 암태청년회, 암태부인회와 함께 3월 27일에 암태면민대회를 열었다. 대회에서는 서창석을 의장으로 뽑아 다시 한 번 소작료 인하를 요구하고, 만일 응하지 않을 경우에는 1916년 면민들이 세운 문재철의 아버지 문태현의 송덕비를 파괴할 것을 결의했다. 그런데 이날 지주 측과 소작인 측 사이에 약간의 충돌이 발생했다. 다음 날 지주 측이 소작인회의 제안을 거부하자 면민들은 결국 문태현의 송덕비를 부수었다. 이에 문씨가는 허위진단서를 떼서 3월 27일 충돌에서 부상자가 발생했다며 소작인회 간부들을 경찰에 고소했다. 결국 소작인회 간부 13명이 구속되었다.

암태소작인회는 억울하게 구속된 13명에 대한 석방운동에 나섰다. 6월 3일에 암태청년회, 암태부인회와 함께 면민대회를 열어 암태소작인회 간부의 석방을 요구하기 위해 목포로 가기로 결의했다. 이에 따라 4일과 5일에 암태청년회 대표 박복영, 암태소작인회 김용학, 암태부인회 고백화 등 남녀 주민 400여 명이 목포로 나가 8일까지 광주지방법원 목포지청에서 철야농성을 벌였다.[43]

암태면민들의 목포 원정 시위는 사회적 반향을 불러일으켰다. 6월 8일 《동아일보》는 이들의 시위를 2면 톱기사로 보도했다. 이에 암태소작인회를 지지하고 성원하는 움직임이 이어졌다. 조선노농총동맹은 진상조사를 위해 집행위원 강택진을 목포에 파견했다. 평양에서는 사회운동 단체들이 암태면민을 지지하는 연설회를 개최하려다 제지당하자 성금을 모아 보냈다.[44]

7월 3일 암태소작인회 13명이 모두 공판에 회부되자 암태면민 500여 명은 7월 8일부터 광주지방법원 목포지청 앞에서 그들을 석방하지 않으면 모두 그곳에서 죽겠다며 아사동맹을 맺고 단식투쟁을 벌였다. 암태도 소작쟁의 사건이 점점 확대되자 암태소작인회를 지지하는 움직임이 전국에서 일어났다. 목포 지역 노동단체와 청년단체 들은 쟁의자금과 식량을 지원했고 소작농민을 지지 성원하는 여론을 조성하여 지주에게 압력을 가했다. 경성에서는 사상단체인 건설사가 주도하여 '600여 명의 군중이 한 푼 돈과 한 줌 쌀 없이 닥쳐오는 굶주림과 넘치는 비애에 어쩔 줄 모르고 있으니, 동포로서 힘을 보태야 한다'고 호소했다.[45] 조선일보, 동아일보, 시대일보 등의 사원들도 주머니를 털었다. 조선노농총동맹은 조선청년총동맹과 함께 '암태도 소작쟁의 동정연설회'를 준비했으나, 경찰이 불허했다.[46] 멀리 오사카에서도 쟁의기금을 보내왔다. 경성, 광주, 목포 등지의 변호사들은 무료 변론을 자청했다. 암태도에서 일어난 소작쟁의에 전국 각지는 물론 해외에서까지 성원하는 모습에 사람들은 연대의 힘을 실감할 수 있었다.

농성 중인 소작인회 측은 문재철과 협상을 시도했으나 결렬되자 7월 13일에 목포에 있는 문재철의 집으로 몰려가 시위했다. 이날 목포경찰서는 해산명령을 내린 후 불응한 26명을 체포했다. 다음 날 암태면민들은 6박 7일의 아사동맹을 마치고 암태도로 돌아왔으나, 그날로 13명의 소작인회 간부들은 광주형무소로 이송되었다. 이에 소작인들은 당국에 속았다며 300명을 뽑아 광주 원정 시위를 가기로 결의했다. 목포경찰서장은 암태도로 달려가서 이들을 만류하는 한편, 문재철을 만나 양보를 종용했다. 경찰이 중재에 나선 것은 암태도 소작농민들의 용감한 투쟁이 전국에 알려지면서 연대 차원의 소작쟁의가 일어날 것을 우려했기 때문이다.[47] 마침내 8월 30일 목포경찰서장실에서 전라남도 경찰부 고등과장의 중재로 문재철과 소작인회 대표 박복영이 참석하여 화해조건에 동의했다. 결국 소작료는 생산량의 40퍼센트로 인하되었다. 지주는 소작인회에 2000원을 기부하고 구속된 사람들에 대한 고소를 취하하기로 합의했다.[48] 소작농민의 승리로 일단락된 것이다. 소작농민의 강고한 단결력과 조직력, 그리고 지역적·전국적·국제적 연대가 빚어낸 승리였다. 암태도 소작쟁의는 이후 각지에서 일어난 연대투쟁의 본보기가 되었다.

신국가 건설을 향한 좌우연대

연대, 즉 연합과 합작의 정신은 조선이 독립할 수 있는 결정적인 시기에 더욱 빛을 발했다. 1937년 중일전쟁 발발에 이어 1941년 아시아태평양전쟁이 일어나자 조선이 독립할 수 있는 결정적 시기라는 인식이 퍼졌다. 국외 독립운동 세력은 아시아태평양전쟁 발발과 더불어 일본의 패망을 염두에 둔 독립전쟁을 준비하기 시작했고 건국 문제를 논의했다. 1942년에 미드웨이 해전에서 미국이 승리하고 스탈린그라드 전투에서 소련이 승리하면서 국내 독립운동 세력 내에는 일본의 패망이 곧 조선의 독립이라는 공감대가 형성되었다. 독립과 건국에 대비하기 위한 국내의 움직임은 1944년에 건국동맹을 탄생시켰다.

해방 직전 국내외의 독립운동 세력은 대부분 좌우합작 연대체의 일원으로 활동하고 있었다. 임시정부는 물론 건국동맹, 화북조선독립동맹, 재미한족연합위원회 등이 반일독립을 목표로 삼은 좌우합작체였다.

임시정부는 좌익인 조선민족혁명당이 참가하면서 헌법을 개정하여 좌우합작의 통일정부로 거듭났다.[49] 화북조선독립동맹은 1942년 7월에 중국 화베이(華北)에서 결성된 좌우익의 반일민족통일전선체로 해방 직전까지 중국공산당 팔로군 지역에서 활동했다. 임시정부, 만주항일빨치산, 국내 독립운동 세력 등을 주요 협력대상이자 통일전선의 대상으로 삼았다. 화북조선독립동맹은 '전 조선민족의 반일통일투쟁전선을 확대, 공고화하기 위해 노력한다'는 것을 첫 번째 임무로 내세웠다.[50] 독립 자유의 조선민주공화국 수립, 반일민족통일전선의 건설, 무장투쟁의 수행으로 집약되는 강령에는 사회주의적 색채를 찾아보기 어려웠다.

1941년 4월 미국에서는 북미대한인국민회, 동지회 등의 우익과 조선민족혁명당 미주지부 등의 좌익을 포함하여 9개 단체가 연대하여 재미한족연합위원회를 발족하고, 항일전선 통일, 임시정부 봉대, 군사운동, 대미 외교기관 설치, 독립자금 모집 등을 임무로 천명했다.[51]

1944년 8월에는 경성에서 건국동맹이 결성되었다. 건국동맹은 항일투쟁으로 일제 패망에 결정적 타격을 가하고 건국을 준비할 주체세력을 조직한다는 목표를 가지고 출범했다. 그해 10월에 채택한 강령은 다음과 같다.

각인·각파를 대동단결하여 거국일치로 일본 제국주의 모든 세력을 구축하고 조선 민족의 자유와 독립을 회복할 것.

반추축 제국과 협력하여 대일 연합전선을 형성하고 조선의 완전한 독립을 저해하는 일체 반동세력을 박멸할 것.

건설부면에 있어서 모든 행동을 민주주의적 원칙에 의거하고 특히 노농대중의 해방에 치중할 것.[52]

건국동맹 역시 반일 연대와 합작을 지향했음을 알 수 있다.

당시는 세계적으로 연대와 합작의 바람이 거세게 불고 있었다. 미국과 소련이 연합국의 일원으로 협력하고 있었고, 중국에서는 국민당과 공산당의 국공합작이 이루어지고 있었다. 국내외 독립운동 세력이 일본에 반대하는 모든 세력을 하나로 묶는 연대를 추구한 것은 이러한 국제적 연대 경향과 무관하지 않았다. 국내외 독립운동 조직들 간의 연대 노력도 가시화되었다.

임시정부는 화북조선독립동맹 및 만주 항일빨치산과의 연대를 모색했다. 이중 화북조선독립동맹과의 연대를 우선시했다. 1944년 4월 김구가 김두봉에게 쓴 편지가 10월 초에 옌안에 도착했다. 편지에서 김구는 임시정부와 화북조선독립동맹 간의 연락과 통일을 위해 자신이 옌안으로 간다면 화북조선독립동맹과 중국공산당이 환영하겠느냐고 물었다. 김두봉은 곧바로 옌안 방문을 환영한다는 답을 보냈다. 결국 김구는 옌안을 방문하지는 않았지만, 충칭에서 열리는 해외항일조직대표회의에 화북조선독립동맹 대표를 파견해달라고 요청하기 위해 1945년 4월 장건상을 특사로 파견했다. 김두봉은 충칭행을 약속하는 한편, 1945년 8월 29일 '국치일'에 전조선민족대회를 개최할 준비를 했다. 이 대회에 장건상을 임시정부 대표로 참여시키고자 했다. 하지만 8월 15일 해방을 맞으면서 장건상은 충칭으로 귀환했다.[53] 임시정부는 김일성 등이 이끄는 만주항일빨치산과의 연대도 타진했다. 이충모가 김구의 신임장을 소지하고 만주로 가는 통로를 확보하던 중 해방을 맞았다. 하바롭스크 88국제여단에 속한 만주 항일빨치산 세력도 임시정부와의 연계를 모색했다. 김일성은 88국제여단에 있던 중국공산당원에게 임시정부와의 연대를 위한 서한을 맡겼으나 이 역시 해방될 때까지 전달되지 못했다.

건국동맹은 옌안의 화북조선독립동맹과의 연대에 힘쓰면서 임시정부와 만주 항일빨치산과의 연대도 시도했다. 화북조선독립동맹과 건국동맹은 빈번히 접촉했다. 화북조선독립동맹이 건국동맹을 국내 지부라고 부를 만큼 두 조직은 가까워졌다. 건국동맹과 화북조선독립동맹의 접촉은 주로 베이징에서 이루어졌다. 건국동맹은 김태준을 화북조선독립동맹에 보냈고, 김명시와 이영선을 전조선민족대회에 파견했다. 건국동맹과 화북조선독립동맹의 연대는 독립 후 신국가 건설 문제에까지 이어졌다. 여운형은 화북조선독립동맹의 지도자인 무정으로부터 화북조선독립동맹이 '조선의 상황이 무산계급 혁명 단계가 아니기에 진보적 민주주의 강령을 내걸고 있어 건국동맹과 이념과 실천 면에서 완전히 합치한다'는 연락을 받았다. 한편 건국동맹은 1945년 5월 말 충칭 임시정부와 연락하기 위해 최근우를 베이징에 파견했으나 접촉에 실패했다.[54] 여운형은 1945년 5월과 8월 사이에 베이징 혹은 베이징과 옌안의 중간지대로 직접 가서 화북조선독립동맹과 임시정부 관계자를 만나 국내외 독립운동 단체의 연대를 시도하고자 했다.[55]

이처럼 국내외 독립운동 세력은 일본 패망을 앞두고 항일연대를 꾸리고자 분주히 움직였다. 임시정부와 화북조선독립동맹, 화북조선독립동맹과 건국동맹의 연대 가능성은 높았다.[56]

국경 너머 펼쳐진 국제연대

독립운동을 살필 때 빼놓을 수 없는 것이 국제연대다. 당시 국제연대의 지리적 범주는 세계가 아니라 동아시아였다. 동아시아 국제연대, 즉 한·중, 한·일, 한·중·일의 국제연대는 서양 제국주의에 대항하기 위한 연대에서 출발했다. 일본인 다루이 도키치(樽井藤吉)는 1885년 《대동아합방론》에서 서구 열강의 침략에 대항하기 위해 아시아의 모든 민족이 단결해야 하며, 쇠퇴하는 동양의 기운을 만회하는 흥아(興亞)의 대업을 양성하기 위해 대동아연맹을 만들어야 한다고 주장했다.[57]

아시아 연대론은 러일전쟁 무렵에 더욱 번성했다. 러일전쟁에서 일본이 백인제국인 러시아를 이기자 일본은 아시아 해방의 상징으로 떠올랐다. 일본을 배우고 일본의 도움을 받아 자국의 변혁과 독립을 이루자는 생각을 품은 아시아 각국의 정치인과 지식인들이 도쿄로 몰려들었다. 1907년에는 청과 인도의 정객들과 일본 사회주의자들이 반제국주의를 목표로 아시아 최초의 국제연대체인 아주화친회를 발족했다. 이미 주권을 잃은 아시아 민족의 독립을 달성하는 게 아주화친회의 목표였다. 아시아인으로서 침략주의에 동조하는 자를 제외한 민족주의자, 공화주의자, 사회주의자, 아나키스트 누구든 회원이 될 수 있었다.[58] 한국에서는 대한제국 황실 장학생으로 일본에 유학했던 조소앙이 참여했다. 이외에도 베트남, 필리핀, 버마, 말라야의 지식인들도 참여하면서 아주화친회는 '동양의 평화와 서구의 침략에 저항하는 아시아인의 해방'을 추구하는 국제연대체로 자리 잡았다. 하지만 1년도 못 가서 일본 정부가 사회주의자들을 체포하고 베트남 유학생을 추방하면서 아주화친회의 활동은 막을 내렸다.

대한제국이 식민지로 전락한 다음 해인 1911년에 중국에서 신해혁명이 일어났다. 중국으로 망명했던 독립운동가들은 신해혁명의 성공에 고

무되었고, 김규홍 등은 신해혁명에 참가했다. 이 과정에서 친밀해진 천치메이(陳其美), 후한민(胡漢民) 등의 중국 혁명파 지도자들과 신규식, 조소앙 등의 독립운동가들이 1912년에 반제국주의를 지향하는 연대 조직인 신아동제사를 결성했다.[59] 신아동제사와 별도로 조소앙은 천궈푸(陳果夫), 창지(張繼) 등과 함께 아세아민족반일대동당을 결성했다. 1921년을 전후해서는 중국 각지에서 한중호조사가 결성되었다. 광저우에서는 중한협회가 결성되었다. 중한협회는 1921년 11월에 열리는 워싱턴 회의와 중국 각계에 선언서 등을 보내 일본의 침략을 규탄하고 조선의 독립과 중국 주권의 유지를 호소했다. 기관지인 《광명》은 중국인과 조선인이 함께 만들었으며 일본 침략에 반대하고 한중연대를 호소했다.

1920년대에 들어와서는 조선, 중국, 일본의 아나키스트들이 활발한 국제연대 활동을 펼쳤다. 1923년 아나키스트 이정규 등은 중국 아나키스트들과 합작하여 후난성(湖南省) 한수이현(漢水縣)에 이상촌인 양도촌(洋濤村)을 건설했다. 양도촌은 경자유전의 원칙에 따라 공동경작, 공동소비, 공동소유를 실천하는 마을이었다. 1924년에는 한중연대 아나키스트 조직인 흑기연맹이 베이징에서 결성되었다. 1927년에 이정규, 이을규 등의 아나키스트들이 중국과 일본의 아나키스트들과 함께 만든 상하이노동대학은 동아시아 아나키스트 국제연대의 실험장이 되었다.

1927년 10월 하순경에는 이지영, 신채호 등 조선 대표를 비롯하여 중국, 타이완, 일본, 베트남, 인도 등 6개국 대표 120여 명이 톈진에 모여 무정부주의자동방연맹을 조직했다.[60] 무정부주의자동방연맹은 동아시아 국가의 국체를 변혁하여, 사유재산제도를 부인하는 동시에 자유노동사회를 건설할 것을 목표로 삼았다. 1928년 6월에는 상하이에서 이을규,

류자명, 백정기, 정화암, 유림, 이석규 등이 동방무정부주의자연맹 결성에 참여했다. 동방무정부주의자연맹 창립식에는 조선, 중국, 인도, 베트남, 필리핀 등과 그 외 5개국 대표들이 참석했다. 이들은 동아시아 각 나라의 아나키스트들이 단결하여 국제연대를 강화하고 자유연합의 조직원리 아래 민족의 자주성과 개인의 자유를 확보하는 이상적인 사회 건설에 매진할 것을 결의했다. 서기국 위원으로 조선의 이정규, 일본의 아카가와 케이라이(赤川啓來), 중국의 마우이보(毛一波), 우커강(嗚克剛), 덩멍시안(鄧夢仙))을 선출했고 기관지로는 《동방》을 발행했다.[61]

1920년대에 중국을 무대로 펼쳐졌던 국제연대가 추구한 길은 1926년 중국 아나키스트 문학가인 바진(巴金)이 베이징 고려청년 제군에게 보낸 편지에 잘 나타나 있다.

저는 크로포트킨주의를 위해 헌신하고자 하는 사람으로 평생 자유, 평등, 정의, 인도를 위해 분투하고 있으며 고려 민중의 자유와 평등을 위해 헌신하는 당신들의 독립운동을 있는 힘을 다해 돕고자 합니다. 원래 전 세계 민중은 마땅히 서로 사랑하며 연합해야 하고, 일본 민중 역시 당신들을 동정하고 있으며 일본 정부와 자산계급을 타도해야 합니다. 당신들이 고투하는 과정을 중국 민중에게 알려주어 중국 민중도 각성하게 한 점에 대해서 감사드립니다.[62]

동지적 연대감으로 돈독했던 아나키스트들의 국제연대를 매개하는 언어가 바로 에스페란토(Esperanto)였다. 에스페란토는 1887년 폴란드의 자멘호프(L. L. Zamenhof) 박사가 만든 세계어다. 언어와 문자의 통일로 세계평화와 인류 공동체를 이루고자 하는 목적에서 만들어졌다. 적어도 에스페란토를 사용하는 사람들 사이에서 국가니 민족이니 하는 구별은 의미가 없었다. 그런 까닭에 아나키스트들에게 에스페란토는 사상적 결속을 도모하는 언어였다. 조선의 아나키스트들은 다른 나라의 아나키스트들과 함께 에스페란토를 배우면서 교류하고 연대했다. 일본에서는 이달, 김약수, 박열 등이 일본 아나키스트들과 함께 에스페란토 강습을 받으며 교류했다. 중국에서는 1919년 베이징대학에서 세계어연구회가 발족했다. 상하이노동대학에서도 에스페란토로 소통하고 연대했다.[63]

만주사변과 중일전쟁이 연이어 일어나면서 중국에서는 한중연대가 활발히 일어났다. 한중연대체인 중한민족항일대동맹, 아주문화협회, 동방문화협회, 중화문화협회 등이 속속 생겨났다. 이중 중화문화협회는 1942년 10월 충칭에서 독립운동가와 국민당과 공산당을 아우르는 중국인 400여 명이 결성한 민간연대였다.[64]

중일전쟁이 일어나자 중국 관내에서는 무장세력 간의 국제연대가 이루어졌다. 1938년에 중국 관내에서 처음 결성된 무장단체인 조선의용대는 한중연대를 기치로 내건 끈질긴 협상의 산물이었다. 여기에는 중국에서 반전활동을 펼치고 있던 일본인 아오야마 가츠오(青山和夫)의 도움이 있었다. 김원봉은 그와 협조하여 조선인 군대 창설안을 국민당 정부에 제시하고 압박했다. 김원봉을 대장으로 한 조선의용대가 출범하면서 조직과 운영은 지도위원회가 담당하도록 했는데 조선인 대표가 절반을 차지했다. 조선의용대의 임무는 일본군과 중국 인민에 대한 정치 선전이었다.[65]

1930년대에는 중국에 귀화하여 중국 혁명에 기여하는 연대를 통해 궁극적으로는 조선의 독립을 달성하고자 하는 독립운동가들이 적지 않았다. 김산이라는 이름으로 잘 알려진 장지락의 회고에 이들의 선택의 의미가 잘 나타나 있다.

나는 무정부주의자가 되었고, 조선을 정복한 자들과 배반한 자들에 대한 보복 테러에 부질없는 생명을 걸었다. 우리 조선인이 천성적으로 무기력하고 무능력한 존재라는 편견을 때려부수기 위해 우리는 우리의 개인적인 용기를 세계만방에 떨치면서 영웅적으로 죽어갈 생각이었다. (……) '정의'라는 이름을 가진 이 아름다운 몸부림들이 실패했을 때, 나는 조직적인 국제주의의 의미를 알게 되었다. 우리는 억압받고 있는 모든 민족을 해방시킬 것이다. 중국도, 조선도, 또한 후에는 일본까지도 모두 함께 힘을 합하여 극동의 하늘 위에 휘황찬란한 자유의 성화를 높이 올리리라. 그래서 나는 중국에 귀화하였고 중국공산당원이 되었다. 결국 내 삶의 목표는 실패한 중국 혁명을 강화하고 재건하는 것, 중국 혁명운동과 조선 혁명운동을 상호 조정하여 공동투쟁하도록 만드는 것이었다.[66]

식민지 조선의 국경 너머에는 제국주의에 저항하며 조선의 독립을 함께 꿈꾸는 중국인, 일본인, 베트남인 등이 있었다. 그들은 망명지를 떠도는 조선인 독립운동가들의 동지였고, 그들과 함께 만든 결사는 독립운동의 둥지였다.

3
평화를 갈구하다

동양평화 대 동양평화

동양평화 담론은 청일전쟁 때 등장했다. 일본 메이지 천황과 정부는 청일전쟁을 '동양전국(東洋全局)의 평화를 유지하고 동양평화를 영원히 담보하고자 하는 성전(聖戰)'이라고 주장했다. 이때 평화는 '국가 간에 전쟁이 없는 상태'를 의미했다. 즉 전쟁이 끝나면 평화가 회복된다는 의미에서 나온 '평화'였다. 러일전쟁기에 메이지 천황은 '극동의 평화', '동양의 치평', '평화와 광영' 등을 제기하면서 평화 회복을 위한 무력 사용을 용인했다. 일본의 평화가 곧 동양의 평화라는 패권적 동양평화 담론이 유행하던 시절이었다. 1904년에 체결한 한일의정서 제1조에 일본이 주장하는 동양평화가 등장한다.

제1조 한일 두 제국 간에 항구불변의 친교를 유지하고 동양평화를 확립하기 위해 대한제국 정부는 대일본제국 정부를 확신하며 시정 개선에 관해 그 충고를 받아들인다.[67]

러일전쟁 당시 추밀원 의장이던 이토 히로부미(伊藤博文)는 고종을 만나 대한제국과 청이 일본을 모델로 삼아 황인종의 결속을 이루어야 한다고 주장했다. 러일전쟁에서 일본이 승리하자, 그는 이제 동양평화가 회복되었다며 대한제국 정부에 을사조약 체결을 압박했다. 즉 그의 본심은 '미래의 인종전쟁에 대비해서 평화로운 때일수록 일본이 아시아에 자신의 힘을 부식시키지 않으면 안 된다'는 것이었다.[68]

이즈음 일본에서는 반전의 목소리가 등장했다. 우치무라 간조(內村鑑三)는 동양평화론의 기만성을 비판했다.

일청전쟁은 그 이름은 동양평화를 위함이었습니다. 그런데 이 전쟁은 한층 커다란 일러전쟁을 낳았습니다. 일러전쟁도 동양평화를 위함이었습니다. 그러나 이 또한 더더욱 커다란 동양평화를 위한 전쟁을 낳을 것이라 생각합니다. 전쟁은 만족을 모르는 야수입니다. 그것은 인간의 피를 마실수록 더 많이 마시려 하는 야수입니다.[69]

하지만 일본에서는 일본의 이권을 확대하고 동양평화를 영구히 유지하기 위해서는 전쟁이 필요하다는 여론이 높았다. 동양평화론이 일본의 대한제국 침략 논리로 작동하면서 일본 국수주의자들은 '한국은 실로 동양 화근을 인도하는 근원'이라는 말을 서슴지 않았고, 한성에 주재하던 일본 기자단은 '합방이야말로 동양평화 유지의 길이자 양국 평화 행복 증진의 길'이라고 주장했다. 대한제국 침략이 동양평화를 위한 것이라는 논리는 일제시기에도 여전히 작동했다. 일본 정부와 조선총독부는 조선인 협력자는 '동양평화의 확립'에 노력한다고 칭송했고, 독립운동가는 일본이 제창한 동양평화를 역행한다고 비판했다.[70]

1910년 8월 29일에 발표한 한일병합조약에도 일본의 대한제국 병합으로 '동양의 평화를 영구히 확보하기로 결정한다'는 문구가 담겼다. 이 날 동시에 발표한 일본 천황의 조서와 통감 데라우치 마사타케(寺內正毅)의 포고문도 동양평화론을 언급했다.

짐은 동양의 평화를 영원히 유지하여 제국의 안전을 장래에 보장하는 필요를 생각하며 또 항상 한국이 화란의 연원임을 돌아보아 지난번에 짐의 정부로 하여금 한국 정부와 협정케 하고 한국을 제국의 보호하에 두어 화의 근원을 두절하고 평화의 확보를 기하였다.[71]

대일본제국 천황폐하는 조선의 안녕을 확실하게 보장하고 동양의 평화를 영원히 유지하는 것을 간절하게 생각하여 전 한국 원수의 희망에 의하여 그 통치권의 양여를 수락하는 바이다.[72]

한편 조선에서 동양평화론이 처음 등장한 것은 1890년대였다. 흥선대원군은 청일전쟁 당시 전쟁을 오래 끌수록 동양평화에 해가 될 것이라고 우려했다. 대한제국에서도 러일전쟁 시기에 동양평화론이 득세했다. 일본의 침략적 동양평화론이 대한제국 정부와 지식인들에게 유포되었다. 외부대신 서리 이지용은 일본군의 출병을 동양평화 보존을 위한 것이라고 주장했다. 소위 '러시아를 정벌하여 동양평화를 보전하고 대한독립을 옹호한다'는 동양평화론에 빠진 사람들에게 일본의 승리는 '황인종의 명예를 옹호'한 자랑스러운 일이었다. 일진회 회장 윤시병은 러일전쟁은 동양평화와 대한제국의 독립을 돕고 강토를 유지하기 위한 것이라고 찬양했다.《황성신문》역시 일본의 전쟁 발발은 동양평화의 회복을 의미하며, 대한제국의 강토 보전과 정치쇄신을 위한 것이라고 주장하면서 황인종 연대론을 강조했다.[73]

반면《대한매일신보》는 일본의 동양평화론을 비판하는 입장을 취했다. 이에 따르면 일본의 동양평화는 한국의 독립 이후에나 구현 가능한 것이었다.《대한매일신보》는 일본인의 한인 보호와 시정 개선, 동양평화의 약속을 한국인의 재산과 신체, 권리를 박탈하려는 거짓말로 규정했다.[74] 나아가 진정한 동양평화란 동양의 행복 유지에 있는데, 이는 한국의 독립 보장을 전제해야 가능한 것이라고 주장했다.《신한민보》는 '극동의 평화를 유지하려면 동양 삼국의 권리가 균등한 연후에야 될지니 일본이 한국을 능압하며 청국을 침략하면서 어찌 평화를 말하느냐'며 '조선 국민은 나의 나라가 멸망한 후에 동양이 있음을 원치 아니한다'[75]는 점을 분명히 했다. 이러한 삼국 공영론적 동양평화론은 안중근의 〈동양평화론〉에도 반영되어 있다.

1909년 10월 26일 안중근은 하얼빈에서 이토 히로부미를 사살했다. 안중근은 신문 과정에서 이토를 암살한 목적은 한국의 독립과 동아시아의 평화를 지키기 위해서였지 절대 이토에 대한 사적 원한 때문이 아니라고 강조하며 이토의 열다섯 가지 죄를 열거했다. 그중 하나가 동양평화를 파괴한 죄였다. 안중근은 동양평화는 각국이 자주독립하고 있는 상태이며, 동양의 한 나라라도 자주독립을 할 수 없는 상태라면 동양평화라고 말할 수 없고, 동아시아 여러 국가의 자주독립이 동양평화의 조건이라고 주장했다.

안중근은 뤼순 감옥에서 〈동양평화론〉을 저술했다. 이 글에서 안중근은 황색인종인 동아시아 3국이 대등한 관계로 제휴하여 서구 제국주의의 침략에 대항해야 한다고 주장했다. 3국이 대등한 관계로 제휴하기 위해서는 대한제국과 청이 긴밀히 협력해야 하고, 일본은 대한제국에 국권을 반환하고 중국에 뤼순을 반환해야 한다고 촉구했다. 나아가 뤼순을 한중일이 공동으로 관리하기 위해 동양평화회의를 조직하고 이곳을 평화의 근거지로 삼을 것을 제안했다.[76] 동양평화를 이룬 후에는 동서양이 모두 참여하는 국제법과 국제기구를 마련해야 세계평화도 이룩할 수 있다고 주장했다.[77]

동양평화론이 다시 주목받은 것은 3·1운동 때였다. 이때 발표한 선언서나 격문에 동양평화론이 등장했다. 〈2·8독립선언서〉를 발표했던 조선청년독립단 민족대표촉진단은 '민족대회소집취지서' 첫머리에 "동양평화, 세계평화를 위해서 우리 조선 민족은 윌슨 씨가 주장한 민족자결주의를 우리 조선 민족에게도 적용되기를 절실히 요구한다"라고 썼다. 즉 조선의 독립이 동양평화의 전제조건이라는 것이다. 대한국민의회가 1919년 3월 17일에 발표한 〈독립선언서〉에도 이를 명확히 했다.

우리 한국은 아주대륙의 동북에 자리하고 삼면이 바다로 둘러싸여 있고 동양에 출입하는 문호이며 지리상 중요한 위치를 차지한다. 그러므로 한국은 대세의 변천이 실로 동양평화와 가장 관계가 있는 곳이다. 이제 만일 일본이 빨리 우리의 독립을 인정하지 않는다면 자유를 사랑하고 독립을 사랑하는 우리 2000만 동포는 독립에 죽을지언정 부속에서 살지는 않는다. 저들과 혈전하지 않을 수 없고 죽은 뒤에야 그칠 것이다. 만일 부득이하다면 일파가 평온하지 않음에 만파가 반드시 일어나는 것처럼 동양이 수라장으로 바뀌고 세계평화는 결코 영구히 얻지 못할 것인즉 이는 누구의 허물인가. 이에 또한 일본은 한국을 병탄한 이후 야심이 발발하여 소위 군국주의와 대아시아주의를 적극 진행하여 유럽 전쟁의 틈을 타 중국을 위협하여 이권을 박탈하고 시베리아에 출병하여 세력을 신장해서 동양평화는 거의 파괴에 이르렀다. 이로써 보건대 동양의 평화 또한 한국의 자주독립에 있다.[78]

〈3·1독립선언서〉에서도 2000만 조선인을 위력으로 구속하는 것은 '동양의 영구한 평화'를 보장하는 것이 아니라고 비판했다. 3·1운동이 끝나고 상하이에 있던 여운형은 일본으로 건너가서 일본 정계 인사들을 만나 조선의 독립이 곧 동양평화의 보장이라는 점을 강조했다.

일한병합은 동양평화 파괴의 근원이 되었고 그러므로 조선 독립은 동양평화의 보장이라 합니다.[79]

'평화의 보장은 오직 실력이 있어야 가능한데, 조선은 자체 방위 능력이 없어 독립하면 동양평화에 도리어 해를 끼칠 것이다'라며 한일병합이 곧 동양평화의 길이라고 주장하는 일본 관리의 동양평화론에 대해 여운형은 다음과 같이 반박하여 조선의 독립이 동양평화의 전제임을 분명히 했다.

평화의 진수란 정신적 융화이다. 모든 투쟁의 시기, 분노, 원한, 불평이 깨끗이 사라져야 하는 것이다. 자유의 기상이란 결코 사해(死海)처럼 정적인 것이 아니다. 평화는 생존의 희망, 자유, 평등의 존귀한 향유 중에 있다. 정말 압박, 차별 같은 불평등 아래서는 존재하지 않는 것이다. 평화를 운위할 때, 첫째 대내적 동양평화다. 동양 여러 나라들 사이의 평화다. 둘째 대외적인 평화다. 서세의 동침을 방지하여 평화를 보전하는 것이다. 동양에서는 한국, 일본, 중국이 서로 화목하지 못하면 평화 분위기는 조성되지 않는다. 대내적인 평화가 없는데, 대외적인 평화를 유지할 수 없다. (……) 동양 내부의 평화 없이 어찌 진정한 평화를 기대할 수 있겠는가. 조선의 평화 없이 동양평화를 기대한다는 것도 어불성설인 것이다. 결국 동양평화는 일본이 조선을 침략 강점하는 것이 아니고 우리의 독립을 인정하고 공생공존하는 터전을 마련해야 함에 있는 것이다.[80]

3·1운동과 함께 조선의 독립을 전제로 하는 동양평화론은 독립의 정당성을 뒷받침하는 논리로 확고히 자리 잡았다. 1919년 9월 새로 부임한 사이토 총독을 향해 폭탄을 던진 강우규도 동양평화를 깨뜨린 일본을 응징하기 위해 거사했다고 밝혔다.[81] 신채호는 1921년 베이징에서 발행한 잡지 《천고》에 〈조선독립과 동양평화〉라는 논설을 실어 이를 명확히 제시했다.

금일 동양의 평화를 말하려면 가장 좋은 방법은 조선의 독립만 한 것이 없다. 조선이 독립하면 일본은 방자하게 탐욕스러운 데 이르지 않게 되고 사방을 경영하여 그 힘을 모아 바다와 섬을 보호하게 된다. 러시아의 과격파 또한 약소민족을 돕는다는 핑계를 대지 않고 날개를 접어 치타 북쪽으로 찾아들어 있을 것이다. 중국 역시 한가히 수습하여 수년의 혁명으로 어지러운 국면을 정돈할 수 있을 것이다. 이것이 진실로 동양평화의 요의이다.[82]

조선인의 동양평화론은 간명하게 말하면 "독립치 못한 자에게는 평화가 없다"[83]는 것이었다.

세계평화로 나아가는 길

미국은 참전을 결정하면서 1차 세계대전을 '평화를 위한 전쟁'이라 불렀다. 윌슨 대통령은 의회에 제출한 참전교서에서 "우리가 추구하는 것은 항상 평화와 정의이고, 우리들은 세계의 평화와 세계 인민의 해방을 위해서 싸운다"라고 주장했다.[84] 1차 세계대전이 끝나고 열린 파리 강화회의와 국제연맹의 창설, 그리고 군축 문제를 논의하기 위해 열린 워싱턴 회의는 식민지 국가들에게 '세계평화와 세계 정의에 기반한 세계 개조'를 가져다줄 것이라는 기대를 품게 했다. 약육강식과 우승열패의 시대가 가고 정의와 인도에 기반을 둔 세상이 온다는 것이다.[85]

인도정의의 소리는 동서가 마찬가지요 자유평화의 깃발은 인간 도처에 번

득거린다. 강자도 살고 약자도 살자 한다. 빈부도 귀천도 없다. 러시아 황제가 넘어지고 독일 황제가 뒷걸음쳤다. 윌슨이 손을 흔들자 레닌이 춤을 춘다. 온 세계 모든 인류는 자유를 노래하며 평화를 즐겨한다. 아, 톨스토이의 인도 정의는 승리를 거두었다. 세계는 모두 톨스토이주의를 따르도다.[86]

이 글을 쓴 천도교 지도자인 박달성은 희망과 함께 우려를 전했다. 강력한 힘을 발하고 있는 약육강식과 우승열패의 세상이 쉽게 변하지는 않을 것이라고 경계했다.

평화의 적인 군비 문제가 팽창해지며 권력의 내막은 흑점이 자꾸 늘어간다. 평화의 축배는 들었으나 칼 소리 그냥 쩔렁거린다. 강자의 얼굴은 웃음이었으나 약자의 등에는 불덩이였다. 부자의 목에는 돼지고기 트림이 오르나, 빈자의 이마에는 비지땀이 흐른다. 약육강식은 피치 못할 원칙이며 우승열패는 자연의 세라 한다. 결국 니체의 역(力)만능주의가 승리를 얻은 듯하다.[87]

파리 강화회의와 국제연맹이 상징하는 세계평화에 대한 관심은 칸트의 영구평화론에 대한 주목으로 이어졌다. '새봄'이라는 필명의 논객은 윌슨의 14개 조항 중 민족자결, 무병합주의와 세계 개조의 산물인 국제연맹, 군비 축소, 비밀조약 폐기 등은 이미 칸트가 영구평화론에서 제시한 것이라고 지적하면서 '영원평화'의 전제로 문명의 향상을 제시했다.

이 영원평화는 여러 국가 민족 간의 약속 문서로 이룰 것이 아니요 각 국가, 각 민족의 지덕(智德)을 바탕으로 한 자각에 의해 점진적으로 실현될 것이니, 동시에 각 국가 각 민족의 지덕 향상, 즉 문명 정도의 향상은 시일의 추이를 필요로 하며, 이와 함께 세계의 영원평화도 시간의 추이에 따라 조금씩 실현될 것이다.[88]

국제연맹의 창설에 고무된 천도교 지도자 이돈화는 평화를 지향하는 국제조직으로 종교도덕협회를 설립하자고 제안하기도 했다.

우리는 국제의 평화가 결코 기독교가 이교도에게 싸움을 거는 데 있음이 아니요 오히려 세계의 각 종교가 서로 손을 잡는 데 있다고 하노니, 그 방법은 세계의 각 종교가가 서로 자신들의 주장에 치우쳐 동굴 속 우상에 얽매이지 말고 넓은 아량으로 종교적 도덕협회를 조직함에 있으니 이는 실로 오늘날 국제연맹협회가 정치적 의미로 된 것에 병행하여 종교도덕협회가 종교적인 세계의 평화를 도모하는 길이라 하리라.[89]

하지만 워싱턴 회의에서 조선 독립 문제는 거론되지 않았다. 그럼에도 일부 지식인들은 국제연맹에 대한 기대를 거두지 않았다. 조선중앙기독교청년회에서 발간하는 잡지 《청년》은 세계평화에 있어 국제연맹의 역할을 강조하는 미국 웨슬리안대학 부교장 겸 역사과 담임교수인 덧쳐 박사의 글 〈세계평화와 3대 기초문제〉를 세 차례에 걸쳐 연재했다.[90]

《개벽》에는 세계평화와 관련하여 각각 세력균형주의와 국제협조주의를 강조하는 논설이 실렸다. 앞에서 언급한 박달성은 세력균형주의적 관점에서 '인류가 다 강이 되면 세계는 균형을 얻을 것이다. 세계가 균형만 얻으면 강약우승이 없을 것이다. 그야말로 평등이요 자유라. 진정한 평화요 영원한 평화일 것'이라고 주장했다.[91] 반면 약영생이라는 필명의 논객은 〈세력균형주의와 국제협조주의〉라는 글에서 세력균형주의를 비판하고 국제협조주의에 입각한 세계평화를 주장했다. 그는 세력균형주의로 유지되는 평화관계, 즉 열강이 세력균형의 토대 위에 주권을 안배하고 견제하는 상황은 진정한 평화가 아니라 '전쟁의 정지 상태', '가장의 평화', '허위의 평화'에 불과하다고 주장했다. 반면 국제협조주의 혹은 국제연맹주의는 1907년 헤이그 평화회의로부터 출발하는데, 이렇듯 국가 주권을 넘어 인류생활의 상호부조를 중시하는 협조적 연맹주의에 의해서만 세계평화가 유지될 수 있다고 주장했다.[92]

한편 세계평화의 수단과 조건으로 민주주의에 주목하는 사람들도 있었다. 러일전쟁 무렵 반전평화론을 제기했던 일본의 사상가 나카에 조민(中江兆民)은 '민주제는 전쟁을 멈추고 평화를 증대시켜 지구상의 모든 나라를 합하여 한 가족을 이루기 위한 불가결한 조건'이라며 평화의 조건으로 민주주의를 제시한 바 있었다.[93] 《신한민보》에 〈소위 동양통합〉이라는 논설을 쓴 김현구는 "동양통일과 세계통일은 민주로 수단을 삼고 평화로 목적을 삼는다"라고 주장했다.[94] 《동아일보》는 인민의 자각과 그것을 바탕으로 한 민의정치 또는 여론정치가 세계평화와 국제연맹의 기초가 된다고 보았다.

군비 축소에 초점을 둔 평화운동의 성패가 순연히 인민의 자각에 있고 나아가 인민의 참 자각이 실로 국제연맹의 정신적 기초가 된다.[95]

힘을 의(義)로 대신하고 편견을 공의(公義)로 대신하자 함이니 이를 국내에 적용하면 폭력정치와 전제정치를 배제하고 민의정치 여론정치를 실현하자 함이며, 이를 국제 간에 적용하면 제국주의와 완력주의를 타파하고 공론과 협조의 이의(理義)를 사실 문제에 확립하자 함이라.[96]

세계평화라는 화두 자체가 허상이라는 비관론도 제기되었다. 《조선일보》는 평화조약이나 연맹회의는 '체면 좋은 문구'일 뿐이며 평화론자들이 오히려 평화를 교란시키고 있다고 비판했다.[97] 사회주의자들은 미국 주도의 세계질서 재편과 그것을 합리화한 세계평화론에 기대를 걸지 않았다. 사회주의자들은 파리 강화회의를 '곧 다음 세계대전을 기도하는 전시 참모본부의 작전계획을 토론하는 군사회의'라고 비판했다.[98] 《개벽》에 실린 일본의 사회주의자 오야마 이쿠오(大山郁夫)의 글에서는 열강들이 1차 세계대전에서 '전쟁을 종식시키는 전쟁'을 참전의 논리이자 평화 애호의 지표로 사용한 것을 비판했다. '전쟁과 평화는 항상 서로 표리의 관계를 가지고 있는 것으로 영구평화에 대한 열정 때문에 현재에 있는 사실에 고의로 눈을 감아서는 안 된다'라고 했다.

사회주의자들은 평화론에서 전쟁 비판론, 즉 반전론으로 나아갔다. 즉 전쟁을 행하지 못하는 자는 사회의 낙오자, 열패자, 멸망자가 되게 만든 역사적 경로를 비판하면서 '마르크스 일파의 주장은 국가를 부인하고 또한 전쟁을 부인하는 것'이라고 주장했다.[99] 또한 국제협조주의로는 평화를 보장할 수 없다고 여겼다. 국가의 전복만이 세계평화의 선결 과제라는 것이다.[100] 나아가 사회주의자들은 평화를 추구하는 자라면 제국주의에 반대할 뿐 아니라 자본주의 자체를 타파해야 한다고 보았다. 그들은 '자본주의=전쟁, 사회주의=평화'라는 도식을 갖고 있었다.[101]

세계평화에 대한 다양한 논의가 전개되었지만, 동양평화론과 마찬가지로 조선 독립이 전제된 세계평화론이 조선인의 마음에 가장 와 닿았을 것이다. 신채호가 간명하게 규정한 바는 다음과 같다.

조선 문제는 조선인 자신만의 문제가 아니라 세계평화와 관련된 최대의 문제이다. 조선인들이 현재 요구하는 민족자결은 편협한 국가주의를 위한 것이 아니라 자유의 길을 찾아가는 주의여야 한다.[102]

반전을 위한 연대

반전(反戰)은 말 그대로 전쟁에 반대한다는 의미다. 일본에서는 전쟁 반대의 의미로 부전(不戰), 비전(非戰)이라는 용어를 쓰기도 했다.[103] 비전이란 단어가 부전보다 광범하게 쓰이다가 1920년대부터 사회주의 운동이 활발해지면서 인도주의적 입장에서 전쟁에 반대하는 것에 한해 비전이라 부르게 되었다고 한다. 반전은 자본주의 체제에서 전쟁 원인을 찾는 계급투쟁적 입장에서의 전쟁 반대를 의미하게 되었다. 1930년을 전후하여 나타난 반전, 반전사상, 반전운동은 2차 세계대전이 종결된 후에야 전쟁 반대를 직접적으로 표현한 용어로 일반화되었다.

동아시아에서 반전운동은 청일전쟁과 러일전쟁 무렵 일본에서 일어났다. 사회주의자 고토쿠 슈스이(幸德秋水)는 1900년 〈비전쟁주의〉라는 글에서 전쟁의 문제점을 제기했다. 그는 군인의 고생, 전쟁터 인민의 불행, 군인 유족의 비참함, 무역과 생산의 위축으로 인한 빈민 증가 등 전쟁의 참화를 비판했다. 1903년에는 주간지 《평민신문》을 창간하여 "비전만 관철할 수 있다면 일본이라는 한 나라는 망해도 상관없다"며 반전운동을 전개했다. 이후 일본에서는 사회주의자, 아나키스트, 자유주의자, 종교인 등이 반전 사상과 운동을 주도했다.[104]

한편 조선과 중국에서는 반전운동이 중일전쟁과 아시아태평양전쟁의 발발과 함께 본격적으로 등장했다. 국내에서는 조선공산당 재건운동과 혁명적 노동조합 운동을 펼치는 사회주의자들이 반전투쟁을 전개했다. 전시체제로 들어서면서는 다양한 형태의 자연발생적인 반전투쟁이 일어났다. 하지만 반전을 주장하는 유인물을 뿌리거나 군수공장에서 파업을 일으키는 방식의 반전투쟁은 고립분산적인 것이었다. 이에 사회주의자들은 분산적이고 자연발생적인 반전투쟁에 조직성과 의식성을 부여하는 방안을 모색했다.[105] 원산에서는 1936년에 결성한 '적색노동조합조직 준비기관'이 반전투쟁에 나섰다. '적색노동조합조직 준비기관'은 일본이 중국에 대한 침략전쟁을 벌이고 러시아와 무력충돌을 일으키는 목적은 원료 공급지, 상품 판매시장, 투자지, 식량 문제 등을 해결하여 자본주의 위기에서 벗어나려는 것이라고 주장했다. 이는 부르주아의 강도 같은 약탈전쟁이며 노동자와 민중을 억압하고 착취하는 전쟁이라는 것이다.[106] '적색노동조합조직 준비기관'은 일상적인 경제투쟁을 반제·반전투쟁과 연계하고자 했다.

현재 우리는 중국 민족해방 투쟁을 도살하고 있으며 또다시 도살하려고 군대 수송과 군기 군수품 수송을 하고 있으며 또 그것을 만들고 있다. 착취당하고 억압당하는 조선의 노동자 근로대중이 중국 노동자와 농민, 그 밖의 전

인민대중이 약탈자 일본에 대항하는 해방전쟁의 압살에 힘을 보태는 것이 얼마나 우스운 현상인가. (……) 우리는 일본의 부르주아지와 지주를 옹호하기 위해 총을 잡고 우리의 가난한 형제와 살육전을 벌이면서 평소 낮은 임금, 특별시간 연장, 국방헌금, 물가 폭등 때문에 생활이 위협받고 있다. 지난날의 전쟁은 우리 부모형제의 죽음과 혹사와 굶주림을 불러왔고 아이들 장난감 같은 훈장을 주었다. 지금 우리에게 빈곤과 굶주림 말고 무엇이 있는가. 우리는 강도 같은 약탈전쟁에 반대한다. 우리에게 평화와 자유를 달라! 살아서 전 민족의 해방과 자유를 향해 전진해야 한다. 피비린내 나는 싸움에서 선봉이 되는 것을 절대 반대한다. 일본 제국주의의 강도적 약탈전쟁을 내란으로, 그리고 식민지해방 민족해방 전쟁으로 전화하자.[107]

'적색노동조합조직 준비기관'은 일본의 침략전쟁의 규모가 커질수록 해방이 앞당겨질 것으로 보았다. 그러므로 일본의 제국주의 침략전쟁을 조선 해방을 위한 내란으로 전화시키고 중국 인민의 항전을 지지해서 일본의 패전을 촉진해야 한다고 주장했다. 이를 위해 지원병제 반대 투쟁도 전개했다.[108]

중국에서는 일본 반전단체와 조선의용군이 연대하여 반전운동을 펼쳤다. 조선의용군은 1942년 조선의용대 화북지대를 개편하여 조직된 무장세력이다. 1939년에 중국공산당의 항일 근거지에서 결성된 일본인사병각성연맹은 화베이 지방 최초의 일본인 반전운동 단체였다. 1941년에 개교한 일본공농학교는 중국공산당 산하 팔로군 정치부 소속의 일본인 포로 교육기관이었다. 설립 목적은 일본인 포로들이 일본의 침략전쟁을 성전(聖戰)으로 받아들이는 인식을 개조하고, 나아가 일본군 포로들을 상대로 정치공작을 담당할 간부를 양성하는 것이었다. 1942년에는 일본인민반전동맹 옌안지부와 일본인사병각성연맹이 일본인민반전동맹화북연합회로 통합되었고, 1944년에는 이름을 일본인민해방연맹으로 바꾸었다.[109]

일본군 포로를 담당한 것은 이들 일본인 반전운동 단체가 아니라 조선의용군이었다. 처음에는 일본인 반전운동 단체에 맡겼으나 일본군 포로들이 이들을 배반자로 간주하여 반발하자 조선의용군을 투입했던 것이다. 일본인민해방연맹이 팔로군으로부터 일본인 포로들을 이첩받는 과정에서 일본어에 능통한 조선의용군이 일본군 포로에 대한 심문·호송·인계 업무를 맡았다. 반전운동을 함께 벌이는 조선의용군과 일본인 반전운동 단체 간의 교류는 활발했다. 지부 조직 결성식이나 산하 교육기관의 개학식 및 졸업식 등이 교류의 장이 되었다.

조선독립동맹 화중분맹 제1차 맹원대회 겸 조선의용대 화중 의용군지대 성립대회가 이달[1944년 1월] 11일 모처에서 거행되었다고 한다. 이날 대회에는 일본반전동맹 대표 및 변구 군정장관 등 수십 명의 내빈이 참석하여 성황을 이루었다. 일본반전동맹 대표 고토(後藤勇) 동지는 "중국 인민과 조선 인민은 모두가 우리의 형제입니다. 우리의 공동의 적은 일본군벌과 재벌집단입니다"라며 세 나라 인민이 공동의 적을 타도하기 위해 단결할 것을 호소했다.[110]

1945년 2월 4일에는 일본노농학교 산둥분교와 조선혁명군정학교 산둥분교 제1기 졸업식 및 제2기 개학식이 공동으로 거행되어 일본말과 한국말로 함께 부르는 '최후의 결전'이라는 노래 속에 폐막되었고, 저녁에는 두 학교 학생들이 손수 만든 일본 요리와 조선 요리로 손님을 대접하였다. 공동 식사가 끝난 후 친교모임을 가졌다.[111]

이처럼 축사를 하고 함께 식사하고 노래 부르며 여흥을 즐기는 프로그램을 통해 조선의용군과 일본인 반전운동 집단은 서로 경계심과 적대감을 누그러뜨렸을 것이다.[112] 조선의용군은 일본인 반전단체와 함께 선전전단을 만들고 석판 등 사용지를 긁으며 일본군을 상대로 한 반전활동을 펼쳤다. 조선의용군과 일본인 반전단체의 연대는 곧 중국공산당 팔로군을 포함한 3자 연대의 일환이기도 했다.

복잡하고도 위험한 이런 투쟁 속에서 조선 동지들은 팔로군 동지들과 손잡고 뛰어난 성과를 올렸다. 조선 동지들 외에 또 일본해방연맹의 동지들도 이 투쟁에 참가하였다. 그들은 일본말이나 조선말로 일본군에게 편지를 쓰고 구두선전을 하였으며, 표어를 써 붙이며 서정적인 노래를 불러 적군의 사기를 와해시켰다. 때로는 일본군 부대로 가장해 토치카 안에까지 들어가 일본 군대를 사로잡기도 하였다.[113]

중국공산당의 항일 근거지를 무대로, 팔로군의 지휘와 지원 아래 이루어진 조선의용군과 일본인 반전운동 단체의 연대는 항일과 반전을 동시에 추구했기에 가능한 연대였다. 또한 그것은 중국공산당이 동아시아 반파시스트 국제연대 노선을 추구했기에 가능한 일이었다.

1946년 2월 1일 김구 등 임시정부 주도로 비상국민회의 소집

1946년 2월 15일 민주주의민족전선 결성

1946년 3월 20일 1차 미소공동위원회 개최. 5월 6일 결렬

1945년 12월 27일
모스크바 삼상회의 결정 발표

1945년 8월 15일
일본의 항복 선언, 해방. 조선건국준비위원회 조직

1945년 9월 1일 안재홍, 조선국민당 창당

1945년 9월 6일 조선인민공화국 수립 선포

1945년 9월 20일 조선공산당, 〈현 정세와 우리의 임무〉(8월 테제) 발표

1945년 10월 23일 이승만, 독립촉성중앙협의회 결성

1945년 11월 12일 여운형, 조선인민당 결성

7장

해방,
민주주의가 살아나다

❶ 인민민주의, 반민주주의를 경계하라
❷ '반공적' 민주주의: 민주주의 대 공산주의
❸ 신민주주의, 통합 가치로서의 민주주의

1948년 3월 조소앙, 삼균주의학생동맹선언 발표
1948년 4월 3일 제주도 4·3 사건 발발
1948년 4월 21일 남북연석회의 개최
1948년 5월 10일 5·10 총선거 실시

1948년 1월 8일
UN 한국임시위원단 입국, 소련은 위원단의 입북 거부

1946년 10월 7일
좌우합작위원회 발족

1946년 11월 23일 남조선노동당 창당
1947년 2월 22일 북조선인민위원회 출범
1947년 5월 21일 2차 미소공동위원회 개최.
　10월 21일 결렬
1947년 7월 17일 미국, 한반도 문제 UN에 이관 결정
1947년 7월 19일 여운형 피살
1947년 10월 30일 UN 한국임시위원단 설치 등
　UN에서 미국의 제의 가결
1947년 12월 20일 김규식이 주도하는 민족자주연맹
　발족, 배성룡 참가

1948년 7월 17일
'대한민국은 민주공화국이다' 선언한 제헌헌법 반포

1948년 8월 15일 대한민국 정부 수립
1948년 9월 9일 조선민주주의인민공화국 정부 수립
1949년 4월 7일 이승만 대통령, 일민주의를 국민
　이념으로 제기
1949년 6월 26일 김구 암살

해방으로 독립운동가들만 높은 감옥 담벼락을 벗어나서 자유를 만끽한 것은 아니었다. 식민지 권력의 혹독한 전제와 독재 속에서 조선인 사회가 독립운동의 원리이자 새로운 나라 건설의 이상으로 보듬고 키워왔던 민주주의도 마침내 음지 생활을 끝내고 해방의 햇살 앞에 섰다. 봇물 터지듯 여기저기서 민주주의를 외치고 동경했다. 세상이 갈구했던 민주주의'들'은 다채로웠고, 다양하게 변주되면서 민주주의의 신시대를 열어갔다. 정당과 사회단체들은 민주주의 강좌를 열었고, 언론은 앞다투어 민주주의를 다뤘다. 조선과학자동맹은 《민주주의》라는 주간지를 발간했다. 1947년에는 전국 중고등학교 학생을 대상으로 한 민주주의 포스터 대회가 열렸다.

해방 전후의 민주주의는 민주공화국 수립을 목전에 둔 까닭에 주로 정치이념과 제도 차원에서 풍성하게 공론화되는 양상을 보였다. 해방 직후 결성된 한국민주당은 강령에서 '민주주의의 정체 수립을 기함'을 천명했고, 조선공산당은 '근로인민의 이익을 존중하는 혁명적 민주주의적 인민정부를 확립하기 위하여 싸운다'는 주장을 내세웠다.

이렇게 민주주의는 해방과 함께 민족의 운명을 가를 만큼 강력한 폭발력을 가진 시대의 화두가 되어갔다. 모스크바 삼상회의의 결정에 따라 민주주의적인 임시정부를 세울 목적으로 열린 미소공동위원회가 표류하는 것을 두고 미국 일간지 《뉴욕선(New York Sun)》은 미국과 소련의 민주주의관의 차이 때문이라고 평했다. 미국과 소련이 이해하는 민주주의 정부의 상이 달랐기 때문이라는 것이다.[1] 실제로 미소공동위원회에 참가할 '민주주의적' 정당과 사회단체를 둘러싸고 미국과 소련은 물론 국내 정치세력들역시 격렬히 충돌했다. 이때 좌익과 우익이 상대를 공격하고 비판하는 잣대도 다름 아닌 민주주의였다.

해방 전후 민주주의는 정치적으로 뜨거운 쟁점이 된 그야말로 펄펄 살아

숨 쉬는 개념이었다. 좌익, 우익, 중도 누구든 신국가 건설에 동참하고자 한다면, 자신들의 정체성을 창조하고 입증하기 위해 제일의 이념이자 신념으로 수용해야 하는 시대의 화두였다. 좌익은 통합의 가치로 인민민주주의와 진보적 민주주의를 내세우면서도 우익과의 대립각을 분명히 세우기 위해 민주주의 대 반민주주의라는 프레임을 구사했다. 우익에게 민주주의는 좌익을 공격하기 위한 정치 무기로서의 의미가 컸고 그들이 민주주의 대 공산주의라는 프레임을 구사하며 내놓은 자유민주주의는 곧 '반공적' 민주주의였다. 민족 분열과 사회 분열의 현실 속에서 통합 가치로 민주주의를 전면에 내세운 것은 중도세력이었다. 중도좌파에서 중도우파에 이르기까지 다양한 스펙트럼의 신민주주의들이 분출했고, 저마다 미국식도 소련식도 아닌 '조선식' 민주주의의 상을 선보이고자 했다.[2]

1
인민민주주의,
반(反)민주주의를 경계하라

인민민주주의와 진보적 민주주의의 길

해방과 동시에 민주주의를 선창한 것은 조선공산당이었다. 1945년 9월 20일 조선공산당 중앙위원회는 잠정적으로 채택한 정치노선에 대한 결정인 〈현 정세와 우리의 임무〉(8월 테제)를 발표하면서 '현재 조선은 프롤레타리아민주주의 실현의 전제(前提)인 부르주아민주주의 혁명의 단계에 있다'고 천명했다.[3] 하지만 이 부르주아민주주의 혁명은 프롤레타리아의 주도하에 세계 사회주의 혁명의 일환으로 수행된다는 의미에서 고전적인 의미의 부르주아 혁명과 다른 것이었다. 조선공산당은 이러한 부르주아민주주의 혁명으로 구현되는 민주주의를 인민민주주의라고 불렀다. 그리고 인민민주주의 노선에 따른 주된 과업으로 민족의 완전 독립과 토지 문제의 혁명적 해결을 제시하면서, 이를 위해 민족통일전선에 의한 인민정부 수립 투쟁에 나설 것임을 선언했다. 여기서 말하는 인민정부는 노동자, 농민이 중심이 되고 도시 소시민과 지식인의 대표, 그리고 정견과 종교와 계급과 단체 여하를 막론하고 모든 진보적 요소를 포함하는 것이어야 했다. 코민테른이 1935년에 제기한 인민전선론이 해방이 되고서야 전면 수용되었음을 알 수 있다.

이처럼 노동자·농민, 즉 프롤레타리아를 주축으로 하는 인민민주주의는 바로 인민의 자유와 평등을 추구하는 일반 민주주의의 획득으로부터 실현되는 것이었다.

해방조선이 요구하는 민주주의는 모든 인민이 말로만이 아니고 또는 형식에만 그치지 않고 진정한 자유와 평등을 실지로 누릴 수 있는 그러한 인민적 민주주의가 아니면 안 될 것이다.[4]

조선공산당은 그 과정에서 추진되는 정치적·경제적 민주개혁을 진보적 민주주의라 불렀다. 언론·출판·집회·결사·시위·파업의 자유, 남녀평등의 권리, 일반·평등·직접·비밀 원칙에 근거한 선거권의 확보 등을 인민의 기본 권리를 보장하는 진보적 민주주의의 요구로 파악하고, "적어도 이러한 요구가 완전히 실시됨에서 민주주의 정치는 실현되는 것이요 일반 인민의 기본적 권리는 존중되고 생활은 급진적으로 개선되어 진보적 새 조선은 건설된다"라고 주장했다.[5]

이러한 정치 민주화의 주장과 달리 경제 민주화를 위한 진보적 민주주의는 자본주의와 사회주의 사이의 과도기 형태로서 토지개혁과 중요 산업의 국유화를 주요 내용으로 하고 있어 우익과는 뚜렷한 대립 구도를 형성했다.

진보적 민주주의의 중요한 경제적 내용은 국유화 문제와 토지개혁이다. 토지개혁은 반봉건적 특권계급, 지주계급의 경제적 토대를 제거함으로써 농민의 이익을 옹호하는 것이요, 국유화 문제는 독점자본의 경제적 토대를 제거함으로써 자본의 전제를 배제하고 노동자의 이익을 옹호하는 것이다.[6]

조선공산당이 진정한 민주주의로 나아가기 위한 과도기적 형태로서 제기한 인민민주주의와 진보적 민주주의 노선을 정리하면 다음과 같다.

진정한 민주주의를 위해서는 자유경쟁을 철폐하여 부의 독점을 방지하고 국민의 경제생활의 균등한 향상 발전을 도모하기 위한 계획경제를 실시해야 한다. 교육의 균등화가 실시되어야 한다. 일체의 봉건적인 유습을 타파해야 한다.

시민적 민주주의와 진정한 민주주의 사이의 인민전선적 민주주의에서 말하는 인민이란 민족 반역자를 제외한 각계각층을 의미한다. 인민전선은 인민의 혁명적 세력의 집결을 의미한다. 인민전선적 민주주의는 형식만의 민주주의여서는 안 된다. 어디까지나 질적으로 우세한 근로계급을 중심으로 한, 그리고 근로대중의 권리를 옹호하는 진보적인 민주주의가 아니면 안 될 것이다.[7]

조선공산당을 비롯한 좌익이 인민민주주의와 진보적 민주주의의 모델로 주목한 것은 동유럽의 인민민주주의였다. 이 같은 주장은 '우리는 제국주의가 아닌 식민지의 과거를 갖고 있기 때문에 과거 극복의 차원에서 제3의 민주주의를 추진해야 한다'는 논리에 의해 뒷받침되었다. 한편 김일성은 미국과 영국식 민주주의에 반대하면서도 동유럽이나 중국의 인민민주주의에 대한 별다른 언급 없이 조선식 민주주의를 내세웠다.

오늘의 조선에는 미국이나 영국식 민주주의가 맞지 않습니다. 서구라파의 민주주의는 이미 뒤떨어졌을 뿐만 아니라 만일 우리가 그것을 채용한다면 나라의 독립을 달성하려는 우리의 목적을 실현하지 못하고 다시 외래 제국주의의 식민지로 떨어지고 말 것입니다. 그러므로 조선에는 조선 실정에 부합되는 새로운 진보적 민주주의 제도를 세워야 합니다.[8]

민주주의 대 반민주주의

조선공산당을 비롯한 좌익은 통합적 가치로 인민민주주의, 진보적 민주주의를 내세우면서도 다른 한편으로 민주주의 대 반민주주의라는 대립 구도를 설정하여 우익과 차별화하는 이중 전략을 구사했다. 우익이 주장하는 민주주의는 반동적 민주주의로서 자본가독재로 귀결되는 자본주의파 민주주의 혹은 낡은 민주주의라는 것이었다. 이에 비해 좌익이 추구하는 민주주의는 노동자·농민·일반 대중의 이익이 보전되는 진보 민주주의이자 혁명성을 갖춘 자본가와 지주까지 참여하는 인민전선적 민주주의라고 했다.

　민주주의가 있는 곳에 반민주주의가 반드시 있다. 이것은 하나의 숙명적
인 싸움이라고 할 수 있다. (……) 현재 대립을 보이고 있는 것은 결코 좌우의
익(翼)이 아니고 민주주의냐 반민주주의냐 하는 가장 새로운 형태의 대립이
다.[9]

　민주주의 대 반민주주의 구도는 '8월 테제'부터 등장했는데, 한국민주
당을 반민주주의적인 반동단체로 지목하면서 반대 투쟁을 전개할 것이
라고 밝힌 바 있었다. 1945년 12월 이승만이 조선공산당을 공개적으로
비판했을 때는 이승만이 반민주주의자라는 논리로 반격하기도 했다.[10]
　좌익에 의해 민주주의 대 반민주주의의 프레임이 가장 선명하게 강조
된 때는 모스크바 삼상회의에 이어 그 결정 사항을 이행하기 위한 미소
공동위원회가 개최될 무렵이었다. 당시 민주주의 대 반민주주의라는 대
립 구도의 특징은 국내 정치만이 아니라 국제 정치 흐름까지 염두에 두
면서 진영을 구분하고 전선을 규정했다는 것이다. 이강국은 2차 세계대
전이 끝났음에도 세계적으로 반민주주의 세력이 다시 부상하고 있다고
파악했다. 전쟁이 끝나면서 민주주의가 발전할 수 있는 조건이 성숙해
가고 있지만, 영국과 미국의 대자본가를 중심으로 한 국제 독점자본이
국내적으로 민주주의에 반대할 뿐만 아니라 국제적으로는 파쇼의 잔존
세력과 제휴하여 세계를 다시 반민주주의적 방향으로 이끌어가고 있다
는 것이다.[11]
　또한 좌익은 그러한 시류에 편승하여 반민주적 외세와 결탁하려는 국

내 세력 역시 반민주주의자라고 비판했다. 그렇기에 반민주주의자의 범주에는 일찍부터 지목되었던 친일파, 민족 반역자, 반동적 지주와 자본가에 이어 다소 모호한 규정인 '반소반공을 떠들며 반민주주의적 언행을 하는 사람'도 포함되었다. 박헌영은 모스크바 삼상회의에 반대하는 반공적인 인물 역시 반민주주의자라고 비판했다.[12] 왜냐하면 반소반공은 '일본 제국주의 시대의 전통이요 오늘날 국제 파시즘과 일맥을 통하기 때문'이다.[13] 이렇듯 당시 좌익에게는 반공이 곧 반민주주의를 의미했다.

1946년 3월 20일 미소공동위원회가 개최되던 날, 소련 대표인 스티코프(T. F. Stykov) 역시 민주주의 대 반민주주의 프레임을 끌어들여 자유적 민주주의 정부의 수립에 반대하는 세력을 반민주주의적 반동분자라고 비판했다.[14]

조선공산당을 비롯한 좌익이 국내 반민주주의 세력으로 우익을 지목하여 비판할 때는 지주·자본가가 착취와 권세를 유지하기 위해 봉건적 권세욕에 불타는 반민주주의적인 일부 망명정객들과 결탁하여 반인민적·반민주주의적 전제정권 수립을 꾀하고 그 목적을 달성하기 위해 제국주의 세력과 결탁함으로써 조선을 파시즘의 길로 이끌 것이라는 논리를 구사했다.[15] 때론 좌익 – 삼상회의 결정 지지 – 민주개혁 – 민주독립을 지향하는 세력 대 우익 – 반탁 – 식민지적 봉건제 유지 – 새로운 예속을 도모하는 세력의 이분법으로 우익을 비판하기도 했다.[16] 나아가 우익과 힘을 합치자는 주장 역시 민주주의를 훼손하는 반민주주의적인 행위로 지탄받았다.[17]

그런데 민족 반역자를 제외한 각계각층이 곧 인민이라는, 앞서 인용한 주장에서 엿볼 수 있듯이 조선공산당을 비롯한 좌익이 과도기 형태로서의 인민민주주의를 내세우면서 민주주의의 형식과 내용을 편가를 때면 계급 문제는 물론 민족 문제가 주요한 잣대로 이용되었다.

우선 우리에게는 진보적 민주주의 사회이냐? 반동적 민족주의 국가의 건설이냐? 우리 조선 사람들은 오늘날에 있어서 이렇게 문제를 세우고 있다. 노동자, 농민, 도시 시민, 인텔리겐차 등 노동계급은 전자를 주장하고 있으나 지주, 고리대금업자와 반동적 민족 부르주아지 등 친일파들은 자본가와 지주 독재정권인 반동적 민족주의 국가의 건설을 요망하고 있다.[18]

이 인용문에 따르면 진보적 민주주의의 적은 반동적인 민족주의 국가를 건설하고자 하는 세력이다. 조선공산당이 제시한 두 가지 당면과제 중 하나가 민족의 완전 독립이었듯이, 정태식은 '모든 권력은 인민에게로'라는 구호에 만족하지 않고 완전한 자주독립을 이루어 진실한 민주주의적 독립국가를 수립하는 것이 조선 민족의 최고 목표라고 주장했다.[19] 반일적 민주세력 대 민족 반역자의 반민주세력으로 나누어 후자를 비판하는 경우도 있었다. 이처럼 좌익 진영에서 민족주의적인 것이 민주주의적인 것이고 민주주의적인 것이 민족주의적이라는 논리를 적극적으로 개진한 사실은 앞서 언급한 '반공=반민주주의'라는 주장과 함께 당시 좌익의 현실 인식을 잘 보여주는 특징이라 할 수 있다. 그들에게 민주주의는 인민을 포용하는 통합적 가치이자 우익과의 전선을 가르는 '분단'의 가치를 갖는 이중적 개념이었다.

2

'반공적' 민주주의:
민주주의 대 공산주의

민주주의 대 공산주의 프레임의 탄생

해방 후 뜨겁게 달아올랐던 민주주의 논전에서 다수의 친일세력을 포함하고 있는 우익은 소극적인 태도를 취했다. 좌익으로부터 '반민족=반민주주의'라는 프레임으로 공격당하면서도 굳이 반격할 형편이 못 되었다. 한편 민주주의의 정석은 미국식 민주주의이고, 그 제도의 신속한 이식만이 민주주의 발전이라고 생각하기에 굳이 '우리에게 민주주의란 무엇인가'라는 담론에서 주도권을 장악하는 데 그다지 관심을 두지 않았을지도 모른다.

그럼에도 우익이 민주주의 시대에 마냥 무기력하게 대처한 것은 아니었다. 그들에게도 민주주의는 좌우 투쟁에서 강력한 이념적 무기였다. 민주주의 대 공산주의라는 이분법이 그것이다. 이에 따르면 우익은 '선 = 민주주의' 세력이고, 좌익은 '악=공산주의' 세력이었다. 우익계 신문인 《대동신문》은 인민의 정치는 특정 개인이나 특정 계급의 독재정치가 아니므로 공산주의적 독재정치는 민주주의가 아니라고 단언했다.[20] 여기에 '미국=선, 소련=악'이라는 이분법이 더해졌다. 임병직 재미한인위원회 회장은 미국 덕에 세계대전에서 민주주의가 승리를 거두었고, 한반도에 진주한 미국 군대는 조선인들에게 민주주의를 전하고자 애쓰고 있는데 이것이 실패하면 공산주의의 암흑에 빠질 것이라고 경고했다.[21] 미군정청 사령관 하지(J. R. Hodge) 중장의 정치 고문인 굿펠로(P. M. Goodfellow)는 민주주의 대 공산주의 프레임을 활용하여 조선 인민의 90퍼센트는 민주주의에 찬성하고 10퍼센트 정도가 공산주의를 지지할 것이라고 주장하기도 했다.[22]

미소공동위원회에서 미국과 소련이 갈등한 이유 중 하나는 민주주의에 대한 인식 차이였다. 당시 미국 입장에서 볼 때 미국이 내세우는 민주주의란 무엇보다 언론·출판·집회의 자유를 가리키는 데 반해 소련에서는 대중의 복지를 의미하므로 인민의 70퍼센트가 소농인 남한의 현실에서 다수가 공산주의에 쏠리는 현상을 우려하지 않을 수 없었다. 따라서 미국식 민주주의 대 소련식 민주주의 프레임에서 자유를 누리는 민주주의 대 자유를 억압하는 공산주의 프레임으로 전환하려는 노력을 소홀히할 수 없었다. 1차 미소공동위원회가 사실상 결렬되고 휴회에 들어간 후 주일 미국대사 폴리(E. Pauley) 트루먼(H. S. Truman) 대통령에게 이렇게 보고했다.

미국은 민주주의 및 4대 기본 자유권을 보급하기 위하여 한국 내에서 선전 및 계몽운동을 수행해야 할 것입니다. 이때 민주주의의 이점뿐만 아니라 그 책임도 가르쳐야 할 것입니다. 이러한 운동을 수행하지 않을 경우, 한국인들은 소련이 민주주의의 최고 형태라고 찬양하는바 공산주의에 대해서만 광범하게 귀를 기울이게 될 것입니다.[23]

이렇듯 미군정이 민주주의 대 공산주의 구도의 형성에 일조한 측면이 있다면, 이를 적극적으로 활용하여 민주주의에 반공적 성격을 덧붙인 사람은 이승만이었다. 해방 직후 귀국한 이승만은 군주정치나 독재정권하에서 구속을 받고 지내는 습관을 타파하고 민주정체에서 자유롭게 활동하여 전 세계의 해방된 민족들과 함께 동등한 복리를 누리자고 역설했다. 그런데 그의 민주주의는 '세계의 모든 지역에 공산주의가 아닌 민주주의의 토대를 구축해야 한다'[24]라는 주장에서 드러나듯이 '민주주의=반공'이라는 등식의 '반공적' 민주주의와 다름없었다.

이승만은 미국에 있을 때부터 철저한 반공주의자였다. 그는 소련을 제정러시아 때부터 한반도에 야심을 가진 침략 세력이자 세계의 적화를 위해 끊임없이 노력하는 '악마의 나라'라며 적대시했다. 그런 그의 눈에 좌파는 공산주의자였고, 모두 소련의 사주를 받은 것으로 비쳤다.[25] 귀국 초기 이승만은 경제적 측면에서 근로대중의 복리를 증진하기 위해 공산주의와 협조할 용의가 있다고 말하기도 했으나, 곧 러시아를 조국으로 섬기는 극좌파 공산주의자들과 협력할 수 없음을 천명한 이래 반공주의적 태도로 일관했다.[26] 그는 공산주의자들이 자신들을 민주주의자라고 부르며 대중을 현혹하고 있다고 비판했다.[27] 그가 보기에 모스크바 삼상회의의 결정에 따라 민주주의 임시정부를 수립한다는 것은 결국 공산주의와 민주주의의 비빔밥정부를 세우는 것을 의미했다.[28]

당시 이승만을 포함한 우익은 민주주의 대 공산주의를 자유 대 독재의 프레임으로 구체화하여 좌익을 공격했다.

이 민주주의에 두 가지 해석이 있어 좌익 계열에서는 공산주의적 독재를 의미하게 된다. 그러나 우리는 민주주의를 세계에서 널리 쓰이는 의미로 해석하고 사용하는 것이 정당하다고 생각되는데 그는 자유를 기초로 하는 것이다.[29]

이렇듯 해방기를 거치면서 개인의 자유와 차이에 대한 관용 같은 자유주의 원리에서 발원한 자유가 아니라, '공산독재의 침략과 지배로부터의 자유', 즉 '반공적' 자유가 먼저 자리를 잡아갔다.

'반공적' 민주주의로서의 자유민주주의

이러한 '반공적' 민주주의에 대한민국 정부 수립 이후 이승만이 전체주의적 색채를 덧씌워 통치 이념으로 삼은 것이 바로 일민주의였다. 일민주의는 정치적·경제적·사회적 평등에 입각한 민족으로의 균등화, 즉 '일민'으로의 통합을 추구하고자 한 이승만의 통치 이념이었다.[30] 이승만은 일민주의에 대해 '온 국민이 신봉할 민주주의 지도 이념으로, 국민 평등의 의미로, 한국 민주주의의 토대여야 한다'고 역설했다.[31] 또한 그러

한 민주주의 지도 이념으로서의 일민주의는 공산당 타도, 즉 반공주의의
근원이었다.

공산당을 타도하고 일부 동족 간의 투쟁을 하는 것은 우리 동포 마음속에
민주주의 정신을 확립하여 국가의 독립과 국민의 자유를 확보하는 동시에
그 토대를 영구히 지속하는 데 그 의의가 있다는 것과 일민주의는 이 목적을
달성하는 데 있어 근원이 되는 것으로서 차후에 영웅주의를 가진 자가 나선
다거나 또는 외국에서 침입을 할지라도 그것을 배제할 수 있도록 국민에게
민주주의 정신을 지시하는 것이다.[32]

한편 일민주의 이론가인 안호상은 민주주의로 공산주의를 쳐부술 수
도 있지만, 이 막연한 민주주의만으로는 공산주의와 강력히 싸우기 어렵
다며, 민주주의 대 공산주의 프레임을 일민주의 대 공산주의로 대체하려
는 시도를 하기도 했다.[33]

이처럼 해방 직후 한국과 중국에서 동시에 풍미되기 시작한 '민주주의
대 공산주의'의 이분법은 '민주주의 대 전제(專制)주의', '자본주의 대 공
산주의'라는 상식적 이분법을 넘어 반공주의에 의해 '공산주의=전제주
의'라는 정치적 수식으로 채택된 이후 냉전 구도에서 확고히 정착되는
길을 걸었다.[34] 이러한 '반공적' 민주주의는 이승만을 비롯한 권력에 의
해 자유민주주의로 호명되면서 '반공투사=자유민주주의의 수호자'라
는 통념을 형성해나갔다.

그런데 해방기에도 자유민주주의라는 개념은 존재했다. 중도좌파인
백남운은 우익이 주도하는 민주주의 대 공산주의 구도가 사실상 공산주

의가 민주주의임을 부정하는 것이라고 비판하면서 자유민주주의에 대해 다음과 같이 언급한 바 있다.

　민족주의와 공산주의의 공통 요소인 민주주의를 충분히 이해할 필요가 있다. 근일에는 민주주의를 유행어같이 사용하는 동시에 일부 기이한 것은 민주주의와 공산주의를 대립적으로만 생각하는 점이다. (……) 프랑스혁명기에 이르는 민주주의의 획기적인 역사적 범주로서 자유민주주의가 선포된 것이며 제1차 세계대전 후의 소련의 출현으로 말미암아 본질적인 신민주주의가 세계사적으로 등장된 것이다. 그러한 민주주의의 역사적 범주의 발전사를 이해하지 못하고 근대적 자유민주주의만을 민주주의의 대표적 범주로 오인하고 있는 것은 용허할 수 없는 것이며 민주주의와 공산주의를 대립적으로 규정하는 것은 절대적으로 잘못이다. 자유민주주의와 공산주의는 민주주의의 역사적 범주로 보아서 대립적인 것은 사실이지만은 민주주의 자체가 공산주의와는 대립적인 것이 아니라 공산주의 자체의 사회적 성격이 민주주의인 것이다.[35]

　여기서 말하는 자유민주주의란 프랑스혁명으로부터 발원하는 시민민주주의를 의미한다고 할 수 있다. 또한 백남운은 유산계급 독재의 자유민주주의와 무산계급 독재의 프롤레타리아민주주의를 대비하면서 자유민주주의의 계급성을 주장하기도 했다. 미소공동위원회에서 소련 대표 스티코프가 조선에 자유민주주의적 정부가 수립되기를 바란다고 언급할 만큼 자유민주주의는 해방기에 좌우 이념의 대립과 무관하게 쓰였다. 그런데 한반도에 자유민주주의 정부를 수립할 것임을 거듭 천명하던 미군정의 하지 장군이 미소공동위원회가 결렬되고 한국 문제가 유엔으로 이관되자, '조선 국민 의사에 반대되는 공산당 치하를 거부하고, 미국은 조선인에게 자유롭고 민주주의적인 국가를 갖도록 하자는 연합국의 공약을 이행'[36]할 것을 선언한 사례에서 알 수 있듯이, 냉전이 현실화되는 가운데 자유민주주의에 반공의 색깔이 덧씌워지기 시작했다.

3

신민주주의,
통합 가치로서의 민주주의

해방정국에서 가장 풍성하게 제기된 민주주의는 좌도 우도 아닌 민족 통합·사회 통합을 표명하는 중도의 신민주주의'들'이었다. 마오쩌둥이 제기한 신민주주의의 영향도 상당한 것이었지만, 독립 이후 민주적 신국가 건설이 좌 혹은 우 일방의 길을 걷는다면 민족 분열, 사회 분열을 초래할 가능성이 높다는 전망이 제3의 민주주의로서 신민주주의를 모색하게 만들었다고 할 수 있다. 해방 직전 대한민국 임시정부, 화북조선독립동맹, 건국동맹 등이 좌우합작을 모색하고 실천한 것 역시 이러한 현실 인식의 발로였다.

하지만 미국과 소련이 한반도에 진주하면서 우려대로 남과 북, 좌와 우를 갈라놓았다. 이에 민족 분열, 사회 분열을 우려하던 중도 성향의 정치가와 학자 들이 통합의 가치로 신민주주의를 제창했다. 이것들은 얼핏 보면 앞서 살펴본 좌익의 통일전선론적인 인민민주주의·진보적 민주주의와 크게 다르지 않은 주장 같지만, 프롤레타리아의 주도를 주장하지 않는다는 점에서 분명한 차이가 있다. 또한 우익적 성향임에도 좌익적 경제노선을 수용한 민주주의를 합작·통합 가치로 주장한 경우도 있었다. 이러한 신민주주의'들'은 민족주의가 강하게 투영된 민주주의라는 공통점이 있었다.

1945년 일본이 패망한 후 중국에서도 중도 노선으로 신민주주의가 부상했는데, 계급연합에 의한 전민적(全民的) 민주주의를 지향한 점과 부르주아민주주의와 프롤레타리아 독재를 동시에 반대한 점에서 한국의 신민주주의와 크게 다르지 않았다.[37]

백남운의 연합성 신민주주의

백남운은 중도좌파의 입장에서 연합성 신민주주의를 제시했다. 그는 자유민주주의, 사회민주주의, 프롤레타리아민주주의를 비롯하여 동유럽의 인민민주주의와 마오쩌둥의 신민주주의 등 기존의 민주주의 유형을 분석하여 이들 모두는 조선 현실에 적용하기 어려우므로 연합성 신민주주의를 제창한다고 선언했다.

연합성 신민주주의에서 연합이란 계급연합을 의미한다. 그는 정치적으로는 민족주의자와 공산주의자, 사회적으로는 무산계급 전체와 양심있는 일부 유산계급의 연합을 주장했다. 민족주의자와 공산주의자의 동맹 혹은 연합은 독립운동을 함께 한 경험이 있으므로 가능하다고 보았으며, 양심적인 일부 유산계급도 무산계급과 연합하여 민주정권 수립에 기여할 수 있다고 주장했다. '아직도 혁명성을 갖고 있는 유산자는 자금을, 인텔리는 지식을, 과학자는 기술을, 무산자는 노동력을 제공하여 민주정치와 민주경제가 부합하는 연합 민주정권을 수립해야 한다'는 것이다.[38]

여기서 백남운이 신민주주의의 일환으로 주장한 민주정치란 봉건시대의 신분정치와 식민권력의 자본정치와는 다른 '인민이 정치의 주체로서 인민의 복리를 위하여 인민의 의사와 요구를 수행하는 정치'[39]를 의미했다. 그 본령은 인민의 생활 문제를 근본적으로 해결하는 데 있었다. 이처럼 백남운이 신민주주의의 일환으로 민주정치를 강조한 것은 2차 세계대전 이후 민주주의 정치가 보편적인 역사 현상이 되었다고 확신했기 때문이다. 그는 민주정치의 장점으로 인민의 공정한 여론과 내적 요구를 듣는 여론정치, 인민의 생활경제를 보장하는 책임정치, 민권의 대변자 혹은 인민의 공복에 의한 대의정치 등을 들었다.[40] 그런데 백남운은 대의정치의 구체적인 상을 제시하지 않았을 뿐 아니라, '원칙적으로는 생산력 담당자를 대표하는 무산정당'[41]의 영도성을 인정하면서도 '전위당=공산당'에 대해서는 전혀 언급하지 않았다. 일당독재에 대한 입장 표명도 없었다. 하지만 좌우정당 간의 갈등이 민중을 위한 대립이라면 정당은 사회계급성의 반영인 만큼 당연한 대립이라고 긍정했다는 점에서 일당독재를 반대하는 입장이었다고 추정할 수 있다.

백남운이 신민주주의의 일환으로 내세운 민주경제에도 계급연합적 성격이 잘 드러나 있다. 그는 '민주경제의 본질적 재편성을 주체적으로 요구하는 것은 농민 및 노동자의 생활 실천에서 우러나온 사회적 속성인 동시에 현실적 권리인 것이다. 다시 말해 조선 경제의 생산력을 담당한 자는 농민 및 노동자이다. 그 생산력의 담당자인 노동계급을 중심 부대로 한 인민대중의 경제해방이 즉 해방정치의 대상이 되는 것이다'[42]라고 주장하며 계급론적 관점에서 민주경제를 정의했다. 하지만 계획경제라도 민주경제의 비약적 발전을 촉성하는 의미에서 산업의 종류에 따라 여러 형태의 기업가를 보호, 육성할 필요가 있음을 주장하여 자본주의적 요소가 공업기술의 발전에 필요하다는 것을 인정했다. 하지만 토지개혁안에 대해서는 무상몰수 무상분배의 원칙을 고수했다. 무상몰수 이외의 국유는 지주를 반민주적 산업자본자로 전화시킬 뿐이고 민주경제 확립에 장애물이 될 것이라고 보기 때문이었다.[43] 그는 우익이 제시한 유상국유론은 지주의 산업자본을 국가가 대리로 조달하는 결과를 초래하여 자본주의 재현으로 귀착될 것이라고 비판했다.[44]

연합성 신민주주의가 연합 민주정권에 부여한 위상은 민주정치와 민주경제를 동시에 해결하는 것이었다. 백남운은 민주정치와 민주경제는 표리관계이므로 동시에 해결해야 하며, 정치 독립 후에 경제를 건설하겠다는 것은 민주경제를 회피하는 변명에 불과하다고 비판했다.[45] 그는 경제변혁의 정도에 따라서 정치의 성격이 규정되고 경제변혁이 없는 정치 변동은 표면적인 정권 이동에 불과하며 그 경제는 현상유지로 귀착된다고 비판함으로써 민주경제와 민주정치의 동시 해결을 주장했다.

민주경제와 민주정치의 문제를 동시에 해결할 것을 주장하는 것은 조선에 적중한 신민주주의 체제의 입법화를 의미한 것이다. 조선 민족의 운명은 자주독립에 달렸고 자주독립의 실성(實性)은 경제독립에 맺었으며 경제독립의 실태는 민주경제의 체제화 그것이다. 다시 말하면 명실이 상부한 자주독립은 민주경제와 민주정치의 동시 해결 이외에는 없는 것이다.[46]

백남운의 연합성 신민주주의에서 주목할 점은 민주정치 및 민주경제와 더불어 민주문화와 민주도덕을 거론한 것이다. 특히 백남운은 조소앙이 제창한 삼균주의가 정치·경제·교육의 균등을 말했듯이, 민주정치와 민주경제와 민주문화는 삼위일체로 연관성이 있다고 주장했다. 그는 조선 민족의 문화해방을 위해 반(半)봉건성 문화와 일제식 동화주의 문화의 잔재를 타도하고 민주문화를 건설할 것을 주창했다. 여기서 민주문화란 '계급적 특권문화가 아닌 민주적인 대중문화, 자본주의적인 도시문화가 아닌 민주적인 농촌문화, 잉여가치의 반영 형태인 계급문화가 아닌 대중 자신의 창의적 노동의 결정인 민주적인 해방문화'를 의미한다.[47]

한편 백남운이 도덕의 민주성을 신국가 건설 과제로 제시한 점은 다른 신민주주의와 구별되는 특징이다. 민주도덕은 민주정치, 민주경제, 민주문화와 마찬가지로 인민이 주체가 되는, 인민을 위한 도덕을 의미한다. 그는 새로운 체제에서는 새로운 문화와 도덕을 지닌 인간 형성이 요구되는데, 연합성 신민주주의 단계에서 필요한 신도덕률이 바로 민주도덕이라고 주장했다. 백남운은 삼국시대의 귀족 도덕, 봉건시대의 양반 도덕과 달리, 새로운 민주적 덕목은 역사적으로 민주화하고 있는 사회적 생산기구의 성격에 맞게 형성될 것으로 기대했다. 그가 민주도덕의 지도 이념으로 꼽은 것은 일하지 않는 사람은 먹을 권리가 없다는 노동도덕으로, 이러한 노동도덕을 받아들일 때 비로소 조선 민족의 생활 창조 과정이 민주화할 것으로 내다보았다. 동시에 그는 유교적 덕목의 민주적 해석을 통한 민주도덕의 정착에도 관심을 가졌다. 가령 '인간이 인간을 착취하는 것을 배제하자는 것이 인(仁)이고 쌀을 생산하는 농민과 기계를 돌리는 노동자와 사무기술을 담당하는 근무자들을 인격적으로 해방하자는 것이 인이며 금수초목을 사랑하는 것도 필요한 것이나 인간을 사랑하고 민족을 사랑하고 생산계급을 사랑하자는 민주적인 인을 실천해야 한다'고 주장했다.[48] 이처럼 그가 도덕의 민주화를 강조한 것은 당시 좌우 대립의 격화에서 드러나듯이 정당이나 정치 지도자의 도덕성 결여가 민족통일전선을 형성하는 데 큰 장애가 된다고 생각했기 때문이다.[49]

이처럼 백남운의 연합성 신민주주의에는 '민족을 사랑하고'라는 언급에서도 알 수 있듯이 민족주의적 요소가 강하게 내포되어 있었다. 그는 연합성 신민주주의를 '조선 경제사회에 가장 적응한 조선적 민주주의', 즉 민족적인 민주주의라고 주장했다.

연합성 신민주주의는 조선 사회의 혁명적 세력의 역사성에 의거한 좌우익의 정치적 연합의 가능성을 규정한 것이다. 그리하여 유산계급 독재의 자유민주주의를 거부하는 동시에 무산계급 독재의 프로민주주의와도 구별되는 민족적 민주주의를 말한 것이며, 조선 정치의 순간성으로 보아서 계급적 민주주의보다는 과도 형태로서 민족적인 연합성 민주주의만이 민주적 통일과 자주독립을 수행할 수 있을 것이며 민주정치와 민주경제 문제의 동시 해결을 국책화할 수 있는 것이다.[50]

그렇기 때문에 백남운은 좌우익이 필요 이상으로 대립하는 현실을 강하게 비판했다. 역사적으로 형성된 단일민족을 정치적으로 분열시키는 대립은 연합성을 파괴한다는 점에서 정당한 대립이 아니며 민중을 도탄에 빠뜨리는 결과를 초래하기 쉽다는 것이다.[51] 갓 독립하여 아직 나라가 세워지기 전이라는 현실에서 좌익·사회주의자이면서도 계급보다는 민족을 우선시했던 백남운의 연합성 신민주주의의 방점은 민주주의가 아니라 '연합성'이라는 수식어에 찍혀 있었다.

배성룡의 조선식 신형 민주주의

사회민주주의자로 불리는 배성룡은 미국식 민주주의와 소련식 민주주의 그 어느 하나로는 미소 협조와 좌우 협조라는 새로운 시대 상황에 적응할 수 없다며 조선식 민주주의를 주장했다.

미국식 황금민주주의나 소련식 일당전제·독재의 민주주의는 우리에게 불필요한 것일 뿐 아니라 미소 민주주의의 합치는 결국 미국식도 아니요 소련식도 아닌 절충식 또는 조선식 민주주의여야 할 것이니 이러한 신형 민주주의를 창제할 역량 및 지능이 없는 정치가들은 오늘의 조선에 나선다 하더라도 조선의 정치를 요리할 수 없을 것이다.[52]

이처럼 배성룡은 우익의 친미·반소 노선과 좌익의 친소·반미 노선을 모두 사대주의라고 비판하면서 미국과 소련에 대한 중립적 균형 외교를 지향하는 '민족자주 노선'의 입장에서 조선식 신형 민주주의를 제시했다. 즉 조선식 신형 민주주의가 지향하는 바는 미국의 금융제국주의의 지배를 받아서도 안 되고 소련의 세계 혁명을 위한 희생이 되어서도 안 되는, '외국의 간섭으로부터 완전 이탈하는 독립'이었다.[53] 중립적 균형 외교는 바로 독립을 위한 필수 조건이었다. 혹여 미국과 소련의 민주주의 가운데 하나만을 취한다면 미국과 소련의 협조관계가 무너지면서 군사 점령으로부터 벗어나기 어려울 수 있기 때문이었다.

배성룡은 미소 협조만이 아니라 좌우 협조가 필요하다는 인식에서 조선식 신형 민주주의를 제창했다. 그는 해방 직후 사회에는 지배 권력도 혁명 세력도 존재하지 않으므로 결국 좌우의 협동 역량에 의해 영도력이 구성되어야 한다고 보았다. 하지만 좌우익 정치세력과 계급적 입장의 독자성을 부정하지는 않았다.[54] 그는 좌우익 정치세력과 제 계급이 각자 독자성을 가지면서 상호 대등하게 연합하는 형식의 민족협동전선체, 즉 좌우연합 정권을 구상했다.

배성룡은 좌익의 프롤레타리아민주주의나 우익의 부르주아민주주의 모두 계급 이익을 옹호하므로 결과적으로는 독재의 폐단이 있다고 비판했다. 우선 그는 미국 민주주의를 모델로 삼는 부르주아민주주의는 사유재산제로 인해 정치적·경제적 특권이 지주와 자본가에게 집중되므로 자본가 독재로 귀결된다고 생각했다. 따라서 민중이 평등한 권리를 누리기 위해서는 사유재산권의 절대적 옹호를 지지하는 부르주아민주주의를 용납해서는 안 된다고 주장했다. 그는 토지와 산업을 사회화하는 사회주의적 정책을 실시하지 않고서는 진정한 의미의 민주주의를 이룰 수 없다고 생각했다. 또한 소련식의 프롤레타리아민주주의 역시 진정한 민주주의가 아니라 프롤레타리아트나 무산계급을 옹호하는 독재체제에 불과하다고 비판했다. 특히 일당정치는 정치의 관료화를 낳아 관료독재로 귀결된다고 보았다. 인민을 위한다는 권력이 오히려 인민을 억압하게 됨에 따라 개인의 자유를 억압하여 진정한 사회해방을 이룰 수 없게 한다는 것이다.[55]

나아가 배성룡의 조선식 신형 민주주의는 국가 권력과 사회 노동의 조화를 추구했다. 이를 위해서는 정치적으로는 의회민주주의, 경제적으로는 토지와 산업을 사회화하는 사회주의 정책이 필요하다고 보았다. 배성룡은 정치적으로 일당주의를 배격하고 다당주의를 옹호하며 제 정치세력과 제 계급의 입장을 대변하는 다수 정당에 기반을 둔 의회민주주의의 실현을 구상했다.[56] 경제적으로는 일체의 특권을 배제하고 최저생활 보장에 초점을 맞추어 사회주의적 평등을 추구하되, 자본가의 역할과 자본주의적 경영 원리를 채택하는 혼합경제를 지향했다.

토지에 있어서도 일체의 사회화가 어려운 일일 뿐 아니라 모든 산업기관, 기업체도 그 어느 부분은 사회화, 국유화 또는 국영으로 하는 동시에 또 어느 것은 사영에 맡길 수도 있으며, 또 국가와 자본가 단체가 합동하여 소유자가 되는 혼합형 기업도 있을 것이며, 자본가와 노동자가 공동 경영하는 조합형 기업도 있을 것이다. 혹은 국가로부터 위탁경영, 특허경영, 조차경영도 있을 것이니 이는 엄정한 의미의 자본주의로도 부를 수 없고 또 사회주의로도 부를 수 없는 것이다.[57]

토지개혁에 관해서는 유상매입과 무상몰수를 병행하는 국유화와 지주소작제의 완전한 폐지를 추구했다. 경자유전 원칙에 입각하여 3정보의 토지 소유만 인정하고, 비경작자 소유의 토지와 3정보를 초과하는 경작자 토지는 국유화하자는 것이다. 국유화 방법에 대해서는 대지주의 소유 토지는 무상몰수하고 중소지주의 소유 토지는 일본인이 남겨놓고 간 부동산과 동산, 즉 적산(敵産)과 반민족행위자에 대한 특별과세로 재원을 마련하여 배상하는 방법을 제안했다. 농민에게 분배된 3정보 규모의 토지도 절대적 사유권을 인정하는 것이 아니라 영구 경작을 인정함으로써 경작권을 안정적으로 확보해주자고 제안했다.[58]

이상에서 살펴본 것처럼 조선식 신형 민주주의를 주장한 배성룡은 백남운의 연합 개념과 달리 협조(정치)와 혼합(경제)의 가치에 주목하며 통합의 의지를 드러냈다. 민족 혹은 민족주의를 전면에 내세우지 않은 점은 다른 신민주주의와 구별되는 특징이라 할 수 있다.

안재홍의 신민주주의

안재홍은 중도우파의 입장에서 신민족주의와 함께 신민주주의를 역설했다. 그는 진정한 민주주의가 되려면 자본적 민주주의의 정치 평등과 사회주의의 경제 균등이 결합되어야 한다고 주장했다. 양자를 결합하는 이론적 토대가 된 것은 조소앙의 삼균주의였다. 봉건계급을 타파한 프랑스혁명이 정치상의 평등에 그쳤다면, 조선은 정치권력만이 아니라 부와 지(智)의 평균을 추구하는 삼균제도를 통해 신민주주의를 이룰 수 있다는 것이었다.[59] 다시 말해 신민주주의란 부력, 권력, 지력이 균등하게 작동하는 균등사회, 공영국가로 나아가는 길을 의미했다.[60]

안재홍은 세 가지 중 부력의 균등, 즉 경제적 평등이 정치(권력) 평등

(균등)의 전제라고 보았다. 경제적 민주주의가 실현되지 않는 정치적 민주주의는 부르주아 독재에 불과하다는 것이다. 그럼에도 안재홍이 주장한 경제 균등은 제한적인 것이었다. 그는 일단 중요 산업의 국유화에는 찬성했다. 적산을 국유화하여 국영 또는 민영으로 이관하되, 중요 산업 및 군수 공업은 국영으로 하자는 것이다. 또한 중소기업은 자유 경영에 맡기되, 노자관계 등은 국가가 지도해야 한다고 주장하는 등 경제 전반에 대한 국가의 통제를 강조했다.[61]

토지개혁의 경우, 안재홍은 조선공산당을 비롯한 좌익이 주장하는 무상몰수 무상분배 원칙에 동의하지 않았다. 토지개혁은 거스를 수 없는 대세이나, 조선 농민의 50퍼센트가량이 자영농 또는 지주이므로 급격한 토지개혁은 곤란하다는 이유에서였다. 우선 일본인 토지에 대해서는 공유·사유를 막론하고 국가가 환수하여 농민에게 분배하되 그 대가로 국가에 최저리로 최저 25년에 걸쳐 장기상환하도록 하며 소유권의 자유처분권을 금지하는 방안을 제시했다. 일반 토지에 대해서는 체감매상에 의한 유상매수와 무상분여 방안을 내놓았다. 여기서 체감매상이란 토지 소유량에 따라 차등을 두어 사들이는 정책을 말한다. 자작농의 토지는 그대로 두되 소지주의 토지에 대해서는 자기 경작분 외의 토지를 시가대로 정부가 사들이고 대지주 및 중지주의 토지는 규모가 클수록 더 낮은 가격으로 사들인다는 것이다. 이렇게 국가가 매입한 토지를 경작권만 무상으로 농민에게 나누어준다면 대량 독점을 제한할 수 있다고 보았다. 이처럼, 토지 상속은 허용하되, 높은 누진세율을 적용하며 국가와 개인 간매매 이외의 개인 간 매매와 증여를 금지하여 독점을 막는 경제정책[62]을 실시하면 무산계급 독재나 노동자－농민 독재에 입각한 공산주의 국

가를 건설하지 않더라도 균등사회 – 공영국가를 실현할 수 있다는 것이다.[63]

안재홍의 신민주주의 정치노선은 '자본주의적 금권정치를 극복하기 위해 정치와 교육 균등에 기반한 평권정치를 실시하자'는 주장에서 알수 있듯이 경제에서와 마찬가지로 평등에 초점을 맞추고 있다. 안재홍은일본의 식민 지배로 귀족, 지주, 자본가 등의 정치적 지배 세력이 소멸했으므로 국민 대표가 모인 의회라는 합법적인 입법 수단을 통해 동학난같은 유혈참극을 겪지 않고도 만민개로(萬民皆勞) 대중공생(大衆共生)의나라를 만들 수 있다는 희망을 피력했다.[64] 정치적 평등의 전제조건으로초계급성을 든 것은 안재홍의 신민주주의가 갖는 도드라진 특징이다. 안재홍이 관여했던 국민당의 신민주주의에 대한 정의에도 이러한 입장이선명하게 드러난다.

자본계급의 특권도 무산계급의 특권도 용인할 수 없을 뿐 아니라 이러한계급이 발생하지 않도록 입법하고 다스리는 것이 신민주주의의 이념이요 정치다. 이것은 정치, 경제, 문화 각 방면 각 부분에 있어서 만민평등 기회균등을 원칙으로 하는 것이다. 만민평등과 대중공생의 이념으로 초계급적인 것이 신민주주의이다.[65]

안재홍이 초계급성을 강조한 것은 강한 민족주의적 성향에서 비롯한것으로 볼 수 있다. 그는 이제껏 조선 역사에서는 항상 민족적 저항이 계급투쟁에 우선했으며 해방 직후도 마찬가지라고 보았다.

우리는 40년의 예속과 36년의 질곡 밑에 전 민족이 초계급적으로 굴욕과 피착취의 대상이 되었었다. 이제 또 전 민족이 초계급적으로 해방되었나니, 초계급적인 통합 민족국가를 건설하여 전 민족의 해방 및 독립의 완성을 꾀함이 역사의 명제이다.[66]

그런데 안재홍은 평등을 강조함에도 불구하고 민주주의와 공산주의를 서로 배타적이고 대립적인 이념으로 인식했다. 공산주의는 전체주의의 한 갈래로서 개인의 독자성과 자유를 말살하므로 민주주의와 대립한다는 것이다. '진정한 민주주의는 공산주의에 대한 자기 식별'이라고 주장하며 '공산주의가 진보적 민주주의 혹은 민주주의라고 주장하여 현혹하고 있다'고 경계했다.[67]

안재홍은 자신이 공산주의에 반대하는 이유로 첫째, 조선은 초계급적으로 일제의 착취를 받다가 초계급적으로 해방되어 계급이 소멸한 상태이므로 공산주의가 말하는 프롤레타리아 독재는 조선의 상황에 맞지 않는다는 점을 들었다. 둘째, 공산주의가 민족을 경시한다는 점을 지적했다. 공산주의는 민족을 근대 자본주의 산물로 치부하면서 언젠가 소멸할 것이라고 주장하지만, 한국에서 민족은 이미 고대에 성립한 역사적 실체라는 것이다. 셋째, 공산주의는 개성의 자주성 및 자유와 독창성을 말살하고 기계적 전체주의 체제에서 일률적인 제압을 꾀하므로 민주주의적인 인성자연의 욕구와 배치된다는 것이다. 넷째, 해방 후 조선의 상황은 공산주의 혁명이 일어날 만큼 계급 대립이 심하지 않은데, 그럼에도 불구하고 공산주의자들이 혁명을 일으킨다면 소련에 의존할 수밖에 없어 민족국가로서의 자주성이 크게 훼손될 우려가 있다는 것이다.[68]

안재홍은 좌우합작의 신민주주의를 주창하면서도 이러한 반공의식을 가지고 좌우합작의 전제조건으로 공산주의자의 2선 후퇴를 주장했다.

협동은 민족해방의 완성과 민족자주 독립국가 완성 때문에 진보적인 민족주의 노선에서 협동하자고 하는 것이고 공산주의를 추수하는 협동은 의의를 이루지 못하는 것으로 인식하고 있다.[69]

실제로 그는 조선공산당 지도자인 박헌영에게 "지금은 민주주의 민족 독립국가의 완성이 요청되는 때이니, 좌우 간의 5 대 5 비율은 문제가 아니 되고, 민족주의자가 영도하는 국가를 성립시켜야 하니, 공산주의자는 제2선으로 후퇴하도록 하라"고 요구했다.[70]

안재홍의 정치적 목표는 민족의 모든 계층이 연합하여 만민공영의 신민주주의 국가를 건설하는 것이었다. 하지만 이러한 목표의 실현이 불가능해지자 안재홍은 남한의 단독정부 수립이라는 우익 노선을 수용했다. 그에게 유엔의 남한 정부 승인은 '한국이 진정한 민주주의 이념에 좇아서 민족자주 완전 독립국가로서 민주주의 나라의 반열에 오른 것을 동감 지지하고자 하는 정상적인 표현'이었다.[71] 그는 소련군과 미군이 철수하고 남북에 정부가 수립된 후에도 미국과 소련의 협조를 이끌어내어 신민주주의 통일 국가를 건설해야 한다는 입장을 견지했다.[72]

이렇듯 안재홍의 신민주주의는 초계급성을 화두로 민족은 물론 사회통합을 강조하면서도 민주주의 대 공산주의의 대립 구도를 설정함으로써 종국에는 분단을 인정하는 길을 걸었다. 안재홍의 민주주의 대 공산주의의 이분법적 대립 구도는 그의 좌우합작적 신민주주의에 묻혀 주목받지 못했지만, 앞서 살펴보았듯이 해방정국에서 우익이 자신들의 입지를 강화하기 위해 적극적으로 활용한 프레임이었다.

이처럼 민주주의는 해방과 분단이라는 현실과 운명을 같이했다. 독립 후 신국가 건설의 이념으로서의 민주주의는 통합을 추구하는 가치였다. 하지만 국토와 이념의 분단 과정에서 민주주의는 좌익과 우익이 서로를 공격하는 무기로 사용되면서 분열의 가치로 작동했다. '민주주의=선(善)/성(聖)'이라는 가치가 전도되지는 않았지만, 정쟁 속에서 이념 지형이 달라질 때마다 '민주주의=선/성=?'이라는 코드 속 물음표가 변주되는 역동적인 시간을 보냈다.

서문 _ 민주주의의 눈으로 본 독립운동

1 〈민주주의에 대하여〉, 《민주주의》 17, 1947, 17쪽.

2 신채호, 최광식 역주, 《천고》, 아연출판부, 2004, 101쪽.

3 김삼웅 편저, 《사료로 보는 20세기 한국사》, 가람기획, 1997, 70쪽.

4 님 웨일즈·김산, 송영인 옮김, 《아리랑》, 동녘, 2005, 190쪽.

1장 _ 자치의 공간

1 박은식, 김도형 옮김, 《한국독립운동지혈사》, 소명출판, 2008, 221쪽.

2 〈슬프다, 나라가 죽어도 그 백성은 아픈 줄을 알지 못하는가〉, 《신한민보》, 1910년 7월 6일.

3 〈오호라 옛 한국이 죽었도다〉, 《신한민보》, 1910년 9월 21일.

4 〈대한인의 자치기관〉, 《신한민보》, 1910년 10월 5일; 김도훈, 〈1910년대 초반 미주 한인의
   임시정부 건설론〉, 《한국근현대사연구》 10, 1999, 260쪽.

5 〈조선 독립을 회복하기 위하여 무형한 국가를 먼저 설립할 일〉, 《신한민보》, 1911년 4월 5일.

6 〈정치적 조직에 대하여 두 번째 언론〉, 《신한민보》, 1911년 5월 3일.

7 일사생, 〈무형한 국가의 성립을 찬성〉, 《신한민보》, 1911년 5월 24일.

8 박찬승, 《대한민국은 민주공화국이다》, 돌베개, 2013, 116~117쪽.

9 윤대원, 《상해시기 대한민국임시정부 연구》, 서울대학교출판부, 2006, 25~26쪽.

10 반병률, 〈대한국민의회의 성립과 조직〉, 《한국학보》 13-1, 1987, 124쪽.

11 반병률, 〈대한국민의회와 상해임시정부의 통합정부 수립 운동〉, 《한국민족운동사연구》 2, 1988, 91쪽.

12 김희곤, 《대한민국임시정부 I - 상해시기》, 한국독립운동사연구소, 2008, 40쪽.

13 고정휴, 〈세칭 한성정부의 조직 주체와 선포 경위에 대한 검토〉, 《한국사연구》 97, 1997, 183쪽.

14 임춘수, 〈1920~30년대 중국 신문에 실린 한국 관계 기사 연구〉, 《국사관논총》 90, 2000, 245쪽.

15 이현주, 〈3·1운동 직후 '국민대회'와 임시정부 수립 운동〉, 《한국근현대사연구》 6, 1997, 136~142쪽.

16 배경한, 〈한국독립운동과 신해혁명〉, 《한국근현대사연구》 75, 2015, 96쪽.

17 반병률, 앞의 글(1988), 128쪽.

18 한시준, 《대한민국임시정부의 지도자들》, 역사공간, 2016, 74~77쪽.

19 〈구미입헌정체〉, 《한성순보》, 1884년 1월 30일.

20 〈정치약론〉, 《제국신문》, 1902년 12월 22일.

21 김효전, 《헌법》, 소화, 2009, 95쪽.

22 국가보훈처, 《해외의 한국독립운동사료 22 - 미주편(4)》, 1998, 387~388쪽.

23 국회도서관, 《대한민국임시정부 의정원문서》, 1974, 3쪽.

24 〈국가의 주동력〉, 《대한유학생회회보》, 1907년 4월호, 5쪽.

25 원영의, 〈정체개론〉, 《대한협회회보》, 1908년 6월호, 27쪽.

26 〈한인 된 자 사람마다 의무와 권리를 알면 금일 치욕을 면키 쉬울 일〉, 《국민보》, 1914년 2월 7일.

27 신용하, 〈조소앙의 사회사상과 삼균주의〉, 《한국학보》 104, 2001, 26쪽.

28 김여식, 〈민주주의와 전제주의의 발향〉, 《신한민보》, 1919년 10월 30일.

29 국회도서관, 앞의 책, 21쪽.

30 파냐 이사악꼬브나 샤브쉬나, 김명호 옮김, 《식민지 조선에서》, 한울, 1996, 259쪽.

31 서희경·박명림, 〈민주공화주의와 대한민국 헌법 이념의 형성〉, 《정신문화연구》 30-1, 2007, 86쪽.

32 위의 글, 89쪽.

33 오향미, 〈대한민국임시정부의 입헌주의 - '헌법국가'로서의 정당성 확보와 딜레마〉, 《국제정치논총》 49-1, 2009, 295쪽.

34 서희경, 《대한민국 헌법의 탄생》, 창비, 2012, 115쪽.

35 한시준,《대한민국임시정부Ⅲ-중경 시기》, 한국독립운동사연구소, 2009, 137쪽; 배경한, 〈대한민국임시정부와 중화민국의 외교관계(1911~1945)〉,《중국근현대사연구》56, 2012, 10~11쪽.

36 독립운동사편찬위원회, 〈루스벨트 미 대통령에게 보내는 성명서〉,《독립운동사자료집》별집 2, 1973, 75~78쪽.

37 구대열,《한국국제관계연구사》2, 역사비평사, 1995, 20쪽; 정병준,《광복 직전 독립운동 세력의 동향》, 한국독립운동사연구소, 2009, 65쪽.

38 국사편찬위원회,《대한민국임시정부자료집》22, 2008, 136쪽.

39 위의 책, 138쪽.

40 정병준, 앞의 책, 61쪽.

41 배경한, 앞의 글(2012), 15쪽.

42 국사편찬위원회,《대한민국임시정부자료집》20, 2008, 215~216쪽.

43 한시준, 앞의 책(2009), 161쪽.

44 국사편찬위원회, 앞의 책(20), 207~208쪽.

45 정병준, 앞의 책, 74쪽.

46 국사편찬위원회,《대한민국임시정부자료집》1, 2005, 6~11쪽.

47 이재호, 〈대한민국 임시의정원 연구〉, 단국대 박사학위 논문, 2011, 32쪽.

48 양영석, 〈대한민국 임시의정원 연구(1919~1925)〉,《한국독립운동사연구》1, 1987, 16~17쪽.

49 이재호, 앞의 글, 104쪽.

50 윤대원, 앞의 책, 289쪽.

51 이재호, 앞의 글, 128쪽.

52 양영석, 〈대한민국 임시의정원 연구(1925~1945)〉,《한국독립운동사연구》2, 1988, 17쪽.

53 이현주, 〈1942년 조선민족혁명당의 임시의정원 참여와 노선투쟁〉,《한국독립운동사연구》33, 2009, 109~111쪽.

54 호춘혜, 신승하 옮김,《중국 안의 한국독립운동》, 단국대학교출판부, 1987, 97쪽.

55 한시준, 앞의 책(2009), 44쪽.

56 신우철, 〈건국강령(1941. 10. 28) 연구-'조소앙 헌법사상'의 헌법사적 의미를 되새기며〉,《중앙법학》10-1, 2008, 88~90쪽.

57 최진홍, 〈대한민국 임시의정원의 '의정활동' 연구〉,《한국동양정치사상사연구》10-1, 2011, 89쪽.

58 독립운동사편찬위원회, 〈대한민국임시의정원제36차임시의회선언〉, 《독립운동사》 4, 1970, 1007쪽.

59 이재호, 앞의 글, 164쪽.

60 이우진, 〈대한민국임시정부의 입헌주의 정치제제(1919~1945)〉, 《한국정치외교사논총》 7, 1990, 153쪽.

61 〈대한협회 취지서〉, 《대한협회회보》, 1908년 4월호, 1쪽.

62 오세창, 〈대조적인 관념〉, 《대한협회회보》, 1908년 8월호, 2쪽.

63 윤효정, 〈대한협회의 본령〉, 《대한협회회보》, 1908년 4월호, 45쪽.

64 김성희, 〈정당의 사업은 국민의 책임〉, 《대한협회회보》, 1908년 5월호, 21~22쪽.

65 김정인, 《천도교 근대민족운동 연구》, 한울아카데미, 2009, 81쪽.

66 이반송·김정명, 한대희 편역, 《식민지시대 사회운동》, 한울림, 1986, 94쪽.

67 김인덕, 〈조선공산당의 투쟁과 해산-당대회를 중심으로〉, 《일제하 사회주의운동사》, 한길사, 1991, 49쪽.

68 이준식, 《조선공산당 성립과 활동》, 한국독립운동사연구소, 2009, 285쪽.

69 이반송·김정명, 한대희 편역, 앞의 책, 143쪽.

70 한동조, 〈천도교와 조선〉, 《천도교회월보》, 1922년 10월호, 28쪽.

71 〈곧 해야 할 민족적 중심세력의 작성〉, 《개벽》, 1923년 4월호, 4~7쪽.

72 〈민족일치, 대동단결을 운위하는 이에게〉, 《개벽》, 1923년 5월호, 16쪽.

73 기간, 〈천도교청년당의 과거 일 년을 회고하면서〉, 《천도교회월보》, 1924년 12월호, 14쪽.

74 이돈화, 〈청년당 발기의 최초 동기는〉, 《당성》, 1933년 9월 1일.

75 김정인, 앞의 책, 167~170쪽.

76 〈민족운동과 사회혁명〉, 《독립신문》, 1925년 11월 11일.

77 윤대원, 앞의 책, 279~280쪽.

78 김희곤, 《대한민국임시정부 연구》, 지식산업사, 2004, 195쪽.

79 이명화, 〈안창호-대공주의를 지향한 민족통합지도자〉, 《한국사시민강좌》 47, 2010, 65쪽.

80 강만길·심지연, 《항일 독립투쟁과 좌우합작》, 한울, 2000, 107쪽.

81 노경채, 〈일제하 독립운동정당의 성격〉, 《한국사연구》 47, 1984, 128~129쪽.

82 강만길, 《증보 조선민족혁명당과 통일전선》, 역사비평사, 2003, 120쪽.

83 한시준, 앞의 책(2009), 8~13쪽.

84 한상도, 《대한민국임시정부 Ⅱ-장정 시기》, 한국독립운동사연구소, 2008, 302~303쪽.

85 신주백, 《1930년대 중국 관내 지역 정당통일운동》, 독립운동사연구소, 2009, 222~223쪽.

86 박찬승, 〈1920년대 중반-1930년대 초 민족주의 좌파와 신간회 운동론〉, 《한국사연구》 80, 1993, 60~61쪽.

87 김정인, 앞의 책, 190쪽.

88 박찬승, 앞의 글(1993), 65~67쪽.

89 〈획기적 회합이 될 신간회 창립준비〉, 《조선일보》, 1927년 1월 20일.

90 신용하, 《신간회의 민족운동》, 한국독립운동사연구소, 2007, 47~48쪽.

91 안재홍, 〈실제 운동의 당면과제: 신간회는 무엇을 할까〉, 《조선일보》, 1928년 3월 27일.

92 신용하, 앞의 책, 65~66쪽.

93 이균영, 《신간회 연구》, 역사비평사, 1993, 248쪽.

94 〈부산신간대회에서 신간해소를 제창〉, 《동아일보》, 1930년 12월 18일.

95 신용하, 앞의 책, 299쪽.

96 박영석, 《만주지역 한인 사회와 항일독립운동》, 국학자료원, 2010, 141쪽.

97 최봉용, 〈북간도 간민회의 조직과 활동 및 성격〉, 《북간도 한인민족운동》, 한국독립운동사연구소, 2008, 224쪽.

98 김춘선, 〈중화민국 초 재중 한인 사회의 갈등과 통합〉, 《한중미래연구》 3, 2014, 13쪽.

99 배경한, 앞의 글(2015), 91쪽.

100 최봉용, 앞의 글, 280~281쪽.

101 서중석, 《신흥무관학교와 망명자들》, 역사비평사, 2001, 94쪽.

102 위의 책, 99쪽.

103 박태원, 《약산과 의열단》, 깊은샘, 2015, 35쪽.

104 신용하, 《3·1운동과 독립운동의 사회사》, 서울대학교출판부, 2001, 21쪽.

105 〈국민회 장정〉, 《신한민보》, 1909년 3월 24일.

106 최정익, 〈대한인의 자치기관〉, 《신한민보》, 1910년 9월 21일.

107 〈국민회의 신서광〉, 《신한민보》, 1911년 12월 11일.

108 강영심 외, 《1910년대 국외항일운동 II-중국·미주·일본》, 한국독립운동사연구소, 2008, 221쪽.

109 위의 책, 223쪽.

110 〈대한인국민회 북미지방총회 자치규정〉, 《신한민보》, 1914년 4월 9일.

111 강영심 외, 앞의 책, 223~225쪽.

112 이준식, 《일제강점기 사회와 문화-'식민지' 조선의 삶과 근대》, 역사비평사, 2014, 116쪽.

113 윤병석, 《1910년대 국외항일운동 I-만주·러시아》, 한국독립운동사연구소, 2009,

122~125쪽.

114 〈권업회 창립 제2주년〉,《권업신문》, 1913년 12월 19일.

115 윤병석, 앞의 책, 165~170쪽.

116 박환,《러시아 한인민족운동사》, 탐구당, 1995, 147쪽.

2장 _ 주체의 탄생

1 김정명,《조선독립운동》I, 원서방, 1967, 361쪽.

2 국사편찬위원회,《한민족독립운동사 자료집》17, 1994, 313~314쪽.

3 현상윤, 〈3·1운동의 회고〉,《신천지》, 1946년 3월호.

4 김대상, 〈3·1운동과 학생층〉,《3·1운동 50주년기념논집》, 동아일보사, 1969, 301~307쪽; 김호일,《한국근대학생운동사》, 선인, 2005, 100~113쪽.

5 김정인, 〈기억의 탄생: 민중 시위문화의 근대적 기원〉,《역사와 현실》74, 2009, 154~155쪽.

6 〈왜어폐지요구〉,《독립신문》, 1919년 11월 20일; 〈전국에 걸쳐 일어난 일어폐지운동〉,《독립신문》, 1919년 12월 27일.

7 김기주, 〈광주학생운동 이전 동맹휴학의 성격〉,《한국독립운동사연구》35, 2010, 8쪽.

8 박철하, 〈고려공산청년회의 조직과 활동〉,《한국근현대청년운동사》, 풀빛, 1995, 155~156쪽.

9 장석흥,《6·10만세운동》, 한국독립운동사연구소, 2008, 190쪽.

10 조선총독부 경무국,《조선에 있어서 동맹휴교의 고찰》, 1929, 52~54쪽.

11 장규식,《1920년대 학생운동》, 한국독립운동사연구소, 2009, 239~240쪽.

12 위의 책, 238~240쪽; 김호일, 앞의 책, 197~199쪽.

13 광주학생독립운동동지회,《광주학생독립운동사》, 2009, 82~91쪽.

14 〈광주사건의 개요〉,《조선일보》, 1929년 12월 28일.

15 한규무,《광주학생운동》, 한국독립운동사연구소, 2008, 128~130쪽.

16 한국역사연구회 근현대청년운동사연구반,《한국근현대청년운동사》, 풀빛, 1995, 216쪽.

17 〈광주 사건의 의의〉,《동아일보》, 1929년 12월 29일.

18 김성민,《1929년 광주학생운동》, 역사공간, 2013, 222쪽.

19 한규무, 앞의 책, 149~159쪽.

20 위의 책, 298쪽.

21 김경일, 《노동운동》, 한국독립운동사연구소, 2008, 92~93쪽.

22 위의 책, 84~85쪽.

23 김윤환, 《한국노동운동사 I - 일제하편》, 청사, 1982, 123쪽.

24 이상의, 《일제하 조선의 노동정책 연구》, 혜안, 2006, 56~57쪽.

25 〈조선에 공장법 시행의 필요〉, 《동아일보》, 1925년 3월 14일.

26 임종국, 《일제하의 사상탄압》, 평화출판사, 1985, 121~127쪽.

27 김윤환, 앞의 책, 99~102쪽.

28 김경일, 앞의 책, 109쪽.

29 위의 책, 184~188쪽.

30 김경일, 《일제하 노동운동사》, 창작과비평사, 1992, 211~213쪽.

31 김윤환, 〈일제하 한국노동운동의 전개과정〉, 《일제하의 민족운동사》, 민중서관, 1969,
375~376쪽.

32 김경일, 앞의 책(1992), 364쪽.

33 김윤환, 앞의 글, 367~368쪽.

34 신용하, 《3·1운동과 독립운동의 사회사》, 서울대학교출판부, 2001, 390~392쪽.

35 김경일, 앞의 책(1992), 366쪽.

36 한상권, 《차미리사평전》, 푸른역사, 2008, 115쪽.

37 〈여자시론 필화〉, 《동아일보》, 1921년 4월 26일.

38 〈여자교육회의 사업, 조선문화사상의 제일기록이 된다〉, 《동아일보》, 1921년 10월 10일.

39 배성룡, 〈여성의 직업과 그 의의〉, 《신여성》, 1925년 4월호, 18쪽.

40 윤지훈, 〈모던여성 10계명〉, 《신여성》, 1931년 4월호, 72~73쪽.

41 팔판청년, 〈새로운 여성이란 무엇인가(2)〉, 《조선일보》, 1928년 4월 7일.

42 박용옥, 《여성운동》, 한국독립운동사연구소, 2008, 196쪽.

43 김경일, 《신여성, 개념과 역사》, 푸른역사, 2016, 134~135쪽.

44 정칠성, 〈대담-《적련》 비판, 콜론타이의 성도덕에 대하여〉, 《삼천리》, 1929년 9월호, 4~5
쪽.

45 허정숙, 〈근우회운동의 역사적 지위와 당면임무〉, 《근우》 1, 1929, 3~4쪽.

46 장인모, 〈1920년대 근우회 본부 사회주의자들의 여성운동론〉, 《한국사연구》 142, 2008,
375~376쪽.

47 박용옥, 앞의 책, 209쪽.

48 신주백 편저, 《1930년대 민족해방운동론 연구: 국내 공산주의운동 자료편》 1, 새길, 1989,

399쪽.

49 박용옥, 앞의 책, 231~232쪽.

50 한국여성연구소 여성사연구실, 《우리 여성의 역사》, 청년사, 1999, 341~342쪽.

51 이기훈, 《청년아 청년아 우리 청년아》, 돌베개, 2014, 46~47쪽.

52 위의 책, 50~52쪽.

53 박철하, 《청년운동》, 한국독립운동사연구소, 2008, 6쪽.

54 이기훈, 앞의 책, 313쪽.

55 〈금일의 청년운동〉, 《동아일보》, 1925년 1월 30일.

56 〈청년의 기개가 여하오 – 무의의 생보다는 영히 유의할 사를 취할지어다〉, 《동아일보》, 1922
년 1월 9일.

57 〈지방 발전과 청년회의 관계 – 활력의 근원〉, 《동아일보》, 1922년 5월 27일.

58 〈각지 청년회에 기하노라〉, 《동아일보》, 1920년 5월 26일.

59 〈청년회연합에 대하야 각지 동회에 경고하노라〉, 《동아일보》, 1920년 7월 9일.

60 〈홍원만필 – 청년회의 설립을 촉함〉, 《조선일보》, 1922년 12월 7일(이기훈, 앞의 책,
121~122쪽에서 재인용).

61 〈무산청년선언문〉, 《동아일보》, 1922년 11월 4일.

62 〈과도기에 있는 청년의 사회적 가치 – 투쟁 과정에 있는 청년의 임무〉, 《개벽》, 1926년 2월
호, 10쪽.

63 주종건, 〈국제무산청년운동과 조선〉, 《개벽》, 1923년 9월호, 9쪽.

64 이철악, 〈조선혁명의 특질과 노동계급 전위의 당면 임무〉, 《계급투쟁》 창간호, 1929, 31쪽
(이기훈, 앞의 책, 185쪽에서 재인용).

65 박철하, 앞의 책, 23쪽.

66 위의 책, 25~28쪽.

67 〈연합회휘보〉, 《아성》 1, 1921, 87쪽.

68 박철하, 앞의 책, 16~21쪽.

69 〈전조선청년당대회 주최문〉, 《동아일보》, 1923년 1월 30일.

70 이애숙, 〈1922~1924년 국내의 민족통일전선운동〉, 《역사와 현실》 28, 1998, 110쪽.

71 〈조선청년회연합회 제4회 정기총회〉, 《동아일보》, 1923년 4월 2일.

72 박철하, 앞의 책, 38~47쪽.

73 위의 책, 50쪽.

74 성산학인, 〈조선사회운동개관 – 을축1년수확기(6)〉, 《동아일보》, 1926년 1월 6일.

75 〈금지 2자로 시종〉, 《시대일보》, 1924년 4월 26일.

76 박철하, 앞의 책, 71쪽.

77 소파, 〈소년의 지도에 관하여〉, 《천도교회월보》, 1923년 3월호, 53쪽.

78 이돈화, 〈신조선의 건설과 아동문제〉, 《개벽》, 1921년 12월호, 26~27쪽.

79 김소춘, 〈장유유서의 말폐 - 유년남녀의 해방을 제창함〉, 《개벽》, 1920년 7월호, 56~58쪽.

80 방정환, 〈아동문제 강연자료〉, 《학생》, 1930년 7월호(안경식, 《소파 방정환의 아동교육 운동과 사상》, 학지사, 1999, 310~311쪽에서 재인용).

81 이성환, 〈소년회 이야기〉, 《어린이》, 1925년 5월호, 10쪽.

82 이돈화, 앞의 글, 21쪽.

83 묘향산인, 〈천도교소년회의 설립과 그 파문〉, 《천도교회월보》, 1921년 7월호, 18~21쪽.

84 김정의, 《한국소년운동사》, 민족문화사, 1992, 106쪽.

85 김정인, 〈1920년대 천도교 소년운동의 이론과 실천〉, 《한국민족운동사연구》 73, 2012, 164~165쪽.

86 소파, 〈소년의 지도에 관하여〉, 《천도교회월보》, 1923년 3월호, 53쪽.

87 〈소년운동의 신기치〉, 《동아일보》, 1923년 4월 20일.

88 〈12만 장 선전지, 시가를 네 구로 가가호호에 배포〉, 《동아일보》, 1923년 5월 1일.

89 최명표, 《한국근대소년운동사》, 선인, 2011, 92~95쪽.

3장 _ 권리를 위한 투쟁

1 T. H. 마셜 & T. 보토모어, 조성은 옮김, 《시민권》, 나눔의집, 2014.

2 박찬승, 《언론운동》, 조선독립운동사연구소, 2008, 17~19쪽.

3 국사편찬위원회, 《한민족독립운동사》 19, 1994, 440~446쪽.

4 김정인, 〈기억의 탄생: 민중 시위 문화의 근대적 기원〉, 《역사와 현실》 74, 2009, 163~164쪽.

5 박찬승, 앞의 책, 61쪽.

6 독립운동사편찬위원회, 《독립운동사자료집》 5, 1970, 126~127쪽.

7 박찬승, 앞의 책, 63~66쪽.

8 국가보훈처, 《3·1운동 독립선언서와 격문》, 2002, 230쪽.

9 위의 책, 249쪽.

10 위의 책, 298~299쪽.

11 권보드래, 〈선언과 등사 - 3 · 1운동에 있어 문자와 테크놀로지〉, 《반교어문연구》 40, 2015, 381쪽.

12 미촌수수 · 강덕상 편, 《현대사자료》 26, 미스즈서방, 1967, 640~641쪽.

13 竹內錄之助, 〈하라 내각과 조선의 언론계〉, 《반도시론》 2 -11, 1918, 7쪽.

14 미촌수수 · 강덕상 편, 앞의 책, 649~650쪽.

15 재등실, 〈소요선후사건〉, 《재등실문서》 1(고려서림 영인본), 401~402쪽.

16 박찬승, 앞의 책, 29~30쪽.

17 정진석, 《언론조선총독부》, 커뮤니케이션북스, 2005, 241쪽.

18 박찬승, 앞의 책, 337~338쪽.

19 〈언론계의 피화 - 신천지, 신생활사 양사 사건〉, 《동아일보》, 1922년 11월 26일.

20 〈언론정책의 실정〉, 《동아일보》, 1922년 11월 30일.

21 〈유출유혹한 언론취체〉, 《동아일보》, 1925년 11월 9일.

22 〈조선일보의 발간정지에 대하여〉, 《동아일보》, 1925년 9월 10일.

23 〈자유 없는 언론〉, 《동아일보》, 1923년 7월 19일.

24 〈개벽 발행 금지조치를 보고〉, 《동아일보》, 1926년 8월 4일.

25 〈언론과 문화의 관계〉, 《동아일보》, 1928년 1월 27일.

26 〈조선기자대회 개최에 임하여〉, 《동아일보》, 1925년 4월 15일.

27 박찬승, 앞의 책, 383쪽.

28 〈조선현행 출판법 급 신문지법 개정의 건의〉, 《동아일보》, 1923년 3월 24일.

29 강동진, 《일제의 조선침략정책사》, 한길사, 1989, 248~249쪽.

30 최민지 · 김민주, 《일제하 민족언론사론》, 일월서각, 1978, 137쪽.

31 〈언론집회압박탄핵회, 경관 감시하에 31개 단체 분기〉, 《동아일보》, 1924년 6월 9일.

32 〈압박탄핵회를 또 압박, 대회는 필경 경찰이 금지〉, 《동아일보》, 1924년 6월 22일.

33 〈탄핵대회 금지〉, 《동아일보》, 1924년 6월 22일.

34 〈언론집회압박탄핵단체회의 결의문, 7월 20일에 연설과 시위〉, 《동아일보》, 1924년 6월 22일.

35 〈청중3천의 언론압박탄핵회, 지난 오일 오후 여섯 시에 대판에서 열린 언론탄핵회〉, 《동아일보》, 1924년 8월 10일.

36 박찬승, 앞의 책, 371쪽.

37 김정인, 《민주주의를 향한 역사》, 책과함께, 2015, 53~54쪽.

38 최영성, 〈일제시기 형평운동과 자유주의〉, 《조선철학논집》 19, 2006, 457쪽.

39 〈일본의 수평운동, 계급투쟁의 일례〉, 《동아일보》, 1923년 3월 22일.

40 고숙화, 《형평운동》, 조선독립운동사연구소, 2008, 52~53쪽.

41 김덕한, 〈형평사의 내홍과 형평운동에 대한 비판〉, 《개벽》, 1924년 8월호, 39~42쪽.

42 고숙화, 앞의 책, 154~155쪽.

43 〈노농회원의 폭동〉, 《조선일보》, 1925년 8월 14일.

44 〈농민과 형평 충돌〉, 《동아일보》, 1925년 8월 16일.

45 고숙화, 앞의 책, 248쪽.

46 〈금후의 조선〉, 《동아일보》, 1929년 1월 1일.

47 박환, 《잊혀진 혁명가 정이형》, 새미, 2004, 209쪽.

48 임삼조, 〈1920년대 조선인의 공립보통학교 설립운동〉, 《계명사학》 17, 2006, 267쪽.

49 〈초등교육입학난 구제방법 연구회, 시민대회라도 열어 가지고 기어이 목적을 달성키로 결의〉, 《매일신보》, 1925년 2월 3일.

50 〈2부교수실시〉, 《매일신보》, 1922년 5월 17일.

51 박진동, 〈일제강점하(1920년대) 조선인의 보통교육 요구와 학교 설립〉, 《역사교육》 68, 1998, 95~96쪽.

52 임삼조, 앞의 글, 282쪽.

53 〈2천의 부형이 회집〉, 《동아일보》, 1923년 4월 11일.

54 〈부리면 면립보통교〉, 《동아일보》, 1921년 9월 15일.

55 〈충남고보 위치 문제에 대하여〉, 《동아일보》, 1922년 2월 22일.

56 김형목, 《교육운동》, 한국독립운동사연구소, 2009, 200~201쪽.

57 김효선, 《백암 박은식의 교육사상과 민족주의》, 대왕사, 1989, 192쪽.

58 佐野通夫, 《日本植民地の敎育展開と朝鮮民衆の對應》, 社會評論社, 2006, 58~59쪽.

59 정준영, 〈경성제국대학과 식민지 헤게모니〉, 서울대 박사학위 논문, 2009, 100쪽.

60 〈민립대학의 필요를 제창하노라〉, 《동아일보》, 1922년 2월 3일.

61 〈조선청년연합회 제3회 정기총회〉, 《동아일보》, 1922년 4월 8일.

62 〈민립대학기성발기인모집발첩〉, 《동아일보》, 1922년 12월 9일.

63 〈민대발기취지서〉, 《동아일보》, 1923년 3월 30일.

64 M. 로빈슨, 김민환 옮김, 《일제하 문화적 민족주의》, 나남, 1990, 139~140쪽.

65 김형목, 앞의 책, 213쪽.

66 김동명, 《지배와 저항, 그리고 협력》, 경인문화사, 2006, 155쪽.

67 장세윤, 〈일제의 경성제국대학 설립과 운영〉, 《조선독립운동사연구》 6, 1992, 7쪽.

68 〈무자의 비애〉, 《동아일보》, 1924년 1월 30일.

69 김형목, 앞의 책, 145~146쪽.

70 이성환, 〈농민계몽운동의 목표〉, 《조선농민》 2-11, 1926, 1쪽.

71 〈여자노동야학, 재경여자기독청년회연합 주최〉, 《동아일보》, 1925년 2월 16일.

72 김형목, 앞의 책, 18쪽.

73 위의 책, 262~263쪽.

74 김형목, 〈1920-1924년 여자야학 현황과 성격〉, 《한국여성교양학회지》 12, 2003, 59쪽.

75 여운실, 〈1920년대 여자야학 연구〉, 《성신사학》 12·13, 1995, 201쪽.

76 김형목, 앞의 책, 271~272쪽.

77 박종선, 〈일제강점기(1920~1930년대) 조선인의 서당 개량운동〉, 《역사교육》 71, 44쪽.

78 김기전, 〈농촌개선에 관한 도안〉, 《개벽》, 1920년 12월호, 17쪽.

79 박종선, 앞의 글, 80쪽.

4장 _ 사상의 향연

1 독립운동사편찬위원회, 《독립운동사자료집》 5, 1970, 1344~1345쪽.

2 박찬승, 《민족주의의 시대》, 경인문화사, 2007, 88쪽.

3 박찬승, 《민족·민족주의》, 소화, 2010, 125쪽.

4 양계초, 〈국가사상변천이동론〉, 《음빙실문집》 상(박찬승, 앞의 책(2007), 15쪽에서 재인용).

5 최동식, 〈최종보경〉(속), 《호남학회월보》, 1909년 10월호, 7~8쪽.

6 신채호, 〈제국주의와 민족주의〉, 《개정판 단재 신채호 전집》 하, 형성출판사, 1977, 108쪽.

7 박찬승, 앞의 책(2007), 15~16쪽.

8 최동식, 앞의 글, 7~8쪽.

9 박은식, 〈몽배금태조〉, 《박은식전서》 중, 단국대부설동양학연구소, 1975, 309~310쪽.

10 이윤상, 《3·1운동의 배경과 독립선언》, 한국독립운동사연구소, 2008, 185~186쪽.

11 위의 책, 200쪽.

12 한용운, 〈조선독립의 서〉, 《한용운전집》 1, 신구문화사, 1974, 350~351쪽.

13 위의 글, 349쪽.

14 박찬승, 앞의 책(2007), 243쪽.

15 위의 책, 239쪽; 정병준, 〈여운형 - 좌우와 남북의 통일독립국가를 지향했던 진보적 민족주의자〉,《한국사시민강좌》47, 2010, 155~156쪽.

16 박찬승, 앞의 책(2007), 240~249쪽.

17 님 웨일즈·김산, 송영인 옮김,《아리랑》, 동녘, 2014, 153쪽.

18 이명화, 〈안창호 - 대공주의를 지향한 민족통합지도자〉,《한국사시민강좌》47, 2010, 64쪽.

19 김정인, 〈1920년대 전반기 민족담론의 전개와 좌우투쟁〉,《역사와 현실》39, 2001, 233쪽.

20 안확,《개조론》, 조선청년회연합회, 1920, 3쪽.

21 〈발간의 사〉,《서광》, 1919년 11월호, 2쪽.

22 노아자(이광수), 〈소년동맹과 조선민족의 부활〉,《개벽》, 1922년 2월호, 61쪽.

23 이광수, 〈민족개조론〉,《개벽》, 1922년 5월호, 18~72쪽.

24 신상우, 〈춘원의 민족개조론을 독하고 그 일단을 논함〉,《신생활》, 1922년 6월호, 73~77쪽.

25 신일용, 〈춘원의 민족개조론을 평함〉,《신생활》, 1922년 7월호, 2~18쪽.

26 〈조선전도 실업가에 고하노라〉,《동아일보》, 1921년 4월 12일; 〈산업조사회의 설치〉,《동아일보》, 1921년 6월 10일.

27 〈산업대회의 발기총회를 보고〉,《동아일보》, 1921년 8월 2일.

28 〈산업운동을 제창하노라〉,《동아일보》, 1922년 10월 4일.

29 〈조선의 특이한 처지와 이에 대한 특이한 구제책〉,《개벽》, 1923년 1월호, 19~20쪽.

30 나공민(나경석), 〈물산장려운동과 사회 문제〉,《동아일보》, 1923년 2월 24일~3월 2일.

31 이성태, 〈중산계급의 이기적 운동〉,《동아일보》, 1923년 3월 20일.

32 〈곧 해야 할 민족적 중심세력의 작성〉,《개벽》, 1923년 4월호, 4~13쪽.

33 이광수, 〈민족적 경륜〉,《동아일보》, 1924년 1월 1~4일.

34 〈모든 사상의 근거 - 조선인이라는 의식(2)〉,《동아일보》, 1924년 2월 19일.

35 류시현, 〈1930년대 안재홍의 조선학운동과 민족사 서술〉,《아시아문화연구》22, 2011, 29~30쪽.

36 〈조선을 알자 - 자기 발견의 기연〉,《동아일보》, 1933년 1월 14일.

37 이지원,《한국근대문화사상사 연구》, 혜안, 2007, 346쪽.

38 안재홍, 〈조선과 문화운동〉,《신조선》, 1935년 1월호, 3쪽.

39 이지원, 〈일제하 안재홍의 현실 인식과 민족해방운동론〉,《역사와 현실》6, 1991, 56~60쪽.

40 〈국민주의와 민족주의〉,《조선일보》, 1932년 2월 18일.

41 박찬승, 앞의 책(2007), 257쪽.

42 한영우, 〈안재홍의 신민족주의와 사학〉,《한국독립운동사연구》1, 1987, 11~12쪽.

43 〈문화건설사의(1) – 세계로부터 조선에!〉, 《조선일보》, 1935년 6월 6일.

44 이지원, 〈1930년대 안재홍의 조선학 연구에서 근대정체성 서사와 다산 정약용〉, 《역사교육》 140, 2016, 279~281쪽.

45 저산, 〈조선학의 문제〉, 《신조선》, 1934년 12월호.

46 이윤갑, 〈안재홍의 근대민족주의론 비판과 신민족주의〉, 《한국학논집》 54, 2014, 160쪽.

47 심지연, 《조선공산주의자들의 인식과 논리》, 백산서당, 2015, 15쪽.

48 박종린, 〈1920년대 초 공산주의 그룹의 맑스주의 수용과 유물사관요령기〉, 《역사와 현실》 67, 2008, 78쪽.

49 우영생, 〈맑스와 유물사관의 일별(읽은 중에서)〉, 《개벽》, 1920년 8월호, 99~100쪽.

50 박종린, 〈1920년대 초 정태신의 마르크스주의 수용과 '개조'〉, 《역사문제연구》 21, 2009, 153~154쪽.

51 윤자영, 〈유물사관요령기〉, 《아성》, 1921년 3월호, 71~73쪽; 신백우, 〈유물사관개요〉, 《공제》, 1921년 4월호, 7~13쪽.

52 류시현, 〈1920년대 전반기 유물사관요령기의 번역 소개 및 수용〉, 《역사문제연구》 24, 2010, 76쪽.

53 박종린, 앞의 글(2008), 98~99쪽.

54 위의 책, 97~98쪽.

55 위의 책, 82쪽.

56 정병준, 〈여운형 – 좌우와 남북의 통일독립국가를 지향했던 진보적 민족주의자〉, 《한국사시민강좌》 47, 2010, 156쪽.

57 박종린, 〈1920년대 전반 사회주의 사상의 수용과 맑스주의 원전 번역 – '임금·노동과 자본'을 중심으로〉, 《한국근현대사연구》 51, 2009, 318~319쪽.

58 박종린, 〈1920년대 사회주의 사상의 수용과 맑스주의 원전 번역 – 유토피아에서 과학으로의 사회주의 발전을 중심으로〉, 《한국근현대사연구》 69, 2014, 63쪽.

59 박종린, 〈1920년대 사회주의 사상의 수용과 일월회〉, 《한국근현대사연구》 40, 2007, 766~767쪽.

60 박종린, 〈1920년대 사회주의 사상의 수용과 사회과학연구사〉, 《역사문제연구》 26, 2011, 230~231쪽.

61 박종린, 앞의 글(2008), 92쪽.

62 〈고려공산당창립대회〉, 220쪽(임경석, 《한국사회주의의 기원》, 역사비평사, 2003, 450쪽에서 재인용).

63 김철수, 〈친필유고〉, 《역사비평》, 1989년 여름호, 354~355쪽.

64 임경석, 앞의 책, 428~452쪽.

65 나공민, 〈물산장려와 사회 문제(1회): 주종건 기타 제씨에 대답하기 위하여(4회)〉, 《동아일보》, 1923년 4월 29일.

66 주종건, 〈무산계급과 물산장려운동: 나공민군의 '물산장려와 사회 문제'와 기타에 대하여(7~8회)〉, 《동아일보》, 1923년 4월 12일~13일.

67 이성태, 〈중산계급의 이기적 운동: 사회주의자가 본 물산장려운동〉, 《동아일보》, 1923년 3월 20일; 박종린, 〈1920년대 전반기 사회주의 사상의 수용과 물산장려 논쟁〉, 《역사와현실》 47, 2003, 81쪽.

68 W. Z. 포스터, 《세계사회주의운동사》 II, 동녘, 1988, 57쪽.

69 임경석, 《모스크바 밀사》, 푸른역사, 2012, 162~165쪽.

70 위의 책, 175쪽.

71 전상숙, 《일제시기 한국사회주의 지식인 연구》, 지식산업사, 2004, 160~162쪽.

72 임영태 편, 《식민지시대 한국사회와 운동》, 사계절, 1985, 360쪽.

73 최규진, 《조선공산당 재건운동》, 한국독립운동사연구소, 2009, 250~259쪽.

74 김하일, 〈제국주의 전쟁 배격 도상에서 조선공산주의자들의 임무〉, 《사상휘보》 14, 1938, 109쪽.

75 최규진, 앞의 책, 267~269쪽.

76 〈함경남도 원산부를 중심으로 한 조선민족해방통일전선 결성과 지나사변 후방교란사건의 개요〉, 《사상휘보》 21, 1939, 188쪽.

77 최규진, 앞의 책, 273~276쪽.

78 위의 책, 276~277쪽.

79 오장환, 《한국 아나키즘운동사 연구》, 국학자료원, 1998, 15쪽.

80 이호룡, 〈아나키즘〉, 《한국사시민강좌》 25, 1999, 120~121쪽.

81 남화한인청년연맹, 〈선언〉(이호룡, 《아나키스트들의 민족해방운동》, 한국독립운동사연구소, 2008, 64쪽에서 재인용).

82 재중국조선무정부공산주의자연맹, 〈탈환의 주장〉, 《탈환》 창간호, 1928(이호룡, 앞의 책, 65쪽에서 재인용).

83 《흑색신문》, 1934년 6월 30일(이호룡, 앞의 책, 65쪽에서 재인용).

84 〈민족운동의 오류〉, 《흑색신문》, 1934년 2월 28일(이호룡, 앞의 책, 73쪽에서 재인용).

85 이호룡, 앞의 책, 68쪽.

86 〈애국운동의 정체〉, 《흑색신문》, 1934년 12월 28일(이호룡, 앞의 책, 67쪽에서 재인용).

87 육홍균, 〈소위 다수의 정체〉, 《현사회》 제4호(이호룡, 앞의 책, 72쪽에서 재인용).

88 금월, 〈인간적 욕구와 지도이론의 불필요〉, 《흑색신문》 35호(이호룡, 앞의 책, 80쪽에서 재인용).

89 〈적로독재의 정체 폭로〉, 《흑색신문》, 1934년 12월 28일(이호룡, 앞의 책, 85쪽에서 재인용).

90 이호룡, 앞의 책, 86쪽.

91 〈일본 지배계급은 민중의 타기의 적〉, 《흑색신문》, 1934년 7월 31일(이호룡, 앞의 책, 109쪽에서 재인용).

92 박열, 〈조선의 민중과 정치운동―사기꾼적 권력광들을 배격한다〉, 《현사회》 4(이호룡, 앞의 책, 110쪽에서 재인용).

93 유하, 〈정치운동의 오류〉, 《사상휘보》 7, 1936, 187쪽(이호룡, 앞의 책, 109쪽에서 재인용).

94 이호룡, 앞의 책, 110~111쪽.

95 이홍근, 〈해방운동과 민족운동〉, 《자유연합신문》 40호(이호룡, 앞의 책, 112쪽에서 재인용).

96 이호룡, 앞의 책, 105~107쪽.

97 남화한인청년연맹, 〈선언〉, 《사상휘보》 5, 1935, 115쪽(이호룡, 앞의 책, 107쪽에서 재인용).

98 김정인, 《민주주의를 향한 역사》, 책과함께, 2015, 374~375쪽.

99 이윤상, 앞의 책, 176쪽.

100 위의 책, 184쪽.

101 김삼웅 편저, 《사료로 보는 20세기 한국사》, 가람기획, 1997, 70쪽.

102 최녹동, 《현대신어석의》, 문창사, 1922, 50쪽, 59쪽.

103 위의 책, 27쪽.

104 고영환, 〈데모크라시의 의의〉, 《학지광》 29, 1920, 39쪽.

105 이윤상, 앞의 책, 195~196쪽.

106 매헌윤봉길의사기념사업회, 《매헌충의록》, 1989, 126쪽.

107 〈주지를 선명하노라〉, 《동아일보》, 1920년 4월 1일.

108 〈민주주의의 정신〉, 《동아일보》, 1920년 4월 21일.

109 이태훈, 〈1920년대 초 신지식인층의 민주주의론과 그 성격〉, 《역사와 현실》 67, 2008, 32~35쪽.

110 〈현대정치의 원리〉, 《동아일보》, 1920년 5월 10일; 〈향정치를 회상함〉, 《동아일보》, 1920

년 5월 11일.

111 〈총독정치의 제도적 비판(하)〉, 《동아일보》, 1922년 1월 13일.

112 신일용, 〈맑스사상의 연구〉, 《신생활》 6, 1922, 43~44쪽.

113 〈현대정치의 요의(16): 대의정치와 민주주의〉, 《동아일보》, 1922년 1월 24일.

114 이태훈, 앞의 글, 42쪽.

115 조중용, 〈물산장려운동과 오인의 관찰(2)〉, 《동아일보》, 1923년 3월 26일.

116 이태훈, 앞의 글, 33~34쪽.

117 배경한, 〈삼균주의와 삼민주의〉, 《중국근현대사연구》 15, 2002, 12쪽.

118 김인식, 《광복 전후 국가건설론》, 한국독립운동사연구소, 2008, 76~77쪽.

119 김기승, 〈조소앙-독립운동의 이념적 좌표를 제시한 사상가 · 외교가〉, 《한국사시민강좌》 47, 2010, 174쪽.

120 삼균학회, 《소앙선생문집》 상, 햇불사, 1979, 262쪽.

121 위의 책, 227쪽.

122 이상익, 〈조소앙 삼균주의의 사상적 토대와 이념적 성격〉, 《한국철학논집》 30, 113~116쪽.

123 삼균학회, 앞의 책, 218쪽.

124 위의 책, 227쪽.

125 위의 책, 216쪽.

126 한시준, 《대한민국임시정부의 지도자들》, 역사공간, 2016, 259~260쪽.

5장 _ 법에 맞선 정의

1 이인, 〈朝鮮人の苦情を朝野に訴ふ〉, 《一大帝國》 1-9, 1916, 15~16쪽(한인섭, 《식민지 법정에서 독립을 변론하다》, 경인문화사, 2012, 66~67쪽에서 재인용).

2 김삼웅, 《서대문형무소 근현대사》, 나남출판, 2000, 82~83쪽.

3 윤경로, 《105인 사건과 신민회 연구》, 일지사, 1990, 131쪽.

4 남기정, 《일제의 한국사법부 침략실화》, 육법사, 1978, 169~170쪽.

5 위의 책, 168쪽.

6 이준식, 《조선공산당의 성립과 활동》, 한국독립운동사연구소, 2008, 10~11쪽.

7 〈희천 사건을 보고, 이것이 문화정치의 산물인가〉, 《동아일보》, 1924년 6월 10일.

8 〈회천군 창참 주재소 습격사건의 공판〉, 《동아일보》, 1924년 6월 23일.

9 한인섭, 앞의 책, 144~153쪽.

10 김상현 편, 《실록 민족의 저항 2 - 독방》, 한샘출판사, 1977, 48쪽.

11 한말연구학회, 《건재정인승전집》 6, 박이정, 1997, 23~24쪽.

12 김삼웅, 앞의 책, 26쪽.

13 박경목, 〈1930년대 서대문형무소의 일상〉, 《한국근현대사연구》 66, 2013, 67쪽.

14 김상현 편, 앞의 책, 48쪽.

15 박헌영, 〈죽음의 집에서〉, 《모쁘르의 길》 17, 1929(안재성 엮음, 《잡지, 시대를 철하다》, 돌베개, 2012, 74쪽에서 재인용).

16 김상현 편, 《실록 민족의 저항 1 - 죽음의 집의 기록》, 한샘출판사, 1977, 395~396쪽.

17 김삼웅, 앞의 책, 116~117쪽.

18 위의 책, 177쪽.

19 이현희, 〈서대문형무소에서의 옥중 항일투쟁과 성과〉, 《서울학연구》 23, 2004, 257쪽.

20 김삼웅, 앞의 책, 131쪽.

21 위의 책, 107쪽.

22 〈조선사법계의 지난 일을 말하다〉, 《사법협회잡지》, 1940년 11월호.

23 김삼웅, 앞의 책, 108쪽.

24 양성숙, 〈3·1운동기 서대문형무소 투옥실태〉, 《민족사상》 2-2, 2008, 180~181쪽.

25 김상현 편, 앞의 책(1), 15쪽.

26 위의 책, 18쪽.

27 위의 책, 21~22쪽.

28 박환, 《잊혀진 혁명가 정이형》, 새미, 2004, 68쪽.

29 오현철, 《시민불복종 - 저항과 자유의 길》, 책세상, 2001, 64쪽.

30 문준영, 〈한국 법원·검찰 제도 속의 식민지 사법의 구조와 의식〉, 《식민지 유산, 국가 형성, 한국 민주주의》, 책세상, 2012, 278~279쪽.

31 위의 글, 280~281쪽.

32 도면회, 《한국근대형사재판제도사》, 푸른역사, 2014, 486쪽.

33 남기정, 앞의 책, 156~158쪽.

34 문준영, 앞의 글, 284쪽.

35 위의 글, 295~296쪽.

36 심희기, 〈일제강점기 조서재판의 실태〉, 《형사법연구》 25, 2006, 338~339쪽.

37 최경옥, 〈일제시대의 사법제도〉, 《동아법학》 39, 2007, 12~13쪽.

38 김승일, 〈일본제국주의 식민통치 지역 재판소제도의 비교연구〉, 《역사문화연구》 38, 2011, 99~100쪽.

39 山澤佐一 편찬, 《고등법원검사장훈시통첩유찬》, 경성법원검사실, 1936, 2~5쪽.

40 이인, 앞의 글, 15~16면(한인섭, 앞의 책, 65~66쪽에서 재인용).

41 독립운동사편찬위원회, 《독립운동사자료집》 5, 1970, 11~13쪽.

42 장신, 〈삼일운동과 조선총독부의 사법 대응〉, 《역사문제연구》 18, 2007, 156쪽.

43 이병헌, 《3·1운동 비사》, 시사신보사, 1959, 779쪽.

44 허헌, 〈나의 추억(11)〉, 《조선일보》, 1928년 12월 22일.

45 허헌, 〈나의 추억(12)〉, 《조선일보》, 1928년 12월 23일.

46 한인섭, 앞의 책, 73~106쪽.

47 심지연, 《허헌연구》, 역사비평사, 1994, 39쪽.

48 김정인, 《천도교 근대민족운동연구》, 한울, 2009, 202~203쪽.

49 〈철옹성 같은 경계리 고려혁명당 공판 개정〉, 《동아일보》, 1927년 12월 20일.

50 박환, 앞의 책, 110쪽.

51 〈고려혁명당 제1회 공판〉, 《동아일보》, 1927년 12월 21일.

52 〈수갑이 문제되다가 간수 부족이라고 우 연기〉, 《동아일보》, 1928년 2월 10일.

53 〈고려혁명당 공판 제2일〉, 《조선일보》, 1928년 3월 12일.

54 〈사형 구형 듣고 함소하는 정원흠, 조금의 공포의 빛이 없다〉, 《조선일보》, 1928년 3월 21일.

55 이인, 《반세기의 증언》, 명지대학출판부, 1974, 59쪽.

56 한인섭, 앞의 책, 388~424쪽.

57 〈조선인이 회장 된 이유로 분립한 변호사회〉, 《동아일보》, 1920년 4월 26일.

58 〈조선변호사협회의 창립, 법조계의 단합은 인권옹호의 전제〉, 《동아일보》, 1921년 10월 5일.

59 〈허헌씨 개인좌담회〉, 《동광》, 1932년 11월호, 32~34쪽.

60 〈국제변호사회 경과〉, 《동아일보》, 1921년 11월 1일.

61 〈당국에 문책키로 변호사단 결의〉, 《동아일보》, 1924년 4월 24일.

62 한인섭, 앞의 책, 179~205쪽.

63 허헌, 〈나의 추억(12)〉, 《조선일보》, 1928년 12월 23일.

64 허근욱, 《민족변호사 허헌》, 지혜네, 2001, 285~286쪽.

65 〈갑산 화전민을 영림서에서 방화〉,《동아일보》, 1929년 7월 17일.

66 〈갑산사건에 관한 진상조사결과 발표〉,《매일신보》, 1929년 8월 13일.

67 한인섭, 앞의 책, 265~275쪽.

68 위의 책, 280~284쪽.

69 이균영,《신간회연구》, 역사비평사, 1996, 209쪽.

70 한인섭, 앞의 책, 285~297쪽.

71 이균영, 앞의 책, 383~386쪽.

72 박찬승,《한국독립운동사》, 역사비평사, 2014, 190쪽.

73 한인섭, 앞의 책, 252~263쪽.

74 김학준,《가인 김병로 평전》, 민음사, 1988, 235쪽.

75 위의 책, 20~21쪽.

76 이인, 앞의 책, 75쪽.

77 위의 책, 84쪽.

78 한인섭, 앞의 책, 523~529쪽.

79 위의 책, 530~534쪽.

80 한인섭, 〈1930년대 김병로의 항일변론의 전개〉,《법사학연구》 51, 2015, 173쪽.

81 심지연, 앞의 책, 86쪽.

82 위의 책, 564~570쪽.

83 위의 책, 573~589쪽.

84 이인, 앞의 책, 141쪽.

6장 _ 비폭력의 연대

1 국가보훈처,《3·1운동 독립선언서와 격문》, 2002, 38~39쪽.

2 박성수, 〈3·1운동에 있어서의 폭력과 비폭력〉,《3·1운동50주년기념논집》, 동아일보사, 1969, 367쪽.

3 한국역사연구회·역사문제연구소,《3.1민족해방운동연구》, 청년사, 1989, 245쪽.

4 김정인,《민주주의를 향한 역사》, 책과함께, 2015, 264~265쪽.

5 김정인,《천도교 근대민족운동연구》, 한울, 2009, 64~69쪽.

6 김정인, 〈기억의 탄생: 민중 시위문화의 근대적 기원〉,《역사와 현실》 74, 2009, 155~157쪽.

7 조경달, 허영란 옮김, 《민중과 유토피아》, 역사비평사, 2009, 241쪽.

8 박성수, 《독립운동사연구》, 창작과비평사, 1980, 295~296쪽.

9 박태원, 《약산과 의열단》, 깊은샘, 2015, 27~28쪽.

10 陳獨秀, 〈朝鮮獨立運動之感想〉, 《每週評論》, 1919년 3월 23일.

11 傅斯年, 〈朝鮮獨立運動中之新敎訓〉, 《新潮》, 1919년 4월 1일.

12 박은식, 〈한국독립운동사결론〉, 《박은식전서》 상, 단국대부설동양학연구소, 1975, 777쪽.

13 박은식, 〈신한청년창간사〉, 《박은식전서》 하, 단국대부설동양학연구소, 1975, 228쪽.

14 신채호, 〈조선혁명선언〉, 《개정판 단재 신채호 전집》 하, 형설출판, 1982, 42쪽.

15 거다 러너, 강정하 옮김, 《왜 여성사인가》, 푸른역사, 2006, 177~178쪽.

16 람지 신, 〈비폭력을 통한 자유〉, 《3.1독립정신과 비폭력운동 - 3.1독립운동기념탑 및 정부수립 50주년 기념 국제학술심포지엄》, 1995, 31쪽.

17 박태원, 앞의 책, 27쪽.

18 도진순 주해, 《백범일지》, 돌베개, 1997, 326쪽.

19 조범래, 《의열투쟁 Ⅱ - 한인애국단》, 한국독립운동사연구소, 2009, 14~17쪽.

20 조홍용, 〈'테러'와 '저항권'의 구분 기준에 관한 연구: 안중근 의사의 하얼빈 의거를 중심으로〉, 《한국군사학논집》 71-2, 2015, 2~3쪽.

21 김영범, 〈의열투쟁과 테러 및 테러리즘의 의미 연관 문제〉, 《사회와 역사》 100, 2013, 193쪽.

22 조범래, 앞의 책, 277~278쪽.

23 〈국치 60주년 맞아 항일운동사 정리〉, 《경향신문》, 1970년 7월 31일.

24 은정태, 〈역사용어 바로쓰기: 의사와 열사〉, 《역사비평》 74, 2006.

25 김영범, 《혁명과 의열》, 경인문화사, 2010, 389~390쪽.

26 김구, 〈동경작안의 진상〉, 《이봉창 의사와 한국독립운동》, 단국대학교출판부, 2002, 186쪽.

27 배경식, 《식민지 청년 이봉창의 고백》, 휴머니스트, 2015, 227쪽.

28 김영범, 앞의 글, 195~196쪽.

29 배경식, 앞의 책, 225쪽.

30 철혈, 〈시무감언〉, 《독립》, 1919년 8월 21일.

31 묵당, 〈시무감언〉, 《독립》, 1919년 9월 16일.

32 난파, 〈의뢰심을 타파하라〉, 《독립》, 1919년 10월 7일.

33 〈외교와 군사〉, 《독립》, 1919년 10월 11일.

34 〈윤기섭 씨 등의 제출한 군사에 관한 의안〉, 《독립신문》, 1920년 4월 3일.

35 윤대원, 《상해시기 대한민국임시정부 연구》, 서울대학교출판부, 2006, 150쪽.

36 뒤바보, 〈의병전〉, 《독립신문》, 1920년 4월 27일~5월 27일.

37 이광수, 〈간도사변과 독립운동 장래의 방침(1)〉, 《독립신문》, 1920년 12월 18일.

38 〈대통령의 교서〉, 《독립신문》, 1921년 3월 5일.

39 윤대원, 앞의 책, 140~149쪽.

40 신용하, 《3·1운동과 독립운동의 사회사》, 서울대학교출판부, 2001, 176~180쪽.

41 김상태 편역, 《윤치호 일기》, 역사비평사, 2001, 79쪽.

42 박찬승, 〈1920년대 중반 암태도 소작쟁의의 전개 과정〉, 《한국근현대사연구》 54, 2010, 139~141쪽.

43 위의 글, 146~148쪽.

44 〈암태소작회에 동정, 평양의 각 노동단체가 같은 처지의 동포를 위하여〉, 《조선일보》, 1924년 6월 23일.

45 〈암태사건의 동정금을 건설사 주최로 널리 모집하는 중〉, 《동아일보》, 1924년 7월 14일.

46 〈암태쟁의 동정 연설 금지〉, 《조선일보》, 1924년 7월 14일.

47 김용달, 《농민운동》, 한국독립운동사연구소, 2009, 73~74쪽.

48 박찬승, 앞의 글, 154쪽.

49 정병준, 《광복 직전 독립운동 세력의 동향》, 한국독립운동사연구소, 2008, 42쪽.

50 위의 책, 82쪽.

51 위의 책, 100~101쪽.

52 이만규, 《여운형투쟁사》, 총문각, 1946, 170쪽.

53 이정식 면담·김학준 편집 해설, 《혁명가들의 항일회상》, 민음사, 1988, 212~213쪽.

54 이만규, 앞의 책, 173~174쪽.

55 위의 책, 173쪽.

56 정병준, 앞의 책, 324~327쪽.

57 다케우치 요시미, 서광덕·백지운 옮김, 《일본과 아시아》, 소명출판, 2004, 267쪽.

58 김정현, 〈근대 동아시아의 반전평화를 위한 국제연대〉, 《역사와 실학》 43, 2010, 122쪽.

59 배경한, 〈한국독립운동과 신해혁명〉, 《한국근현대사연구》 75, 2015, 98쪽.

60 이호룡, 《한국의 아나키즘-운동편》, 지식산업사, 2015, 300~301쪽.

61 위의 책, 303쪽.

62 박난영, 〈신채호와 바진(巴金)의 아나키즘과 반전사상〉, 《중국현대문학》 38, 2006, 275~276쪽.

63 김정현, 앞의 글, 142~146쪽.

64 한시준, 〈중한문화협회의 성립과 활동〉, 《한국독립운동사연구》 35, 2010, 374쪽.

65 염인호, 《조선의용대·조선의용군》, 한국독립운동사연구소, 2009, 44~47쪽.

66 님 웨일즈·김산, 송영인 옮김, 《아리랑》, 동녘, 2014, 57~58쪽.

67 국사편찬위원회 편, 〈한일의정서 국한문 사본〉, 1904년 2월 24일, 《주한일본공사관기록》 18, 1997.

68 이리에 아키라, 이종국·조진구 옮김, 《20세기의 전쟁과 평화》, 연암서가, 2016, 104쪽.

69 야마무로 신이치, 정재정 옮김, 《러일전쟁의 세기 - 연쇄시점으로 보는 일본과 세계》, 소화, 2010, 250~251쪽.

70 조재곤, 〈동양평화론의 논의 기저와 역사상〉, 《역사와 현실》 94, 2012, 497~498쪽.

71 위의 글, 501쪽.

72 《순종실록》, 1910년 8월 29일.

73 조재곤, 앞의 글, 508~509쪽.

74 위의 글, 509쪽.

75 〈이등의 평화론〉, 《신한민보》, 1909년 9월 15일.

76 김정현, 앞의 글, 125~127쪽.

77 현광호, 〈안중근과 동양평화론〉, 《사회비평》 36, 2007, 237~238쪽.

78 장인성, 〈3·1운동의 정치사상에 나타난 '정의'와 '평화'〉, 《대동문화연구》 67, 2009, 459쪽.

79 최근우, 〈여운형일행도일기(1)〉, 《독립신문》, 1920년 1월 1일.

80 이윤상, 《3·1운동의 배경과 독립선언》, 한국독립운동사연구소, 2008, 172~173쪽.

81 〈강의사의 공판〉, 《독립신문》, 1920년 3월 1일; 1920년 5월 6일.

82 신채호, 최광식 역주, 《천고》, 아연출판부, 2004, 61쪽.

83 박건병, 〈나의 평화관〉, 《독립신문》, 1920년 1월 8일.

84 이리에 아키라, 이종국·조진구 옮김, 앞의 책, 95쪽.

85 허수, 〈20세기 초 한국의 평화론〉, 《역사비평》, 2014년 2월호, 50쪽.

86 박달성, 〈동서문화사상에 현하는 고금의 사상을 일별하고〉, 《개벽》, 1921년 3월호, 24쪽.

87 위의 글, 24쪽.

88 새봄, 〈칸트의 영구평화론을 독함〉, 《개벽》, 1920년 9월호, 81쪽.

89 백두산인, 〈부승정 로차스 박사의 아세아인 지배론을 독하고〉, 《개벽》, 1921년 8월호, 34쪽.

90 덧쥐 박사, 〈세계평화와 3대 기조 문제 - 경제정치급도덕〉, 《청년》, 1922년 9월호~11월호.

91 박달성, 앞의 글, 25쪽.

92 약영생, 〈세력균형주의와 국제협조주의〉, 《개벽》, 1924년 4월호, 35쪽.

93 박홍규, 〈나카에 조민의 평화 이념과 맹자〉, 《'문명', '개화', '평화' : 한국과 일본》, 아연출판부, 2008, 301쪽.

94 김현구, 〈소위 동양통합〉, 《신한민보》, 1921년 8월 4일.

95 〈세계의 평화에 대한 종교가의 책임 증대〉, 《동아일보》, 1921년 5월 28일.

96 〈워싱턴회의에 대하여 조선 민중에게 고하노라 평화를 기도하라〉, 《동아일보》, 1921년 11월 16일.

97 〈세계평화는 허식의 문구〉, 《조선일보》, 1921년 6월 28일.

98 〈새 갑자를 넘겨다보는 세계의 불안 극분규에 빠진 구주의 난국〉, 《개벽》, 1923년 12월호, 21쪽.

99 김명식, 〈전쟁철학의 비판〉, 《신생활》, 1922년 7월호, 19~24쪽.

100 허수, 앞의 글, 59~62쪽.

101 이리에 아키라, 이종국·조진구 옮김, 앞의 책, 63~64쪽.

102 신채호, 최광식 역주, 앞의 책, 101쪽.

103 박진수·정문상 외, 《반전으로 본 동아시아》, 혜안, 2008, 16쪽.

104 위의 책, 19~24쪽.

105 임경석, 〈국내 공산주의 운동의 전개 과정과 그 전술(1937~1945)〉, 《일제하 사회주의 운동사》, 한길사, 1991, 236~238쪽.

106 안태정, 〈1930년대 후반 혁명적 노동조합의 제국주의 전쟁에 대한 인식과 대응〉, 《충돌과 차종의 동아시아를 넘어서》, 성균관대학교출판부, 2007, 515쪽.

107 최규진, 《조선공산당 재건운동》, 한국독립운동사연구소, 2009, 218~219쪽.

108 위의 책, 217~219쪽.

109 한상도, 〈조선의용군과 일본인 반전운동 집단의 관계〉, 《한국근현대사연구》 42, 2007, 12~18쪽.

110 〈조선독립동맹화중분맹 제1차 맹원대회 개최〉, 《해방일보》, 1944년 1월 28일(한국독립운동사연구소, 《중국신문 한국 독립운동 기사집(1) - 조선의용대(군)》, 2008, 194쪽).

111 〈산동 일본노농학교, 조선군정학교 제1기 졸업식 거행〉, 《해방일보》, 1945년 2월 19일(한국독립운동사연구소, 위의 책, 212쪽).

112 한상도, 앞의 글, 25쪽.

113 위의 글, 30쪽.

7장 _ 해방, 민주주의가 살아나다

1 〈공위성과 여부는 민주주의 정의가 문제〉, 《동아일보》, 1947년 5월 1일.

2 김정인, 〈해방 전후 민주주의 '들'의 변주〉, 《개념과 소통》 12, 2013, 199~201쪽.

3 송남헌, 《해방3년사》 I, 까치, 1985, 147~161쪽.

4 김계림, 〈민주주의12강을 내면서〉, 《민주주의12강》, 문우인서관, 1946, 234쪽.

5 송남헌, 앞의 책, 150쪽.

6 박문규, 〈민주주의와 경제〉, 《민주주의12강》, 문우인서관, 1946, 247쪽.

7 김오성, 〈민주주의와 인민전선〉, 《개벽》 74, 1946, 111~115쪽.

8 양호민, 《북한사회의 재인식》 1, 한울, 1987, 102쪽.

9 〈민주주의와 반민주주의〉, 《인민》, 1946년 4월호, 2쪽.

10 〈통일 해방자는 그대, 노파시스트 이박사를 폭로함〉, 《해방일보》, 1945년 12월 25일.

11 이강국, 〈민주주의와 국제노선〉, 《민주주의12강》, 문우인서관, 1946, 233쪽.

12 〈민전은 남주조선의 유익한 민주주의 대표례 – 민전의장단 내외기자회견〉, 《해방일보》,
   1946년 3월 11일.

13 〈분열책동을 분쇄하자 – 본당 중앙위원회〉, 《해방일보》, 1946년 3월 8일.

14 〈소련수석대표 스티코프 대장 답사〉, 《해방일보》, 1946년 3월 21일.

15 심지연 엮음, 《해방정국논쟁사》 I, 한울, 1986, 326쪽.

16 이순기, 〈민주개혁과 독립〉, 《민주주의》 21, 1947, 9쪽.

17 김무용, 〈해방 후 조선공산당의 통일전선과 좌우합작 운동〉, 《한국사학보》 11, 2001, 268쪽.

18 송남헌, 앞의 책, 149쪽.

19 정태식, 〈북조선에 있어서의 민주주의의 세기적 발전(하)〉, 《민주주의》 9, 1947, 13쪽.

20 〈청년과 민주주의〉, 《대동신문》, 1945년 12월 6일.

21 〈조선인은 생명을 걸고 민주주의를 전취〉, 《동아일보》, 1946년 2월 11일.

22 〈완비된 자치의 용의 – 귀미에 앞서 굿펠로우씨 담〉, 《동아일보》, 1946년 5월 25일.

23 〈에드윈 W. 포레 대사가 트루만 대통령에게(1946. 6. 22)〉 《해방 3년과 미국》 I, 돌베개,
   1984, 309~310쪽).

24 여현덕, 〈8·15 직후 민주주의 논쟁〉, 《해방전후사의 인식》 3, 한길사, 1987, 24쪽.

25 김학준, 〈해방 전후 시기에 활동한 우파 정치 지도자들〉, 《동아연구》 12, 1987, 85쪽.

26 유영익, 〈이승만의 건국이상〉, 《한국사시민강좌》 17, 1995, 16쪽.

27 〈공산당에 대한 입장 – 이승만박사 중대방송〉, 《서울신문》, 1945년 12월 21일.

28 이시형, 〈이승만의 국가건설사상〉, 《국가건설사상》 III, 인간사랑, 2006, 55쪽.

29 김준연, 《독립노선》(1984년 재발간, 돌베개), 1948, 1쪽.

30 문지영, 《지배와 저항》, 후마니타스, 2011, 147쪽.

31 김수자, 《이승만의 집권 초기 권력기반 연구》, 경인문화사, 2005, 47~48쪽.

32 위의 책, 41쪽.

33 서중석, 《이승만의 정치이데올로기》, 역사비평사, 2005, 71쪽.

34 〈민주주의 대 공산주의〉, 《국민보》, 1947년 2월 19일.

35 하일식 엮음, 《백남운전집 4 - 휘편》, 이론과실천, 1994, 346쪽.

36 〈하지 중장 중대 성명〉, 《동아일보》, 1947년 12월 18일.

37 강명희, 〈1940년대 한중 중간노선의 '신민주'적 국가 건설 지향〉, 《중국근현대사연구》 36, 2007, 89쪽.

38 하일식 엮음, 앞의 책, 334쪽.

39 위의 책, 324쪽.

40 위의 책, 325쪽.

41 위의 책, 349쪽.

42 위의 책, 392쪽.

43 〈토지의 유상분배는 농민의 영구한 책노화 - 조선신민당 발표〉, 《해방일보》, 1946년 3월 23일.

44 하일식 엮음, 앞의 책, 335쪽.

45 위의 책, 332쪽.

46 위의 책, 335쪽.

47 위의 책, 352~356쪽.

48 위의 책, 356~363쪽.

49 방기중, 《한국근현대사상사연구》, 역사비평사, 1992, 330쪽.

50 하일식 엮음, 앞의 책, 333쪽.

51 위의 책, 336쪽.

52 배성룡, 《자주조선의 지향》, 광문사, 1949, 161쪽.

53 위의 책, 204쪽.

54 위의 책, 63쪽, 199쪽(김기승, 〈배성룡의 신형민주주의 국가상〉, 《한국사시민강좌》 17, 1995, 88쪽에서 재인용).

55 김기승, 앞의 글, 89쪽.

56 배성룡, 앞의 책, 446쪽.

57 배성룡, 〈신정치태세와 역사성〉, 《민주조선》 1-1, 1947, 29~30쪽.

58 배성룡, 〈임정수립과 공위자문안(3): 경제정책과 토지(상)〉, 《한성일보》, 1947년 6월 18일.

59 안재홍선집편찬위원회, 《민세안재홍선집》 2, 지식산업사, 1983, 228~229쪽.

60 위의 책, 232쪽.

61 위의 책, 71~72쪽.

62 위의 책, 155쪽.

63 위의 책, 353쪽.

64 위의 책, 349쪽.

65 엄우룡, 〈신민족주의와 신민주주의〉, 《개벽》 73, 1946, 55쪽.

66 안재홍선집편찬위원회, 앞의 책, 49쪽.

67 위의 책, 194쪽, 214쪽.

68 김정, 〈해방 후 안재홍의 신민주주의론과 공산주의 비판〉, 《한국사학보》 12, 2002, 222~227쪽.

69 안재홍선집편찬위원회, 앞의 책, 352쪽.

70 위의 책, 473쪽.

71 안재홍선집편찬위원회, 앞의 책, 394쪽.

72 안재홍, 〈8·15 당시와 현하의 사태〉, 《민성》, 1949년 8월호, 15~16쪽.

독립을 꿈꾸는 민주주의

1판 1쇄 2017년 8월 15일

지은이 | 김정인

펴낸곳 | (주)도서출판 책과함께
　　　주소 (04022) 서울시 마포구 동교로 70 소와소빌딩 2층
　　　전화 (02) 335-1982
　　　팩스 (02) 335-1316
　　　전자우편 prpub@hanmail.net
　　　블로그 blog.naver.com/prpub
　　　등록 2003년 4월 3일 제25100-2003-392호

ISBN 979-11-86293-88-1 93910

이 도서의 국립중앙도서관 출판예정도서목록(CIP)은
서지정보유통지원시스템 홈페이지(http://seoji.nl.go.kr)와
국가자료공동목록시스템(http://www.nl.go.kr/kolisnet)에서 이용하실 수 있습니다.
(CIP제어번호: CIP2017016534)

• 이 책은 2014년 춘천교육대학교의 지원을 받아 수행된 연구입니다.
• 이 책은 한국출판문화산업진흥원의 2017년 우수출판콘텐츠 제작 지원 사업 선정작입니다.